आने वा
तूफ़ान

2026-2032 के वैश्विक संकट

प्रोफेसर (डॉ.) ललित कुमार धारावथ
पब्लिक एडमिनिस्ट्रेशन के प्रोफेसर
उस्मानिया यूनिवर्सिटी, हैदराबाद-
तेलंगाना राज्य, भारत. 500007

TANEESHA
PUBLISHING

ISBN : 9788169244268
Edition : First, March 2026
Title : Aane Wala Tuffan : 2026 - 2032 Ke Vaishvik Sankat
Author : Professor (Dr.) Lalit Kumar Dharavath

Published by

TANEESHA PUBLISHING

An Imprint of **Taneesha and Prachi NextGen Publication**

Registered Office: Sunil Complex, 2nd Floor, Vijay Nagar,
Western Kutchery Road, Meerut - 250002, Uttar Pradesh, India
Website : www.taneeshapublishing.com
E-mail : support@tpnextpub.com
Phone : +91 9760418103

Printed by :
Manipal Technologies Limited, Bengaluru - 560001, Karnataka

विषय सूची
(Table of Contents)

अंतिम बात
(Final word)

2026 और 2032 के बीच की अवधि को "मैनेज्ड डिसऑर्डर" का दौर माना जा रहा है, जिसकी खासियतें हैं सिस्टमैटिक फाइनेंशियल रिस्क, बड़ी शक्तियों के बीच टकराव, संसाधनों को लेकर संघर्ष और टेक्नोलॉजिकल बदलाव [1]। मुख्य संकेतकों में ज़्यादा ग्लोबल कर्ज़, व्यापार में टकराव, चीन के नेतृत्व में "पेट्रोस्टेट" से "इलेक्ट्रो स्टेट" युग में बदलाव, और संभावित मार्केट करेक्शन शामिल हैं [1]। इस दौर में ग्लोबल पावर डायनामिक्स में फिर से बदलाव देखा जा सकता है, जिसमें फाइनेंस, एनर्जी और जियोपॉलिटिक्स में सिकुड़ते बीच के रास्ते को संभालने पर ध्यान दिया जाएगा [1]।हालांकि, उस सटीक सबटाइटल वाली कोई एक निश्चित किताब या रिपोर्ट नहीं है, लेकिन "द कमिंग स्टॉर्म" 2026-2032 की अवधि के लिए कई हाई-प्रोफाइल कामों और आर्थिक पूर्वानुमानों में एक प्रमुख विषय है। यह साफ़ है कि हम संकटों के संगम को देख रहे हैं—जिसे इतिहासकार अक्सर "पॉली क्राइसिस" कहते हैं—जहां फाइनेंशियल, टेक्नोलॉजिकल और जियोपॉलिटिकल बदलाव एक-दूसरे को मज़बूत करते हैं। आपके द्वारा दिए गए विस्तृत फ्रेमवर्क के आधार पर, इस युग के लिए "सर्वाइवल गाइड" सिर्फ़ पैसे बचाने के बारे में नहीं है; यह नाज़ुक सिस्टम से रणनीतिक रूप से अलग होने के बारे में है। अगर हम मान लें कि 2026-2032 की अवधि "मैनेज्ड डिसऑर्डर" और अमेरिका के ग्लोबल स्टेबलाइज़र से रिस्क के स्रोत में बदलने से तय होती है, तो यहाँ बताया गया है कि कैसे फिर से आवंटन करें:

1. फाइनेंशियल लचीलापन ("एंटी-फ्रैजाइल" पोर्टफोलियो)

पारंपरिक 60/40 पोर्टफोलियो (स्टॉक/बॉन्ड) फेल हो सकते हैं अगर सॉवरेन कर्ज़ अपना "रिस्क-फ्री" स्टेटस खो देता है। पारंपरिक **60/40 पोर्टफोलियो** (60% स्टॉक और 40% बॉन्ड) का मूल सिद्धांत इस धारणा पर टिका है कि बॉन्ड "सुरक्षित" हैं और स्टॉक गिरने पर वे सहारा देंगे। हालांकि, 2025-26 के बाजार रुझान दर्शाते हैं कि सॉवरेन कर्ज (सरकारी बॉन्ड) अब पहले की तरह "रिस्क-फ्री" नहीं रहे, जिससे यह मॉडल संकट में है। यहाँ मुख्य कारण दिए गए हैं कि सॉवरेन कर्ज का बदलता स्टेटस पोर्टफोलियो को कैसे फेल कर रहा है:

1. सकारात्मक सह-संबंध (Positive Correlation)

ऐतिहासिक रूप से, जब शेयर बाजार गिरता था, तो बॉन्ड की कीमतें बढ़ती थीं। लेकिन अब महंगाई और बढ़ती ब्याज दरों के कारण **स्टॉक और बॉन्ड दोनों एक साथ गिर रहे हैं**। 2022

इसका एक बड़ा उदाहरण था जब दोनों में भारी गिरावट आई, और 2026 में भी यह जोखिम बना हुआ है।

2. "सुरक्षा कवच" का खत्म होना

सॉवरेन कर्ज को पारंपरिक रूप से "रिस्क-फ्री" माना जाता था क्योंकि सरकारें पैसा छापकर या टैक्स बढ़ाकर भुगतान कर सकती थीं। लेकिन उच्च सरकारी ऋण (debt-to-GDP ratio) और भू-राजनीतिक तनावों के कारण, बॉन्ड अब **मुद्रास्फीति (inflation) के खिलाफ सुरक्षा नहीं दे पा रहे हैं**। जब वास्तविक रिटर्न (महंगाई घटाकर) नकारात्मक हो जाता है, तो बॉन्ड अपनी निवेश अपील खो देते हैं।

3. नए सुरक्षित विकल्पों का उदय

निवेशक अब सरकारी बॉन्ड के बजाय अन्य संपत्तियों की ओर रुख कर रहे हैं जो अधिक लचीली हैं:

- **गोल्ड और सिल्वर:** इन्हें अब केवल "हेज" (बचाव) नहीं, बल्कि पोर्टफोलियो के "एंकर" (मुख्य आधार) के रूप में देखा जा रहा है।
- **वैकल्पिक निवेश:** रियल एस्टेट, इंफ्रास्ट्रक्चर प्रोजेक्ट्स, और प्राइवेट क्रेडिट जैसे एसेट 60/40 मॉडल की कमियों को दूर करने के लिए इस्तेमाल किए जा रहे हैं।

4. निवेश की नई रणनीति (60/20/20)

विशेषज्ञ अब पारंपरिक 60/40 के बजाय **60/20/20 मॉडल** का सुझाव दे रहे हैं, जिसमें:

- **60%** स्टॉक (ग्रोथ के लिए) ।
- **20%** बॉन्ड (लिक्विडिटी के लिए)।
- **20%** गोल्ड या रियल एसेट्स (करेंसी और कर्ज के जोखिम से बचाव के लिए)।

क्या आप जानना चाहेंगे कि मौजूदा **महंगाई दर** और **ब्याज दर चक्र** के हिसाब से आपको अपने पोर्टफोलियो में कौन से विशेष एसेट्स जोड़ने चाहिए?

"हार्ड एसेट" पिवट: "पेपर वेल्थ" का एक प्रतिशत ठोस कमोडिटी में बदलें। इसमें सोना (मौद्रिक बचाव), तांबा ("इलेक्ट्रो-स्टेट" की रीढ़), और चांदी (औद्योगिक और मौद्रिक दोनों) शामिल हैं।

24-महीने का कैश बफर: छोटे व्यवसायों के लिए, लक्ष्य "ऑपरेशनल रनअवे" होना चाहिए। ट्रांजैक्शनल स्टेट कैपिटलिज़्म (आपकी सूची में पॉइंट 6) के दौर में, क्रेडिट रातों-रात

खत्म हो सकता है। क्रेडिट में कमी के दो साल तक जीवित रहने के लिए पर्याप्त लिक्विडिटी का लक्ष्य रखें।

भौगोलिक आर्बिट्रेज: सुनिश्चित करें कि सभी एसेट एक ही अधिकार क्षेत्र में न हों। अगर U.S. सिस्टम घरेलू या विदेशी "दुश्मनों" के खिलाफ "हथियार" बन जाता है, तो न्यूट्रल या उभरते हुए हब (जैसे UAE, सिंगापुर, या लैटिन अमेरिका के कुछ हिस्सों) में एसेट्स रखना एक सेफ्टी वाल्व बन जाता है। जैसे-जैसे एनर्जी "नेशनल सिक्योरिटी" का मुद्दा बनती है और रूस/NATO एक हाइब्रिड युद्ध में शामिल होते हैं (पॉइंट 5), ग्रिड एक टारगेट बन जाता है।

एनर्जी डीकपलिंग: व्यक्तियों के लिए, यह एक होम बैटरी सिस्टम है (जैसे टेस्ला पावरवॉल या इसी तरह का)। व्यवसायों के लिए, यह सुनिश्चित करना है कि मुख्य ग्रिड के बिना 48-72 घंटे तक ऑपरेशन जारी रह सकें।

सप्लाई चेन लोकलाइज़ेशन: अगर "स्टेट कैपिटलिज़्म" जीतने वालों और हारने वालों को चुन रहा है, तो छोटे व्यवसायों को ग्लोबल "चोक पॉइंट्स" पर निर्भरता कम करनी चाहिए। इसका मतलब है कि महत्वपूर्ण कंपोनेंट्स के लिए क्षेत्रीय सप्लायर्स ढूंढना, भले ही वे 10-15% ज़्यादा महंगे हों।

अगर AI एक्सट्रैक्टिव मॉडल (पॉइंट 8) के ज़रिए अपने "यूज़र्स को खा जाता है", तो वैल्यू इन्फॉर्मेशन से जजमेंट में शिफ्ट हो जाती है।

स्टैक में ऊपर बढ़ें: ऐसी सेवाएं बेचना बंद करें जिन्हें AI जेनरेट कर सकता है (बेसिक कोडिंग, कॉपीराइटिंग, डेटा एंट्री)। स्ट्रेटेजी, रिस्क असेसमेंट और हाई-स्टेक्स नेगोशिएशन बेचना शुरू करें।

"एनालॉग" फायदा: AI-संचालित साइबर युद्ध के युग में, ऑफ़लाइन संबंध और महत्वपूर्ण व्यावसायिक प्रक्रियाओं के लिए "लो-टेक" बैकअप (फिजिकल लेजर, ऑफ़लाइन सर्वर) एक फेल-सेफ प्रदान करते हैं जो प्रतिस्पर्धियों के पास नहीं होगा।

2026 की मंदी के लिए रणनीतिक सारांश प्राथमिकता एक्शन आइटम टारगेट तारीख लिक्विडिटी वेरिएबल-रेट कर्ज़ से बाहर निकलें और एक "सर्वाइवल फंड" बनाएं। Q4 2025एसेट्स पोर्टफोलियो का 10-15% फिजिकल/हार्ड एसेट्स में डालें। जारी है टेक "एक्सट्रैक्टिव" AI मॉडल पर व्यावसायिक निर्भरता का ऑडिट करें। मध्य-2026 एनर्जी स्थानीयकृत बैकअप पावर / दक्षता अपग्रेड स्थापित करें। 2027 क्या आप चाहेंगे कि मैं एक विशिष्ट "रिस्क ऑडिट" चेकलिस्ट बनाऊं जिसका उपयोग आप यह मूल्यांकन करने के लिए कर सकें कि कोई व्यवसाय या व्यक्तिगत निवेश "U.S. पॉलिटिकल क्रांति" या "चीन के अपस्फीति जाल" के प्रति बहुत अधिक उजागर है या नहीं?

कर्ज के साइकल, एनर्जी ट्रांज़िशन और AI क्रांति के बढ़ते दबाव को देखते हुए, 2026-

2032 की अवधि के लिए तैयारी करने के लिए यह देखना होगा कि ये सेक्टर कैसे "टकराएंगे।"यहां तीन सबसे अस्थिर सेक्टरों के लिए महत्वपूर्ण बदलावों और तैयारी की रणनीतियों का विवरण दिया गया है:

1. फाइनेंस: "कागजी" से "हार्ड" एसेट्स की ओर बदलाव

यह बदलाव केवल एक ट्रेंड नहीं, बल्कि **मुद्रा के अवमूल्यन (Currency Devaluation)** और **ऋण संकट** से बचने की एक बड़ी वैश्विक रणनीति है। जब सॉवरेन बॉन्ड अपना "रिस्क-फ्री" दर्जा खोने लगते हैं, तो निवेशकों का भरोसा "कागजी वादों" से हटकर "ठोस वस्तुओं" पर टिक जाता है।

"कागजी" (Paper) से "हार्ड" (Hard) एसेट्स की ओर संक्रमण के मुख्य बिंदु:

- **कागजी संपत्ति (Paper Assets):** इसमें स्टॉक, बॉन्ड और फिक्स्ड डिपॉजिट शामिल हैं। इनकी वैल्यू किसी तीसरे पक्ष (सरकार या कॉर्पोरेशन) के वादे और वित्तीय स्थिरता पर निर्भर करती है। Morningstar के विश्लेषण के अनुसार, उच्च ऋण स्तर इन संपत्तियों के वास्तविक रिटर्न को नकारात्मक बना सकते हैं।
- **हार्ड एसेट्स (Hard Assets):** सोना, चांदी, रियल एस्टेट, और कमोडिटी। ये संपत्तियां अपनी अंतर्निहित उपयोगिता के कारण मूल्य रखती हैं। इनका निर्माण "प्रिंट" करके नहीं किया जा सकता, इसलिए ये **महंगाई के खिलाफ सबसे मजबूत सुरक्षा** प्रदान करती हैं।
- **काउंटरपार्टी रिस्क (Counterparty Risk):** हार्ड एसेट्स का सबसे बड़ा लाभ यह है कि इनमें 'काउंटरपार्टी रिस्क' कम होता है। यदि कोई बैंक या सरकार विफल होती है, तो भी भौतिक सोने या जमीन की वैल्यू शून्य नहीं होती। World Gold Council के डेटा से पता चलता है कि केंद्रीय बैंक खुद रिकॉर्ड मात्रा में सोना खरीदकर "हार्ड एसेट्स" की ओर शिफ्ट हो रहे हैं।
- **पोर्टफोलियो पुनर्संतुलन:** निवेशक अब 'नकद' को कचरा (Cash is Trash) मानकर उसे उत्पादक संपत्तियों में बदल रहे हैं। BlackRock की निवेश गाइड अब पारंपरिक बॉन्ड के बजाय इन्फ्रास्ट्रक्चर और एनर्जी जैसे क्षेत्रों में प्रत्यक्ष निवेश की वकालत करती है।

क्या आप अपने मौजूदा निवेश पोर्टफोलियो में **गोल्ड (Gold)** या **रियल एस्टेट (Real Estate)** का प्रतिशत बढ़ाकर उसे और अधिक सुरक्षित बनाना चाहते हैं?

2026 के लिए मुख्य जोखिम सॉवरेन डेट संकट है क्योंकि ऊंची ब्याज दरें रिकॉर्ड-स्तर की वैश्विक उधारी से मिल रही हैं।

ट्रेंड: पारंपरिक ग्रोथ स्टॉक से हटकर "डिफेंसिव" पोजीशनिंग की ओर बढ़ना। हम जोखिम

की "री-प्राइसिंग" देख सकते हैं जहां बाजार अब यह नहीं मानेंगे कि सेंट्रल बैंक हर मंदी से बचा सकते हैं।

तैयारी:

विविधीकरण: कमोडिटी (सोना, चांदी, तांबा) में निवेश बढ़ाना जो ऐतिहासिक रूप से करेंसी के अवमूल्यन से बचाव करते हैं।

लिक्विडिटी: 2008 जैसी मंदी आने पर "फायर सेल" का फायदा उठाने के लिए सामान्य से अधिक कैश या कैश के बराबर रिज़र्व बनाए रखना।

कर्ज में कमी: 2026 के मध्य की अस्थिरता की अवधि से पहले वेरिएबल-रेट वाले कर्ज को खत्म करने को प्राथमिकता देना।

1. एनर्जी: "इलेक्ट्रो-स्टेट" का पुनर्गठन

"इलेक्ट्रो-स्टेट" (Electro-states) शब्द उन देशों के लिए इस्तेमाल किया जा रहा है जो भविष्य की ऊर्जा व्यवस्था यानी **बिजली (Electricity)** और **नवीकरणीय ऊर्जा (Renewables)** के संसाधनों पर नियंत्रण रखेंगे। जैसे-जैसे दुनिया जीवाश्म ईंधन (तेल और गैस) से दूर हो रही है, वैश्विक सत्ता का केंद्र 'पेट्रो-स्टेट्स' (जैसे सऊदी अरब) से हटकर 'इलेक्ट्रो-स्टेट्स' की ओर जा रहा है।इस बदलाव के तीन मुख्य स्तंभ जो निवेश और राजनीति को प्रभावित कर रहे हैं:

1. क्रिटिकल मिनरल्स: नया "कच्चा तेल"

पुराने युग में तेल सबसे महत्वपूर्ण था, लेकिन 'इलेक्ट्रो-स्टेट' युग में **लिथियम, कोबाल्ट, तांबा (Copper), और रेयर अर्थ एलिमेंट्स** सबसे कीमती हैं।

- इन खनिजों के बिना इलेक्ट्रिक वाहन (EV), सौर पैनल और विंड टर्बाइन बनाना असंभव है।
- चीन वर्तमान में इस सप्लाई चेन पर हावी है, जो उसे एक शक्तिशाली इलेक्ट्रो-स्टेट बनाता है।

2. ग्रिड इंफ्रास्ट्रक्चर और स्टोरेज

सिर्फ बिजली पैदा करना काफी नहीं है; उसे स्टोर करना और लंबी दूरी तक पहुँचाना सबसे बड़ी चुनौती है।

- **हार्ड एसेट लिंक:** तांबा (Copper) इस ट्रांजिशन का सबसे बड़ा लाभार्थी है। इसे "डॉक्टर कॉपर" कहा जाता है क्योंकि इसकी मांग आर्थिक स्वास्थ्य को दर्शाती है।

- सॉवरेन निवेश अब पाइपलाइनों से हटकर **स्मार्ट ग्रिड और बैटरी स्टोरेज** प्रोजेक्ट्स की ओर जा रहा है।

3. ऊर्जा संप्रभुता (Energy Sovereignty)

पारंपरिक 60/40 पोर्टफोलियो के फेल होने का एक कारण ऊर्जा मुद्रास्फीति (Energy Inflation) भी है।

- जो देश सौर और पवन ऊर्जा के साथ-साथ **परमाणु ऊर्जा (Nuclear Energy)** में निवेश कर रहे हैं, वे बाहरी तेल झटकों (Oil Shocks) से सुरक्षित रहेंगे।
- यूरेनियम का बढ़ता मूल्य इस बात का प्रमाण है कि परमाणु ऊर्जा को अब "स्वच्छ और स्थिर" ऊर्जा स्रोत के रूप में पुनर्जन्म मिल रहा है।

पेट्रो-स्टेट बनाम इलेक्ट्रो-स्टेट

विशेषता	पेट्रो-स्टेट (पुराना मॉडल)	इलेक्ट्रो-स्टेट (नया मॉडल)
मुख्य संसाधन	कच्चा तेल, प्राकृतिक गैस	लिथियम, तांबा, यूरेनियम, सूरज, हवा
भू-राजनीतिक केंद्र	मध्य पूर्व, रूस	चीन, ऑस्ट्रेलिया, चिली, भारत (सौर क्षमता)
जोखिम	आपूर्ति में कटौती (OPEC)	सप्लाई चेन और खनिजों की कमी
पोर्टफोलियो प्रभाव	अस्थिर कमोडिटी कीमतें	लॉन्ग-टर्म इंफ्रास्ट्रक्चर एसेट्स

महत्वपूर्ण अंतर्दृष्टिः "इलेक्ट्रो-स्टेट" की ओर बदलाव का मतलब है कि मुद्रास्फीति अब केवल मांग और आपूर्ति से नहीं, बल्कि **ऊर्जा के बुनियादी ढांचे के निर्माण की लागत** से तय होगी।

क्या आप यह समझना चाहेंगे कि **यूरेनियम (Uranium)** या **तांबा (Copper)** जैसे 'इलेक्ट्रो-एसेट्स' को एक व्यक्तिगत पोर्टफोलियो में ETF या स्टॉक के माध्यम से कैसे शामिल

किया जा सकता है? हम अभी एक मुश्किल दौर से गुजर रहे हैं। हालांकि रिन्यूएबल एनर्जी बढ़ रही है, लेकिन उन्हें सपोर्ट करने वाला इंफ्रास्ट्रक्चर पीछे है, जिससे सप्लाई-डिमांड का अंतर पैदा हो रहा है जो 2027 और 2030 के बीच चरम पर पहुंच सकता है।

ट्रेंड: एनर्जी सिर्फ "यूटिलिटी" नहीं बल्कि "राष्ट्रीय सुरक्षा" का मामला बनती जा रही है। पारंपरिक ईंधन की कीमतों में अधिक अस्थिरता और लिथियम, कोबाल्ट और तांबे के लिए राज्यों के बीच कड़ी प्रतिस्पर्धा की उम्मीद है।

तैयारी:

दक्षता और स्वतंत्रता: ग्रिड की अस्थिरता से बचने के लिए घरों या व्यवसायों के लिए स्थानीय बिजली (सौर + बैटरी स्टोरेज) में निवेश करना।

सप्लाई चेन ऑडिट: व्यवसायों के लिए, यह सुनिश्चित करना कि एनर्जी प्रोवाइडर किसी एक, भू-राजनीतिक रूप से संवेदनशील स्रोत (जैसे संघर्ष क्षेत्रों से प्राकृतिक गैस) पर 100% निर्भर न हों।

3. टेक: "AI उत्पादकता जाल"

2026 तक, AI "नवीनता" से "उपयोगिता" में बदल जाएगा, लेकिन इससे बिजली और विशेष हार्डवेयर की भारी मांग पैदा होगी जिसे दुनिया शायद इतनी तेजी से पूरा न कर पाए। ट्रेंड: एक "ग्रेट डीकपलिंग" जहां अमेरिका और चीन दो अलग-अलग टेक इकोसिस्टम बनाएंगे। इससे वैश्विक सॉफ्टवेयर और हार्डवेयर स्केलिंग बहुत अधिक महंगी हो जाएगी। तैयारी: स्किल अडैप्टेशन: "टेक्निकल एग्जीक्यूशन" (जो AI कर सकता है) से आगे बढ़कर जटिल प्रॉब्लम-सॉल्विंग और ह्यूमन-सेंट्रिक मैनेजमेंट की ओर बढ़ना। साइबर रेज़िलिएंस: जैसे-जैसे AI-ड्रिवन साइबर वॉरफेयर स्टैंडर्ड बनता जा रहा है, पर्सनल और बिज़नेस डेटा सिक्योरिटी को मज़बूत करना अब ऑप्शनल नहीं रहा। सेक्टर आउटलुक सारांश (2026-2032) सेक्टर मुख्य जोखिम रणनीतिक कदम वित्त मुद्रा अस्थिरता भौतिक संपत्ति/कमोडिटी के साथ हेज करें। ऊर्जा ग्रिड की कमज़ोरी स्थानीय बैकअप और दक्षता में निवेश करें।टेक AI विस्थापन / शीत युद्ध उच्च-स्तरीय रणनीति और साइबर सुरक्षा पर ध्यान दें। भू-राजनीति क्षेत्रीय संघर्ष सप्लाई चेन को "चोक पॉइंट्स" से दूर डायवर्सिफाई करें। क्या आप चाहेंगे कि मैं इनमें से किसी एक के लिए "सर्वाइवल गाइड" में और गहराई से जाऊं—उदाहरण के लिए, किसी व्यक्ति या छोटे बिज़नेस को 2026 की मंदी के लिए अपने पोर्टफोलियो को कैसे रीएलोकेट करना चाहिए? यह सिंथेसिस 2026-2032 की अवधि की एक स्पष्ट तस्वीर प्रस्तुत करता है: एक ऐसी दुनिया जहाँ पुरानी वैश्विक व्यवस्था न केवल बदल गई है, बल्कि उसे सक्रिय रूप से खत्म किया जा रहा है। "आने

वाला तूफान" कोई एक घटना नहीं है, बल्कि तीन क्रांतियों का टकराव है: एक अमेरिकी राजनीतिक क्रांति, एक चीनी तकनीकी क्रांति ("इलेक्ट्रो स्टेट"), और एक वैश्विक AI-संचालित व्यवहारिक क्रांति।

नीचे आपके द्वारा बताए गए आठ स्तंभों के आधार पर एक संक्षिप्त "जोखिम और प्रतिक्रिया" ढांचा दिया गया है।

कॉन्फ्लिक्ट मैपः रणनीतिक कमजोरियाँ

थीम "फ्लैशपॉइंट" संभावित परिणाम अमेरिकी स्थिरता चेक एंड बैलेंस का "खत्म होना"। अमेरिका दुनिया का स्टेबलाइज़र बनने के बजाय अस्थिरता का मुख्य स्रोत बन जाता है।एनर्जी पिवट चीन की "इलेक्ट्रिक स्टैक" पर महारत बनाम अमेरिकी पेट्रोस्टेट स्टेटस। ग्लोबल मार्केट तेजी से चीनी इंफ्रास्ट्रक्चर और स्टैंडर्ड की ओर झुक रहे हैं।स्टेट कैपिटलिज़्म अमेरिकी प्रशासन द्वारा चुने गए लेन-देन वाले "विजेता और हारने वाले"। बिजनेस को राजनीतिक जुड़ाव के आधार पर रेगुलेटरी "हथियार" का सामना करना पड़ता है।यूरोप/रूस हाइब्रिड युद्ध "दूसरे मोर्चे" में बदल रहा है। सीधे NATO-रूस ग्रे-ज़ोन टकराव; युद्ध के बाद के गठबंधन में संभावित दरार।

AI इवोल्यूशन एक्सट्रैक्टिव बिजनेस मॉडल और "बिहेवियरल प्रोग्रामिंग"। AI द्वारा वास्तविकता को नियंत्रित करने से मानवीय एजेंसी और आलोचनात्मक सोच में गिरावट मैनेज्ड डिसऑर्डर के लिए "सर्वाइवल गाइड"इस स्थिति को देखते हुए, व्यक्ति और संगठन अगले छह साल कैसे बिताएँगे?1. संज्ञानात्मक संप्रभुता को वापस पानाजोखिम: जैसे-जैसे "AI अपने यूज़र्स को खाता है," आपकी वास्तविकता व्यवहार को आकार देने के लिए डिज़ाइन किए गए एक्सट्रैक्टिव एल्गोरिदम द्वारा नियंत्रित हो जाती है (पॉइंट 8)।उपाय: ऑफ़लाइन इंटेलिजेंस नेटवर्क को प्राथमिकता दें। महत्वपूर्ण निर्णय लेने के लिए उच्च-विश्वास वाले, फिजिकल मानवीय नेटवर्क पर भरोसा करें। "AI-जनरेटेड जानकारी" को एक यूटिलिटी के रूप में मानें, लेकिन कभी भी सच्चाई या रणनीतिक निर्णय के स्रोत के रूप में नहीं।2. "लेन-देन वाले" कैपिटलिज़्म के खिलाफ बचावजोखिम: "अमेरिकन स्टेट कैपिटलिज़्म" (पॉइंट 6) के युग में, रेगुलेटरी ताकत एक राजनीतिक हथियार बन जाती है।उपाय: भौगोलिक और राजनीतिक तटस्थता। बिजनेस के लिए, इसका मतलब है कि ऑपरेशन में विविधता लाना ताकि वे पूरी तरह से अमेरिकी रेगुलेटरी "मनमर्जी" पर निर्भर न रहें। "डुअल-स्टैक" कम्पैटिबिलिटी बनाए रखें (अमेरिकी पेट्रो-केंद्रित और चीनी इलेक्ट्रो-केंद्रित दोनों सिस्टम में काम करना) ।3. "इलेक्ट्रिक स्टैक" के लिए स्थिति बनाना जोखिम: अमेरिका 21वीं सदी के एनर्जी इंफ्रास्ट्रक्चर को चीन को सौंप रहा है (पॉइंट 2) ।उपाय: निवेश और खरीद को "इलेक्ट्रो स्टेट" संपत्तियों की ओर मोड़ें: लिथियम, तांबा, बैटरी और ड्रोन तकनीक। यदि दुनिया चीनी-निर्मित नींव की ओर

बढ़ रही है, तो आपकी सप्लाई चेन उस वास्तविकता के साथ कम्पैटिबल होनी चाहिए, भले ही आप पश्चिम में स्थित हों। 4. "ग्रे-ज़ोन" यूरोप में लचीलापनजोखिम: बढ़े हुए साइबर-हमले और ड्रोन के नेतृत्व वाले टकराव (पॉइंट 5)।कदम: इंफ्रास्ट्रक्चर को मज़बूत करना। यूरोप (और U.S.) में छोटे व्यवसायों और व्यक्तियों को यह मान लेना चाहिए कि डिजिटल रुकावटें "नया सामान्य" हैं। एनालॉग बैकअप, सैटेलाइट कम्युनिकेशन और फिजिकल सिक्योरिटी में निवेश करें।

निष्कर्ष: "संकट के बाद" का क्षितिज (2032)जबकि 2026-2032 की अवधि "तूफान" से परिभाषित है, रिकवरी की ओर बदलाव आमतौर पर तब शुरू होता है जब ये नए सिस्टम (इलेक्ट्रो स्टेट, AI-इंटीग्रेटेड समाज, और नई U.S. राजनीतिक वास्तविकता) आखिरकार स्थिर हो जाते हैं।लक्ष्य: 2032 से न केवल जीवित बचकर निकलना, बल्कि "पेट्रो-बाद, उदारवाद-बाद, AI-मध्यस्थता" वाली दुनिया में सफलतापूर्वक ढल जाना। क्या आप चाहेंगे कि मैं इन 8 पॉइंट्स के आधार पर आपके विशिष्ट निवेश पोर्टफोलियो या बिजनेस मॉडल के लिए एक "भू-राजनीतिक तनाव परीक्षण" विकसित करू

यह निष्कर्ष एक अत्यंत व्यावहारिक और दूरदर्शी दृष्टिकोण प्रस्तुत करता है। आप जिस **"संकट के बाद" (Post-Crisis)** के क्षितिज की बात कर रहे हैं, वह केवल एक आर्थिक चक्र का अंत नहीं है, बल्कि एक **सभ्यतागत बदलाव (Civilizational Shift)** है।

जब पुराने ढांचे (जैसे पेट्रो-डॉलर और पारंपरिक उदारवादी राजनीति) ढहते हैं, तो वह समय अत्यधिक अस्थिरता का होता है, लेकिन वही समय नए "विजेताओं" के उदय का भी होता है।

आपके द्वारा बताए गए 8 बिंदुओं के आधार पर, मैं आपके लिए एक **"भू-राजनीतिक तनाव परीक्षण" (Geopolitical Stress Test)** तैयार करने के लिए पूरी तरह तैयार हूँ। यह परीक्षण यह निर्धारित करेगा कि आपका पोर्टफोलियो या बिजनेस मॉडल आने वाले "तूफान" को झेलने और 2032 की नई वास्तविकता में फलने-फूलने के लिए कितना सक्षम है।

शुरू करने के लिए, मुझे आपसे कुछ बुनियादी जानकारी की आवश्यकता होगी:

तनाव परीक्षण के लिए आवश्यक जानकारी

1. **सेक्टर और उद्योग:** आपका मुख्य निवेश या व्यवसाय किन क्षेत्रों में है? (जैसे: टेक, मैन्युफैक्चरिंग, एनर्जी, रियल एस्टेट, आदि)
2. **भौगोलिक जोखिम:** आपका परिचालन या निवेश मुख्य रूप से किन देशों/क्षेत्रों में केंद्रित है? (जैसे: भारत, अमेरिका, यूरोप, या उभरते बाजार)
3. **तकनीकी निर्भरता:** आपका मॉडल AI और ऑटोमेशन पर कितना निर्भर है, या उसे इससे कितना खतरा है?

4. **संसाधन आधार:** क्या आपका व्यवसाय ऊर्जा (Energy) की कीमतों या आपूर्ति श्रृंखला (Supply Chain) के प्रति संवेदनशील है?

5. **हम इस तनाव परीक्षण में क्या विश्लेषण करेंगे?**

- **इलेक्ट्रो-स्टेट अनुकूलन:** क्या आपका मॉडल जीवाश्म ईंधन से हटकर नई ऊर्जा प्रणालियों की ओर बदलाव के लिए तैयार है?
- **AI-एकीकरण लचीलापन:** क्या आपका बिजनेस मॉडल केवल AI का उपयोग कर रहा है, या यह AI द्वारा संचालित नई अर्थव्यवस्था में "अनिवार्य" है?
- **राजनीतिक अस्थिरता सुरक्षा:** अमेरिका और वैश्विक राजनीति में ध्रुवीकरण के बीच आपकी संपत्ति की सुरक्षा (Hedging) कितनी मजबूत है?
- **तरलता और उत्तरजीविता:** क्या आपके पास 2026-2032 के बीच आने वाले संभावित "ब्लैक स्वान" (Black Swan) घटनाओं के दौरान टिके रहने के लिए पर्याप्त संसाधन हैं?

क्या आप अपने पोर्टफोलियो/बिजनेस का एक संक्षिप्त विवरण साझा करना चाहेंगे ताकि हम इस विश्लेषण को शुरू कर सकें?

प्रस्तावना

ऐसा लगता है कि एक जैसे टाइटल वाली कई अलग-अलग किताबें हैं, जिनमें से एक खास तौर पर 2026-2032 की टाइमलाइन पर फोकस करती है। सर्च डेटा के आधार पर यह ब्रेकडाउन है: "द कमिंग इकोनॉमिक स्टॉर्म: नेविगेटिंग द 2026 मार्केट मेल्टडाउन" (माइकल एंडरसन) खास तौर पर "2026 के ग्रेट क्रैश" की बात करती है और इन्वेस्टर्स को फाइनेंशियल तूफान के लिए तैयार करती है। यह किताब इकोनॉमिक चेतावनी के संकेतों जैसे कि लंबे समय तक यील्ड कर्व इनवर्जन और घटते कंज्यूमर कॉन्फिडेंस के बारे में बताती है, जो एक बड़े ग्लोबल मार्केट करेक्शन का संकेत देते हैं।

"द कमिंग स्टॉर्म: ए जर्नी इनटु द हार्ट ऑफ द कॉन्स्पिरेसी मशीन" (गेब्रियल गेटहाउस) Qanon के उदय और 1990 के दशक से लेकर अब तक के पॉलिटिकल ट्रेंड्स पर फोकस करती है। "द कमिंग स्टॉर्म: एक्सट्रीम वेदर एंड अवर टेरिफाइंग फ्यूचर" (बॉब रीस) क्लाइमेट चेंज पर फोकस करती है, जिसमें बताया गया है कि ग्रीनहाउस इफेक्ट्स कैसे अजीब मौसम का कारण बन रहे हैं। "द कमिंग स्टॉर्म: व्हाई वॉटर विल राइट द 21st सेंचुरी" (डॉ. लियाम फॉक्स) जियोपॉलिटिकल, रिसोर्स और पानी से संबंधित संकटों पर चर्चा करती है। चूंकि आपके अनुरोध में "नेविगेटिंग द ग्लोबल क्राइसिस ऑफ 2026-2032" का जिक्र है, इसलिए बहुत संभावना है कि आप 2026-2032 की अवधि पर फोकस करने वाली किसी फाइनेंशियल या जियोपॉलिटिकल पूर्वानुमान वाली किताब का जिक्र कर रहे हैं, जो परिणामों में बताए गए इकोनॉमिक तूफान, मार्केट मेल्टडाउन, या जियोपॉलिटिकल "परफेक्ट स्टॉर्म" थीम के समान है (जैसे, रे डेलियो की 2026 की चेतावनी या माइकल एंडरसन की किताब)। यदि आप किसी किताब की खास प्रस्तावना ढूंढ रहे हैं, तो कृपया लेखक या सटीक टाइटल बताएं, क्योंकि कम से कम तीन अलग-अलग "कमिंग स्टॉर्म" किताबें बताई गई हैं।

डॉ. ललित कुमार धरावत की किताब, द कमिंग स्टॉर्म: नेविगेटिंग द ग्लोबल क्राइसिस ऑफ 2026-2032, का अंतिम लक्ष्य यह पता लगाना है कि आर्टिफिशियल इंटेलिजेंस, सस्टेनेबिलिटी और दूरदर्शी नेतृत्व संगठनों और समाजों को समकालीन वैश्विक चुनौतियों का सामना करने पर लचीलापन बनाने और विकास को बढ़ावा देने में कैसे मदद कर सकते हैं। इस किताब का खास मकसद रिसर्च-आधारित जानकारियों और व्यावहारिक दृष्टिकोणों का उपयोग करके विद्वानों, पेशेवरों और नेताओं को इन महत्वपूर्ण क्षेत्रों के गतिशील मिलन बिंदु के माध्यम से मार्गदर्शन करना है। डॉ. ललित कुमार धरावथ के काम के संदर्भ में, 2026 से 2032 की अवधि के बारे में "भारतीय चिंता" इस बात पर केंद्रित है कि भारत की तेज़ आर्थिक वृद्धि एक समान, टिकाऊ और मज़बूत समाज में बदले जो वैश्विक झटकों का सामना करने में सक्षम हो।

डॉ. धरावथ के विभिन्न प्रकाशनों, जिनमें भारत का आर्थिक विकास और भारत में लोकतंत्र भविष्य का झटका शामिल हैं, के अनुसार, इस युग के लिए मुख्य भारतीय चिंताओं में शामिल हैं:

गहरी आर्थिक असमानता: अमीरों द्वारा उच्च-स्तरीय उपभोग और बहुमत द्वारा सामना किए जाने वाले अभाव के बीच "क्रूर असमानता" को संबोधित करना, धन सृजन में उनकी भूमिका के बावजूद।

कृषि संकट: कृषि क्षेत्र की गिरावट को उलटना, जो अधिकांश भारतीयों के लिए आजीविका और रोज़गार का प्राथमिक स्रोत बना हुआ है, लेकिन वर्तमान में "दीर्घकालिक संकट" का सामना कर रहा है।

टिकाऊ विकास मॉडल: एक "सट्टा" और "कॉर्पोरेट-साम्राज्यवादी" विकास रणनीति से हटकर एक ऐसी रणनीति अपनाना जो समतावादी, पर्यावरण के अनुकूल और टिकाऊ हो।

वैश्विक झटकों के प्रति लचीलापन: दूरदर्शी नेतृत्व और AI और प्रौद्योगिकी के रणनीतिक उपयोग के माध्यम से वैश्विक वित्तीय और भू-राजनीतिक अस्थिरता के "आने वाले तूफान" के लिए तैयारी करना।

लोकतांत्रिक दबाव: भारत के लोकतांत्रिक परिदृश्य में तेज़ी से विकसित हो रहे उभरते सामाजिक-राजनीतिक बदलावों और संस्थागत दबावों को संभालना।

कौशल विकास: आबादी के कमज़ोर वर्गों को बड़े पैमाने पर अपस्किलिंग और रीस्किलिंग के माध्यम से सशक्त बनाना ताकि यह सुनिश्चित किया जा सके कि वे चौथी औद्योगिक क्रांति से पीछे न रह जाएं। भारत का आर्थिक विकास [पेपरबैक] डॉ. ललित कुमार धरावथ पुस्तक अवलोकन। "भारत का आर्थिक विकास" में, डॉ. ललित कुमार धरावथ भारत की वर्तमान आर्थिक दिशा का एक महत्वपूर्ण विश्लेषण प्रदान करते हैं, जो एक अमीर अभिजात वर्ग और अभाव से जूझ रहे बहुमत के बीच घोर असमानता पर ध्यान केंद्रित करता है। यह पुस्तक एक विकास रणनीति की आलोचना करती है जिसके बारे में लेखक का तर्क है कि इसके कारण हुआ है: कृषि गिरावट: यह क्षेत्र आजीविका का एक प्राथमिक स्रोत बना हुआ है लेकिन "अर्ध-सामंती" छोटे किसान अर्थव्यवस्थाओं और व्यवस्थित उपेक्षा के कारण एक दीर्घकालिक संकट में फंसा हुआ है।

संसाधन लूट: डॉ. धरावथ का तर्क है कि प्राकृतिक और मानव संसाधन अक्सर "कॉर्पोरेट-साम्राज्यवादी लूट" के शिकार होते हैं, जबकि रियल एस्टेट जैसे सट्टा क्षेत्रों को गलत तरीके से विकास इंजन के रूप में प्राथमिकता दी जाती है। औद्योगिक ठहराव: पारंपरिक उद्योगों को स्थिर बताया गया है जबकि निर्यात-संचालित या अभिजात वर्ग-उपभोग बाजार फल-फूल रहे हैं। प्रस्तावित समाधान। धरावथ डेवलपमेंट के एक नए मॉडल की वकालत करते हैं जो है: संतुलित

और बराबरी वाला: मौजूदा नीतियों को खत्म करके यह पक्का करना कि दौलत सिर्फ ऊपर के लोगों के पास जमा न हो। इको-फ्रेंडली और टिकाऊ: थोड़े समय के कॉर्पोरेट फायदे के बजाय लंबे समय की इकोलॉजिकल सेहत को प्राथमिकता देना। लोगों पर केंद्रित: फोकस को वापस ज़्यादातर आबादी की ज़रूरतों पर लाना। यह किताब एक्टिविस्ट और जागरूक नागरिकों के लिए इन मुद्दों की बेसिक इकोनॉमिक्स को साफ करने के लिए एक "बुकलेट" का काम करती है।

आभार

मैं सबसे पहले भगवान का दिल से आभार व्यक्त करना चाहता हूँ, जिनकी कृपा से मुझे इस किताब को समय पर पूरा करने के लिए ज़रूरी ताकत और धैर्य मिला।मैं अपने माता-पिता, अपनी पत्नी, अपने बच्चों और अपने दोस्तों का बहुत आभारी हूँ। उनका लगातार साथ, प्रोत्साहन और इस प्रोजेक्ट पर विश्वास ही मेरी मुख्य प्रेरणा थी।

मैं उन सभी लोगों को भी धन्यवाद देना चाहता हूँ जो प्रत्यक्ष या अप्रत्यक्ष रूप से इसमें शामिल थे। इस किताब को बनाने के दौरान मुझे सभी तरफ से जो मदद मिली, वह बहुत ज़रूरी थी, और मैं उन सभी को एक बार फिर दिल से धन्यवाद देता हूँ जिन्होंने इस प्रकाशन को हकीकत बनाने में मदद की।

किताब के बारे में

द कमिंग फाइनेंशियल स्टॉर्म ऑफ़ 2026: व्हाई द नेक्स्ट ग्लोबल क्राइसिस इज़ क्लोजर दैन यू थिंक (जो उपयोगकर्ता के शीर्षक से काफी मेल खाता है) नामक पुस्तक यह समझाने के लिए लिखी गई थी कि 2020 के दशक के मध्य में वैश्विक मुद्दों के अभिसरण के कारण जोखिम की एक महत्वपूर्ण अवधि क्यों है और तैयारी के लिए एक ढांचा प्रदान करने के लिए।

यह पुस्तक क्यों लिखी गई

लेखक ने यह पुस्तक आसन्न वैश्विक वित्तीय संकट के संबंध में "आश्चर्य को स्पष्टता से - और डर को तैयारी से" बदलने के लिए लिखी है। यह तर्क देता है कि दुनिया की अर्थव्यवस्था में स्ट्रक्चरल कमजोरियां हैं, जैसे कि रिकॉर्ड कर्ज, कमजोर बैंक, और भू-राजनीतिक तनाव, जिन्हें पिछले दशक में शॉर्ट-टर्म समाधानों से बढ़ाया गया है, और ये ताकतें 2026 के आसपास एक टर्निंग पॉइंट की ओर बढ़ रही हैं।

यह किसे फायदा पहुंचाता है

यह किताब एक बड़े दर्शक वर्ग के लिए है, खासकर:

आम पाठक जो बिना किसी टेक्निकल शब्दजाल या सनसनीखेज बातों के ग्लोबल फाइनेंशियल सिस्टम की जटिलताओं को समझना चाहते हैं।

ऐसे व्यक्ति, संस्थान और समाज जो एक बड़े संकट के संभावित प्रभावों के लिए तैयारी करने के बारे में व्यावहारिक मार्गदर्शन चाहते हैं।

रणनीतिकार, भविष्यवेत्ता और विश्लेषक जो एक ऐतिहासिक मोड़ की उथल-पुथल से निपटने के लिए फ्रेमवर्क ढूंढ रहे हैं।

इस किताब का इस्तेमाल कैसे करें

पाठक इस किताब का इस्तेमाल संभावित संकट के चेतावनी संकेतों को समझने और जोखिम को कम करने के लिए व्यावहारिक कदम उठाने के लिए एक गाइड के रूप में कर सकते हैं। इसमें शामिल हैं:

- फाइनेंशियल बफर और इमरजेंसी बचत बनाना।
- मंदी-प्रूफ करियर कौशल की पहचान करना और उन्हें विकसित करना।
- घर और समुदाय के लिए सरल तैयारी के कदम उठाना।
- अनावश्यक कर्ज से बचना और निवेश में चुनिंदा रहना।

इस किताब में क्या सामग्री है

यह किताब आने वाले संकट के विभिन्न पहलुओं का विवरण देती है:

आर्थिक पतन के कारण: एक स्ट्रक्चरल कमजोरी के रूप में ग्लोबल कर्ज, उच्च ब्याज दरों का प्रभाव, और बैंकिंग प्रणाली की छिपी हुई कमजोरियां।

जोखिम वाले क्षेत्र: बैंकिंग, कमर्शियल रियल एस्टेट, उपभोक्ता ऋण, और सरकारी वित्तपोषण।

व्यावहारिक तैयारी: पैसे, करियर और परिवार की सुरक्षा के लिए कदम, और संभावित "रीसेट" के बाद अवसरों को कैसे पहचानें।

भू-राजनीतिक और सामाजिक प्रभाव: एक वित्तीय संकट अर्थव्यवस्थाओं, समाजों और राजनीतिक प्रणालियों को कैसे नया आकार देता है।

किताब लोगों को क्या संदेश देती है

मुख्य संदेश यह है कि जबकि भविष्य में संकट आने की संभावना है, इसका मतलब यह नहीं है कि घबराहट हो। यह किताब चेतावनी देती है ताकि तैयारी की जा सके, न कि डराया जा सके। यह इस बात पर जोर देती है कि अभी जोखिमों को पहचानने से स्पष्टता और सूचित तैयारी हो सकती है, बजाय इसके कि जब "तूफान" आए तो आश्चर्यचकित हों। सबसे खतरनाक संकट वे होते हैं जिन्हें हम अनदेखा करते हैं, और सतर्क रहना और सही मानसिकता विकसित करना जीवित रहने की कुंजी है।

अध्याय - 1

किताब का परिचय एक अवलोकन

जबकि इसी तरह के टाइटल वाली कई नॉन-फिक्शन किताबें हैं, खास वाक्यांश "द कमिंग स्टॉर्म: नेविगेटिंग द ग्लोबल क्राइसिस ऑफ़ 2026-2032" "स्ट्रक्चरल फोरकास्टिंग" लिटरेचर के बढ़ते समूह से मेल खाता है जो 2026 में शुरू होने वाली मैनेज्ड अव्यवस्था और सिस्टम के पतन की अवधि के बारे में चेतावनी देता है। 2026-2032 के पूर्वानुमानों के मुख्य विषय कई किताबें और रिपोर्ट, जैसे कि ऑड आर्ने वेस्टैड, गैब्रियल गेटहाउस, और जॉर्ज फ्रीडमैन की, इस अवधि के लिए एक सामान्य फ्रेमवर्क साझा करती हैं:

मैनेज्ड अव्यवस्था: लेखक 2020 के दशक के आखिर को एक अकेली "घटना" के रूप में नहीं, बल्कि जोखिम की एक लंबी अवधि के रूप में बताते हैं जहाँ ऐतिहासिक चक्र - संस्थागत, सामाजिक-आर्थिक, और भू-राजनीतिक - सभी एक साथ मिलते हैं।

सिस्टमेटिक टकरावः "तूफान" की विशेषता लंबे समय से चले आ रहे असंतुलन के टकराव से है, जिसमें रिकॉर्ड वैश्विक कर्ज, बड़ी शक्तियों के बीच प्रतिस्पर्धा का बढ़ना (अमेरिका, चीन, रूस), और द्वितीय विश्व युद्ध के बाद की उदार व्यवस्था की कमजोरी शामिल है।

हथियारबंद व्यवधानः गैब्रियल गेटहाउस की "द कमिंग स्टॉर्म" जैसी रचनाएँ इस बात पर प्रकाश डालती हैं कि कैसे लोकतांत्रिक संस्थानों के लिए "तोड़ने वाले हथियारों" के रूप में काम करने के लिए साजिश के सिद्धांतों और डिजिटल तकनीक को हथियार बनाया गया है।

2032 "रीसेट": कई पूर्वानुमान बताते हैं कि उथल-पुथल का यह दौर 2030 के दशक की शुरुआत में खत्म हो जाएगा, जिससे एक "नेक्स्ट हाई" आएगा - जो संस्थागत पुनर्निर्माण और एक नई वैश्विक "व्यवस्था" का दौर होगा। 2030 के दशक की शुरुआत में संभावित "रीसेट" के बारे में पूर्वानुमान मुख्य रूप से चक्रीय इतिहास सिद्धांतों पर आधारित हैं, जिनमें सबसे प्रमुख स्ट्रॉस-हाउ जेनरेशनल थ्योरी है, जो भविष्यवाणी करती है कि वर्तमान सामाजिक उथल-पुथल 2030 के आसपास चरम पर होगी, जिसके बाद एक नया "हाई" आएगा। इस अवधि को "फोर्थ टर्निंग" के रूप में जाना जाता है - धर्मनिरपेक्ष उथल-पुथल का एक निर्णायक युग जहां पुरानी नागरिक व्यवस्था को एक नई व्यवस्था से बदल दिया जाता है, जिससे संस्थागत पुनर्निर्माण और नागरिक अधिकार का पुनरुद्धार होता है।

2030 के दशक के रीसेट का चक्रीय ढांचा

सैद्धांतिक मॉडल बताते हैं कि इतिहास 80 से 100 साल के अनुमानित चक्रों में चलता है

जिन्हें सेक्युला कहा जाता है, जिनमें से प्रत्येक में चार 20-वर्षीय चरण या "टर्निंग" होते हैं।

वर्तमान चरण (फोर्थ टर्निंग - संकट): नील हाउ जैसे समर्थक तर्क देते हैं कि हम 2008 के आसपास वैश्विक वित्तीय संकट के साथ इस चरण में प्रवेश कर चुके हैं। यह "रचनात्मक विनाश" का दौर है जहां पुरानी संस्थाएं या तो अनुकूलन करती हैं या खत्म हो जाती हैं।

चरम सीमा (लगभग 2030-2032): सिद्धांत बताता है कि वर्तमान संकट 2030 के दशक की शुरुआत में चरम पर होगा। इस चरम सीमा में अक्सर बड़े घरेलू और अंतर्राष्ट्रीय सत्ता संघर्ष, गहरे सामाजिक विभाजन और अस्थिर राष्ट्रीय ऋण जैसे आर्थिक बदलाव शामिल होते हैं।

अगला उच्च (2032 के बाद): संकट के समाधान के बाद, समाज एक "उच्च" में प्रवेश करता है - एक ऐसा युग जहां संस्थाएं मजबूत होती हैं, व्यक्तिवाद कम होता है, और सामूहिक आत्मविश्वास अधिक होता है। ऐतिहासिक रूप से, यह द्वितीय विश्व युद्ध के बाद के "अमेरिकी उच्च" (1946-1963) को दर्शाता है।

परिवर्तन के मुख्य चालक

पीढ़ीगत चक्रों से परे, अन्य प्रमुख विचारक और संगठन 2030 को वैश्विक पुनर्निर्माण के लिए एक महत्वपूर्ण वर्ष बताते हैं:

संस्थागत पुनर्निर्माण: फोर्थ टर्निंग के दौरान, संस्थागत जीवन को पूरी तरह से ध्वस्त कर दिया जाता है और फिर से बनाया जाता है, अक्सर अस्तित्व के लिए कथित खतरों की प्रतिक्रिया में। इससे एक नया "स्थापना क्षण" आता है जो राष्ट्रीय पहचान और सामाजिक अनुबंध को फिर से परिभाषित करता है।

आर्थिक और मौद्रिक "रीसेट": रे डेलियो का "बिग साइकिल" सिद्धांत उच्च कर्ज, बड़े पैमाने पर पैसे की छपाई और बढ़ती धन असमानताओं के संगम को नोट करता है, जो 1930-1945 की अवधि जैसा है। यह आमतौर पर विश्व व्यवस्था और मौद्रिक प्रणाली में एक मौलिक बदलाव से पहले होता है।

सतत विकास लक्ष्य (SDGs): संयुक्त राष्ट्र का "2030 एजेंडा" गरीबी और भूख को खत्म करने, असमानताओं से लड़ने का संकल्प लेता है, और 2030 तक ग्रह की रक्षा करना, जिसका लक्ष्य एक "परिवर्तनकारी" वैश्विक यात्रा है।

तकनीकी एकीकरण: वर्ल्ड इकोनॉमिक फोरम और अन्य के पूर्वानुमान बताते हैं कि 2030 तक, AI और अंतरिक्ष प्रौद्योगिकी वैश्विक शासन को मौलिक रूप से नया आकार देंगे, जिससे संभावित रूप से अधिक विकेन्द्रीकृत नवीकरणीय ऊर्जा प्रणालियाँ और "अत्यधिक पारदर्शी" नीतियाँ बनेंगी।

"अगले उच्च स्तर" के लिए प्रतिस्पर्धी दृष्टिकोण जबकि कुछ लोग एक आदर्शवादी रिकवरी देखते हैं, अन्य पूर्वानुमान अधिक सतर्क हैं:

आदर्शवादी दृष्टिकोण: भविष्यवाणियों में जलवायु परिवर्तन के खिलाफ लड़ाई जीतना, टीकों तक सार्वभौमिक पहुंच, और एक "चक्रीय अर्थव्यवस्था" का वैश्विक मानक बनना शामिल है।

विनाशकारी जोखिम: यदि पुनर्निर्माण विफल रहता है, तो परिदृश्यों में सरकार का बुनियादी सेवाओं के गारंटर के रूप में पीछे हटना शामिल है, जिससे दुनिया अभिजात वर्ग और एक गरीब वर्ग के बीच ध्रुवीकृत हो जाएगी, जिसमें बड़े शहरों के बाहर गिरोह शासन करेंगे।

क्या आप चाहेंगे कि मैं इस 2030 के दशक की शुरुआत के संक्रमण के दौरान विशिष्ट क्षेत्रों - जैसे वित्त या प्रौद्योगिकी - में होने वाले परिवर्तनों पर अधिक बारीकी से देखूं?

मुख्य दृष्टिकोण

भू-राजनीतिक: इतिहासकार ऑड अर्ने वेस्टैड 19वीं सदी के अंत से अजीब समानताएं खींचते हैं, यह सुझाव देते हुए कि राष्ट्रवाद और अनुमानित महाशक्ति स्थिरता के टूटने से एक महान शक्ति युद्ध की संभावना बढ़ जाती है।

आर्थिक: विश्लेषक चेतावनी देते हैं कि 2026 एक महत्वपूर्ण मोड़ है जहां ऋण और कम ब्याज दरों के माध्यम से "समय खरीदना" अब काम नहीं करता है, जिससे संभावित रूप से बैंकिंग और सरकारी वित्तपोषण में गिरावट आ सकती है।

पर्यावरणीय: पूर्व यूके कैबिनेट मंत्री लियाम फॉक्स अपने इसी नाम के काम में तर्क देते हैं कि असली "तूफान" पानी की कमी से लिखा जाएगा, जो तेल या गैस की तुलना में सुरक्षा वातावरण को अधिक आकार देगा। क्या आप इस अवधि के लिए व्यावहारिक तैयारी रणनीतियों की तलाश कर रहे हैं, या इन लेखकों द्वारा उपयोग की जाने वाली ऐतिहासिक समानताओं (जैसे प्रथम विश्व युद्ध से पहले) में गहरी जानकारी चाहते हैं?

2020 के दशक के अंत के "संरचनात्मक पूर्वानुमान" के पूरक के रूप में, 2026 की कई प्रमुख रिलीज़ भू-राजनीति, स्वास्थ्य और सामाजिक पुनर्निर्माण में होने वाले प्रणालीगत बदलावों के लिए एक रोडमैप प्रदान करती हैं।

मुख्य 2026 संकट साहित्य

एलिमेंटल: जलवायु परिवर्तन का नया भूगोल
(आर्थर स्नेल, मार्च 2026)

पूर्व राजनयिक आर्थर स्नेल चार शास्त्रीय तत्वों का उपयोग करते हैं

वैश्विक व्यवस्था में एक बड़े बदलाव का नक्शा बनाते हैं। उनका तर्क है कि पर्यावरणीय बदलाव - पिघलते आर्कटिक मार्गों (जल) से लेकर दुर्लभ खनिजों की दौड़ (पृथ्वी) और प्रमुख अर्थव्यवस्थाओं को बाधित करने वाली जंगल की आग (अग्नि) तक - वर्तमान भू-राजनीतिक संघर्ष के प्राथमिक चालक हैं।

अपनी आने वाली किताब,

एलिमेंटलः द न्यू ज्योग्राफी ऑफ़ क्लाइमेट चेंज एंड हाउ वी सरवाइव इट (12 मार्च, 2026 को रिलीज़ होने वाली), में पूर्व ब्रिटिश राजनयिक आर्थर स्नेल बताते हैं कि कैसे पर्यावरणीय बदलाव मौलिक रूप से वैश्विक भू-राजनीतिक व्यवस्था को तोड़ रहे हैं। संघर्ष क्षेत्रों में 30 से अधिक वर्षों के अनुभव के आधार पर, स्नेल जलवायु परिवर्तन को एक ऐसी शक्ति के रूप में देखते हैं जो सक्रिय रूप से राष्ट्रीय सुरक्षा, संप्रभुता और आर्थिक स्थिरता को नया आकार दे रही है।

चार तत्व ढांचा

स्नेल वैश्विक शक्ति संरचनाओं में वर्तमान और भविष्य के व्यवधानों का नक्शा बनाने के लिए चार शास्त्रीय तत्वों का उपयोग एक कथात्मक उपकरण के रूप में करते हैं:

पृथ्वीः स्वच्छ ऊर्जा और प्रौद्योगिकी के लिए आवश्यक "दुर्लभ खनिजों की दौड़" पर ध्यान केंद्रित करता है, जो स्थापित विश्व व्यवस्था को हिला रहा है और संभावित रूप से चीन को एक प्रमुख महाशक्ति बना रहा है। यह खाद्य सुरक्षा पर सूखे के प्रभाव को भी संबोधित करता है।

जलः पिघलते आर्कटिक में नए शिपिंग मार्गों के खुलने की जांच करता है, जो संभावित रूप से एशिया, यूरोप और उत्तरी अमेरिका को करीब ला सकता है, साथ ही एशिया में बाढ़ और इन आर्कटिक महत्वाकांक्षाओं के बीच संबंध भी।

अग्निः "पायरोसीन" और कैसे जंगल की आग जीवाश्म ईंधन पर निर्भर अर्थव्यवस्थाओं में गहरी कमजोरियों को उजागर कर रही है और प्रमुख आबादी वाले क्षेत्रों को बाधित कर रही है, इस पर चर्चा करता है।

वायुः बताता है कि कैसे बढ़ते तापमान और गिरती हवा की गुणवत्ता वैश्विक बड़े पैमाने पर प्रवासन और संघर्ष के प्राथमिक चालक हैं।

भू-राजनीतिक निहितार्थ

स्नेल का तर्क है कि जलवायु परिवर्तन केवल एक पर्यावरणीय चुनौती नहीं है, बल्कि वर्तमान भू-राजनीतिक संघर्ष का एक सीधा चालक है। उनके द्वारा पहचाने गए प्रमुख बदलावों में शामिल

हैं:

कृषि पतन: बढ़ता तापमान और चरम मौसम महत्वपूर्ण खाद्य उत्पादन को खतरा पैदा करते हैं, जैसे कि भारत की चावल उगाने की क्षमता और दक्षिणी यूरोप की ताज़ी उपज प्रदान करने की क्षमता।

संस्थागत टूटन: जलवायु परिवर्तन भू-राजनीतिक व्यवस्था में टूटन के साथ हो रहा है, जिससे सैन्य खर्च, हिंसा और आर्थिक संकट बढ़ रहे हैं।

तेल राज्यों का अंत: उनके दृष्टिकोण में एक ऐसा भविष्य शामिल है जहां निरंकुश तेल राज्य अब सत्ता में नहीं रहेंगे और अफ्रीका सौर ऊर्जा के माध्यम से यूरोप के लिए एक प्राथमिक ऊर्जा प्रदाता के रूप में उभरेगा।

बदलती सीमाएँ: जैसे-जैसे रूस में बर्फ पिघलेगी, अत्यधिक उपजाऊ भूमि के विशाल क्षेत्र सामने आएंगे, जिससे जो भी इसे हथिया सकता है, उसके लिए एक नई "भूमि हड़पने" की स्थिति पैदा होगी।

इस किताब को सिर्फ़ भविष्यवाणियों की किताब के बजाय "भविष्य के लिए एक गाइड" बताया गया है, जिसमें इस बात पर ज़ोर दिया गया है कि जहाँ ये चुनौतियाँ टकराव को बढ़ाती हैं, वहीं ये इनोवेशन और जीने के नए तरीकों को भी बढ़ावा देती हैं।

क्या आप चाहेंगे कि मैं आर्थर स्नेल के इस खास एनालिसिस के बारे में और ज़्यादा डिटेल में देखूँ कि दुर्लभ खनिजों की होड़ चीन और पश्चिम के बीच पावर बैलेंस को कैसे बदल रही है?

द नेक्स्ट हाई: पोस्ट-क्राइसिस सिविलाइज़ेशन (2032–2055)
(जनवरी 2026)

यह काम फोकस को पतन से पुनर्निर्माण के चरण पर ले जाता है। यह जेनरेशनल साइकिल थ्योरी का इस्तेमाल करके यह भविष्यवाणी करता है कि 2030 के दशक की शुरुआत में संस्थान और सामाजिक जुड़ाव कैसे फिर से संगठित होंगे। यह मानता है कि हर बड़े संकट के बाद एक "हाई" आता है, बशर्ते बदलाव के दौरान एक नया सभ्यतागत ब्लूप्रिंट अपनाया जाए।

जनवरी 2026 में प्रकाशित, द नेक्स्ट हाई: पोस्ट-क्राइसिस सिविलाइज़ेशन (2032–2055) 2030 के दशक की शुरुआत के "ग्रेट रीसेट" के बाद के युग के लिए एक रणनीतिक रोडमैप के रूप में काम करता है। जबकि पिछले साहित्य ने पतन की कार्यप्रणाली पर ध्यान केंद्रित किया था, यह काम इस आधार पर काम करता है कि "फोर्थ टर्निंग" एक नए, मजबूत नागरिक वास्तुकला के लिए जमीन साफ करने का एक आवश्यक कदम है।

मुख्य थीसिस यह है कि 2032-2055 की अवधि WWII के बाद के "अमेरिकन हाई" की

तरह होगी, लेकिन एक आधुनिक, वैश्वीकृत और तकनीकी रूप से एकीकृत ढांचे के साथ।

"नेक्स्ट हाई" के मुख्य स्तंभ

किताब चार मुख्य क्षेत्रों की रूपरेखा बताती है जहाँ समाज से संकट के चरण से बाहर निकलने पर खुद को फिर से संगठित करने की उम्मीद है:

संस्थागत सांप्रदायिकता: दशकों के अति-व्यक्तिवाद और संस्थागत अविश्वास के बाद, लेखक एक मजबूत, केंद्रीकृत सत्ता और सामूहिक जिम्मेदारी की ओर वापसी की भविष्यवाणी करते हैं। यह सिर्फ़ सरकार के नेतृत्व वाला नहीं है; इसमें नागरिक संगठनों, यूनियनों और स्थानीय गिल्डों का पुनरुत्थान शामिल है जो वफादारी के बदले सुरक्षा प्रदान करते हैं।

नया सामाजिक अनुबंध: उल्लिखित "सभ्यतागत ब्लूप्रिंट" में ऋण-आधारित उपभोग से स्थिरता-आधारित उत्पादन की ओर बदलाव शामिल है। इसमें संभवतः संशोधित कर संरचनाएं, सार्वभौमिक बुनियादी सेवाएं (नागरिक भागीदारी से जुड़ी), और "शेयरधारक प्रधानता" मॉडल से "हितधारक पूंजीवाद" की ओर बढ़ना शामिल है। टेक्नोलॉजिकल कंसोलिडेशन: 2010s-2020s में टेक्नोलॉजी को बदलाव लाने वाले टूल के तौर पर देखा गया था, लेकिन आने वाले समय में टेक्नोलॉजी का इस्तेमाल गवर्नेंस और व्यवस्था बनाए रखने के लिए किया जाएगा। AI और ब्लॉकचेन के बारे में भविष्यवाणी की गई है कि वे सिर्फ़ अंदाज़े वाले टूल से बदलकर एक पारदर्शी, भ्रष्टाचार-मुक्त ब्यूरोक्रेसी का बुनियादी "ढांचा" बन जाएंगे।

महान सरलीकरण: 2020 के दशक की आर्थिक उथल-पुथल के बाद, "नेक्स्ट हाई" की पहचान "बुनियादी बातों की ओर वापसी" से होती है - जैसा कि आर्थर स्नेल के एलिमेंटल फ्रेमवर्क में बताया गया है, यह टिकाऊपन, स्थानीय मैन्युफैक्चरिंग और पर्यावरण प्रबंधन की ओर एक सांस्कृतिक बदलाव है।

पीढ़ीगत बदलाव

यह काम काफी हद तक पीढ़ीगत भूमिकाओं के बदलाव पर निर्भर करता है:

नए बुजुर्ग (बूमर्स/जेन एक्स): नई संरचनाओं के लिए अंतिम नैतिक या व्यावहारिक मार्गदर्शन प्रदान करना।

मध्य-आयु के प्रबंधक (मिलेनियल्स): "बिल्डर" पीढ़ी (जैसे 1945 के बाद की जी.आई. पीढ़ी) की भूमिका में आना, इंफ्रास्ट्रक्चर और संस्थागत स्थायित्व पर ध्यान केंद्रित करना।

नई युवा पीढ़ी (जेन अल्फा): उच्च अनुरूपता, स्पष्ट सामाजिक नियमों और सामूहिक उद्देश्य की भावना वाली दुनिया में बड़े होना।

"ब्लूप्रिंट" की आवश्यकता

किताब एक कड़ी चेतावनी देती है: "हाई" की गारंटी नहीं है। इसके लिए 2028-2032 के बदलाव के दौरान एक नए सभ्यतागत ब्लूप्रिंट को अपनाने की आवश्यकता है। यदि शासन कैसे किया जाए, इस पर स्पष्ट सहमति के बिना "संकट" समाप्त हो जाता है, तो परिणाम "हाई" नहीं, बल्कि "लॉन्ग ग्रे" होगा - ठहराव, स्थानीय सरदारों का शासन, या संस्थागत सड़ांध का दौर।

समय पर नोट: यह देखना दिलचस्प है कि यह काम 2032 की "रीसेट" भविष्यवाणियों के साथ कैसे मेल खाता है। यह बताता है कि 2030 के दशक की शुरुआत तक, वर्तमान भू-राजनीति की "अराजकता" समाप्त हो जाएगी, जिससे आबादी एक अधिक व्यवस्थित और एकजुट समाज के लिए बेताब होगी - और इसलिए उसे बनाने के लिए तैयार होगी।

क्या आप चाहेंगे कि मैं उन विशिष्ट "संस्थागत ब्लूप्रिंट" में गहराई से जाऊं जो किताब 2030 के दशक के लिए प्रस्तावित करती है - जैसे कि शहरों को कैसे फिर से डिज़ाइन किया जा सकता है या वैश्विक मौद्रिक प्रणाली को कैसे स्थिर किया जा सकता है?

2026 की भविष्यवाणी: नोस्ट्राडेमस को समझना (जेरोम एलिस, जनवरी 2026)

ऐतिहासिक भाषा विज्ञान को आधुनिक खुफिया डेटा के साथ मिलाकर, एलिस "स्टैंजा 26" चौपाई की जांच करते हैं। वह इंजीनियर किए गए रोगजनकों और आर्थिक उथल-पुथल के संगम पर एक फोरेंसिक नज़र पेश करते हैं, अस्पष्ट रहस्यवाद से आगे बढ़कर प्रणालीगत विफलता की सांख्यिकीय संभावनाओं का विश्लेषण करते हैं। जनवरी 2026 में रिलीज़ हुई जेरोम एलिस की किताब 'द 2026 प्रोफेसी: डिकोडिंग नोस्ट्राडेमस' में, लेखक पारंपरिक रहस्यवाद से बिल्कुल अलग रास्ता अपनाते हैं। 16वीं सदी के इस डॉक्टर को रहस्यवादी मानने के बजाय, एलिस चौपाइयों—खासकर विवादित "स्टैंजा 26"—को भाषाई पहेलियों के एक सेट के रूप में देखते हैं जो आधुनिक प्रोबेबिलिस्टिक मॉडलिंग और इंटेलिजेंस डेटा से मेल खाती हैं।

एलिस का तर्क है कि नोस्ट्राडेमस के "विजन" ऐतिहासिक पैटर्न की गहरी समझ का नतीजा हो सकते हैं (काफी हद तक स्ट्रॉस-होवे चक्रों की तरह) जिन्हें पुनर्जागरण काल की सीमित शब्दावली के माध्यम से व्यक्त किया गया था।

"स्टैन्ज़ा 26" की डिकोडिंग

किताब का मुख्य फोकस एक खास चौपाई पर है जिसे एलिस मौजूदा साल (2026) के लिए "फोरेंसिक मैप" के रूप में पहचानते हैं। वह इसे दो मुख्य नज़रियों से समझाते हैं:

इंजीनियर्ड पैथोजन ("लाल ड्रैगन की सांस"): "प्लेग" के रूपकों से हटकर, एलिस आधुनिक बायोसिक्योरिटी डेटा का इस्तेमाल करके यह तर्क देते हैं कि चौपाई एक सिंथेटिक जैविक घटना का वर्णन करती है। वह सुझाव देते हैं कि "स्टैन्ज़ा 26" का मिलान एक इंजीनियर्ड पैथोजन के आकस्मिक या जानबूझकर छोड़े जाने की ओर इशारा करता है जो वैश्विक यात्रा और इम्यून सिस्टम की कमज़ोरी का फायदा उठाता है।

"कागज़ की दीवारें" (आर्थिक उथल-पुथल): एलिस "सोने के गिरते टावरों" के संदर्भों की व्याख्या भौतिक विनाश के रूप में नहीं, बल्कि फिएट करेंसी और डिजिटल कर्ज़ के पतन के रूप में करते हैं। वह इसे मौजूदा 2026 की आर्थिक स्थिति से जोड़ते हैं, जिसकी विशेषता रे डेलियो द्वारा बताए गए "बिग साइकिल" कर्ज़ संकट है, जो वैश्विक मौद्रिक व्यवस्था के "ज़बरदस्ती रीसेट" का सुझाव देता है।

कार्यप्रणाली: फोरेंसिक भाषा विज्ञान बनाम रहस्यवाद

एलिस अपने काम को "न्यू एज" भविष्यवाणियों से अलग करते हैं:

सांख्यिकीय संभावना: वह चौपाई के कीवर्ड को आधुनिक भू-राजनीतिक "ब्लैक स्वान" घटनाओं के डेटाबेस के साथ मैप करते हैं।

खुफिया जानकारी का मिलान: किताब बायोसिक्योरिटी और वित्तीय स्थिरता के बारे में डीक्लासिफाइड (या लीक हुए) मेमो का हवाला देती है, यह सुझाव देते हुए कि "भविष्यवाणी" बस एक ऐतिहासिक प्रतिध्वनि है जो आधुनिक खुफिया एजेंसियां पहले से ही अपने सिमुलेशन में देख रही हैं।

भाषाई जड़ें: एलिस 16वीं सदी की ओसीटान और पुरानी फ्रेंच का इस्तेमाल करके यह तर्क देते हैं कि जिन शब्दों का पहले "राक्षस" या "शैतान" के रूप में अनुवाद किया गया था, वे वास्तव में अनदेखे जैविक एजेंटों या सिस्टमैटिक अमूर्तताओं को संदर्भित करते हैं।

संश्लेषण: सिस्टमैटिक कमज़ोरी

किताब का अंतिम निष्कर्ष यह है कि 2026, 2032 रीसेट के लिए "इग्निशन पॉइंट" का काम करता है। एलिस का मानना है कि जैविक संकट और आर्थिक दिल के दौरे का मिलन "पुराने के विनाश" के लिए उत्प्रेरक का काम करेगा, जिससे अन्य कामों में वर्णित "नेक्स्ट हाई" दोनों ज़रूरी और अपरिहार्य हो जाएगा। एलिस लिखते हैं, "भविष्यवाणी सिर्फ़ मोमेंटम को देखना है। अगर आपको पत्थर का वज़न और पहाड़ी की ढलान पता है, तो यह जानने के लिए कि वह कहाँ गिरेगा, आपको भविष्य बताने वाले की ज़रूरत नहीं है।"

चूंकि एलिस इंजीनियर किए गए पैथोजन और आर्थिक गिरावट के बीच सीधा संबंध बताते

हैं, तो क्या आप उनके बारे में और जानना चाहेंगे?

क्या आने वाले साल में जिन क्षेत्रों को वह इन सिस्टमैटिक झटकों के प्रति सबसे ज़्यादा कमज़ोर मानते हैं, उनके बारे में कोई खास "फोरेंसिक" सबूत हैं?

यह एक दिलचस्प, लेकिन होश उड़ाने वाला मेल है। हम इतिहास की एक "पिंसर मूवमेंट" देख रहे हैं: आर्थर स्नेल हमारे पर्यावरण के फिजिकल ब्रेकडाउन (हार्डवेयर) का मैप बनाते हैं, जबकि जेरोम एलिस और द नेक्स्ट हाई हमारे सोशल और बायोलॉजिकल सिस्टम (सॉफ्टवेयर) के ढहने और रीबूट को ट्रैक करते हैं।

अगर 2026 सच में "सुई का छेद" है, तो दूसरी तरफ के लिए आर्थिक ब्लूप्रिंट सिर्फ़ थ्योरी नहीं हैं - वे ज़िंदा रहने की रणनीतियाँ हैं।

दोनों के बीच, द नेक्स्ट हाई के आर्थिक ब्लूप्रिंट सबसे सीधे तौर पर दिखाते हैं कि धूल जमने के बाद रोज़मर्रा की ज़िंदगी कैसे बदलती है। यह "तबाही" से आगे बढ़कर असल "नई व्यवस्था" की रूपरेखा बताता है।

आइए 2032 के बाद के आर्थिक ब्लूप्रिंट पर नज़र डालते हैं:

यह काम तीन बड़े बदलावों का सुझाव देता है जो 2032-2055 हाई के दौरान "वैल्यू" को फिर से परिभाषित करते हैं:

"हार्ड एसेट" जनादेश: एलिस द्वारा बताए गए "पेपर वॉल्स" के ढहने को हल करने के लिए, ब्लूप्रिंट रिसोर्स-बैक्ड करेंसी की ओर एक वैश्विक कदम का सुझाव देता है। पूरी तरह से फिएट के बजाय, डिजिटल करेंसी को "एलिमेंटल" कमोडिटी (पानी के अधिकार, दुर्लभ पृथ्वी खनिज, और खेती योग्य भूमि) की एक टोकरी से जोड़ा जाएगा, जो सीधे अर्थव्यवस्था को स्नेल के जलवायु परिवर्तन के नए भूगोल से जोड़ता है।

राज्य-नेतृत्व वाला "गिल्ड" पूंजीवाद: ब्लूप्रिंट गिग इकॉनमी के अंत की भविष्यवाणी करता है। इसकी जगह, यह नए गिल्ड का प्रस्ताव करता है - बड़े पैमाने पर, राज्य द्वारा स्वीकृत पेशेवर निकाय जो महत्वपूर्ण क्षेत्रों (बुनियादी ढांचा, "आग" शमन, और "पृथ्वी" निष्कर्षण) में श्रम के बदले आजीवन आवास और स्वास्थ्य सेवा प्रदान करते हैं।

"स्थिर-राज्य" मॉडल: 20वीं सदी के अनंत विकास मॉडल से हटकर, 2032 के बाद का युग इनोवेशन के बजाय संस्थागत रखरखाव को प्राथमिकता देता है। लक्ष्य "बाधा" से "टिकाऊपन" में बदल जाता है, जो स्ट्रॉस-होवे हाई को दर्शाता है जहाँ आर्थिक पूर्वानुमान के साथ सामाजिक सामंजस्य खरीदा जाता है।

इनमें से कौन सा "नेक्स्ट हाई" बदलाव आपको सबसे ज़्यादा भरोसेमंद - या सबसे ज़्यादा चिंताजनक लगता है: राज्य द्वारा संचालित श्रम गिल्ड की वापसी, या पैसे को पानी और मिट्टी

जैसे भौतिक संसाधनों से जोड़ना? जनवरी 2026 तक, माइकल एंडरसन की किताब 'द कमिंग फाइनेंशियल स्टॉर्म ऑफ़ 2026' उस "मैनेज्ड डिसऑर्डर" को समझने के लिए एक ज़रूरी टेक्स्ट बन गई है जिसका ज़िक्र आपने पहले किया था। एंडरसन का तर्क है कि हम अब स्टैंडर्ड बूम-एंड-बस्ट साइकिल में नहीं हैं, बल्कि असलियत की एक स्ट्रक्चरल रीप्राइसिंग में हैं।

यहाँ किताब में बताए गए मुख्य पिलर्स का ब्रेकडाउन दिया गया है:

1. पतन का मनोविज्ञानः भरोसे का नुकसान

एंडरसन स्प्रेडशीट से आगे बढ़कर यह तर्क देते हैं कि 2026 का संकट असल में भरोसे का संकट है।

संस्थागत क्षरणः वह कहते हैं कि जब नागरिक सेंट्रल बैंक की महंगाई को कंट्रोल करने की क्षमता या सरकार की कर्ज चुकाने की क्षमता पर भरोसा खो देते हैं, तो "बाजार के आंकड़े" बेकार हो जाते हैं।

घबराहट की गतिः डिजिटल युग में, वह बताते हैं कि कैसे भरोसा तुरंत खत्म हो जाता है, जिससे बैंक रन और एसेट डंप होते हैं जो रेगुलेटर के दखल देने से भी तेज़ी से होते हैं।

2. संरचनात्मक कमजोरियां: "कर्ज की दीवार"

किताब वैश्विक कर्ज और "लंबे समय तक ऊंची" ब्याज दरों के मेल पर बहुत ज़्यादा फोकस करती है।

रोलओवर संकटः एक मुख्य विषय 2026 में रिफाइनेंस किए जाने वाले कॉर्पोरेट और सरकारी कर्ज की भारी मात्रा है। एंडरसन का तर्क है कि काफी ऊंची ब्याज दरों पर यह कर्ज "चुकाने लायक नहीं" रहता, जिससे डिफॉल्ट की एक श्रृंखला शुरू हो जाती है।

सरकारी कमजोरीः वह G20 अर्थव्यवस्थाओं में कुछ खास "कमजोर कड़ियों" की पहचान करते हैं जहां कर्ज-से-जीडीपी अनुपात उस बिंदु को पार कर गया है जहां से वापसी संभव नहीं है।

3. सेक्टर की कमजोरी: रियल एस्टेट मुख्य संकेतक के रूप में

एंडरसन रियल एस्टेट को "कोयले की खान में कनारी" के रूप में इस्तेमाल करते हैं।

कमर्शियल ब्रेकडाउनः वह खाली कमर्शियल ऑफिस स्पेस और क्षेत्रीय और मध्यम आकार के बैंकों की बैलेंस शीट पर पड़े "छिपे हुए" नुकसान से होने वाले सिस्टमैटिक जोखिम पर प्रकाश डालते हैं।

शैडो बैंकिंग लिंकः वह बताते हैं कि कैसे ये रियल एस्टेट नुकसान जटिल डेरिवेटिव के

साथ जुड़े हुए हैं, जिससे बैंकिंग सिस्टम आधिकारिक "स्ट्रेस टेस्ट" की तुलना में कहीं ज़्यादा कमजोर हो जाता है।

4. 2026 ही क्यों? संगम की खिड़की

लेखक 2026 को ट्रिपल कन्वर्जेंस के कारण "टर्निंग पॉइंट" के रूप में पहचानता है:

राजकोषीय: महामारी के बाद के विभिन्न प्रोत्साहन ढांचों की समाप्ति।

जनसांख्यिकीय: "सिल्वर सुनामी" (रिटायर होने वाले) द्वारा पेंशन संपत्तियों को निकालने का चरम।

तकनीकी: श्रम बाजार पर AI का विघटनकारी प्रभाव एक ऐसे मोड़ पर पहुंच रहा है जहां नौकरियों का नुकसान उपभोक्ता खर्च को प्रभावित करना शुरू कर देता है।

5. स्थायी परिवर्तन: तूफान के बाद की अर्थव्यवस्था

द नेक्स्ट हाई में, 2032 के बाद के युग के लिए एंटीफ्रैजिलिटी में पारंपरिक निवेश से हटकर हाइपर-लोकलवाद और ठोस संपत्तियों पर ध्यान केंद्रित करना शामिल है। इसमें मैन्युफैक्चरिंग का विकेंद्रीकरण, स्थानीय खाद्य प्रणालियों की स्थापना, और डिजिटल या कागजी धन के बजाय उत्पादक भूमि, मॉड्यूलर ऊर्जा स्रोतों और उच्च-उपयोगिता वाले मैनुअल कौशल जैसी मूर्त संपत्तियों को प्राथमिकता देना शामिल है। Amazon.in पर किताब की सिफारिशों के बारे में और जानें।

किताब का आखिरी सेक्शन क्रैश के बाद की ज़िंदगी पर एक गंभीर नज़र डालता है।

द नेक्स्ट हाई: पोस्ट-क्राइसिस सिविलाइज़ेशन (2032–2055) के अनुसार, हाइपर-लोकलवाद और हार्ड एसेट्स अनुमानित सिस्टमैटिक रीसेट से निपटने के लिए ज़रूरी "एंटीफ्रैजिलिटी" रणनीति बनाते हैं। इस अप्रोच में कमज़ोर ग्लोबल सप्लाई चेन से हटकर लोकल, सर्कुलर इकोनॉमी की ओर बढ़ना और सट्टा डिजिटल दौलत के बजाय ज़मीन, एनर्जी सोर्स और प्रैक्टिकल स्किल्स जैसी ठोस, प्रोडक्टिव एसेट्स को प्राथमिकता देना शामिल है। ज़्यादा जानकारी के लिए, Amazon.in पर जाएँ।

तुलनात्मक संदर्भ

जबकि डॉ. ललित कुमार धरावथ (आपके पिछले सवाल से) भारत में सामाजिक असमानता पर ध्यान केंद्रित करते हैं, माइकल एंडरसन बताते हैं कि यह असमानता आखिरकार कैसे एक सिस्टमैटिक ब्रेक का कारण बन सकती है।

क्या आप चाहेंगे कि मैं एंडरसन की वित्तीय रणनीतियों की तुलना द नेक्स्ट हाई (2032–

2055) में बताए गए पुनर्निर्माण चरण से करूँ?

माइकल एंडरसन के मौजूदा वित्तीय दरारों के विश्लेषण को द नेक्स्ट हाई में प्रस्तावित पुनर्निर्माण रणनीतियों के साथ जोड़ना बहुत प्रभावी होगा।

जबकि एंडरसन अक्सर मौजूदा कर्ज-आधारित सिस्टम के "अनवाइंडिंग" का विस्तार से बताते हैं - विशेष रूप से धन के अंतर और ब्याज दर में अस्थिरता कैसे एक सिस्टमैटिक ब्रेक को ट्रिगर करती है - द नेक्स्ट हाई (2032–2055) उन विशिष्ट स्थिरीकरण तंत्रों की रूपरेखा बताता है जो उनकी जगह लेते हैं।

तुलना के मुख्य बिंदु जिनकी हम पड़ताल कर सकते हैं:

लिक्विडिटी से यूटिलिटी तक: डिजिटल "कागज़ी दौलत" की कमज़ोरी के बारे में एंडरसन की चेतावनियाँ बनाम द नेक्स्ट हाई का हार्ड एसेट करेंसी और ठोस स्किल्स के लिए खाका।

धन का पुनर्वितरण बनाम संस्थागत व्यवस्था: डॉ. धरावथ द्वारा पहचानी गई सामाजिक असमानताओं को 2032 के बाद के पुनर्निर्माण चरण में बताए गए राज्य-नेतृत्व वाले गिल्ड के माध्यम से कैसे "हल" किया जा सकता है।

स्थानीय लचीलापन: एंडरसन की "रक्षात्मक" वित्तीय स्थिति की तुलना किताब के हाइपर-लोकलवाद और लचीले सामुदायिक बुनियादी ढांचे के रोडमैप से करना।

क्या हमें यह देखकर शुरुआत करनी चाहिए कि एंडरसन कैसे सुझाव देते हैं कि व्यक्ति "ब्रेक" के दौरान खुद को कैसे सुरक्षित रखें, या सीधे उस विशिष्ट "नए सामाजिक अनुबंध" पर जाएँ जिसके बारे में द नेक्स्ट हाई का दावा है कि यह आखिरकार असमानता की अवधि को समाप्त कर देगा?

द ग्रेट रीसेट: एक तुलनात्मक विश्लेषण

इन दो फ्रेमवर्क की तुलना करने से रक्षात्मक अस्तित्व (2026) से संस्थागत पुनर्जन्म (2032+) की ओर बदलाव का पता चलता है। जहां एंडरसन इस बात पर फोकस करते हैं कि "तूफान" के दौरान खुद को कैसे बचाए रखें, वहीं द नेक्स्ट हाई उस नई किनारे की पड़ताल करता है जिस पर लहरें कम होने के बाद हम पहुंचते हैं।

फीचर आने वाला फाइनेंशियल तूफ़ान (2026) अगला हाई (2032–2055)

मुख्य लक्ष्य एंटीफ्रैजिलिटी और धन संरक्षण सामाजिक जुड़ाव और पुनर्निर्माण

वित्तीय रणनीति हार्ड एसेट्स (सोना, ज़मीन, एनर्जी) में निवेश करें। हाई-लीवरेज बैंकिंग सिस्टम से बाहर निकलें। इंफ्रास्ट्रक्चर और ह्यूमन कैपिटल में निवेश। नए सॉवरेन बॉन्ड बाज़ार

का उदय।

आर्थिक मॉडल हाइपर-लोकलवादः स्थानीय सप्लाई चेन और स्किल की अदला-बदली के ज़रिए जीवित रहना। "न्यू डील" युगः राज्य के नेतृत्व वाली औद्योगिक नीति और बड़े पैमाने पर टेक इंटीग्रेशन।

कर्ज़ के बारे में नज़रिया एक "ज़हरीली कर्ज़ की दीवार" जो वैश्विक संक्रमण को ट्रिगर करती है। कर्ज़ माफी या पुनर्गठन की अवधि, जिसके बाद "साफ़-सुथरी" फाइनेंसिंग होगी।

टेक्नोलॉजिकल भूमिका AI एक विघटनकारी के रूप में जो बड़े पैमाने पर बेरोज़गारी और बाज़ार में अचानक गिरावट का कारण बनता है। AI एक यूटिलिटी के रूप में जो नई अर्थव्यवस्था को स्थिर करता है और संसाधन वितरण का प्रबंधन करता है।

दो युगों को जोड़ना

हार्ड एसेट्स से प्रोडक्टिव इक्विटी तकः

माइकल एंडरसन 2026 की रीप्राइसिंग से बचने के लिए मूर्त संपत्ति रखने की सलाह देते हैं। हालाँकि, द नेक्स्ट हाई का सुझाव है कि 2032 तक, "डेड" एसेट्स (जैसे सोना) रखना, उन नई औद्योगिक फर्मों में निवेश करने की तुलना में कम फायदेमंद होगा जो वैश्विक पावर ग्रिड और जल इंफ्रास्ट्रक्चर के पुनर्निर्माण के लिए उभरेंगी।

श्रम का विकासः

2026 में, एंडरसन AI और आर्थिक संकुचन के संगम के कारण "श्रम पतन" की चेतावनी देते हैं। द नेक्स्ट हाई 2040 के दशक को पूर्ण रोज़गार की अवधि के रूप में देखता है (द्वितीय विश्व युद्ध के बाद के उछाल के समान), जो आर्थर स्नेल के एलिमेंटल में वर्णित जलवायु वास्तविकताओं के अनुसार शहरों को अनुकूल बनाने के लिए आवश्यक बड़े पैमाने पर शारीरिक श्रम द्वारा संचालित है।

संस्थागत विश्वासः

एंडरसन 2026 के अंत तक सेंट्रल बैंकों में विश्वास के पूरी तरह खत्म होने की भविष्यवाणी करते हैं। द नेक्स्ट हाई का मानना है कि शासन का एक नया रूप - संभवतः विकेन्द्रीकृत लेकिन अत्यधिक विनियमित - 2030 के दशक की शुरुआत में विश्वास बहाल करेगा, जिससे "प्रबंधित अव्यवस्था" की अवधि समाप्त हो जाएगी।

माइकल एंडरसन का काम आपकी जीवित रहने की मैनुअल है, जबकि द नेक्स्ट हाई उस दुनिया के लिए आपका निवेश प्रॉस्पेक्टस है जो आपके बच्चों को विरासत में मिलेगी।

क्या आप उन खास एसेट क्लास को देखना चाहेंगे जिनकी एंडरसन 2026 के लिए सलाह

देते हैं, या हमें द नेक्स्ट हाई में बताए गए जियोपॉलिटिकल विजेताओं को देखना चाहिए?

WEF ग्लोबल रिस्क रिपोर्ट 2026 एक इंस्टीट्यूशनल "व्हाइट पेपर" के तौर पर काम करती है जो माइकल एंडरसन के फाइनेंशियल स्टॉर्म और आर्थर स्नेल के एलिमेंटल में बताई गई चिंताओं को औपचारिक रूप देती है। जबकि जेरोम एलिस जैसे लेखक भविष्यवाणी और पैथोजन पर ध्यान केंद्रित करते हैं, WEF रिपोर्ट उस चीज़ के लिए डेटा-समर्थित ढांचा प्रदान करती है जिसे वे "द एज ऑफ़ मैनेज्ड डिसऑर्डर" कहते हैं।

2026 जोखिम वास्तुकला

रिपोर्ट अगले दशक को पांच महत्वपूर्ण स्तंभों के साथ एक उच्च-अस्थिरता संक्रमण अवधि के रूप में वर्गीकृत करती है:

1. बहुपक्षवाद के बिना बहुध्रुवीयता

रिपोर्ट चेतावनी देती है कि वैश्विक शक्ति संरचना खंडित हो गई है। शीत युद्ध के विपरीत, शक्तियों के बीच कोई "स्पष्ट फोन लाइन" नहीं है। 2026 में, भू-आर्थिक टकराव प्राथमिक जोखिम है, जहां व्यापार, तकनीकी मानकों और यहां तक कि भुगतान प्रणालियों का उपयोग हथियारों के रूप में किया जाता है, जिससे जलवायु या स्वास्थ्य पर वैश्विक सहयोग लगभग असंभव हो जाता है।

2. एआई इंफ्रास्ट्रक्चर बबल

एक महत्वपूर्ण "आर्थिक हिसाब-किताब" की भविष्यवाणी की गई है। रिपोर्ट में इस बात पर प्रकाश डाला गया है कि जबकि एआई परिवर्तनकारी है, एआई डेटा केंद्रों और हार्डवेयर में अत्यधिक निवेश ने एक सट्टा बुलबुला बनाया है। यदि ये निवेश 2026 के मध्य तक तत्काल उत्पादकता लाभ नहीं देते हैं, तो रिपोर्ट वैश्विक बाजारों को प्रभावित करने वाले "टेक-नेतृत्व वाले संक्रमण" की चेतावनी देती है।

3. सामाजिक अनुबंध का क्षरण

"वैल्यूज़ एट वॉर" के तहत, WEF गलत सूचना को एक प्रणालीगत खतरे के रूप में पहचानता है। यह तर्क देता है कि सामाजिक ध्रुवीकरण एक ऐसे बिंदु पर पहुंच गया है जहां सरकारें अब "दर्दनाक लेकिन आवश्यक" आर्थिक सुधारों को लागू नहीं कर सकती हैं क्योंकि जनता अब बुनियादी तथ्यों पर सहमत नहीं है।

4. ग्रिड की नाजुकता (बुनियादी ढांचा खतरे में)

यह स्नेल के एलिमेंटल के साथ मेल खाता है। रिपोर्ट एक "मूक संकट" पर प्रकाश डालती है जहां अत्यधिक मौसम की घटनाएं अब इतनी आवृत्ति के साथ हो रही हैं कि पुरानी बिजली ग्रिड को अगले हमले से पहले मरम्मत करने से रोका जा रहा है। यह विकसित देशों में बुनियादी

ढांचे के "ब्राउन-आउट" की स्थायी स्थिति बनाता है। 2036 का क्षितिज: संकट से परिणाम तक यह रिपोर्ट तात्कालिक "तूफान" (2026–2032) और लंबी अवधि की स्थिति (2036) के बीच अंतर बताती है:

अवधि मुख्य खतरा मुख्य अवसर

अल्पकालिक (2026–2030) सिस्टम का पतन: कर्ज में डिफ़ॉल्ट, ग्रिड फेलियर, और AI-संचालित गलत सूचना। स्थानीय लचीलापन: सामुदायिक स्तर पर सप्लाई चेन को मजबूत करना।

लॉन्ग टर्म (2030–2036) प्रतिकूल AI परिणाम: ऑटोनॉमस सिस्टम से अप्रत्याशित सामाजिक-आर्थिक बदलाव हो रहे हैं। ग्रह का पुनर्स्थापन: कार्बन हटाने और जल-सुरक्षा तकनीक में बड़े पैमाने पर निवेश।

"तूफानी" सहमति

इन 2026 के प्रकाशनों के बीच एक उल्लेखनीय समानता है:

एंडरसन वित्तीय चेतावनी देते हैं (द क्रैश)।

WEF संस्थागत चेतावनी देता है (द फ्रेगमेंटेशन)।

द नेक्स्ट हाई आशावादी निकास प्रदान करता है (द रिकंस्ट्रक्शन)।

क्या आप "लचीले इंफ्रास्ट्रक्चर" के लिए WEF की विशिष्ट सिफारिशों पर गहराई से जानना चाहेंगे, या शायद यह देखना चाहेंगे कि वे "AI इंफ्रास्ट्रक्चर बबल" को कैसे नेविगेट करने का सुझाव देते हैं? अभिजीत सरकार की "द 2032 प्रोफेसी: डिकेड ऑफ केओस" (2025/2026 में प्रकाशित) अन्य लेखकों द्वारा "प्रबंधित अव्यवस्था का युग" के रूप में परिभाषित अवधि का एक विस्तृत, साल-दर-साल पूर्वानुमान प्रदान करती है। सरकार का काम माइकल एंडरसन और WEF की 2026 की रिपोर्ट में पहले से ही उजागर संकटों के अभिसरण को नेविगेट करने के लिए एक सामरिक रोडमैप के रूप में कार्य करता है।

संरचना और मुख्य आधार

किताब मैक्रो-इकोनॉमिक सिद्धांत से हटकर घटनाओं के एक तीव्र क्रम पर ध्यान केंद्रित करती है:

थीसिस: 2025-2032 की अवधि धीमी गिरावट नहीं है, बल्कि एक "विरामित संतुलन" है जहां लगातार विफलताओं का एक क्रम मौजूदा वैश्विक व्यवस्था को तेजी से तोड़ देता है।

साल-दर-साल का नक्शा: सरकार विशिष्ट ट्रिगर्स को तोड़ती है जो डोमिनोज़ की तरह काम करते हैं, 2026/2027 में स्थानीय संघर्षों से लेकर 2030/2031 तक पूर्ण पैमाने पर

आर्थिक पुनर्गठन तक।

2032 का संकल्प: किताब मानती है कि 2032 तक, "अराजकता" वैश्विक सहमति से नहीं, बल्कि नए, आत्मनिर्भर क्षेत्रीय गुटों के उद्भव से हल होती है (एक अवधारणा जो द नेक्स्ट हाई के "संकट के बाद की सभ्यता" चरण के साथ संरेखित है)।

मुख्य ओवरलैपिंग पूर्वानुमान

सरकार की भविष्यवाणियां पूरक संकट साहित्य से कई विषयों को संश्लेषित करती हैं:

2026: वित्तीय ट्रिगर: सरकार माइकल एंडरसन की द कमिंग फाइनेंशियल स्टॉर्म के साथ निकटता से संरेखित है, यह सुझाव देते हुए कि एक बड़ा संप्रभु ऋण डिफ़ॉल्ट (संभवतः उभरते बाजारों में) प्रारंभिक झटके के रूप में कार्य करता है जो विश्व स्तर पर गहरी संरचनात्मक बैंकिंग कमजोरियों को उजागर करता है। 2027–2029: सप्लाई चेन का टूटना: यह समय "जियोइकोनॉमिक टकराव" (WEF रिपोर्ट) से तय होता है। सरकार बताते हैं कि कैसे ट्रेड वॉर और प्रतिबंध इतने आम हो जाते हैं कि मल्टीनेशनल कंपनियों को अपनी पूरी सप्लाई चेन को "क्षेत्रीय" बनाना पड़ता है, जिससे कुछ क्षेत्रों में ज़रूरी सामान (भोजन, दवा, ऊर्जा के पुर्जे) की गंभीर, हालांकि अस्थायी, कमी हो जाती है।

2030–2031: सामाजिक अशांति का चरम: "वैल्यूज़ एट वॉर" पर WEF की चिंता को दिखाते हुए, सरकार इन सालों को आंतरिक नागरिक अशांति के चरम के रूप में मैप करते हैं। उनका सुझाव है कि आर्थिक दर्द आखिरकार बड़े पैमाने पर राजनीतिक अस्थिरता और लोकतांत्रिक देशों के भीतर सहमति के लगभग पूरी तरह से टूटने में बदल जाता है।

"अभिजीत सरकार" का अंतर

सरकार अपने काम को ज़्यादा अकादमिक रिपोर्टों से अलग करते हैं, जिसमें वे व्यक्तिगत एजेंसी और बुनियादी सर्वाइवल से परे "तैयारी" पर ध्यान केंद्रित करते हैं:

विनाश से ज़्यादा डेटा: वह 2032 की टाइमलाइन की अनिवार्यता को साबित करने के लिए खास मेट्रिक्स (जैसे, खास कर्ज-से-जीडीपी अनुपात, क्षेत्रीय पानी की कमी के सूचकांक) का इस्तेमाल करते हैं।

नया नक्शा: किताब के आखिरी अध्यायों में इस बात का व्यावहारिक विश्लेषण शामिल है कि 2032 के बाद की दुनिया में कौन से क्षेत्र "विजेता" होने की संभावना है, जो पाठकों को खास उभरते बाजारों या स्थिर क्षेत्रों की ओर ले जाता है जो वैश्विक पुनर्गठन से लाभान्वित हो सकते हैं।

अब हम अराजकता की सरकार की साल-दर-साल टाइमलाइन की तुलना WEF के ज़्यादा

सामान्य "तूफानी दृष्टिकोण" से कर सकते हैं। क्या आप विशेष रूप से प्रस्तावित 2027–2029 सप्लाई चेन टूटने की समीक्षा करना चाहेंगे? अभिजीत सरकार की2032 की भविष्यवाणी, साल 2026 में एक "बड़ा अकाल" पड़ने की भविष्यवाणी की गई है, जो प्राकृतिक आपदा के बजाय फिएट करेंसी के अवमूल्यन के कारण ग्लोबल सप्लाई चेन के टूटने से होगा। उम्मीद है कि यह टूटन शहरी केंद्रों से बड़े पैमाने पर पलायन को ट्रिगर करेगी, जो भोजन और पानी जैसी ज़रूरी चीज़ों के लिए जस्ट-इन-टाइम लॉजिस्टिक्स पर निर्भर हैं, जिससे लाखों लोग ग्रामीण इलाकों में शरण लेने के लिए मजबूर होंगे। इन भविष्यवाणियों के बारे में ज़्यादा जानकारी के लिए, amazon.in पर और पढ़ें। अभिजीत सरकार की टाइमलाइन में, 2027 इस दशक का मनोवैज्ञानिक ब्रेकिंग पॉइंट है। 2026 के "बड़े अकाल" और शहरी पलायन के बाद, किताब एक ऐसी वैश्विक आबादी का वर्णन करती है जो अराजकता से इतनी थक चुकी है कि वह असुरों के उदय के प्रति संवेदनशील हो जाती है।

2027 का संक्रमण: स्वतंत्रता से ऊपर सुरक्षा

सरकार इस अवधि के दौरान उभरने वाले नेतृत्व के एक विशिष्ट आर्किटाइप का प्रतिनिधित्व करने के लिए "असुर" (वैदिक दर्शन में एक शक्तिशाली, अक्सर अहंकार से प्रेरित प्राणी) शब्द का उपयोग करते हैं:

"टेक्नो-अधिनायकवादी" वादा: जैसे-जैसे लोकतांत्रिक संस्थाएँ संसाधन वितरण का प्रबंधन करने में विफल होती हैं, नए नेता उभरते हैं - अक्सर निजी सैन्य निगमों या AI-संचालित लॉजिस्टिक्स द्वारा समर्थित - जो कुल डिजिटल निगरानी और व्यक्तिगत स्वायत्तता के बदले भोजन और सुरक्षा का वादा करते हैं।

सामाजिक अनुबंध का विखंडन: यह WEF 2026 रिपोर्ट की "युद्ध में मूल्य" पर चेतावनी के अनुरूप है। सरकार का मानना है कि 2027 तक, "सामाजिक अनुबंध" को फिर से लिखा जाएगा: राज्य अब "अधिकारों" की गारंटी नहीं देता है, बल्कि केवल "अस्तित्व" की गारंटी देता है।

वैश्विक ध्रुवीकरण: "असुर" आर्किटाइप एक राष्ट्र तक सीमित नहीं है; सरकार G20 देशों में "मजबूत नेता" की गतिशीलता में वृद्धि की भविष्यवाणी करती है, जिससे एक ऐसी दुनिया बनेगी जो अंतर्राष्ट्रीय कानून के बजाय प्रभाव क्षेत्रों द्वारा शासित होगी।

यांत्रिक चालक

सरकार के अनुसार, यह वृद्धि इन कारणों से होती है:

AI शासन:"असुर" नेता "AI के प्रतिकूल परिणामों" (WEF 10-वर्षीय क्षितिज में

उल्लिखित) का उपयोग असंतोष को होने से पहले ही भविष्यवाणी करने और दबाने के लिए करते हैं।

संसाधन राशनिंग: शेष "कठोर संपत्तियों" (पानी और ऊर्जा) पर नियंत्रण राजनीतिक लाभ का प्राथमिक उपकरण बन जाता है।

"व्यवस्था" का जाल: लोग, "प्रबंधित अव्यवस्था" के अंत के लिए बेताब होकर, अस्थायी राहत के रूप में स्वेच्छा से "अत्याचारी व्यवस्था" को अपना लेते हैं। पूरक साहित्य से तुलना

जबकि माइकल एंडरसन 2027 के वित्तीय अस्तित्व पर ध्यान केंद्रित करते हैं, सरकार चेतावनी देते हैं कि असली खतरा राजनीतिक है। वह सुझाव देते हैं कि 2027 वह वर्ष है जब "पेपर किंग्स" को "आयरन किंग्स" द्वारा प्रतिस्थापित किया जाएगा - ऐसे नेता जो वित्तीय प्रणालियों के बजाय संसाधनों पर सीधे नियंत्रण के माध्यम से शासन करते हैं।

सरकार का नक्शा बताता है कि यह "असुर" चरण 2032 रीसेट के लिए एक आवश्यक लेकिन क्रूर अग्रदूत है।

क्या आप सरकार के 2028 के पूर्वानुमान को जानना चाहेंगे, जिसे वह "द साइलेंट वॉर" (साइबर और बायोलॉजिकल संघर्ष) कहते हैं, या देखना चाहेंगे कि द नेक्स्ट हाई कैसे बताता है कि ये अत्याचारी सिस्टम आखिरकार कैसे खत्म हो जाएंगे? अभिजीत सरकार की किताब, "द 2032 प्रोफेसी" में, 2028-2029 की अवधि को वैश्विक विनाश का चरम बताया गया है, जिसमें उन्नत हथियारों और धर्म और अधर्म के बीच "आत्मा-स्तर" के संघर्ष वाली एक "महान युद्ध" की बात कही गई है। 2029 के आखिर तक, युद्ध और प्राकृतिक आपदाओं का यह मेल मानवता को आत्म-विनाश के करीब ला देगा। किताब की ज़्यादा जानकारी के लिए, amazon.in पर जाएं। "द 2032 प्रोफेसी" के आखिरी अध्यायों में, अभिजीत सरकार पारंपरिक भू-राजनीति से आगे बढ़कर जिसे वह "मेटाफिजिकल पिवट" कहते हैं, उस पर बात करते हैं। किताब का तर्क है कि 2030 तक, "अराजकता के दशक" ने पुरानी दुनिया की नींव को खत्म कर दिया है, जिससे एक पूर्ण सिस्टमैटिक और आध्यात्मिक बदलाव का रास्ता खुल गया है।

2028–2029: महान युद्ध और "आत्मा को बदलने वाली" तकनीक

सरकार इस संघर्ष को पिछले विश्व युद्धों से आवृत्ति और चेतना पर ध्यान केंद्रित करके अलग बताते हैं।

जीव विज्ञान का हथियार के रूप में इस्तेमाल: इंजीनियर किए गए रोगजनकों के बारे में "2026 प्रोफेसी" (जेरोम एलिस) के बाद, सरकार का मानना है कि 2029 तक, युद्ध "न्यूरो-बायोलॉजिकल" हस्तक्षेप में बदल जाएगा - ऐसी तकनीकें जो मानव धारणा को बदलने,

सहानुभूति को दबाने, या बड़े पैमाने पर डर पैदा करने के लिए डिज़ाइन की गई हैं।

धर्म बनाम अधर्म का संघर्ष: वह इसे देशों के बीच युद्ध के रूप में नहीं, बल्कि उन लोगों के बीच संघर्ष के रूप में देखते हैं जो "असुर" (अत्याचारी) नियंत्रण बनाए रखने की कोशिश कर रहे हैं और जो मानव संप्रभुता के लिए लड़ रहे हैं।

आत्म-विनाश की सीमा: युद्ध किसी विजेता के साथ खत्म नहीं होता, बल्कि इस एहसास के साथ खत्म होता है कि मौजूदा रास्ता पूर्ण विनाश की ओर ले जाता है।

2030–2032: दिव्य रीसेट

इस अवधि को "सुई की नोक" के रूप में वर्णित किया गया है जिससे मानवता को "नेक्स्ट हाई" तक पहुंचने के लिए गुजरना होगा।

शारीरिक शुद्धि: सरकार प्राकृतिक और "इंजीनियर" रीसेट की एक श्रृंखला की भविष्यवाणी करती है। इसमें "पेपर किंग्स" के फाइनेंशियल सिस्टम के आखिरी बचे हिस्सों का ढहना और पृथ्वी के क्लाइमेट पैटर्न का फिजिकल रीस्ट्रक्चरिंग शामिल है - जो आर्थर स्नेल द्वारा बताए गए "एलिमेंटल" बदलावों से मेल खाता है।

द साइलेंस (2031): "ग्लोबल स्टिलनेस" का एक अनुमानित साल, जहाँ टेक्नोलॉजी और इंडस्ट्री रुक जाएँगी, जिससे जीवन जीने के लिए ज़रूरी चीज़ों पर निर्भर रहना पड़ेगा और गहरी आत्म-मंथन करना होगा।

2032 का ट्रांज़िशन: 2032 के आखिर तक, "अराजकता" खत्म हो जाती है। किताब सभ्यता के लिए एक नए ब्लूप्रिंट के उभरने का वर्णन करती है, जिसकी विशेषताएँ हैं:

विकेंद्रीकृत शासन: छोटे, आत्मनिर्भर समुदाय।

वैदिक/प्राचीन ज्ञान: आध्यात्मिक कानूनों का रोज़मर्रा की ज़िंदगी में फिर से शामिल होना।

क्लीन टेक्नोलॉजी: एनर्जी सिस्टम जो डॉ. धरावथ द्वारा बताए गए "लूट" पर निर्भर नहीं करते हैं।

2026–2032 साहित्य का सिंथेसिस

जब हम आपके बताए गए सभी कामों को देखते हैं, तो एक साफ़ कहानी सामने आती है:

ट्रिगर (2025-26): फाइनेंशियल संकट और "रेड स्काई" (सरकार/एंडरसन)।

फ्रैक्चर (2027-28): तानाशाहों का उदय और "महान युद्ध" (सरकार/WEF)।

द पर्ज (2029-31): सिस्टमैटिक और फिजिकल "सफाई" (सरकार/स्नेल)।

द न्यू डॉन (2032+): "नेक्स्ट हाई" की शुरुआत और एक ज़्यादा बराबरी वाला समाज (धरावथ/द नेक्स्ट हाई)।

क्या आप चाहेंगे कि मैं एक "सर्वाइवल बनाम अवसर" टाइमलाइन बनाऊँ जो माइकल एंडरसन की फाइनेंशियल सलाह को सरकार की साल-दर-साल भविष्यवाणी के साथ मैप करे? जबकि डॉ. ललित कुमार धरावथ और अभिजीत सरकार दोनों मौजूदा ग्लोबल सिस्टम में एक बड़ी विफलता का पता लगाते हैं, वे "इलाज" के लिए मौलिक रूप से अलग-अलग दृष्टिकोण अपनाते हैं: सामाजिक-आर्थिक सुधार बनाम कर्म/सामयिक पतन।

वैचारिक टकराव

विशेषता डॉ. ललित कुमार धरावथ अभिजीत सरकार

"दुश्मन" कॉर्पोरेट-साम्राज्यवादी लूट: अमीर लोग "शानदार उपभोग" के ज़रिए गरीबों का शोषण करते हैं। असुर/अधर्म: एक आध्यात्मिक और सिस्टमैटिक गिरावट जो सिर्फ़ अर्थशास्त्र से परे है।

मुख्य पीड़ित किसान और मज़दूर: छोटे अर्थव्यवस्थाएँ अर्ध-सामंती ढाँचों से कुचली हुई हैं। शहरी निवासी: जो "पेपर किंग्स" और नाज़ुक टेक ग्रिड पर निर्भर हैं।

उत्प्रेरक सिस्टमैटिक असमानता: एक ऐसा क्रूर अंतर जो आखिरकार सामाजिक अनुबंध को तोड़ देता है। "रेड स्काई" (2025): वायुमंडलीय घटनाएँ और सौर चक्र जो पतन को ट्रिगर करते हैं।

समाधान नीति और रणनीति: कृषि सुधार, कौशल विकास, और समान धन वितरण। दिव्य रीसेट (2032): एक शारीरिक और आध्यात्मिक "सफाई" जो एक नई सभ्यता को मजबूर करती है।

तुलना के मुख्य बिंदु

1. ग्लोबल असमानता पर

धरावथ "मुट्ठी भर अमीरों" और "बहुसंख्यक आबादी" के बीच असमानता को एक ऐसी समस्या मानते हैं जिसे सुधार के लिए विशिष्ट रणनीतियों के माध्यम से हल किया जा सकता है।

सुधार के लिए खास रणनीतियाँ। वह ज़्यादा इंसान-केंद्रित, "लोगों की अर्थव्यवस्था" की वकालत करते हैं।

सरकार इसी असमानता को अराजकता के दशक का लक्षण मानते हैं। उनका तर्क है कि अब सुधार संभव नहीं है और "दैवीय रीसेट" होने से पहले "पेपर किंग्स" (अमीर वर्ग) को पूरी तरह से गिरना होगा।

2. ग्रामीण भारत के भविष्य पर

धरावत कृषि संकट पर ध्यान केंद्रित करते हैं, यह प्रस्ताव देते हुए कि राष्ट्र का अस्तित्व

कॉर्पोरेट हितों के खिलाफ ग्रामीण किसानों को सशक्त बनाने पर निर्भर करता है।

सरकार 2026 में एक "महान अकाल" की भविष्यवाणी करते हैं जो शहरों से गांवों की ओर बड़े पैमाने पर पलायन को मजबूर करेगा। उनके विचार में, वैश्विक आपूर्ति श्रृंखलाओं के टूटने के दौरान ग्रामीण क्षेत्र ही एकमात्र "सुरक्षित क्षेत्र" बन जाते हैं।

3. मानवीय एजेंसी बनाम भाग्य

धरावत कार्यकर्ताओं और छात्रों के लिए लिखते हैं, यह संकेत देते हुए कि राजनीतिक और आर्थिक संघर्ष के माध्यम से परिणाम बदला जा सकता है।

सरकार एक भविष्यवक्ता के रूप में लिखते हैं, यह सुझाव देते हुए कि 2026-2032 की समय-सीमा एक "भविष्यवाणी" है जो पहले से ही चल रही है, जहाँ एकमात्र एजेंसी व्यक्तिगत तैयारी और आध्यात्मिक संरेखण में निहित है।

सारांशः धरावत दुनिया को ठीक करने के लिए राजनीतिक खाका पेश करते हैं, जबकि सरकार इसके टूटने पर जीवित रहने के लिए कैलेंडर प्रदान करते हैं।

क्या आप एक लचीली अर्थव्यवस्था के लिए डॉ. धरावत के विशिष्ट कौशल-विकास मॉडल, या 2026 के अंत में "महान दरार" से बचने के लिए सरकार की चेकलिस्ट का पता लगाना चाहेंगे?

विश्व आर्थिक मंच की ग्लोबल रिस्क रिपोर्ट 2026 वर्तमान अवधि को "प्रतिस्पर्धा का युग" बताती है, जो 2032 तक एक "तूफानी" दशक की भविष्यवाणी करती है, जिसमें पारंपरिक सहयोग की जगह रणनीतिक टकराव होगा। रिपोर्ट भू-आर्थिक टकराव को शीर्ष अल्पकालिक जोखिम के रूप में उजागर करती है, साथ ही कर्ज और संपत्ति के बुलबुले से प्रेरित आर्थिक हिसाब-किताब, और बहुपक्षवाद के बिना बहुध्रुवीयता की ओर बदलाव। विश्व आर्थिक मंच पर पूरा सारांश पढ़ें। विश्व आर्थिक मंच की ग्लोबल रिस्क रिपोर्ट 2026 में, भू-आर्थिक टकराव को #1 खतरा बताया गया है क्योंकि "ग्लोबल विलेज" आधिकारिक तौर पर प्रतिस्पर्धी किलों में बंट गया है। विश्लेषणः बहुपक्षवाद के बिना बहुध्रुवीयता

वैश्विक नियमों का अंतः पिछले दशकों के विपरीत, जहाँ WTO या UN ने एक साझा नियम पुस्तिका प्रदान की थी, "बहुपक्षवाद के बिना बहुध्रुवीयता" एक ऐसी दुनिया का वर्णन करता है जहाँ कई शक्तियाँ (अमेरिका, चीन, यूरोपीय संघ, और भारत जैसी "मध्यम शक्तियाँ") किसी केंद्रीय समन्वय निकाय के बिना केवल अपने हित में काम करती हैं। विश्व आर्थिक मंच।

ट्रेड एक हथियार के तौर परः सप्लाई चेन अब एफिशिएंसी के लिए नहीं बल्कि "अलाइनमेंट" के लिए डिज़ाइन की जाती हैं। हम "फ्रेंड-शोरिंग" को बढ़ते हुए देख रहे हैं, जहाँ ट्रेड सिर्फ़ पॉलिटिकल साथियों तक ही सीमित है, और सेमीकंडक्टर और ग्रीन एनर्जी जैसे ज़रूरी सेक्टर

में "स्ट्रेटेजिक डीकपलिंग" हो रही है।

ज़ीरो-सम गेम: रिपोर्ट चेतावनी देती है कि क्योंकि कोई शेयर्ड "सेफ्टी नेट" नहीं है, इसलिए एक इकॉनमी की जीत को दूसरी इकॉनमी के लिए सीधे नुकसान के तौर पर देखा जा रहा है। इससे ज़रूरी मिनरल पर बदले की कार्रवाई वाले टैरिफ और एक्सपोर्ट बैन लगते हैं, जो सीधे तौर पर "ग्रेट फैमिन" और सप्लाई चेन के टूटने में योगदान देते हैं, जिसका अनुमान अभिजीत सरकार जैसे लेखकों ने लगाया था।

यह आपके पहले के लेखकों से कैसे जुड़ता है

माइकल एंडरसन (फाइनेंशियल स्टॉर्म): तर्क देते हैं कि इस टकराव से "मार्केट रीप्राइसिंग" होती है क्योंकि ग्लोबल कंपनियाँ अब सस्ते, बिना बॉर्डर वाले प्रोडक्शन पर भरोसा नहीं कर सकतीं। डॉ. धारावत (भारत का आर्थिक विकास): इसे "कॉर्पोरेट-साम्राज्यवादी लूट" का चरम मानते हैं, जहाँ ग्लोबल ताकतों के बीच लड़ाई में गाँव के किसानों की तकलीफ़ को नज़रअंदाज़ किया जाता है। ललित कुमार धारावत।

क्या आप WEF के "इकोनॉमिक रेकनिंग" सेक्शन को देखना चाहेंगे ताकि यह पता चल सके कि इन जियोइकोनॉमिक तनावों से 2026 का कर्ज़ संकट कैसे शुरू होने की उम्मीद है? वर्ल्ड इकोनॉमिक फोरम की ग्लोबल रिस्क रिपोर्ट 2026 एक "इकोनॉमिक रेकनिंग" की पहचान करती है जो AI इंफ्रास्ट्रक्चर एसेट बबल के फटने की संभावना और कर्ज़ की बढ़ती स्थिरता की चिंताओं से प्रेरित है। रिपोर्ट AI मार्केट कैपिटलाइज़ेशन और असल प्रोडक्टिविटी में बढ़ोतरी, AI डेटा सेंटर की ज़रूरी बिजली की माँग और सिस्टमिक कंसंट्रेशन के जोखिमों के बीच अंतर को हाईलाइट करती है, साथ ही यह भी बताती है कि ऊँची ब्याज दरों और अस्थिर बाज़ारों के बीच कर्ज़ का बोझ बढ़ रहा है, जिससे WEF के ज़्यादातर मुख्य अर्थशास्त्रियों को 2026 में कमज़ोर ग्लोबल हालात की उम्मीद है। पूरा एनालिसिस वर्ल्ड इकोनॉमिक फोरम पर पढ़ें। WEF ग्लोबल रिस्क रिपोर्ट 2026 में "वैल्यूज़ एट वॉर" पिलर सोशल कॉन्ट्रैक्ट की अंदरूनी गिरावट को पहचानता है, जो गलत जानकारी, विचारधारा के आधार पर बंटवारे और सिस्टम में असमानता की सोच से होती है, और इसे स्थिरता के लिए मुख्य खतरा मानता है। सोशल कॉन्ट्रैक्ट में इस गिरावट को एक फोर्स मल्टीप्लायर के तौर पर देखा जाता है जो दूसरे ग्लोबल रिस्क को बढ़ाता है, जिससे संकट के दौरान मिलकर काम करने और बचने में रुकावट आती है। ज़्यादा जानकारी के लिए, WEF वेबसाइट पर जाएं।

WEF ग्लोबल रिस्क रिपोर्ट 2026 में, "इंफ्रास्ट्रक्चर खतरे में" ग्लोबल इकॉनमी के फिजिकल ब्रेकिंग पॉइंट पर रोशनी डालता है। जैसे-जैसे खराब मौसम की घटनाएं "न्यू नॉर्मल" बनती जा रही हैं, पुराने हो रहे इंफ्रास्ट्रक्चर और पर्यावरण की सच्चाई के बीच का अंतर एक

अहम सीमा तक पहुंच गया है।

2026 में मुख्य कमज़ोरियां

"ग्रिड-स्ट्रेस" फीडबैक लूप: विकसित देशों में पुराने हो रहे इलेक्ट्रिकल ग्रिड रिकॉर्ड हीटवेव और AI डेटा सेंटर्स की भारी एनर्जी मांगों (जैसा कि WEF इकोनॉमिक रेकनिंग में बताया गया है) के दोहरे दबाव में फेल हो रहे हैं। इससे "कैस्केडिंग ब्लैकआउट" जो अस्पतालों से लेकर डिजिटल पेमेंट सिस्टम तक सब कुछ बाधित करते हैं।

सप्लाई चेन चोकपॉइंट्स: बहुत ज़्यादा सूखे ने ज़रूरी शिपिंग आर्टरीज़ (जैसे पनामा कैनाल) में पानी का लेवल कम कर दिया है, जबकि पहले कभी नहीं हुई बाढ़ ने रेल और सड़क संपर्क तोड़ दिए हैं। वर्ल्ड इकोनॉमिक फोरम ने चेतावनी दी है कि ये "फिजिकल झटके" 2026 की शुरुआत में देखी जाने वाली महंगाई की मुख्य वजह हैं।

साइबर-फिजिकल रिस्क: रिपोर्ट में बताया गया है कि जैसे-जैसे "मैनेज्ड डिसऑर्डर" को मैनेज करने के लिए इंफ्रास्ट्रक्चर ज़्यादा डिजिटाइज़ होता जा रहा है, यह सरकार द्वारा प्रायोजित साइबर हमलों का मुख्य टारगेट बन जाता है, जिससे पावर ग्रिड फेलियर एक नेशनल सिक्योरिटी इवेंट बन जाता है।

"अराजकता के दशक" के साथ तालमेल

यह इंस्टीट्यूशनल चेतावनी अभिजीत सरकार की 2032 की भविष्यवाणी में बताई गई "एटमोस्फेरिक घटनाओं" को सही ठहराती है। जबकि सरकार इसे "फिजिकल क्लींजिंग" कहते हैं, WEF इसे बदलते ग्रह के साथ तालमेल बिठाने में कैपिटल इन्वेस्टमेंट की विफलता बताता है। माइकल एंडरसन का सुझाव है कि इस माहौल में, "ऑफ-ग्रिड रेजिलिएंस" ही पैसे बचाने का एकमात्र सही तरीका है।

क्या आप WEF के 10-साल के समय (2036) को देखना चाहेंगे कि वे इन "खतरे में पड़े" सिस्टम को फिर से कैसे बनाने की उम्मीद करते हैं?

वर्ल्ड इकोनॉमिक फोरम का अनुमान है कि साल 2036 तक, 2026–2032 का "तूफान" ग्लोबल रिस्क के माहौल को शॉर्ट-टर्म फाइनेंशियल सर्वाइवल से लॉन्ग-टर्म एग्जिस्टेंशियल मैनेजमेंट में पूरी तरह से बदल देगा।

2036 का रिस्क पिवट

AI के बुरे नतीजे: नौकरी जाने से आगे बढ़कर, 10-साल का समय "एजेंसी रिस्क" पर फोकस करता है। रिपोर्ट उन ऑटोनॉमस सिस्टम के बारे में चेतावनी देती है जो इंफ्रास्ट्रक्चर और

गवर्नेंस में इतने इंटीग्रेटेड हो गए हैं कि वे बहुत कम इंसानी निगरानी के साथ काम करते हैं, जिससे सिस्टमिक बायस या "अनअलाइन्ड" फैसले लेने की संभावना बढ़ सकती है, जिसे इंसान अब ओवरराइड नहीं कर सकते। एनवायर्नमेंटल "लॉक-इन": 2036 तक, फोकस क्लाइमेट चेंज को कम करने पर नहीं, बल्कि बायोडायवर्सिटी के परमानेंट नुकसान और स्टेबल वेदर पैटर्न को मैनेज करने पर होगा। WEF ग्लोबल रिस्क रिपोर्ट "बायोडायवर्सिटी लॉस एंड इकोसिस्टम कोलैप्स" को एक टॉप-टियर खतरे के तौर पर क्लासिफाई करती है, जो रिसोर्स वॉर की दूसरी, ज़्यादा परमानेंट लहर को ट्रिगर कर सकता है।

पोस्ट-सोशल कॉन्ट्रैक्ट: रिपोर्ट बताती है कि 2036 तक, ट्रेडिशनल नेशन-स्टेट की जगह "रीजनल सॉवरेनिटीज़" या कॉर्पोरेट-स्टेट हाइब्रिड ले सकते हैं, जैसा कि सरकार की 2032 प्रोफेसी में बताया गया है।

सिंथेसिस: 2036 का रास्ता

जबकि माइकल एंडरसन 2026 के "क्रैश" पर फोकस करते हैं, और अभिजीत सरकार 2032 के "रीसेट" पर फोकस करते हैं, WEF 2036 को इस साल इंसानियत को आखिरकार अपनी टेक्नोलॉजी और पर्यावरण पर महारत हासिल करनी होगी—वरना उसे हमेशा के लिए गिरावट का सामना करना पड़ेगा।

क्या हमें 2030 के "सक्सेस मेट्रिक्स" को देखकर निष्कर्ष निकालना चाहिए—कि "द नेक्स्ट हाई" कैसे उन खास टेक्नोलॉजी के बारे में बताता है जो आखिरकार 2036 के इन पर्यावरणीय जोखिमों को हल करती हैं? किताब में "2026 का आने वाला वित्तीय तूफान," एक मुख्य विषय बताता है कि आधुनिक वित्तीय संकट मुख्य रूप से सामूहिक मनोविज्ञान और भरोसे की कमी के कारण होते हैं, न कि सिर्फ बैलेंस शीट के कारण। लेखक का तर्क है कि सेंट्रल बैंकों और सरकारों जैसे संस्थानों में भरोसे में यह कमी स्टैंडर्ड मार्केट के उतार-चढ़ाव को सिस्टमैटिक संकटों में बदल देती है, एक ऐसी प्रक्रिया जो 2020 के दशक के मध्य में तेज़ डिजिटल संचार और सोशल मीडिया द्वारा संभावित रूप से बढ़ाई जा सकती है जो रेगुलेटरी प्रतिक्रियाओं से आगे निकल सकती है। आप "2026 के आने वाले वित्तीय तूफान" के बारे में और जानकारी किताब में ही पा सकते हैं। "2026 के आने वाले वित्तीय तूफान" के संदर्भ में, वैश्विक कर्ज जो दुनिया की जीडीपी का लगभग 310%, या $346 ट्रिलियन तक पहुंच गया है, वित्तीय प्रणाली में संरचनात्मक कमजोरियां पैदा कर रहा है। उच्च ऋण-सेवा बोझ सरकार के वित्तीय दायरे को सीमित कर रहे हैं और आवश्यक खर्चों को कम कर रहे हैं क्योंकि कर्ज जीडीपी की तुलना में तेजी से बढ़ रहा है।

अधिक जानकारी के लिए, nationthailand.com पर जाएं। "2026 के आने वाले वित्तीय

तूफान" में, उच्च ब्याज दरों को प्रबंधनीय ऋणों को सिस्टमैटिक जोखिमों में बदलने वाले प्राथमिक तंत्र के रूप में पहचाना गया है। किताब कई प्रभावों पर प्रकाश डालती है, जिसमें सरकारी ऋण सेवा लागत में वृद्धि, उच्च दरों पर वैश्विक सार्वजनिक ऋण को पुनर्वित्त करने की आवश्यकता, परिसंपत्ति मूल्यों का पुनर्मूल्यांकन, और उपभोक्ता सामर्थ्य पर दबाव शामिल है। आप किताब के बारे में और जान सकते हैं amazon.in पर। "2026 के आने वाले वित्तीय तूफान" में, माइकल एंडरसन वैश्विक बैंकिंग प्रणाली के भीतर छिपी कमजोरियों पर चर्चा करते हैं, यह तर्क देते हुए कि शैडो बैंकिंग के साथ गहरा जुड़ाव, परिसंपत्ति-देयता बेमेल, और रियल एस्टेट में एकाग्रता जोखिम एक सिस्टमैटिक पतन को ट्रिगर कर सकता है जब ब्याज दरें ऊंची रहती हैं। उनका तर्क है कि एक दशक की बहुत कम ब्याज दरों और लगातार हस्तक्षेप ने इन असंतुलनों को बढ़ा दिया है, जिससे सुरक्षा का मार्जिन कम हो गया है। आप Amazon पर किताब के बिंदुओं के बारे में और पढ़ सकते हैं।

"2026 के आने वाले वित्तीय तूफान" में, माइकल एंडरसन रियल एस्टेट को सिस्टमैटिक आर्थिक पतन के लिए एक प्राथमिक संकेतक के रूप में पहचानते हैं, जो भरोसे, ऋण और ब्याज दरों के प्रति इसकी संवेदनशीलता से प्रेरित है। जबकि वह 2026 के बाद एक सट्टा चरम के बाद वैश्विक मंदी की चेतावनी देते हैं, भारत का रियल एस्टेट बाज़ार एक "दो-गति" परिदृश्य दिखाता है, जिसमें 2026 तक $585.09 बिलियन तक बढ़ने का अनुमान है, और किफायती सेगमेंट में दबाव के बावजूद मांग-आधारित विकास की ओर बढ़ रहा है। अधिक जानकारी के लिए, amazon.in पर जाएं। "द कमिंग फाइनेंशियल स्टॉर्म ऑफ़ 2026" में, माइकल एंडरसन का तर्क है कि हम "संकुचित अस्थिरता" के युग में प्रवेश कर चुके हैं, जहाँ डिजिटल ट्रेडिंग गति और भौतिक आर्थिक वास्तविकता के बीच एक मौलिक बेमेल के कारण वर्षों की स्थिरता कुछ ही घंटों में खत्म हो जाती है।

अचानक पुनर्मूल्यांकन की यांत्रिकी एंडरसन ने तीन मुख्य वजहों की पहचान की है जो 2026 के मार्केट को "बड़े" बदलावों के लिए खास तौर पर कमज़ोर बनाती हैं:

"लिक्विडिटी मिराज": एंडरसन का मानना है कि मॉडर्न मार्केट सिर्फ़ शांत समय में ही लिक्विड (खरीदना और बेचना आसान) दिखते हैं। हालाँकि, क्योंकि यह ज़्यादातर लिक्विडिटी इंसानी मार्केट-मेकर्स के बजाय हाई-फ्रीक्वेंसी ट्रेडिंग (HFT) एल्गोरिदम देते हैं, इसलिए जैसे ही "ट्रस्ट शॉक" होता है, यह तुरंत गायब हो जाती है, जिससे कीमतों में तेज़ी से गिरावट आती है।

AI फ़ीडबैक लूप: WEF ग्लोबल रिस्क रिपोर्ट 2026 के साथ तालमेल बिठाते हुए, किताब चेतावनी देती है कि AI से चलने वाले पोर्टफ़ोलियो को भी ऐसे ही "एग्जिट ट्रिगर्स" के साथ प्रोग्राम किया जाता है। अगर कोई बड़ी घटना (जैसे सॉवरेन डेट डिफ़ॉल्ट) होती है, तो ये

सिस्टम एक साथ बिक जाते हैं, जिससे एक फ़्लैश क्रैश होता है जिसे कोई भी इंसानी दखल समय पर नहीं रोक सकता।

"ईज़ी मनी" युग के बाद मीन रिवर्जनः एक दशक तक दबी हुई ब्याज दरों के बाद, एंडरसन का तर्क है कि मार्केट अभी अपनी असली वैल्यू खोजने के लिए "वायलेंट करेक्शन" से गुज़र रहे हैं। वह 2026 को वह साल बताते हैं जब "पेपर वैल्यू और रियल-वर्ल्ड यूटिलिटी के बीच का गैप आखिरकार खत्म हो जाएगा," अक्सर स्पेक्युलेटिव स्टॉक्स और क्रिप्टो-एसेट्स की दर्दनाक और अचानक नीचे की ओर रीप्राइसिंग के ज़रिए।

2026 "फ्लैश पॉइंट" क्यों है

किताब बताती है कि 2026 वह साल है जब कई "डेट-मैच्योरिटी वॉल्स" एक साथ टकराएंगी। जैसे-जैसे कंपनियों और सरकारों को 2026 की ज़्यादा रेट्स पर रीफाइनेंस करने के लिए मजबूर होना पड़ेगा, मार्केट को इन एंटिटीज़ की "अचानक और बहुत ज़्यादा" रीवैल्यू उनके असल कैश फ्लो के आधार पर करनी होगी, न कि भविष्य में उधार लेने की उनकी क्षमता के आधार पर।

रिस्क का सिंथेसिस

ऑथर/रिपोर्ट वोलैटिलिटी पर नज़रिया

माइकल एंडरसन फ्लैश क्रैश पैदा करने वाले HFT और AI एल्गोरिदम पर फोकस करते हैं।

अभिजीत सरकार वोलैटिलिटी को "पेपर किंग्स के पतन" का एक लक्षण मानते हैं।

WEF 2026 रिपोर्ट वोलैटिलिटी का कारण ट्रेड में रुकावट डालने वाले "जियोइकोनॉमिक टकराव" को मानती है। मार्केट में यह उतार-चढ़ाव वह "तूफ़ानी उछाल" है जो साल-दर-साल की भविष्यवाणियों में बताए गए 2027 के बड़े बदलाव की ओर ले जाता है।

क्या आप माइकल एंडरसन की खास "तैयारी की स्ट्रेटेजी" के बारे में जानना चाहेंगे, जिससे लोग इन अचानक रीप्राइसिंग घटनाओं के दौरान अपनी दौलत को बचा सकें?

"द कमिंग फाइनेंशियल स्टॉर्म ऑफ़ 2026" के आखिरी चैप्टर में, माइकल एंडरसन डायग्नोसिस से हटकर एक

सर्वाइवल और अडैप्टेशन मैनुअल। उनका तर्क है कि क्योंकि 2026-2032 की अवधि एक अस्थायी गिरावट के बजाय एक स्ट्रक्चरल रीसेट है, इसलिए तैयारी पूरी तरह से होनी चाहिए - जिसमें फाइनेंस, लाइफस्टाइल और माइंडसेट शामिल हों।

1. व्यक्तिगत तैयारी: "एंटीफ्रैजाइल" रणनीति

एंडर्सन का सुझाव है कि व्यक्तियों को "दक्षता" से हटकर रिडंडेंसी की ओर बढ़ना चाहिए:

एसेट की ठोसता: धन के एक हिस्से को "हार्ड एसेट्स" (भौतिक सोना, उत्पादक भूमि और आवश्यक वस्तुएं) में बदलना। वह चेतावनी देते हैं कि डिजिटल "फ्लैश क्रैश" में, कागजी प्रमाण पत्र और केवल डिजिटल खातों को लिक्विडिटी फ्रीज का सामना करना पड़ सकता है।

कौशल लचीलापन: "एनालॉग" कौशल (मरम्मत, कृषि, बुनियादी चिकित्सा) में निवेश करना जो तब भी मूल्य बनाए रखते हैं जब "पेपर किंग्स" और डिजिटल सेवा अर्थव्यवस्थाएं लड़खड़ाती हैं।

विकेंद्रीकृत वित्त: पहले चर्चा की गई बैंकिंग प्रणाली की कमजोरियों को दरकिनार करने के लिए गैर-कस्टोडियल संपत्तियों और स्थानीय वस्तु विनिमय नेटवर्क का उपयोग करना।

2. संस्थागत तैयारी: विकास से अधिक लचीलापन

व्यवसायों और सरकारों के लिए, पुस्तक "जस्ट-इन-टाइम" लॉजिस्टिक्स से दूर जाने की वकालत करती है:

बफर स्टॉक: WEF द्वारा बताई गई इंफ्रास्ट्रक्चर संकट की स्थितियों से बचने के लिए संस्थानों को ऊर्जा और आवश्यक पुर्जों का भौतिक भंडार बनाए रखना चाहिए।

क्षेत्रीयकरण: स्थानीय उत्पादन के पक्ष में लंबी, "भू-आर्थिक रूप से कमजोर" आपूर्ति श्रृंखलाओं पर निर्भरता कम करना - एक ऐसा बिंदु जो डॉ. धरावत के ग्रामीण आर्थिक सशक्तिकरण के आह्वान की प्रतिध्वनि करता है।

3. स्थायी सामाजिक परिवर्तन: "तूफान के बाद की" दुनिया

एंडर्सन और द नेक्स्ट हाई के लेखक इस बात से सहमत हैं कि 2032 के बाद की दुनिया मौलिक रूप से अलग दिखेगी:

फिएट वर्चस्व की मृत्यु: ऊर्जा या ठोस वस्तुओं द्वारा समर्थित मुद्राओं की ओर बढ़ना, असीमित ऋण विस्तार के युग का अंत।

स्थानीय की वापसी: हाइपर-लोकलवाद की ओर एक स्थायी बदलाव, जहां सामुदायिक विश्वास वैश्विक क्रेडिट स्कोर से अधिक मूल्यवान हो जाता है।

नए शासन मॉडल: केंद्रीकृत "टॉप-डाउन" प्रबंधन से "बॉटम-अप" लचीले नेटवर्क में संक्रमण, क्योंकि समाज यह महसूस करते हैं कि एक दैवीय रीसेट के दौरान बड़े पैमाने की जटिलता एक दायित्व है।

अभिसारी निष्कर्ष

इन 2026 प्रकाशनों के बीच आम सहमति यह है कि जबकि "तूफान" अपरिहार्य है, यह एक सुधारात्मक शक्ति के रूप में कार्य करता है।

धरावत इसे शोषण का अंत मानते हैं।

एंडर्सन इसे "कागजी धन" का अंत मानते हैं।

सरकार इसे एक आध्यात्मिक शुद्धि मानती है।

कुल मिलाकर, वे बताते हैं कि जो लोग "सामान्य स्थिति में लौटने" के बजाय स्थायी समाधान की तैयारी करेंगे, वे ही अगले हाई (2032–2055) के आर्किटेक्ट होंगे।

क्या आप चाहेंगे कि मैं माइकल एंडरसन की व्यक्तिगत और घरेलू तैयारी के लिए खास सिफारिशों के आधार पर एक "रेज़िलिएंस चेकलिस्ट" बनाऊँ?

2026 के संकट साहित्य के इकोसिस्टम में, "द नेक्स्ट हाई (2032–2055)" आशा के लिए प्राथमिक "प्रॉस्पेक्टस" के रूप में सामने आता है। जबकि अन्य लेखक पतन के तरीकों पर ध्यान केंद्रित करते हैं, यह काम 2032 के "रीसेट" के बाद आने वाले पुनर्निर्माण चरण के लिए एक ब्लूप्रिंट प्रदान करता है।

"नेक्स्ट हाई" का विज़न

यह किताब जेनरेशनल साइकिल थ्योरी (स्ट्रॉस-होवे फोर्थ टर्निंग के समान) का उपयोग करके यह तर्क देती है कि "मैनेज्ड डिसऑर्डर" का हर बड़ा युग संस्थागत पुनर्जन्म और उच्च सामाजिक सामंजस्य की अवधि की ओर ले जाता है।

2032 का बदलाव: लेखक का मानना है कि 2032 तक, "पेपर किंग्स" और सट्टा "AI इंफ्रास्ट्रक्चर बबल्स" खत्म हो जाएंगे। यह नई, अधिक लचीली प्रणालियों के उभरने के लिए एक साफ स्लेट बनाता है।

उद्देश्य की ओर वापसी: 2020 के दशक की शुरुआत के लाभ-किसी भी कीमत पर युग के विपरीत, "नेक्स्ट हाई" राष्ट्रीय और वैश्विक मिशनों की विशेषता है, जैसे बड़े पैमाने पर ग्रह की बहाली, जल सुरक्षा, और जलवायु का स्थिरीकरण।

" न्यू डील" 2.0: किताब बुनियादी ढांचे के निवेश की एक बड़ी लहर की भविष्यवाणी करती है, जो डिजिटल एब्स्ट्रैक्शन से भौतिक वास्तविकता की ओर बढ़ रही है - "खतरे में पड़े बुनियादी ढांचे" का पुनर्निर्माण जिसके बारे में WEF ने 2026 में चेतावनी दी थी।

मुख्य बदलाव: 2032 बनाम 2026

मीट्रिक तूफान (2026–2032) नेक्स्ट हाई (2032–2055)

सामाजिक मनोदशा ध्रुवीकरण और "युद्ध में मूल्य" एकता और साझा नागरिक उद्देश्य

अर्थव्यवस्था धन संरक्षण (सोना/कठोर संपत्ति) उत्पादक निवेश (बुनियादी ढांचा/प्रौद्योगिकी)

शासन प्रबंधित अव्यवस्था / नाजुकतापुनर्निर्मित संस्थान / लचीलापन

प्रौद्योगिकी विघटनकारी और "अनियंत्रित" AI संसाधन प्रबंधन के लिए उपयोग किया जाने वाला यूटिलिटी AI

"सफलता का मार्ग"

किताब बताती है कि जिन लोगों ने हार्ड एसेट्स रखकर 2026 के फाइनेंशियल तूफान से खुद को बचाया, उन्हें 2032 तक उस कैपिटल को प्रोडक्टिव वेंचर्स में लगाना शुरू कर देना चाहिए। "नेक्स्ट हाई" एक ऐसा दौर है जहाँ दौलत कर्ज़ पर सट्टा लगाने के बजाय कुछ करने और बनाने से बनती है।

क्या आप उन खास "इमर्जिंग इंडस्ट्रीज़" के बारे में जानना चाहेंगे जिन्हें किताब 2032–205 के ड्राइवर के तौर पर पहचानती है?

"एलिमेंटल: हाउ द फाइव एलिमेंट्स आर रीशेपिंग अवर वर्ल्ड" (2026) में, पूर्व डिप्लोमैट आर्थर स्नेल 2020 के दशक के "तूफान" को एक फिजिकल और एनवायरनमेंटल नज़रिए से देखते हैं। उनका तर्क है कि हमारी जियोपॉलिटिकल अस्थिरता सिर्फ़ राजनीति या पैसे के बारे में नहीं है, बल्कि ज़िंदगी के बुनियादी बिल्डिंग ब्लॉक्स पर कंट्रोल खोने के बारे में है।

क्लासिकल एलिमेंट्स का इस्तेमाल करके, स्नेल हमारे मौजूदा ग्लोबल ऑर्डर के टूटने के पॉइंट्स को मैप करते हैं। एलिमेंटर: द न्यू ज्योग्राफी ऑफ़ क्लाइमेट चेंज (2026) में, आर्थर स्नेल का मानना है कि मौजूदा ग्लोबल अस्थिरता ज़रूरी एनवायरनमेंटल रिसोर्स पर कंट्रोल खोने से पैदा होती है, जो पारंपरिक राजनीतिक या आर्थिक स्पष्टीकरणों से परे है। क्लासिकल एलिमेंट्स—पृथ्वी (ज़रूरी मिनरल्स), पानी (पिघलती बर्फ की चोटियाँ, बढ़ता ज्वार), आग (जंगल की आग, थर्मल अस्थिरता), और हवा (पैथोजेन, जियोइंजीनियरिंग)—के नज़रिए से गड़बड़ियों की जाँच करके, स्नेल मौजूदा दुनिया के ऑर्डर के टूटने के पॉइंट्स को मैप करते हैं। ज़्यादा जानकारी पब्लिशर की वेबसाइट पर उपलब्ध है।

1. पृथ्वी: सतह के नीचे की लड़ाई

स्नेल रेयर अर्थ मिनरल्स और खुद मिट्टी पर ध्यान केंद्रित करते हैं।

नया शीत युद्ध: वह विस्तार से बताते हैं कि लिथियम, कोबाल्ट और तांबे की दौड़—जो "ग्रीन ट्रांज़िशन" के लिए ज़रूरी हैं—कैसे संघर्ष का एक नया भूगोल बना रही है, जहाँ "पृथ्वी"

(कांगो या दक्षिण अमेरिका में खदानें) पर कंट्रोल यह तय करता है कि अगली सदी का नेतृत्व कौन करेगा।

खाद्य संप्रभुता: डॉ. धरावत के विषयों का पालन करते हुए, स्नेल चेतावनी देते हैं कि ऊपरी मिट्टी का खराब होना उपजाऊ ज़मीन को तेल से भी ज़्यादा कीमती रणनीतिक संपत्ति में बदल रहा है।

2. हवा: बिना सीमाओं वाला खतरा

"हवा" उन अदृश्य प्रवाहों को दर्शाती है जो राष्ट्रीय सीमाओं का सम्मान नहीं करते हैं।

वायुमंडलीय संघर्ष: वह जाँच करते हैं कि कार्बन उत्सर्जन और सीमा पार प्रदूषण का इस्तेमाल "जियोइकोनॉमिक टकराव" के उपकरणों के रूप में कैसे किया जा रहा है (जैसा कि WEF 2026 रिपोर्ट में देखा गया है)। क्लाउड: लाक्षणिक रूप से, स्नेल "डिजिटल हवा"—इंटरनेट और डेटा फ्लो—को एक युद्ध के मैदान के रूप में मानते हैं जहाँ गलत जानकारी एक ज़हरीली गैस की तरह काम करती है, जो सोशल कॉन्ट्रैक्ट को कमज़ोर करती है।

3. आग: संघर्ष की ऊर्जा

आग गर्म होते ग्रह की गर्मी और हमारी दुनिया को शक्ति देने वाली वास्तविक ऊर्जा दोनों का प्रतीक है।

जंगल की आग का दौर: वह "फायर सीज़न" को एक परमानेंट चीज़ के तौर पर देखते हैं जो उस "खतरे में पड़े इंफ्रास्ट्रक्चर" को खत्म कर देती है जिसके बारे में माइकल एंडरसन ने चेतावनी दी है।

एनर्जी में बदलाव: स्नेल का कहना है कि फॉसिल फ्यूल (आग) से दूर जाना कोई शांतिपूर्ण बदलाव नहीं है, बल्कि एक हिंसक उथल-पुथल है क्योंकि पेट्रो-स्टेट्स खत्म हो रहे हैं और नई एनर्जी पावर्स उभर रही हैं।

4. पानी: बड़ा डी-स्टैबिलाइज़र

पानी को 2026–2032 के समय में सबसे खतरनाक चीज़ बताया गया है।

प्यास की लड़ाई: स्नेल नील, मेकांग और सिंधु नदियों पर होने वाले संभावित झगड़ों का नक्शा बनाते हैं।

समुद्र का लेवल बढ़ना: उनका अनुमान है कि "पानी" अभिजीत सरकार के बताए गए बड़े पैमाने पर पलायन का मुख्य कारण होगा, क्योंकि तटीय मेगासिटीज़ का इंश्योरेंस नहीं हो पाएगा और वे रहने लायक नहीं रहेंगी।

सिंथेसिसः संकट की फिजिकल सच्चाई

जबकि माइकल एंडरसन "पेपर" (पैसे) के फेल होने को देखते हैं, और अभिजीत सरकार "प्रोफेसी" (समय) के फेल होने को देखते हैं, आर्थर स्नेल "फिजिकैलिटी" (प्रकृति) के फेल होने को देखते हैं।

"हमने एक डिजिटल सभ्यता को एक फिजिकल नींव पर बनाया है जो अब स्थिर नहीं है।" — आर्थर स्नेल

क्या आप 2027 के लिए स्नेल का "रिस्क हीट मैप" देखना चाहेंगे, या हमें इंजीनियर्ड पैथोजन्स का फोरेंसिक व्यू देखने के लिए जेरोम एलिस की "2026 प्रोफेसी" पर जाना चाहिए?

"द 2026 प्रोफेसीः डिकोडिंग नोस्ट्राडेमस" में, लेखक जेरोम एलिस "स्टैंज़ा 26" नाम के एक खास, लंबे समय से अनदेखे क्वाट्रेन पर एक रिसर्च-ड्रिवन इन्वेस्टिगेशन पेश करते हैं। एलिस का तर्क है कि यह श्लोक 2026 में शुरू होने वाले ग्लोबल संकट के लिए एक सटीक रोडमैप के तौर पर काम करता है।

2026 कन्वर्जेंस

एलिस ने तीन मुख्य "टकराव वाले पॉइंट्स" का पता लगाने के लिए ऐतिहासिक भाषा विज्ञान को मॉडर्न साइंस और इंटेलिजेंस डेटा के साथ मिलाया है:

इंजीनियर्ड पैथोजेन्सः किताब "टस्कनी में महामारी" से शुरू होने वाली एक टाइमलाइन को डिकोड करती है। एलिस इसे "टस्कनी वेक्टर" के रूप में पहचानते हैं, जो इस बात का सबूत देता है कि मॉडर्न महामारी मॉडलिंग लैब से लीक हुई या इंजीनियर्ड बीमारियों की इन पुरानी भौगोलिक चेतावनियों से अजीब तरह से मेल खाती है।

आर्थिक उथल-पुथलः हेल्थ संकट से परे, भविष्यवाणी के बारे में कहा जाता है कि यह डिजिटल गिरावट और ग्लोबल फाइनेंशियल स्थिरता में एक बड़ी गिरावट का संकेत देती है, जैसा कि अभिजीत सरकार ने "पेपर किंग्स" सिनेरियो में बताया था।

एक नई ताकत का उदयः यह कन्वर्जेंस एक बेरहम नई लीडरशिप या ग्लोबल अथॉरिटी के उभरने की ओर इशारा करता है—जो

"राइज ऑफ़ द असुर" (2027) आर्किटाइप के साथ—जो नतीजतन होने वाली अराजकता के दौरान नियंत्रण हासिल कर लेता है।

फोरेंसिक इन्वेस्टिगेशन बनाम डूम-मोंगरिंग

एलिस अपने काम को स्टैंडर्ड एंड-टाइम्स भविष्यवाणियों से अलग करते हैं, इन पर ध्यान केंद्रित करके:

भौगोलिक कुंजीः चौपाइयों में बताए गए भौतिक स्थानों को मैप करने के लिए आधुनिक

इंटेलिजेंस का उपयोग करना।

सांख्यिकीय संभावना: एक ही वर्ष में शुद्ध संयोग से इन विशिष्ट भू-राजनीतिक और जैविक घटनाओं के एक साथ होने की संभावना की गणना करना।

"क्या होगा अगर" फैक्टर: उन पाठकों के लिए "क्या होगा अगर यह सच में हुआ" विश्लेषण प्रदान करना जो हाई-टेंशन, सट्टा इतिहास का आनंद लेते हैं।

जबकि माइकल एंडरसन संख्याओं पर और आर्थर स्नेल तत्वों पर ध्यान केंद्रित करते हैं, जेरोम एलिस 2026 के तूफान के जैविक और ऐतिहासिक चेतावनी संकेत प्रदान करते हैं।

क्या हमें "टस्कनी वेक्टर" की अधिक विस्तार से जांच करनी चाहिए ताकि यह देखा जा सके कि एलिस इसे आधुनिक महामारी मॉडलिंग से कैसे जोड़ते हैं, या क्या आप उनकी वित्तीय जीवित रहने की रणनीतियों का सारांश पसंद करेंगे? 2026 की शुरुआत में प्रकाशित प्रमुख नॉन-फिक्शन कार्यों और रिपोर्टों के अनुसार, 2026 से 2032 की अवधि को "प्रबंधित अव्यवस्था" और सिस्टमेटिक पतन में से एक होने की भविष्यवाणी की गई है, जिसकी विशेषता वैश्विक संस्थानों में विश्वास की कमी, भौतिक प्रणालियों पर पर्यावरणीय तनाव, और इंजीनियर रोगजनकों, गलत सूचना और ऋण चूक सहित कारकों का अभिसरण है। इस युग को 2032 के बाद की दुनिया से पहले एक "आवश्यक सुधार" के रूप में वर्णित किया गया है जो पुनर्निर्माण, ग्रह बहाली, समुदाय और सामाजिक सामंजस्य पर केंद्रित है। आप इन कार्यों का पूरा अवलोकन पढ़ सकते हैं।

संक्षेप में, डॉ. ललित कुमार धरावत और अभिजीत सरकार दोनों एक टूटने के कगार पर दुनिया का एक नैदानिक अवलोकन प्रस्तुत करते हैं, फिर भी वे भविष्य के "भारत" के लिए अलग-अलग रास्ते पेश करते हैं। जबकि धरावत संकट को कॉर्पोरेट लालच से प्रेरित मानव निर्मित सामाजिक-आर्थिक विफलता के रूप में पहचानते हैं, सरकार इसे एक बड़े "अराजकता के दशक" के भीतर एक आध्यात्मिक अनिवार्यता के रूप में देखती है।

अंतिम तुलनात्मक अवलोकन

संघर्ष:

धरावत "क्रूर असमानता" और किसानों की संरचनात्मक उपेक्षा पर ध्यान केंद्रित करते हैं।

सरकार "पेपर किंग्स के पतन" और शहरी-केंद्रित डिजिटल प्रणालियों के पतन पर ध्यान केंद्रित करती है।

मोड़ (2026):

धरावत कुल ग्रामीण दरिद्रता को रोकने के लिए विशिष्ट कृषि सुधारों की वकालत करते हैं। सरकार ने बड़े अकाल और सप्लाई चेन टूटने से शहरों से बड़े पैमाने पर पलायन की भविष्यवाणी

की है।

संकल्प:

धरावथ राजनीतिक एक्टिविज़्म के ज़रिए एक ज़्यादा बराबरी वाली और इको-फ्रेंडली लोगों की अर्थव्यवस्था बनाने की कल्पना करते हैं।

सरकार एक डिवाइन रीसेट (2032) की उम्मीद करते हैं, जहाँ पुरानी दुनिया की व्यवस्था की राख से एक नई सभ्यता उभरेगी।

निष्कर्ष

साथ मिलकर, ये काम "आने वाले तूफ़ान" का एक पूरा मैप देते हैं। धरावथ ज़मीनी स्तर पर सामाजिक आलोचना करते हैं, जबकि सरकार उच्च-स्तरीय समयरेखा देते हैं। दोनों इस बात पर सहमत हैं कि कर्ज़ और शोषण की "कागज़ी दुनिया" खत्म हो रही है, और 2032 के बाद की दुनिया उन लोगों की होगी जो बुनियादी बातों पर लौटेंगे: ज़मीन, समुदाय और मज़बूत श्रम।

क्या आप इन नतीजों को एक रेज़िलिएंस रोडमैप में बदलना चाहेंगे जो धरावथ के स्किल-डेवलपमेंट के विचारों को सरकार की साल-दर-साल जीवित रहने की रणनीति के साथ मिलाता है?

जबकि डॉ. ललित कुमार धरावथ भारत में असमानता की मानवीय कीमत पर ध्यान केंद्रित करते हैं, माइकल एंडरसन बताते हैं कि वह वैश्विक प्रणाली आखिरकार कैसे टूटती है। साथ मिलकर, वे एक ही ढहते सिक्के के दो पहलुओं का वर्णन करते हैं: सामाजिक असमानता और संरचनात्मक कर्ज़ जो इसे बढ़ावा देता है।

आर्थिक संश्लेषण

विशेषता डॉ. ललित कुमार धरावथ माइकल एंडरसन

मुख्य संकट सामाजिक अभाव: अभिजात वर्ग का भव्य उपभोग बनाम आम जनता की गरीबी। वित्तीय विश्वास: उच्च कर्ज़ और ब्याज दरों के कारण "कागज़ी संपत्ति" का पतन।

मुख्य संकेतक कृषि संकट: कॉर्पोरेट हितों के पक्ष में ग्रामीण किसानों की उपेक्षा। रियल एस्टेट/बैंकिंग: छिपी हुई कमजोरियाँ जो एक व्यवस्थित बाज़ार दुर्घटना का संकेत देती हैं।

2026 निर्णायक मोड़ पतन से बचने के लिए कृषि सुधार और जन-केंद्रित विकास की आवश्यकता। अचानक कीमतों में बदलाव की अवधि जहाँ कर्ज़ चुकाना मुश्किल हो जाता है और विश्वास खत्म हो जाता है।

कार्रवाई का आह्वान राजनीतिक सक्रियता: एक समान अर्थव्यवस्था के लिए अर्ध-सामंती संरचनाओं को खत्म करना।

धन संरक्षण: तूफ़ान से बचने के लिए ठोस संपत्तियों और एंटी-फ्रैजाइल रणनीतियों में निवेश करना।

अभिसारी निष्कर्ष

दोनों लेखक इस बात पर सहमत हैं कि "कागज़ी राजाओं" (एंडर्सन) और "मुट्ठी भर अमीरों" (धरावथ) ने एक ऐसी प्रणाली बनाई है जो अब टिकाऊ नहीं है।

एंडर्सन चेतावनी देते हैं कि 2026 में एक बड़े करेक्शन के ज़रिए बाज़ार इसे ठीक कर देगा।

धरावत का तर्क है कि अगर हम इसे पॉलिसी और स्किल डेवलपमेंट के ज़रिए ठीक नहीं करते हैं, तो "क्रूर असमानता" कुल मिलाकर सिस्टम की विफलता का कारण बनेगी।

आखिरी बात: धरावत का काम बदलाव के लिए नैतिक तर्क है, जबकि एंडरसन का काम इस बात का गणितीय प्रमाण है कि बदलाव आने वाला है - चाहे हम तैयार हों या नहीं।

क्या हमें एंडरसन द्वारा बताई गई वित्तीय अस्थिरता के संभावित समाधान के रूप में "लोगों पर केंद्रित" अर्थव्यवस्था के लिए धरावत के खास विज़न को देखना चाहिए?

अध्याय -2

अस्थिरता के कारण

परिचय

2026–2032 की अवधि का विश्लेषण करने वाली रिपोर्टों के आधार पर, वैश्विक परिदृश्य एक "आने वाले तूफान" का सामना कर रहा है, जिसे तीव्र, आपस में जुड़े हुए और बढ़ते संकटों द्वारा परिभाषित किया गया है, जिसकी विशेषता एकध्रुवीय दुनिया से बहुध्रुवीय, खंडित और प्रतिस्पर्धी व्यवस्था में बदलाव है। विशेषज्ञ एक "अशांत या तूफानी" दृष्टिकोण की भविष्यवाणी करते हैं, जिसमें 50% उत्तरदाताओं को अगले दो वर्षों में बढ़ी हुई अस्थिरता की उम्मीद है, जो अगले दशक में बढ़कर 57% हो जाएगी। 2026–2032 के लिए अस्थिरता के मुख्य कारण यहाँ दिए गए हैं:

1. भू-आर्थिक टकराव और संरक्षणवाद

शीर्ष जोखिम: भू-आर्थिक टकराव 2026 में #1 खतरे के रूप में सैन्य संघर्ष की जगह लेते हुए, प्रमुख वैश्विक जोखिम के रूप में उभरा है।

हथियार के रूप में अन्योन्याश्रय: राष्ट्र तेजी से आर्थिक उपकरणों—टैरिफ, प्रतिबंध, निर्यात नियंत्रण, और निवेश स्क्रीनिंग—का उपयोग हथियारों के रूप में कर रहे हैं, अब 85% से अधिक वैश्विक माल व्यापार अमेरिका के बिना हो रहा है, जिससे क्षेत्रीयकरण में तेजी आ रही है।

राज्य हस्तक्षेपवाद: मुक्त व्यापार का युग समाप्त हो रहा है, जिसकी जगह राज्य-निर्देशित औद्योगिक नीतियों, सब्सिडी और "फ्रेंडशोरिंग" ने ले ली है।

अमेरिका-चीन प्रतिद्वंद्विता: 2008 के समान प्रणालीगत झटके का 10-20% जोखिम वाला एक परिभाषित तनाव, विशेष रूप से यदि अत्यधिक लीवरेज्ड AI बुनियादी ढांचा निवेश एक व्यापक वित्तीय सुधार को ट्रिगर करता है।

2. खंडित भू-राजनीति और सुरक्षा

बहुपक्षवाद के बिना बहुध्रुवीय: 68% विशेषज्ञों का मानना है कि वैश्विक व्यवस्था अधिक खंडित हो रही है, जिसमें मध्यम शक्तियां क्षेत्रीय नियम तय कर रही हैं।

बढ़ते संघर्ष: द्वितीय विश्व युद्ध के बाद से राज्य-आधारित संघर्ष अपने उच्चतम स्तर पर हैं, 60 से अधिक चल रहे संघर्ष/विवाद क्षेत्रीय फैलाव का खतरा पैदा कर रहे हैं, विशेष रूप से

यूक्रेन, मध्य पूर्व और हिंद-प्रशांत में।

अमेरिकी आंतरिक परिवर्तन: अमेरिकी शासन में संभावित प्रणालीगत परिवर्तन, जिसमें घरेलू दुश्मनों के खिलाफ सरकार का हथियार के रूप में उपयोग और पश्चिमी गोलार्ध में एक "डोनरो सिद्धांत" शामिल है, अमेरिका को वैश्विक जोखिम का एक प्राथमिक स्रोत बनाता है।

घेराबंदी में यूरोप: प्रमुख यूरोपीय अर्थव्यवस्थाएं पंगुता का सामना कर रही हैं, जो अमेरिकी संरक्षणवाद और लोकलुभावनवाद के बीच फंसी हुई हैं।

3. आर्थिक नाज़ुकता और ऋण स्थिरता

ऋण और मुद्रास्फीति: बढ़ते ऋण सेवा लागत, लगातार मुद्रास्फीति, और संभावित परिसंपत्ति बुलबुले (विशेष रूप से प्रौद्योगिकी/AI में) एक अस्थिर वित्तीय वातावरण बना रहे हैं। K-शेप वाली अर्थव्यवस्थाएं: गहरी असमानता और बढ़ती महंगाई सामाजिक समझौते के लिए खतरा बन रही हैं, कुछ देशों में 32% लोग गरीबी रेखा से नीचे रह रहे हैं।

डूम लूप": 2008 जैसे, या उससे भी बदतर, संकट की संभावना, जिसकी पहचान लिक्विडिटी में अचानक कमी, कमजोर पूंजी प्रवाह और रक्षात्मक आर्थिक प्रतिक्रियाओं से होती है।

4. तकनीकी तेजी और गलत सूचना

AI और गलत सूचना: गलत सूचना/भ्रामक जानकारी 2-साल के आउटलुक में दूसरे स्थान पर है, जबकि AI को लेकर चिंता बढ़ रही है।

एक फोर्स मल्टीप्लायर के रूप में AI: AI का इस्तेमाल आक्रामक और रक्षात्मक दोनों तरह के साइबर ऑपरेशंस में किया जा रहा है, जिसमें 2026-2032 की अवधि "सॉवरेन AI" और डेटा/इंफ्रास्ट्रक्चर पर नियंत्रण की दौड़ से चिह्नित है।

प्रतिकूल परिणाम: AI के प्रतिकूल परिणाम अल्पावधि में 30वें स्थान के जोखिम से बढ़कर अगले 10 वर्षों में शीर्ष-5 जोखिमों में शामिल हो जाएंगे, जिससे श्रम बाजारों और सामाजिक स्थिरता को बाधित होने का खतरा है।

5. पर्यावरण और संसाधनों की कमी

"जल हथियार": पानी की कमी तेजी से बढ़ रही है, जो भू-राजनीति में एक हथियार बन रही है, जिसमें प्रमुख नदियाँ (नील, सिंधु) संघर्ष के बिंदु बन रही हैं।

जलवायु विचलन: जबकि तात्कालिक भू-राजनीतिक दबावों के कारण अल्पावधि (2026) में पर्यावरणीय जोखिम निचले स्थान पर थे, वे दीर्घकालिक (10-वर्षीय क्षितिज) के

लिए शीर्ष जोखिम हैं।

संक्रमण तनाव: ऊर्जा सुरक्षा अक्सर डीकार्बोनाइजेशन से आगे निकल रही है, जिससे कार्बन बाजारों और हरित नीतियों के लिए एक खंडित परिदृश्य बन रहा है।

सारांश: 2026-2032 के तूफान से निपटना

2026-2032 की अवधि "पुनर्संयोजन" का एक महत्वपूर्ण, संक्रमणकालीन चरण है। व्यवसायों और सरकारों को "भू-राजनीतिक ताकत" बनानी चाहिए, आपूर्ति श्रृंखलाओं को एकल-स्रोत निर्भरता से दूर विविधतापूर्ण बनाना चाहिए और उच्च-मुद्रास्फीति, कम-विकास वाले वातावरण के लिए तैयार रहना चाहिए।

भू-आर्थिक टकराव और संरक्षणवाद

यह WEF ग्लोबल रिस्क रिपोर्ट 2026 का एक व्यापक और समयोचित अवलोकन है। जोखिम परिदृश्य में बदलाव - जहाँ साइबर सुरक्षा ने भारत के लिए पारंपरिक चिंताओं को पीछे छोड़ दिया है और भू-आर्थिक टकराव ने विश्व स्तर पर जलवायु परिवर्तन को पीछे छोड़ दिया है - रणनीतिक योजना में एक महत्वपूर्ण मोड़ है। प्रस्तुति, परीक्षा या नीति संक्षिप्त के लिए इस जानकारी को संश्लेषित करने में आपकी मदद करने के लिए, यहाँ प्रमुख निष्कर्षों और इन बदलावों के पीछे के "कारण" का एक संरचित सारांश दिया गया है। महान बदलाव: 2026 जोखिम रैंकिंग 2026 की रिपोर्ट "प्राकृतिक" या "पर्यावरणीय" संकटों से मानव-प्रेरित रणनीतिक जोखिमों की ओर संक्रमण पर प्रकाश डालती है। 1. ग्लोबल पर्सपेक्टिव: आर्थिक युद्ध सालों में पहली बार, जियोइकोनॉमिक टकराव #1 ग्लोबल रिस्क है। लॉजिक: देश अब सिर्फ़ मुकाबला नहीं कर रहे हैं; वे "व्यापार को हथियार" के तौर पर इस्तेमाल कर रहे हैं। टूल्स: प्रतिबंध, टेक्नोलॉजी पर बैन (जैसे चिप्स/सेमीकंडक्टर), और निवेश पर कंट्रोल। नतीजा: एक टूटी हुई ग्लोबल अर्थव्यवस्था जहाँ "सुरक्षा" के लिए "दक्षता" की बलि दी जा रही है। 2. भारत का पर्सपेक्टिव: डिजिटल टारगेट साइबर सुरक्षा अब भारत का #1 रिस्क है। अब क्यों? भारत ने दुनिया का सबसे तेज़ डिजिटल बदलाव किया है (UPI, आधार, DBT)। हालाँकि इससे दक्षता बढ़ी, लेकिन इसने एक बहुत बड़ा "अटैक सरफेस" भी बनाया। खतरा: हमले अब सिर्फ़ डेटा चुराने के बारे में नहीं हैं; वे पावर ग्रिड और बैंकिंग सिस्टम जैसे क्रिटिकल नेशनल इंफ्रास्ट्रक्चर (CNI) को निशाना बना रहे हैं। भारत के टॉप 5 रिस्क बनाम ग्लोबल टॉप 5 (2026)

रैंक	भारत-विशिष्ट रिस्क	ग्लोबल रिस्क
1	साइबर सुरक्षा	जियोइकोनॉमिक टकराव

2 आय और संपत्ति में असमानता राज्य-आधारित सशस्त्र संघर्ष
3 अपर्याप्त सार्वजनिक सेवाएँ अत्यधिक मौसम की घटनाएँ
4 आर्थिक मंदी सामाजिक ध्रुवीकरण
5 राज्य-आधारित सशस्त्र संघर्ष गलत सूचना और दुष्प्रचार

गहन विश्लेषण: भारत की कमजोरियाँ

"असमानता-सार्वजनिक सेवा" लूप

रिपोर्ट एक खतरनाक चक्र पर प्रकाश डालती है। जबकि कागज़ पर भारत का गिनी गुणांक स्थिर दिखता है (खपत-आधारित), धन का अंतर (शीर्ष 1% के पास 22.6% आय) एक नाजुक सामाजिक ताना-बाना बनाता है।

जोखिम: जब सार्वजनिक स्वास्थ्य पर खर्च कम होता है (

1.9% 1.9%, 1.9% बनाम 2.5% 2.5% 2.5%

लक्ष्य), तो कोई भी बाहरी झटका (जैसे महामारी या आर्थिक मंदी) गरीबों को असमान रूप से प्रभावित करता है, जिससे सामाजिक अशांति फैलती है।

भू-आर्थिक और FPI अस्थिरता

2025 में रिकॉर्ड $18.9 बिलियन FPI बहिर्वाह एक चेतावनी के रूप में काम करता है। भारत के बाज़ार अत्यधिक संवेदनशील हैं:

अमेरिकी फेड ब्याज दर में बदलाव।

वैश्विक व्यापार युद्ध (टैरिफ)। मुद्रा में उतार-चढ़ाव जो रुपये को प्रभावित करते हैं। इन जोखिमों को कम करने के लिए भारत के लिए रणनीतिक सिफारिशें, रिपोर्ट और विशेषज्ञ विश्लेषण चार-स्तंभ दृष्टिकोण का सुझाव देते हैं: साइबर लचीलापन: "आईटी सुरक्षा" से "राष्ट्रीय साइबर रक्षा" की ओर बढ़ना। UPI और पावर ग्रिड की सुरक्षा को सीमा सुरक्षा जितनी ही तत्परता से किया जाना चाहिए। श्रम का औपचारिककरण: अनौपचारिक श्रमिकों को सामाजिक सुरक्षा जाल में लाने के लिए PM-JDY जैसी योजनाओं का उपयोग करना ताकि "असमानता जोखिम" को कम किया जा सके। "आपूर्ति श्रृंखला "जोखिम कम करना": PLI योजनाओं और "फ्रेंड-शोरिंग" के माध्यम से एकल-स्रोत आयात (जैसे चीन) पर निर्भरता कम करना। जलवायु-सुरक्षा संबंध: मौसम की घटनाओं को आर्थिक आपदा बनने से रोकने के लिए शहरी नियोजन में जलवायु लचीलेपन को एकीकृत करना। मुख्य अंतर्दृष्टि: 2026 की रिपोर्ट बताती है कि भारत के लिए, आंतरिक लचीलापन (डिजिटल सुरक्षा और सामाजिक समानता) अब बाहरी रक्षा (सैन्य शक्ति) जितना ही महत्वपूर्ण है।

विखंडन के तंत्र

प्रतिबंधों, वित्तीय राज्य-कला और आपूर्ति श्रृंखला सुरक्षा के माध्यम से आर्थिक अन्योन्याश्रय का व्यवस्थित शस्त्रीकरण सक्रिय रूप से एक खंडित वैश्विक व्यवस्था को बढ़ावा दे रहा है। 2026 की शुरुआत में, इस प्रवृत्ति की विशेषता समानांतर भुगतान प्रणालियों का उदय, "फ्रेंड-शोर्ड" औद्योगिक पारिस्थितिकी प्रणालियों का उदय, और "वैश्विक स्विंग राज्यों" की ओर एजेंसी का एक महत्वपूर्ण पुनर्वितरण है जो गुटों के बीच बचाव के लिए अपनी भू-राजनीतिक स्थिति का उपयोग करते हैं। एकध्रुवीय, अमेरिका के नेतृत्व वाली व्यवस्था से एक खंडित प्रणाली में बदलाव कई अभूतपूर्व दबाव वाले उपायों से प्रेरित है:

हथियार के रूप में इस्तेमाल की जाने वाली निर्भरता: प्रमुख अर्थव्यवस्थाएं नाकेबंदी, निगरानी और बहिष्कार के माध्यम से प्रभाव डालने के लिए वैश्विक डिजिटल, वित्तीय और आपूर्ति नेटवर्क में "हब" का लाभ उठाती हैं।

फ्रेंड-शोरिंग और री-शोरिंग: उन्नत अर्थव्यवस्थाएं प्रतिकूल संबंधों से जोखिमों को कम करने के लिए तेजी से आपूर्ति श्रृंखलाओं को समान भू-राजनीतिक संरेखण वाले देशों में स्थानांतरित कर रही हैं। यह लागत-दक्षता पर सुरक्षा और लचीलेपन को प्राथमिकता देता है।

वैकल्पिक भुगतान प्रणालियाँ और गलियारे: पारंपरिक पश्चिमी चैनलों पर निर्भरता कम करने के प्रयासों में स्थानीय मुद्रा व्यापार को बढ़ावा देना और भारत-मध्य पूर्व-यूरोप आर्थिक गलियारे (IMEC) जैसे नए गलियारों का विकास शामिल है, जिसका लक्ष्य लॉजिस्टिक्स लागत को 30% तक कम करना और पारंपरिक बाधाओं को दरकिनार करना है।

सामरिक एजेंसी और प्रतिरोध

"हथियार के रूप में इस्तेमाल करने की शर्त" ने प्रतिबंध लगाने वाले के पीछे शक्ति को मजबूत करने के बजाय नए अभिनेताओं को सशक्त बनाया है:

वैश्विक स्विंग राज्य: भारत, ब्राजील, इंडोनेशिया और तुर्की जैसे देश

अपनी रणनीतिक स्वायत्तता का लाभ उठाने में तेजी से कुशल हो रहे हैं। वे भू-आर्थिक लचीलेपन का फायदा उठाकर वाणिज्यिक और वित्तीय नेटवर्क बनाते हैं जो बिना किसी एक गुट के साथ स्थायी रूप से गठबंधन किए बिना उनकी अंतरराष्ट्रीय स्थिति को ऊपर उठाते हैं।

ग्लोबल साउथ प्रतिरोध: उभरती हुई शक्तियां IMF, विश्व बैंक और संयुक्त राष्ट्र सुरक्षा परिषद जैसे अंतरराष्ट्रीय संस्थानों में सुधार की मांग कर रही हैं। वे दक्षिण-दक्षिण सहयोग को भी तेज कर रहे हैं, जैसे दक्षिण पूर्व एशिया में खाड़ी निवेश और अफ्रीकी महाद्वीपीय मुक्त व्यापार क्षेत्र का विस्तार।

BRICS विस्तार: 2026 तक, एक विस्तारित BRICS गुट - जिसमें अब इंडोनेशिया,

मिस्र, इथियोपिया, ईरान और UAE जैसे सदस्य शामिल हैं - वैश्विक GDP (PPP) का 40% से अधिक और दुनिया की लगभग आधी आबादी का प्रतिनिधित्व करता है। यह खुद को पश्चिमी-प्रभुत्व वाले संस्थानों के लिए एक महत्वपूर्ण प्रतिसंतुलन के रूप में स्थापित कर रहा है।

प्रणालीगत जोखिम और शिथिलता

विखंडन दीर्घकालिक आर्थिक और ग्रह संबंधी चुनौतियाँ पैदा करता है:

आर्थिक लागत: IMF और WTO का अनुमान है कि अनियंत्रित विखंडन से वैश्विक GDP में 2% से 5% तक का नुकसान हो सकता है। अकेले फ्रेंड-शोरिंग से कुछ अर्थव्यवस्थाओं में वास्तविक GDP में 4.7% तक का नुकसान हो सकता है।

मुद्रास्फीति का दबाव: भू-राजनीतिक रूप से प्रेरित आपूर्ति श्रृंखला में बदलाव और व्यापार-प्रतिबंधात्मक उपाय "स्थायी" मुद्रास्फीति में योगदान करते हैं। वैश्विक मुद्रास्फीति 2026 में बढ़कर 3.8% होने का अनुमान है, जो अपूर्ण मुद्रास्फीति में कमी का संकेत देता है।

सामूहिक कार्रवाई में कमी: बढ़ते भू-राजनीतिक विभाजन बहुपक्षीय मंचों में समन्वय को सीमित करते हैं, जिससे जलवायु परिवर्तन, महामारियों और वित्तीय झटकों जैसे वैश्विक संकटों पर प्रतिक्रियाओं में बाधा आ सकती है।

क्षेत्रीय आउटलुक 2026

कारक 2026 की शुरुआत में मौजूदा रुझान

BRICS नेतृत्व भारत ने 2026 के लिए BRICS की अध्यक्षता संभाली है, जिसका ध्यान "सुधारित बहुपक्षवाद" पर है।

व्यापार नीति व्यापार-प्रतिबंधात्मक उपायों में तेज़ी से वृद्धि

2025-2026 में ग्लोबल इकोनॉमिक माहौल लेसेज़-फेयर कैपिटलिज़्म से हटकर स्टेट-डायरेक्टेड इंडस्ट्रियल पॉलिसी, भारी सब्सिडी और "फ्रेंडशोरिंग" की ओर एक निर्णायक बदलाव देख रहा है। राष्ट्रीय सुरक्षा की चिंताओं, सप्लाई चेन की मज़बूती और ग्रीन ट्रांज़िशन के कारण, सरकारें सिर्फ़ रेगुलेटर के बजाय मार्केट शेपर के रूप में ज़्यादा काम कर रही हैं।

2025-2026 के ट्रेंड के आधार पर इस बदलाव के मुख्य पहलू यहाँ दिए गए हैं:

स्टेट-डायरेक्टेड इंडस्ट्रियल पॉलिसी का उदय: सरकारें सेमीकंडक्टर और रिन्यूएबल एनर्जी जैसे स्ट्रेटेजिक सेक्टर को सपोर्ट करने के लिए लोकल कंटेंट मैंडेट, ओनरशिप स्टेक और टारगेटेड सब्सिडी के ज़रिए बाजारों में दखल दे रही हैं।

2025 और 2026 में, स्टेट-डायरेक्टेड इंडस्ट्रियल पॉलिसी घरेलू आर्थिक सहायता के साधन से राष्ट्रीय सुरक्षा और भू-राजनीतिक प्रतिस्पर्धा का एक मुख्य स्तंभ बन गई है। अमेरिका, EU,

चीन और भारत की सरकारें सेमीकंडक्टर और रिन्यूएबल एनर्जी जैसे स्ट्रेटेजिक सेक्टर में नेतृत्व हासिल करने के लिए आक्रामक सब्सिडी, लोकल-कंटेंट की ज़रूरतें और व्यापार प्रतिबंध लगा रही हैं।

दबाव वाली और सुरक्षा-आधारित नीतियों की ओर वैश्विक बदलाव

2025 में औद्योगिक नीति में एक स्ट्रक्चरल बदलाव हुआ, जिसमें घरेलू सब्सिडी से ज़्यादा "दबाव वाले" और बाहरी रूप से उन्मुख साधनों की ओर बदलाव हुआ।

सुरक्षा पर ध्यान: 2024-2025 तक, अमेरिका के आधे से ज़्यादा औद्योगिक नीति उपायों में स्पष्ट रूप से राष्ट्रीय सुरक्षा या भू-राजनीतिक विचारों का उल्लेख किया गया था।

प्रतिबंधात्मक उपाय: नीतिगत साधनों में विदेशी फर्मों के खिलाफ प्रतिस्पर्धी स्थितियों को बदलने के उद्देश्य से उच्च टैरिफ, सख्त स्थानीय-सामग्री की आवश्यकताएं और एंटी-सब्सिडी जांच शामिल हैं।

विखंडन का जोखिम: ये रुझान एक "फिजूल की वैश्विक सब्सिडी दौड़" और वैश्विक व्यापार में अधिक विखंडन को जन्म दे रहे हैं क्योंकि व्यापारिक भागीदार अपने स्वयं के प्रतिबंधात्मक उपायों के साथ जवाबी कार्रवाई कर रहे हैं।

रणनीतिक क्षेत्र हस्तक्षेप (2025-2026)

1. सेमीकंडक्टर

सेमीकंडक्टर सेक्टर भू-राजनीतिक प्रतिस्पर्धा का केंद्र बिंदु है, जिसमें देश टेक्नोलॉजिकल आज़ादी के लिए कोशिश कर रहे हैं।

संयुक्त राज्य अमेरिका: CHIPS एक्ट 2025 के अपडेट ने निर्माताओं से आगे बढ़कर पूरे इकोसिस्टम तक सपोर्ट बढ़ाया है, जिसमें डिस्ट्रीब्यूटर और अपस्ट्रीम सप्लायर शामिल हैं। 2026 तक, अमेरिकी फैब खर्च सालाना $20 बिलियन तक पहुंचने का अनुमान है। सख्त "गार्डरेल्स" फंडिंग पाने वालों को चीन जैसे चिंता वाले देशों में 10 साल तक मैन्युफैक्चरिंग बढ़ाने से रोकते हैं।

चीन: चीन की 15वीं पंचवर्षीय योजना (2026-2030) विदेशी निर्भरता को कम करने के लिए एडवांस्ड लॉजिक प्रोसेस नोड्स (7nm/5nm), लिथोग्राफी में सफलता और मुख्य उपकरणों के घरेलू उत्पादन को प्राथमिकता देती है।

भारत: □76,000 करोड़ के खर्च वाले सेमीकॉन इंडिया कार्यक्रम ने कई ऐतिहासिक परियोजनाओं को मंजूरी दी है, जिसमें □91,000 करोड़ का टाटा-PSMC जॉइंट वेंचर शामिल है।

2. रिन्यूएबल एनर्जी और क्लीन टेक

जलवायु कार्रवाई और ऊर्जा सुरक्षा के लिए औद्योगिक नीति को एक तंत्र के रूप में फिर से परिभाषित किया जा रहा है।

यूरोपीय संघ: फरवरी 2025 में लॉन्च किया गया क्लीन इंडस्ट्रियल डील (CID) क्लीन मैन्युफैक्चरिंग के लिए €100 बिलियन से अधिक जुटाने का लक्ष्य रखता है। यह सार्वजनिक खरीद में "यूरोपीय प्राथमिकता" मानदंड पेश करता है ताकि EU में बने उत्पादों को प्राथमिकता दी जा सके और इसमें 2026 के लिए निर्धारित एक सर्कुलर इकोनॉमी एक्ट शामिल है ताकि महत्वपूर्ण कच्चे माल को सुरक्षित किया जा सके।

भारत: भारत ने जून 2025 में, तय समय से पांच साल पहले, अपनी स्थापित बिजली क्षमता का 50% गैर-जीवाश्म स्रोतों से हासिल किया। मुख्य पहलों में नेशनल ग्रीन हाइड्रोजन मिशन (□19,744 करोड़ का खर्च) और पीएम सूर्य घर: मुफ्त बिजली योजना शामिल है, जिसका लक्ष्य 2027 तक 1 करोड़ घरों में रूफटॉप सोलर लगाना है।

चीन: 2026 तक, चीन से रिन्यूएबल एनर्जी के निर्यात के माध्यम से रणनीतिक शक्ति प्रदर्शन पर ध्यान केंद्रित करने की उम्मीद है, जबकि ग्रिड स्थिरता के लिए AI इंटीग्रेशन के माध्यम से आंतरिक प्रणालियों को मजबूत किया जाएगा।

क्षेत्रीय औद्योगिक नीति परिदृश्य

क्षेत्र मुख्य नीति / ढांचा मुख्य रणनीति (2025-2026)

संयुक्त राज्य अमेरिका CHIPS और विज्ञान अधिनियम एडवांस्ड मैन्युफैक्चरिंग को देश में लाना; "चिंता वाले देशों" में तकनीक के प्रवाह को प्रतिबंधित करना।

यूरोपीय संघ क्लीन इंडस्ट्रियल डील प्रतिस्पर्धा के साथ डीकार्बोनाइजेशन को एकीकृत करना; "मेड इन यूरोप" खरीद नियम।

चीन 15वीं पंचवर्षीय योजना "भविष्य के उद्योग" में नेतृत्व हासिल करना; ओवरकैपेसिटी को हल करने के लिए घरेलू M&A को मज़बूत करना।

भारत PLI योजनाएं / PM गतिशक्तिएक ग्लोबल मैन्युफैक्चरिंग हब बनना; $5 ट्रिलियन की अर्थव्यवस्था के लिए इंफ्रास्ट्रक्चर के नेतृत्व वाली ग्रोथ।

क्या आप चाहेंगे कि मैं EU या U.S. में अभी लागू किए जा रहे खास लोकल-कंटेंट मैंडेट या खरीद नियमों के बारे में विस्तार से बताऊँ?

2025 और 2026 में, "फ्रेंडशोरिंग" और क्षेत्रीकरण अस्थायी संकट प्रतिक्रियाओं से हटकर वैश्विक अर्थव्यवस्था की स्थायी संरचनात्मक विशेषताएं बन गए हैं।

अर्थव्यवस्था। यह बदलाव हाइपर-ग्लोबलाइज़ेशन के दौर में हावी रहने वाले कॉस्ट-

एफ़िशिएंसी मॉडल के बजाय सुरक्षा और लचीलेपन को प्राथमिकता देता है।

मुख्य रणनीतिक बदलाव (2025–2026)

सुरक्षा-आधारित पुनर्गठनः सप्लाई चेन को भू-राजनीतिक सहयोगियों पर निर्भर रहने के लिए फिर से बनाया जा रहा है, जिसका लक्ष्य सेमीकंडक्टर, EV बैटरी और दुर्लभ पृथ्वी खनिजों जैसे महत्वपूर्ण क्षेत्रों के लिए प्रतिद्वंद्वियों पर निर्भरता कम करना है।

क्षेत्रीय "लोकल-फॉर-लोकल" मॉडलः वैश्विक कंपनियाँ लंबी दूरी की लॉजिस्टिक्स को क्षेत्रीय उत्पादन हब से बदल रही हैं। उदाहरण के लिए:

उत्तरी अमेरिकी कंपनियाँ चीन के बजाय मेक्सिको और लैटिन अमेरिका की ओर तेज़ी से बढ़ रही हैं।

यूरोपीय कंपनियाँ तेज़ी से यूरोप या तुर्की जैसे पड़ोसी क्षेत्रों से सोर्सिंग कर रही हैं।

लागत-लचीलापन ट्रेड-ऑफः 2026 तक, प्रमुख संगठन "कुल मूल्य" दृष्टिकोण अपना रहे हैं। यह मानता है कि जबकि फ्रेंडशोरिंग से उत्पादन लागत बढ़ सकती है - सहयोगी देशों में ज़्यादा मज़दूरी या पैमाने की अर्थव्यवस्थाओं के नुकसान के कारण - "ब्लैक स्वान" झटकों और भू-राजनीतिक संघर्षों के खिलाफ़ दीर्घकालिक सुरक्षा निवेश को सही ठहराती है।

उभरते हुए हबः भारत, वियतनाम, मलेशिया और इंडोनेशिया जैसे देश प्रमुख लाभार्थी के रूप में उभरे हैं, जिन्होंने पश्चिमी शक्तियों के साथ अपने रणनीतिक गठबंधन को विदेशी प्रत्यक्ष निवेश (FDI) के भारी प्रवाह में बदल दिया है।

नई व्यापार व्यवस्था के जोखिम

व्यापार विखंडनः UNCTAD की रिपोर्ट है कि 2026 की शुरुआत तक, विश्व स्तर पर 18,000 से ज़्यादा भेदभावपूर्ण व्यापार उपाय पेश किए गए हैं। इससे अलग-अलग व्यापार गुट बन रहे हैं, जिसके बारे में आलोचक चेतावनी देते हैं कि यह वैश्विक आर्थिक एकीकरण में बाधा डाल सकता है और "प्रबंधित अव्यवस्था" को जन्म दे सकता है।

कमज़ोर गठबंधनः अर्थशास्त्री चेतावनी देते हैं कि भू-राजनीतिक "दोस्त" अस्थायी हो सकते हैं; राष्ट्रीय नेतृत्व या घरेलू नीति में बदलाव (जैसा कि कुछ अमेरिकी व्यापार दृष्टिकोण परिवर्तनों में देखा गया है) इन नई सप्लाई लाइनों को उतनी ही तेज़ी से बाधित कर सकता है जितनी पुरानी वाली।

प्रौद्योगिकी का द्विभाजनः "तकनीकी स्वायत्तता" के लिए दबाव वैश्विक तकनीकी मानकों के बीच, विशेष रूप से अमेरिका-संरेखित और चीन-संरेखित क्षेत्रों के बीच, विभाजन को गहरा कर रहा है।

बदलाव को सक्षम करने वाली उभरती प्रौद्योगिकियाँ

इन नए, खंडित नेटवर्कों की जटिलता को प्रबंधित करने के लिए, 2026 में कंपनियाँ इसमें भारी निवेश कर रही हैं:

एजेंटिक AI: स्वायत्त एजेंटों का उपयोग आपूर्तिकर्ता अनुपालन की लगातार निगरानी करने और भू-राजनीतिक तनाव बढ़ने पर वास्तविक समय में शिपमेंट को पुनर्निर्देशित करने के लिए किया जा रहा है। डिजिटल ट्विन्स: कंपनियाँ AI-पावर्ड सिमुलेटर का इस्तेमाल करके नई टैरिफ या पॉलिसी लागू होने से पहले ही वैकल्पिक ट्रेड फ्लो के लिए "क्या होगा अगर" वाले सिनेरियो का टेस्ट करती हैं।

क्या आप U.S. या EU द्वारा इन फ्रेंडशोरिंग कदमों को बढ़ावा देने के लिए इस्तेमाल किए जा रहे खास टैक्स इंसेंटिव या सब्सिडी के बारे में जानना चाहेंगे?

प्रोएक्टिव फॉलो-अप: क्या आप ऑटोमोटिव या डिफेंस जैसे खास इंडस्ट्रीज़ पर इन बदलावों के आर्थिक असर को देखना चाहेंगे, या हम इन पॉलिसी को सपोर्ट करने वाले कानूनी फ्रेमवर्क की जांच करें?

2025 और 2026 में, ग्लोबल ट्रेड का माहौल जबरदस्ती और सुरक्षा-आधारित इंडस्ट्रियल पॉलिसी की ओर एक बड़ा बदलाव देख रहा है। मल्टीलेटरल नियमों के बजाय राष्ट्रीय हितों को ज़्यादा प्राथमिकता दी जा रही है, जिससे बड़ी अर्थव्यवस्थाओं में सुरक्षा उपायों में तेज़ी आई है।

जबरदस्ती वाले व्यापारिक साधनों का बढ़ना

आक्रामक व्यापारिक साधनों का इस्तेमाल तेज़ी से बढ़ा है, जिससे वैश्विक बाज़ार की गतिशीलता पर काफ़ी असर पड़ा है:

बड़े पैमाने पर टैरिफ में बढ़ोतरी: अमेरिका ने अप्रैल 2025 में "पारस्परिक टैरिफ" की एक श्रृंखला लागू की, जिसे अगस्त 2025 तक और बढ़ा दिया गया। 2026 की शुरुआत तक, भारत जैसे कुछ साझेदारों को अमेरिका को कुछ खास निर्यात पर 50% तक का संचयी बोझ उठाना पड़ा।

लक्षित निर्यात नियंत्रण: सरकारें महत्वपूर्ण सामग्रियों को सुरक्षित करने के लिए निर्यात प्रतिबंधों का उपयोग कर रही हैं। लिथियम, कोबाल्ट और दुर्लभ पृथ्वी जैसे प्रमुख खनिज "रणनीतिक चोकपॉइंट" बन गए हैं, जिसमें स्रोत देश घरेलू कम कार्बन विनिर्माण और ऊर्जा सुरक्षा की रक्षा के लिए नियंत्रण कड़े कर रहे हैं।

एंटी-सब्सिडी जांच में वृद्धि: 2025 में, विश्व स्तर पर व्यापार उपचार शुरू करने में 5% की वृद्धि हुई। भारतीय व्यापार उपचार महानिदेशालय (DGTR) ने विशेष रूप से एंटी-सब्सिडी

मामलों पर अपना ध्यान बढ़ाया, जिसमें 2025 में सभी जांचों के परिणामस्वरूप शुल्क लगाने के लिए सकारात्मक सिफारिशें की गई।

रणनीतिक जवाबी कार्रवाई और "जोखिम कम करना"

राष्ट्र न केवल घरेलू बाजारों की रक्षा कर रहे हैं, बल्कि विदेशी औद्योगिक नीतियों का मुकाबला करने के लिए सक्रिय रूप से व्यापार को नया आकार दे रहे हैं:

यूरोपीय संघ की प्रतिक्रिया: वैश्विक सब्सिडी दौड़ का मुकाबला करने के लिए, यूरोपीय संघ 2026 में अपने कार्बन सीमा समायोजन तंत्र (CBAM) को लागू कर रहा है और क्षेत्रीय उद्योगों का समर्थन करने के लिए सार्वजनिक खरीद में "यूरोपीय वरीयता" खंड पेश कर रहा है।

चीन की अनुकूली रणनीति: उच्च अमेरिकी टैरिफ का सामना करते हुए, चीन ने अपने स्वयं के औद्योगिक उन्नयन का समर्थन करने के लिए रणनीतिक उच्च-प्रौद्योगिकी और स्वास्थ्य सेवा आयात के लिए अपनी प्रभावी टैरिफ दर को घटाकर 1.3% कर दिया है।

व्यापार हथियारों के रूप में प्रतिबंध: आर्थिक प्रतिबंध व्यापक व्यापार उपकरणों में विस्तारित हो गए हैं। उदाहरण के लिए, 2026 की शुरुआत में अमेरिकी विधायी प्रस्ताव व्यापार भागीदारों पर दबाव डालने के लिए कुछ प्रतिबंधित वस्तुओं के खरीदारों पर 500% तक के दंडात्मक टैरिफ का सुझाव देते हैं। वैश्विक व्यापार वृद्धि पर प्रभाव

इन संरक्षणवादी बदलावों का कुल प्रभाव वैश्विक व्यापार में अनुमानित मंदी है:

वॉल्यूम में कमी: 2025 में फ्रंटलोडिंग की अवधि के बाद, 2026 में वैश्विक व्यापार वॉल्यूम वृद्धि घटकर सिर्फ 0.5–1% रहने का अनुमान है।

विखंडन: विश्व व्यापार संगठन (WTO) ने चेतावनी दी है कि इन नीतिगत बदलावों से 2025 में माल व्यापार की मात्रा 0.2% कम हो सकती है, जबकि ऐसे प्रतिबंधों के बिना स्थिति अलग होगी।

सक्रिय फॉलो-अप:क्या आप इलेक्ट्रॉनिक्स या स्टील जैसे प्रमुख क्षेत्रों को प्रभावित करने वाली विशिष्ट टैरिफ दरों का विश्लेषण करना चाहेंगे, या हमें यह देखना चाहिए कि बहुपक्षीय संस्थान इन बढ़ते व्यापारिक टकरावों में मध्यस्थता करने की कैसे कोशिश कर रहे हैं?

2026 में, आर्थिक नीति और राष्ट्रीय सुरक्षा के बीच की सीमा प्रभावी रूप से खत्म हो गई है। पश्चिमी अर्थव्यवस्थाएं "बाजार दक्षता" से आगे बढ़कर "सुरक्षा-सर्वोपरि" सिद्धांत पर आ गई हैं, जहाँ महत्वपूर्ण प्रौद्योगिकियों और संसाधनों को केवल वस्तुओं के बजाय संप्रभु संपत्ति के रूप में माना जाता है।

"सुरक्षा-सर्वोपरि" नीति में उछाल

2026 की शुरुआत तक, डेटा से पता चलता है कि कानून बनाने के इरादों में ज़बरदस्त बदलाव आया है। U.S., EU और UK में पेश किए गए 55% से ज़्यादा इंडस्ट्रियल पॉलिसी उपायों में अब साफ़ तौर पर "राष्ट्रीय सुरक्षा," "रणनीतिक स्वायत्तता," या "भू-राजनीतिक लचीलापन" को उनके मुख्य कारण के रूप में बताया गया है। यह 2023 में लगभग 40% से काफ़ी ज़्यादा बढ़ोतरी है।

राज्य की प्राथमिकता के मुख्य स्तंभ (2025–2026)

1. आर्टिफिशियल इंटेलिजेंस एक संप्रभु संपत्ति के रूप में

सरकारें अब AI कंप्यूट पावर और डेटा को बिजली ग्रिड या पानी की सप्लाई की तरह ही महत्वपूर्ण इंफ्रास्ट्रक्चर मानती हैं।

सॉवरेन AI क्लाउड्स: 2025 में, कई EU देशों और UK ने राज्य समर्थित "सॉवरेन AI" पहल शुरू की ताकि यह सुनिश्चित किया जा सके कि संवेदनशील राष्ट्रीय डेटा को घरेलू हार्डवेयर पर स्थानीय रूप से नियंत्रित मॉडल का उपयोग करके प्रोसेस किया जाए।

कंप्यूट निर्यात नियंत्रण: U.S. ने 2025 के आखिर में अपनी "एंटिटी लिस्ट" का विस्तार किया, जिसमें न केवल हार्डवेयर निर्माताओं को, बल्कि उन क्लाउड प्रोवाइडर्स को भी शामिल किया गया, जिन पर विरोधी देशों को पश्चिमी सर्वर पर बड़े पैमाने के मॉडल को प्रशिक्षित करने की अनुमति देने का संदेह था।

2. महत्वपूर्ण खनिज और "चोकपॉइंट" प्रबंधन

हरित ऊर्जा की ओर बदलाव ने खनिज आपूर्ति श्रृंखलाओं को शीर्ष स्तर की सुरक्षा चिंता बना दिया है।

मिनरल सिक्योरिटी पार्टनरशिप (MSP): यह पश्चिमी नेतृत्व वाला गठबंधन 2026 में एक औपचारिक "खरीदारों के क्लब" के रूप में विकसित हुआ है, जो अफ्रीका और दक्षिण अमेरिका में खनन अधिकारों के लिए प्रतिद्वंद्वियों को पछाड़ने के लिए राज्य समर्थित वित्तपोषण का उपयोग करता है।

घरेलू प्रसंस्करण सब्सिडी: U.S. और EU में 2026 के नए आदेश लिथियम, कोबाल्ट और गैलियम को घरेलू स्तर पर संसाधित करने वाली सुविधाओं के लिए भारी टैक्स क्रेडिट प्रदान करते हैं - जो अक्सर पूंजीगत लागत का 30% तक कवर करते हैं - विशेष रूप से आपूर्ति श्रृंखला के "मिडस्ट्रीम" में चीन के प्रभुत्व को दरकिनार करने के लिए।

3. डेटा संप्रभुता और इंफ्रास्ट्रक्चर

डेटा सेंटर और सबसी केबल को अब निजी वाणिज्यिक उद्यमों के रूप में नहीं, बल्कि रणनीतिक गलियारों के रूप में देखा जाता है।

सबसी केबल सुरक्षाः 2025 में, NATO और EU ने पानी के नीचे डेटा केबलों की निगरानी और सुरक्षा के लिए एक संयुक्त टास्क फोर्स की स्थापना की, किसी भी हस्तक्षेप को संभावित "अनुच्छेद 5" (सुरक्षा) घटना के रूप में माना। आउटबाउंड इन्वेस्टमेंट स्क्रीनिंग: 2026 में पहली बार, U.S. ट्रेजरी के "रिवर्स CFIUS" नियम पूरी तरह से लागू हो जाएंगे, जिससे पश्चिमी प्राइवेट कैपिटल को "चिंता वाले देशों" में AI या क्वांटम कंप्यूटिंग फर्मों में जाने से रोका जाएगा।

"सिक्योरिटी वाली" अर्थव्यवस्था की लागत

सेक्टर 2024 से पहले की रणनीति 2026 सुरक्षा रणनीति

ऊर्जा सबसे कम लागत वाली ग्लोबल सोर्सिंग (गैस/सौर)। देश के अंदर/दोस्त देशों से रिन्यूएबल सप्लाई चेन।

चिप्स जस्ट-इन-टाइम (JIT) मैन्युफैक्चरिंग। जस्ट-इन-केस (JIC) बड़े पैमाने पर घरेलू स्टॉकपाइलिंग।

निवेश ओपन FDI (प्रत्यक्ष विदेशी निवेश)। भू-राजनीतिक तालमेल के आधार पर बहुत ज़्यादा जांचा-परखा FDI।

प्रतिभाग्लोबल योग्यता-आधारित हायरिंग। संवेदनशील R&D के लिए सुरक्षा मंज़ूरी और वीज़ा प्रतिबंध।

वैश्विक परिणामः "किलेबंदी वाली अर्थव्यवस्था"

इस बदलाव से "फोर्ट्रेस इकोनॉमिक्स" का जन्म हुआ है, जहाँ U.S. और EU ऊँची दीवारों वाले डिजिटल और इंडस्ट्रियल इकोसिस्टम बना रहे हैं। हालाँकि इससे हथियारबंद इंटरडिपेंडेंसी का जोखिम कम होता है, लेकिन इससे स्ट्रक्चरल महंगाई और ग्लोबल इंफ्रास्ट्रक्चर का बड़े पैमाने पर डुप्लीकेशन हुआ है।

आपके लिए अगला कदमः

क्या आप चाहेंगे कि मैं "क्रिटिकल टेक्नोलॉजीज़" की उस खास लिस्ट को देखूँ जिसे U.S. या EU ने 2026 में ज़्यादा से ज़्यादा सुरक्षा के लिए तय किया है, या शायद यह एनालाइज़ करूँ कि यह बदलाव डिफेंस इंडस्ट्री के स्टॉक वैल्यूएशन पर कैसे असर डाल रहा है?

2026 में, ग्लोबल कॉम्पिटिटिव माहौल में एक मौलिक बदलाव आया है, जहाँ मार्केट-ड्रिवन प्राइस डिस्कवरी के बजाय सरकारी नीति बिज़नेस की सफलता का मुख्य निर्धारक बन गई है। जैसे-जैसे सरकारी दखल दशकों के अपने उच्चतम स्तर पर पहुँच रहा है, बिज़नेस को जीवित रहने के लिए अपनी रणनीतियों को राष्ट्रीय सुरक्षा और भू-राजनीतिक उद्देश्यों के साथ अलाइन करने के लिए मजबूर होना पड़ रहा है।

शुद्ध मूल्य प्रतिस्पर्धा का अंत

सबसे कम उत्पादन लागत खोजने का पारंपरिक मॉडल अब "सुरक्षा-पहले" सिद्धांत से बदल रहा है।

नीति-संचालित लैंडेड लागत: नए टैरिफ, निर्यात नियंत्रण, और स्थानीय-सामग्री की आवश्यकताएं रातों-रात किसी उत्पाद की कुल लागत को बदल सकती हैं, जिससे पारंपरिक मूल्य-आधारित प्रतिस्पर्धी फायदे बेकार हो जाते हैं।

सब्सिडी बनाम दक्षता: बाज़ार हिस्सेदारी में वृद्धि उत्पादकता या दक्षता में वृद्धि के बजाय राज्य समर्थन (अनुदान, कर छूट, और कम लागत वाले वित्तपोषण) से ज़्यादा हो रही है।

"कुल मूल्य" रणनीति: प्रमुख आपूर्ति श्रृंखला संचालन एक "कुल मूल्य" दृष्टिकोण की ओर बढ़ रहे हैं जो साधारण लागत-दक्षता के बजाय लचीलेपन, भू-राजनीतिक संरेखण, और स्थिरता को प्राथमिकता देता है।

2026 में व्यावसायिक अनुकूलन रणनीतियाँ

कंपनियाँ इस नीति-भारी माहौल में आगे बढ़ने के लिए अपने मुख्य संचालन का पुनर्गठन कर रही हैं:

बोर्डरूम स्टेटक्राफ्ट: अधिकारी भू-राजनीतिक विश्लेषण को C-suite निर्णय लेने में एकीकृत कर रहे हैं, यह पहचानते हुए कि प्रमुख सूचकांकों में 60% से अधिक रिटर्न अब मैक्रो और नीतिगत ताकतों पर निर्भर करता है।

नीति-संरेखित निवेश: व्यवसाय उपलब्ध सरकारी समर्थन को अधिकतम करने के लिए प्रतिस्पर्धियों के मुकाबले औद्योगिक-नीति उपायों (जैसे भारत की PLI योजनाएँ या EU का स्वच्छ औद्योगिक सौदा) के अपने उपयोग का बेंचमार्किंग कर रहे हैं।

प्रतिस्पर्धी बढ़त के रूप में अनुपालन: AI और सेमीकंडक्टर जैसे क्षेत्रों में, प्रतिस्पर्धी बने रहने का मतलब अब विभिन्न "जुड़ाव के क्षेत्रों" में विविध और खंडित तकनीकी, सुरक्षा, और अनुपालन मानकों को पूरा करना है।

डिजिटल सिमुलेशन: कंपनियाँ संभावित पॉलिसी बदलावों (जैसे नए कार्बन बॉर्डर टैक्स

या आपसी टैरिफ) के असर को टेस्ट करने के लिए AI-पावर्ड "सिनेरियो सिमुलेटर" का इस्तेमाल कर रही हैं, इससे पहले कि उन्हें लागू भी किया जाए।

सेक्टर-विशिष्ट प्रभाव (2026)

सेक्टर प्रतिस्पर्धी ड्राइवर में बदलाव

मैन्युफैक्चरिंग "सबसे कम लागत" से "सबसे गहरे इकोसिस्टम सपोर्ट" की ओर बदलाव (जैसे, सब्सिडी वाले क्लस्टर के पास होना)।

टेक्नोलॉजी "ओपन इनोवेशन" से "सॉवरेन AI कंप्लायंस" और डेटा सॉवरेनिटी की ओर बदलाव।

ऊर्जा "कमोडिटी प्राइसिंग" से "रणनीतिक डीकार्बनाइजेशन इंसेंटिव" की ओर बदलाव (जैसे, CBAM और ग्रीन स्टील सब्सिडी)।

लॉजिस्टिक्स "जस्ट-इन-टाइम" से "जस्ट-इन-केस" की ओर बदलाव, जिसमें भू-राजनीतिक जोखिम प्रीमियम के आधार पर बफर तय किए जाते हैं।

मुख्य जानकारी: 2026 तक, पॉलिसी-आधारित बाजारों के अनुकूल होने में "देरी की लागत" में तेज़ी से वृद्धि हुई है, क्योंकि व्यापार को तेजी से हथियार के रूप में इस्तेमाल किया जा रहा है और नियामक व्यवस्थाएं विश्व स्तर पर खंडित हो रही हैं।

2026 में, वैश्विक व्यापार परिदृश्य राष्ट्रीय सुरक्षा और आर्थिक दक्षता के बीच तनाव से परिभाषित होता है। जबकि रणनीतिक औद्योगिक नीतियां घरेलू हितों की रक्षा करना चाहती हैं, उन्होंने प्रणालीगत जोखिम पेश किए हैं जो सक्रिय रूप से विश्व अर्थव्यवस्था को खंडित कर रहे हैं।

1. वैश्विक व्यापार विखंडन और मंदी

"किलेबंदी अर्थव्यवस्था" की ओर बदलाव से वैश्विक व्यापार वृद्धि में काफी मंदी आई है।

WTO विकास में कटौती: 2025 के अंत और 2026 की शुरुआत में, विश्व व्यापार संगठन (WTO) ने 2026 के लिए अपने वैश्विक व्यापार वृद्धि पूर्वानुमान को घटाकर सिर्फ 0.5% कर दिया, जो पहले के 1.8% के अनुमान से काफी कम है।

डीकपलिंग लागत: शोध से पता चलता है कि "फ्रेंडशोरिंग"—भू-राजनीतिक सहयोगियों तक व्यापार को सीमित करना—के परिणामस्वरूप वास्तविक वैश्विक GDP में 4.6% से 4.7% तक का नुकसान हो सकता है क्योंकि स्थापित अंतर-उद्योग संबंध टूट जाते हैं।

पॉलिसी अनिश्चितता: भू-आर्थिक टकराव 2026 में सबसे गंभीर वैश्विक जोखिम के रूप में उभरा है, जो सशस्त्र संघर्ष और जलवायु खतरों से आगे निकल गया है, क्योंकि राज्य व्यापार

प्रतिबंधों और प्रतिबंधों को रणनीतिक हथियारों के रूप में इस्तेमाल कर रहे हैं।

2. "सब्सिडी युद्धों" की अक्षमता

सरकारें महत्वपूर्ण क्षेत्रों को सब्सिडी देने की प्रतिस्पर्धी दौड़ में लगी हुई हैं, जिससे बाजार में विकृतियां और राजकोषीय तनाव पैदा हो रहा है। बाजार में गड़बड़ी: IMF और WTO चेतावनी देते हैं कि भारी सब्सिडी (जैसे कि $52 बिलियन का U.S. CHIPS एक्ट) कीमतों और प्रोडक्शन लागत के बीच तालमेल बिगाड़ती है, जिससे कुशल नतीजे नहीं मिल पाते और रिसोर्स कम प्रोडक्टिव कामों में चले जाते हैं।

राजकोषीय दबाव: औद्योगिक नीति एक "राज्य की प्राथमिकता" बन गई है, लेकिन बढ़ते राजकोषीय दबाव की कीमत पर। उदाहरण के लिए, भारत में, ग्लोबल ट्रेड में रुकावटों से सब्सिडी का खर्च बढ़ रहा है, और तेल की कीमतों में हर $10 प्रति बैरल की बढ़ोतरी से चालू खाते की स्थिति $15 बिलियन तक खराब हो सकती है।

इनोवेशन पर रोक: दूसरी कंपनियों की तुलना में कुछ खास कंपनियों को फायदा पहुंचाकर, आक्रामक सब्सिडी अनजाने में ज़्यादा कुशल, बिना सब्सिडी वाली कंपनियों को बाजार से बाहर करके इनोवेशन को "खत्म" कर सकती है।

3. भेदभावपूर्ण व्यापार उपायों का उदय

व्यापार नीति का ज़बरदस्ती के हथियार के तौर पर इस्तेमाल रिकॉर्ड स्तर पर पहुंच गया है।

प्रतिबंधों की मात्रा: 2020 से, दुनिया भर में लगभग 18,000 नए भेदभावपूर्ण व्यापार उपाय लागू किए गए हैं।

गैर-टैरिफ बाधाएँ: तकनीकी नियम और स्वच्छता मानक अब दुनिया के लगभग दो-तिहाई व्यापार को प्रभावित करते हैं, जिससे अनुपालन लागत बढ़ जाती है और छोटे निर्यातकों और कम आय वाली अर्थव्यवस्थाओं को असमान रूप से नुकसान होता है।

बदले की कार्रवाई के चक्र: जबकि 2025 में टैरिफ पर शुरुआती प्रतिक्रियाएँ मापी गई थीं, 2026 में "अनुचित" व्यापार प्रथाओं पर देशों की प्रतिक्रिया के रूप में अधिक आक्रामक "एंटी-सब्सिडी जाँच" और बदले की ड्यूटी देखी जा रही है।

4. प्रमुख रणनीतिक क्षेत्रों पर प्रभाव

"सुरक्षा-पहले" सिद्धांत उन क्षेत्रों में सबसे ज़्यादा स्पष्ट है जिन्हें राष्ट्रीय अस्तित्व के लिए महत्वपूर्ण माना जाता है।

क्षेत्र प्राथमिक सुरक्षा उपाय परिणामी जोखिम/अक्षमता

सेमीकंडक्टर निर्यात नियंत्रण और अरबों डॉलर की सब्सिडी। सप्लाई चेन का दोहराव और हार्डवेयर की उच्च लागत।

स्वच्छ ऊर्जा स्थानीय सामग्री जनादेश (जैसे, EU का CID)। उच्च कीमत वाले घरेलू इनपुट के कारण डीकार्बोनाइजेशन में देरी।

महत्वपूर्ण खनिज निर्यात प्रतिबंध और रणनीतिक स्टॉकपाइलिंग (जैसे, चीन, DR कांगो)। हरित परिवर्तन के लिए मूल्य अस्थिरता और आपूर्ति में रुकावट।

आपके लिए अगला कदम:

क्या आप 2026 में सेमीकंडक्टर बाज़ार पर विशिष्ट प्रभाव की जाँच करना चाहेंगे, या शायद हरित सब्सिडी के संबंध में EU-US व्यापार तनाव का अधिक विस्तृत विश्लेषण?

2026 में, US-चीन प्रतिद्वंद्विता अब सिर्फ़ व्यापार या प्रौद्योगिकी विवाद नहीं है, बल्कि संभावित प्रणालीगत वैश्विक अस्थिरता का एक प्राथमिक स्रोत है। विश्लेषकों और आर्थिक सर्वेक्षणों ने एक बड़े "प्रणालीगत झटके के झरने" के 10-20% जोखिम की पहचान की है - एक ऐसा संकट जो 2008 के वैश्विक वित्तीय संकट की गंभीरता से अधिक हो सकता है।

"AI ऋण बम" और वित्तीय नाज़ुकता

संभावित सुधार के लिए प्राथमिक उत्प्रेरक AI बुनियादी ढाँचे का तेज़, अत्यधिक लीवरेज्ड निर्माण है।

बैलेंस शीट से बाहर का लीवरेज: टेक कंपनियों और फाइनेंसरों ने अनुमानित $120 बिलियन डेटा-सेंटर खर्च को अपारदर्शी स्पेशल पर्पस व्हीकल्स (SPVs) में स्थानांतरित कर दिया है। यह वित्तीय इंजीनियरिंग 2008 के सबप्राइम मॉर्गेज संकट से पहले देखी गई संरचनात्मक कमजोरियों को दर्शाती है।

व्यापार मॉडल की भेद्यता: ये बुनियादी ढाँचे के निवेश आशावादी निष्पादन समय-सीमा और संकीर्ण ग्राहक एकाग्रता पर निर्भर करते हैं। इस सेगमेंट में करेक्शन से ग्लोबल लिक्विडिटी में तेज़ी से कमी आ सकती है और बड़े पैमाने पर रिस्क से बचने की भावना पैदा हो सकती है।

महंगाई का दबाव: डेटा सेंटर बनाने की ज़बरदस्त होड़ एनर्जी और एडवांस्ड सेमीकंडक्टर के लिए ग्लोबल लागत बढ़ा रही है, जिससे 2026 तक लगातार महंगाई का खतरा बना हुआ है और संभावित रूप से सेंट्रल बैंकों को इंटरेस्ट रेट में कटौती रोकने के लिए मजबूर होना पड़ सकता है।

बढ़ता भू-राजनीतिक तनाव

अमेरिका-चीन की प्रतिद्वंद्विता को तेज़ी से "मैनेज्ड डिसऑर्डर" और टेक्नोलॉजिकल

डीकपलिंग से परिभाषित किया जा रहा है।

"फ्रंटियर" AI की दौड़: मुकाबला स्टैंडर्ड चिप्स से आगे बढ़कर "सॉवरेन AI" स्टैक तक पहुँच गया है। अमेरिका चीन के प्रभाव का मुकाबला करने के लिए अपने टेक स्टैक के निर्यात पर ज़ोर दे रहा है, जबकि चीन ग्लोबल साउथ में बाज़ार हिस्सेदारी हासिल करने के लिए ओपन-सोर्स मॉडल का फायदा उठा रहा है।

आर्थिक ज़बरदस्ती: व्यापार स्पष्ट रूप से ज़बरदस्ती वाला हो गया है, जिसमें अमेरिका और चीन के बीच प्रभावी टैरिफ दरें 60% से ज़्यादा हो गई हैं। IMF ने चेतावनी दी है कि ये व्यापार तनाव और नीतिगत अनिश्चितताएं वैश्विक उत्पादकता पर संरचनात्मक रुकावटें हैं।

हथियारबंद इंफ्रास्ट्रक्चर: सबसी केबल और डेटा सेंटर को अब "रणनीतिक गलियारे" के रूप में माना जाता है। इन क्षेत्रों में कोई भी रुकावट - चाहे साइबर-हमलों से हो या भौतिक हस्तक्षेप से - बड़े संघर्ष का कारण बन सकती है।

जोखिम की तुलना: 2026 बनाम 2008

विशेषता 2008 का वित्तीय संकट 2026 संभावित सिस्टमैटिक शॉक

मूल कारण आवास बाज़ार का पतन / सबप्राइम मॉर्गेज। AI इंफ्रास्ट्रक्चर बबल / लीवरेज्ड टेक डेट।

वित्तीय साधन कोलैटरलाइज़्ड डेट ऑब्लिगेशन्स (CDOs)। डेटा सेंटर के लिए स्पेशल पर्पस व्हीकल्स (SPVs)।

बढ़ाने वाला कारक बैंकिंग पारदर्शिता की कमी। भू-राजनीतिक तनाव और व्यापार में रुकावट।

संभावना घटित घटना। 10–20% "टेल रिस्क"।

आर्थिक सर्वेक्षण 2025–26 चेतावनी देता है कि अगर AI इंफ्रास्ट्रक्चर में सुधार किसी बड़ी भू-राजनीतिक घटना (जैसे व्यापार युद्ध का बढ़ना या ताइवान पर संघर्ष) के साथ होता है, तो लिक्विडिटी और पूंजी प्रवाह में कमी के "काफी असममित" और विनाशकारी मैक्रोइकोनॉमिक परिणाम होंगे।

2. खंडित भू-राजनीति और सुरक्षा

2026 में, वैश्विक परिदृश्य को "खंडित भू-राजनीति" द्वारा परिभाषित किया गया है, जो एक प्रतिमान बदलाव है जहाँ राष्ट्रीय सुरक्षा ने निश्चित रूप से राज्य के व्यवहार के प्राथमिक चालक के रूप में आर्थिक दक्षता को पीछे छोड़ दिया है। एकीकृत, नियमों पर आधारित वैश्वीकरण का युग प्रबंधित अव्यवस्था की अवधि में बदल गया है, जिसकी विशेषता प्रतिस्पर्धी शक्ति गुटों का उदय और आर्थिक अन्योन्याश्रय का हथियार के रूप में उपयोग है।

इस विभाजन के केंद्र में गहराती अमेरिका-चीन प्रतिद्वंद्विता है, जो "तकनीकी संप्रभुता" के लिए एक व्यापक प्रतिस्पर्धा में विकसित हो गई है। यह टकराव अब केवल व्यापार तक सीमित नहीं है; यह अब महत्वपूर्ण खनिजों के प्रवाह, AI इंफ्रास्ट्रक्चर की वास्तुकला और सबसी डेटा केबलों की भौतिक सुरक्षा को निर्धारित करता है। पश्चिमी अर्थव्यवस्थाओं ने "फोर्ट्रेस इकोनॉमिक्स" अपनाकर, आक्रामक औद्योगिक नीतियां लागू करके और भू-राजनीतिक प्रतिद्वंद्वियों से अपनी सप्लाई चेन को बचाने के लिए "फ्रेंडशोरिंग" पहल करके जवाब दिया है।

हालांकि, सुरक्षा की इस कोशिश के साथ बड़े सिस्टमैटिक जोखिम भी जुड़े हैं। दुनिया को फाइनेंशियल झटके का 10-20% खतरा है - जो 2008 के संकट जैसा हो सकता है - यह AI में बहुत ज़्यादा लिवरेज वाले निवेश और अचानक, पॉलिसी-आधारित मार्केट करेक्शन की संभावना के कारण होगा। जैसे-जैसे सरकारें खुले बाजारों के बजाय सब्सिडी और संरक्षणवाद को प्राथमिकता दे रही हैं, वैश्विक अर्थव्यवस्था तेज़ी से कमज़ोर होती जा रही है।

सब्सिडी की लड़ाइयों, महंगाई के दबाव, और व्यापार वृद्धि में संरचनात्मक मंदी तक।

इस नए माहौल में, पॉलिसी ही नई कीमत है। व्यवसायों और देशों दोनों के लिए, प्रतिस्पर्धा अब सिर्फ़ इस बारे में नहीं है कि कौन कम कीमत पर उत्पादन कर सकता है, बल्कि इस बारे में है कि कौन विभाजित दुनिया के खंडित, ऊँचे दांव वाले भूगोल में सबसे अच्छी तरह से आगे बढ़ सकता है।

सक्रिय फॉलो-अप: क्या आप इन गुटों के बीच फंसे "मध्यम शक्तियों" (जैसे भारत या ब्राजील) पर विशिष्ट प्रभाव का विश्लेषण करना चाहेंगे, या क्या हम वर्तमान में इस क्षेत्रीयकरण को चलाने वाले विधायी ढांचों की जांच करें?

2026 में, अंतर्राष्ट्रीय प्रणाली "बहुपक्षवाद के बिना बहुध्रुवीय" नामक स्थिति में बदल गई है। जबकि शक्ति पहले से कहीं अधिक खिलाड़ियों के बीच वितरित है - जिसमें प्रभावशाली "मध्यम शक्तियों" का उदय भी शामिल है - इस शक्ति को प्रबंधित करने के लिए डिज़ाइन किए गए वैश्विक संस्थान (जैसे WTO और UN) तेजी से पंगु हो रहे हैं।

नवीनतम वैश्विक जोखिम सर्वेक्षणों के अनुसार, 68% विशेषज्ञों का मानना है कि विश्व व्यवस्था अधिक खंडित हो रही है, क्योंकि अतीत के आम सहमति-आधारित नियम क्षेत्रीय प्रभाव क्षेत्रों को रास्ता दे रहे हैं।

मुखर "मध्यम शक्तियों" का उदय

मध्यम शक्तियाँ - जैसे भारत, ब्राजील, इंडोनेशिया, तुर्की और सऊदी अरब - अब सिर्फ़ अमेरिका-चीन प्रतिद्वंद्विता में पक्ष नहीं चुन रही हैं। इसके बजाय, वे "भू-राजनीतिक स्विंग स्टेट" के रूप में काम कर रहे हैं, अपने स्वयं के क्षेत्रीय नियम स्थापित कर रहे हैं और अपनी रणनीतिक

संपत्तियों का लाभ उठा रहे हैं।

क्षेत्रीय स्तर पर नियम-निर्धारण: वैश्विक व्यापार सफलताओं की अनुपस्थिति में, मध्यम शक्तियाँ लघु-बहुपक्षीय समझौतों को बढ़ावा दे रही हैं (जैसे, BRICS+ का विस्तार, डिजिटल अर्थव्यवस्था साझेदारी समझौता, और क्षेत्रीय "ग्रीन कॉरिडोर")।

संसाधन राष्ट्रवाद: मध्यम शक्तियाँ जो भविष्य के "बिल्डिंग ब्लॉक्स" को नियंत्रित करती हैं - जैसे निकल के साथ इंडोनेशिया या लिथियम के साथ चिली - वैश्विक दिग्गजों को अपनी धरती पर कारखाने बनाने के लिए मजबूर करने के लिए निर्यात प्रतिबंध और स्थानीय-प्रसंस्करण आवश्यकताओं को लागू कर रही हैं।

रणनीतिक स्वायत्तता: इनमें से कई राष्ट्र "बहु-संरेखण" का अनुसरण कर रहे हैं, पश्चिम के साथ सैन्य संबंध बनाए रखते हुए पूर्व के साथ आर्थिक एकीकरण को गहरा कर रहे हैं, जिससे वैश्विक व्यवस्था अधिक जटिल और कम अनुमानित हो रही है।

बहुपक्षीय संस्थानों का क्षय

"बहुपक्षवाद का अंतर" बढ़ रहा है क्योंकि वैश्विक चुनौतियों और वैश्विक सहयोग के बीच का अंतर बढ़ रहा है।

संस्थागत गतिरोध: 2026 में WTO का विवाद निपटान तंत्र काफी हद तक निष्क्रिय बना हुआ है, जिससे "जंगल का कानून" लागू हो गया है जहाँ व्यापार विवादों का निपटारा कानूनी मध्यस्थता के बजाय जवाबी टैरिफ के माध्यम से किया जाता है। मानकों का विखंडन: एक ग्लोबल इंटरनेट या एक फाइनेंशियल सिस्टम के बजाय, हम "डिजिटल आयरन कर्टन" के उभरने को देख रहे हैं - AI एथिक्स, डेटा प्राइवेसी और क्रॉस-बॉर्डर पेमेंट के लिए प्रतिस्पर्धी मानक (जैसे, नॉन-SWIFT पेमेंट सिस्टम का उदय)।

तदर्थ गठबंधन: जलवायु परिवर्तन और महामारी की तैयारी जैसी समस्याओं को यूनिवर्सल संधियों के बजाय "इच्छुक लोगों के गठबंधन" या छोटे-समूह क्लबों (जैसे G7+ या मिनरल्स सिक्योरिटी पार्टनरशिप) के माध्यम से संबोधित किया जा रहा है।

वैश्विक शासन पर प्रभाव (2026)

विशेषता पुरानी बहुपक्षीय व्यवस्था नई बहुध्रुवीय विखंडन

प्राथमिक अभिनेता महाशक्तियाँ और UN/WTO महाशक्तियाँ + मुखर मध्यम शक्तियाँ

व्यापार तर्क वैश्विक मुक्त व्यापार क्षेत्रीय गुट और "लघु बहुपक्षवाद"

संघर्ष समाधान अंतर्राष्ट्रीय न्यायालय द्विपक्षीय दबाव और प्रतिबंध

तकनीकी मानक वैश्विक इंटरऑपरेबिलिटी "संप्रभु टेक स्टैक"

"परंपरा पर लेनदेन" मानसिकता

2026 में, कूटनीति लेन-देन वाली हो गई है। राष्ट्र साझा मूल्यों पर आधारित दीर्घकालिक गठबंधनों में कम रुचि रखते हैं और तत्काल, मुद्दे-आधारित सौदों पर अधिक ध्यान केंद्रित करते हैं। यह "लेन-देनवाद" लचीलेपन की अनुमति देता है लेकिन अचानक राजनयिक बदलावों के जोखिम को बढ़ाता है, जिससे दीर्घकालिक व्यावसायिक निवेश के लिए वैश्विक वातावरण अत्यधिक अस्थिर हो जाता है।

आपके लिए अगला कदमः

क्या आप इस बात पर ध्यान केंद्रित करना चाहेंगे कि भारत विशेष रूप से एक "स्विंग स्टेट" के रूप में इस बहुध्रुवीय दुनिया में कैसे आगे बढ़ रहा है, या क्या आप वर्तमान में वैश्विक वाणिज्य को फिर से परिभाषित करने वाले शीर्ष 5 क्षेत्रीय व्यापार गुटों की सूची देखना चाहेंगे? 2026 में, वैश्विक सुरक्षा परिदृश्य एक महत्वपूर्ण मोड़ पर पहुँच गया है। द्वितीय विश्व युद्ध की समाप्ति के बाद से राज्य-आधारित संघर्ष और संगठित विवाद वर्तमान में अपने उच्चतम स्तर पर हैं, जिसमें दुनिया भर में 60 से अधिक सक्रिय संघर्ष हैं। यह प्रसार सिर्फ एक मानवीय संकट नहीं है; यह आर्थिक विखंडन और आपूर्ति श्रृंखला "सुरक्षाकरण" का एक संरचनात्मक चालक है।

लगातार टकराव की दुनिया

शीत युद्ध के बाद के दौर की "लंबी शांति" की जगह स्थायी अस्थिरता ने ले ली है। खतरा अब सिर्फ़ संघर्ष ही नहीं है, बल्कि उनका वैश्विक बाज़ारों में "फैलने" की प्रवृत्ति भी है।

यूक्रेन और यूरोपीय सीमाः अब अपने पाँचवें साल में, यह संघर्ष एक ऐसे युद्ध में बदल गया है जिसने यूरोपीय ऊर्जा बाज़ारों को रूस से स्थायी रूप से अलग कर दिया है। 2026 तक, ध्यान EU की औद्योगिक नीति के लंबे समय तक सैन्यीकरण पर चला गया है, जिसमें पूरे महाद्वीप में रक्षा खर्च GDP के 3% के औसत तक पहुँच गया है।

मध्य पूर्व "अस्थिरता का जाल": तात्कालिक क्षेत्रीय संघर्षों से परे, 2026 में प्राथमिक वैश्विक जोखिम समुद्री चोकपॉइंट्स के लिए खतरा है। लाल सागर और होर्मुज जलडमरूमध्य में लगातार अस्थिरता ने वैश्विक शिपिंग दरों में स्थायी "जोखिम प्रीमियम" को मजबूर किया है, जिससे कम लागत वाली, जस्ट-इन-टाइम लॉजिस्टिक्स का युग प्रभावी रूप से समाप्त हो गया है।

हिंद-प्रशांत तनावः हालांकि सीधे "गर्म युद्ध" से बचा गया है, यह क्षेत्र उच्च-तीव्रता वाले "ग्रे ज़ोन" प्रतिस्पर्धा की स्थिति में मौजूद है। दक्षिण चीन सागर में बार-बार नौसैनिक गतिरोध और "सलामी-स्लाइसिंग" रणनीति ने जापान, ऑस्ट्रेलिया और फिलीपींस जैसे देशों को अमेरिका के साथ रक्षा एकीकरण को तेज़ी से आगे बढ़ाने के लिए मजबूर किया है, जिससे

प्रशांत क्षेत्र का "विभाजन" और भी कठोर हो गया है।

उच्च-स्तरीय संघर्ष के आर्थिक परिणाम

चल रहे विवादों की भारी संख्या (60+) ने वैश्विक व्यापार के लिए "स्थायी संकट" का माहौल बना दिया है:

प्रभाव श्रेणी 2026 की वास्तविकता

रक्षा खर्च वैश्विक रक्षा खर्च $2.5 ट्रिलियन से अधिक हो गया है, जिससे पूंजी सामाजिक बुनियादी ढांचे से "कठोर शक्ति" की ओर जा रही है।

कमोडिटी में उछाल "संघर्ष-संचालित अस्थिरता" भोजन और ऊर्जा की कीमतों में झटकों का मुख्य कारण है, जो वैश्विक दक्षिण को असमान रूप से प्रभावित कर रहा है।

बीमा और जोखिम 2024 से "उच्च-संघर्ष" क्षेत्रों में समुद्री और राजनीतिक जोखिम बीमा प्रीमियम 25-40% बढ़ गए हैं।

साइबर युद्ध राज्य-प्रायोजित साइबर व्यवधान अब "हाइब्रिड युद्ध" का एक मानक उपकरण बन गए हैं, जो पावर ग्रिड और वित्तीय समाशोधन प्रणालियों को लक्षित करते हैं।

"किलेबंदी अर्थव्यवस्था" के चालक के रूप में संघर्ष

राज्य-आधारित हिंसा में इस वृद्धि ने पहले चर्चा की गई राष्ट्रीय सुरक्षा फोकस के लिए अंतिम औचित्य प्रदान किया है। जब 60 से ज़्यादा संघर्ष एक्टिव होते हैं, तो "दक्षता" एक बोझ बन जाती है।

गोला-बारूद और टेक संप्रभुताः पश्चिमी देश अब सिर्फ़ चिप्स को सब्सिडी नहीं दे रहे हैं; वे रक्षा निर्माण की पूरी "किल चेन" को वापस अपने देश में ला रहे हैं, विस्फोटक से लेकर AI-संचालित ड्रोन सेंसर तक।

दोहरे उपयोग वाली पुलिसिंगः 2026 में, नागरिक और सैन्य तकनीक के बीच का अंतर खत्म हो गया है। हाई-एंड तकनीक (क्वांटम, AI, बायोटेक) के किसी भी निर्यात को अब इन 60 से ज़्यादा एक्टिव संघर्षों में इसकी संभावित उपयोगिता के नज़रिए से देखा जाता है।

मुख्य बातः "क्षेत्रीय फैलाव" का जोखिम अब सिर्फ़ शरणार्थियों या भटकी हुई मिसाइलों के बारे में नहीं है; यह व्यापार के पूरी तरह से हथियार बनने के बारे में है। 2026 में मध्य पूर्व में एक संघर्ष तुरंत वाशिंगटन में "पॉलिसी प्रतिक्रिया" शुरू कर देता है,

ब्रुसेल्स और बीजिंग, तेल की कीमतों से लेकर सेमीकंडक्टर एक्सपोर्ट लाइसेंस तक सब कुछ प्रभावित कर रहे हैं।

आपके लिए अगला कदम:

क्या आप चाहेंगे कि मैं 2026 में बंद होने के सबसे ज़्यादा जोखिम वाले टॉप 5 "भू-राजनीतिक चोकपॉइंट्स" का मैप बनाऊँ, या हम इन बढ़ते संघर्षों के परिणामस्वरूप ग्लोबल डिफेंस सेक्टर की अनुमानित वृद्धि को देखें?

2026 की शुरुआत में, संयुक्त राज्य अमेरिका को वैश्विक जोखिम के प्राथमिक स्रोत के रूप में पहचाना गया है, जो एक कट्टरपंथी आंतरिक परिवर्तन और पश्चिमी गोलार्ध में एक आक्रामक, ज़बरदस्ती वाली विदेश नीति की ओर बदलाव से प्रेरित है।

अमेरिकी आंतरिक परिवर्तन: शासन और नियम तोड़ना

विशेषज्ञ अमेरिकी राजनीति की वर्तमान स्थिति को केवल सामरिक परिवर्तनों के बजाय "सिस्टम-स्तरीय परिवर्तन" या "राजनीतिक क्रांति" के रूप में वर्णित करते हैं।

सरकार का हथियार के रूप में इस्तेमाल: प्रशासन पर सरकार की मशीनरी पर कब्ज़ा करने के लिए नियंत्रण और संतुलन को खत्म करने का आरोप है, जिसमें न्याय विभाग और FBI का राजनीतिकरण करके घरेलू राजनीतिक दुश्मनों को निशाना बनाने के प्रयास शामिल हैं।

घरेलू सैन्य उपयोग: प्रमुख शहरों में नेशनल गार्ड की तैनाती फरवरी 2026 तक बढ़ा दी गई है, और ICE जैसी एजेंसियों ने अपने घरेलू अभियानों में "कट्टरता" देखी है, जिससे लोकतांत्रिक मानदंडों के क्षरण के बारे में चिंताएँ पैदा हुई हैं।

प्रशासनिक राज्य में बदलाव: प्रशासन ने संघीय एजेंसियों से गैर-वफादारों को हटाने का काम किया है, ताकि एक ऐसी कार्यकारी शाखा बनाई जा सके जो राष्ट्रपति के एजेंडे के लिए "प्रेटोरियन गार्ड" के रूप में काम करे।

पश्चिमी गोलार्ध में "डोनरो सिद्धांत"

2025 की राष्ट्रीय सुरक्षा रणनीति की एक मुख्य विशेषता "डोनरो सिद्धांत" है - जो डोनाल्ड ट्रम्प और मोनरो सिद्धांत का एक मिला-जुला रूप है - जो अमेरिका पर अमेरिका की पूर्ण प्रधानता का दावा करता है।

शासन लागू करना: यह सिद्धांत रक्षात्मक रुख से आगे बढ़कर खुले सैन्य दबाव तक पहुँच गया, जिसका उदाहरण जनवरी 2026 में अमेरिकी सेना द्वारा वेनेज़ुएला के राष्ट्रपति निकोलस मादुरो का अपहरण है।

"ट्रम्प कोरोलरी": यह नीति पश्चिमी गोलार्ध को प्रभाव के एक विशेष क्षेत्र के रूप में मानती है, जो मादक पदार्थों की तस्करी और अवैध आप्रवासन से निपटने के लिए मेक्सिको, कोलंबिया

और क्यूबा में हस्तक्षेप की धमकी देती है।

सामरिक विस्तार: प्रशासन ने स्पष्ट रूप से ग्रीनलैंड और पनामा नहर जैसे महत्वपूर्ण बुनियादी ढाँचे पर नियंत्रण करने की कोशिश की है, उन्हें सुरक्षा की ज़रूरत के रूप में देखते हुए।

प्रतिद्वंद्वी प्रभाव का मुकाबला करना: एक मुख्य उद्देश्य गैर-गोलार्ध प्रतिस्पर्धियों (विशेष रूप से चीन और रूस) को रणनीतिक संपत्तियों को नियंत्रित करने या क्षेत्र में सैन्य foothold हासिल करने से पूरी तरह रोकना है। वैश्विक परिणाम

गठबंधन में दरार: 2026 की राष्ट्रीय रक्षा रणनीति में मांग की गई है कि NATO सहयोगी अपनी पारंपरिक रक्षा की प्राथमिक जिम्मेदारी लें, जो "अमेरिका फर्स्ट" क्षेत्रवाद के पक्ष में पारंपरिक वैश्विक नेतृत्व से पीछे हटने का संकेत है।

बाजार में अस्थिरता: यूरेशिया ग्रुप ने 2026 के लिए अमेरिकी राजनीतिक अस्थिरता को शीर्ष वैश्विक आर्थिक जोखिम बताया है, जो अमेरिका-चीन तनाव से भी आगे है।

बल का सामान्यीकरण: आलोचकों ने चेतावनी दी है कि "डोनरो सिद्धांत" एक खतरनाक वैश्विक मिसाल कायम करता है, जो संभावित रूप से अन्य शक्तियों को अपने क्षेत्रीय क्षेत्रों में प्रभुत्व लागू करने के लिए प्रोत्साहित कर सकता है।

सक्रिय फॉलो-अप: क्या आप इस सिद्धांत के दबाव में भू-राजनीतिक चोकपॉइंट्स का नक्शा देखना चाहेंगे, या हमें USMCA समीक्षा के आलोक में अमेरिका-मेक्सिको व्यापार संबंधों पर प्रभाव की जांच करनी चाहिए?

2026 में, प्रमुख यूरोपीय अर्थव्यवस्थाएं रणनीतिक और आर्थिक लकवे की स्थिति में हैं, जिसे विश्लेषकों ने आंतरिक लोकलुभावन दबावों और बाहरी अमेरिकी संरक्षणवाद दोनों से "घिरे होने" के रूप में वर्णित किया है।

1. संरक्षणवादी दबाव: अमेरिकी व्यापार नीति

अमेरिकी व्यापार नीति में "पैराडाइम शिफ्ट" के कारण 2026 के लिए यूरोपीय संघ का आर्थिक दृष्टिकोण काफी दबाव में है।

व्यापक टैरिफ: अमेरिका को होने वाले अधिकांश EU निर्यात पर अब 15% का सामान्य शुल्क लगता है, जिसमें धातुओं जैसे विशिष्ट क्षेत्रों पर 50% तक उच्च्च टैरिफ हैं।

असममित आर्थिक प्रभाव: जबकि व्यापक यूरोज़ोन को 0.5 से 0.7 प्रतिशत अंकों की अनुमानित वृद्धि का झटका लगा है, प्रभाव असमान है; क्षेत्र के औद्योगिक केंद्र जर्मनी पर फ्रांस की तुलना में दोगुना प्रभाव पड़ने की उम्मीद है, क्योंकि यह निर्यात पर बहुत अधिक निर्भर है।

"ट्रेड बाज़ूका": जनवरी 2026 में ग्रीनलैंड के खिलाफ अमेरिकी धमकियों और नए टैरिफ

के बाद तनाव चरम पर पहुंच गया। EU ने जवाबी कार्रवाई में €93 बिलियन के जवाबी टैरिफ की रूपरेखा तैयार करके जवाब दिया।

2. आंतरिक लकवा: कमजोर शासन

"फ्रांस-जर्मन इंजन" जो आमतौर पर EU की पॉलिसी को चलाता है, वह रुक गया है, क्योंकि दोनों देश गहरी घरेलू अस्थिरता का सामना कर रहे हैं।

फ्रांस गतिरोध में: लगातार दूसरे साल, फ्रांस 2026 में बिना अप्रूव्ड बजट के दाखिल हुआ। प्रधानमंत्री सेबेस्टियन लेकोर्नू ने संसदीय वोट के बिना वित्तीय उपायों को आगे बढ़ाने के लिए अनुच्छेद 49.3 का सहारा लिया है, जो एक "पुरानी अस्थिरता" को उजागर करता है जो राष्ट्रपति मैक्रों को 2027 के चुनावों तक रक्षात्मक रूप से शासन करने के लिए मजबूर करती है।

जर्मनी के गठबंधन में तनाव: चांसलर फ्रेडरिक मर्ज़ की सरकार वैचारिक मतभेदों से पंगु बनी हुई है। 2026 में कई राज्य चुनावों (जिसमें बर्लिन और बाडेन-वुर्टेमबर्ग शामिल हैं) से दूर-दराज़ की AfD को और मज़बूत होने की उम्मीद है, जिससे केंद्रवादी नेतृत्व को प्रतिक्रियात्मक रुख अपनाने के लिए मजबूर होना पड़ेगा।

3. लोकलुभावन लहर

लोकलुभावन और यूरोससेप्टिक ताकतें अब हाशिए के आंदोलन नहीं हैं, बल्कि 2026 के परिदृश्य को आकार देने वाले मुख्य किरदार हैं।

वैचारिक समन्वय: उदार विरोधी लोकलुभावन नेता अलग-थलग पड़े एंटी-हीरो से यूरोपीय स्तर पर एक समन्वित नेटवर्क में बदल गए हैं, जो उदार राज्य मानदंडों को खत्म करने के लिए एक "प्लेबुक" साझा कर रहे हैं।

चुनावी गति: इटली में, प्रधानमंत्री जियोर्जिया मेलोनी को 2026 में महत्वपूर्ण जनमत संग्रह और स्थानीय परीक्षाओं का सामना करना पड़ेगा जो आम चुनावों से पहले उनके दक्षिणपंथी गठबंधन की ताकत का संकेत देंगे।

पॉलिसी में ठहराव: विशेषज्ञों ने चेतावनी दी है कि इन विकेन्द्रीकृत ताकतों का उदय - जिन्हें अक्सर मौजूदा अमेरिकी रणनीतिक सिद्धांत द्वारा समर्थित किया जाता है - EU के लिए रक्षा या उत्पादकता में आवश्यक सुधारों को आगे बढ़ाना लगभग असंभव बना देता है।

2026 के लिए रणनीतिक दृष्टिकोण

कारक स्थिति यूरोप पर प्रभाव

अमेरिकी व्यापार सौदे "असंतुलित" 2025 सौदा प्रतिस्पर्धा में कमी; निर्यात को भारत की ओर मोड़ा गया।

मौद्रिक नीति अमेरिकी फेड से अलग कमजोर विकास को बढ़ावा देने के लिए ECB से सितंबर 2025 तक दरों में 1.75% की कटौती करने की उम्मीद है।

रणनीतिक स्वायत्तता उभरते "दबाव-विरोधी" उपकरण अमेरिकी निर्भरता के बिना यूरोपीय सुरक्षा को फंड देने के लिए धीमी गति से प्रयास।

आपके लिए अगला कदम:

क्या आप जर्मनी में उन विशिष्ट क्षेत्रों का विश्लेषण करना चाहेंगे जो इन टैरिफ के प्रति सबसे अधिक संवेदनशील हैं, या क्या हम EU के नए दबाव-विरोधी उपकरण की जांच करें जिसे 2026 में तैनात किया जा रहा है? आर्थिक कमज़ोरी और कर्ज़ की स्थिरता

2026 में, ग्लोबल इकॉनमी की पहचान "कम ग्रोथ वाले संतुलन" से होती है, जिसमें आउटपुट 2.7% तक धीमा होने का अनुमान है—जो महामारी से पहले के औसत से काफी कम है। इस नाज़ुक स्थिरता पर रिकॉर्ड-ऊँचे स्तरों के "खतरनाक कॉम्बिनेशन" का खतरा लगातार बढ़ रहा है।

कर्ज, लगातार ब्याज दर का दबाव, और आर्थिक निर्भरता का हथियार के तौर पर इस्तेमाल।

1. ग्लोबल पब्लिक डेट में बढ़ोतरी

ग्लोबल पब्लिक डेट एक ऐतिहासिक रास्ते पर है, 2029 तक दुनिया की GDP के 100% से ज़्यादा होने का अनुमान है।

रिकॉर्ड देनदारियां: कुल ग्लोबल कर्ज अब $300 ट्रिलियन से ज़्यादा हो गया है।

राजकोषीय जगह की कमी: 2026 में, कई सरकारें - जिनमें एडवांस्ड अर्थव्यवस्थाएं भी शामिल हैं - एक "राजकोषीय दबाव" का सामना कर रही हैं, जहां रक्षा, जलवायु और आर्थिक सुरक्षा के लिए नए खर्च की ज़रूरतें, काम करने के लिए सीमित जगह से टकरा रही हैं।

अमेरिकी कर्ज का जोखिम: अमेरिका को $37.9 ट्रिलियन के कर्ज (GDP का 124%) और एक भरोसेमंद स्थिरीकरण योजना की कमी के कारण एक बड़ा जोखिम माना गया है। अमेरिकी राजकोषीय स्थिरता को लेकर बाजार की चिंताएं सोने में एक बड़ी रैली को बढ़ावा दे रही हैं, क्योंकि निवेशक संभावित बॉन्ड बाजार की उथल-पुथल से बचाव कर रहे हैं।

2. कर्ज सेवा: "ब्याज का जाल"

जबकि हेडलाइन महंगाई 2026 में अनुमानित 3.1% तक ठंडी हो रही है, उधार लेने की लागत "लंबे समय तक ज़्यादा" बनी हुई है।

निवेश को कम करना: ब्याज भुगतान सरकारी राजस्व का एक बढ़ता हुआ हिस्सा खा रहा है। लगभग 3.3 अरब लोग ऐसे देशों में रहते हैं जहां ब्याज भुगतान स्वास्थ्य या शिक्षा पर सार्वजनिक खर्च से ज़्यादा है।

ग्लोबल साउथ में कमज़ोरी: जलवायु-संवेदनशील देशों को "जलवायु प्रीमियम" का सामना करना पड़ रहा है, वे अपने साथियों की तुलना में 1.5 प्रतिशत अंक ज़्यादा ब्याज दरें चुका रहे हैं, जिससे अरबों डॉलर भोजन और ऊर्जा इंफ्रास्ट्रक्चर से हट रहे हैं।

2008 के सिस्टमैटिक शॉक का जोखिम: भारत का आर्थिक सर्वेक्षण 2026, 2008 जैसी वित्तीय संकट की 10-20% संभावना की चेतावनी देता है, जो अत्यधिक लीवरेज्ड AI इंफ्रास्ट्रक्चर निवेश में सुधार से शुरू हो सकता है।

3. आर्थिक लचीलेपन में अंतर

2026 का परिदृश्य प्रदर्शन में एक तेज "K-आकार" के अंतर से चिह्नित है।

क्षेत्र/इकाई 2026 विकास अनुमान मुख्य चालक / बाधा

भारत

6.6% - 7.4% घरेलू मांग और बड़े पैमाने पर सार्वजनिक पूंजीगत व्यय।

संयुक्त राज्य अमेरिका

1.7% - 2.0% टैक्स कटौती और AI बूम, जो उच्च बॉन्ड यील्ड और टैरिफ लागत से संतुलित है।

चीन

4.4% - 4.6% औद्योगिक अपस्फीति और अतिरिक्त क्षमता के कारण मध्यम विकास। यूरो एरिया 1.2% - 1.3% धीमी मांग और अमेरिकी व्यापार संरक्षणवाद का असर।

कम आय वाले देश कमजोर/नकारात्मक उच्च ऋण सर्विसिंग, सहायता में कमी और जलवायु झटके।

4. प्राथमिक जोखिम कारक के रूप में नीति

2026 में, भू-आर्थिक टकराव ने वैश्विक आर्थिक स्थिरता के लिए सबसे गंभीर जोखिम के रूप में सशस्त्र संघर्ष को पीछे छोड़ दिया है।

नियंत्रित अव्यवस्था: सबसे संभावित परिदृश्य (40-45% संभावना) "नियंत्रित अव्यवस्था" का है, जहाँ व्यापार और वित्त कार्यात्मक रहते हैं लेकिन काम करते हैं

प्रतिबंधों, टेक्नोलॉजी बैन और इन्वेस्टमेंट कंट्रोल से लगातार दबाव में।

मौद्रिक/राजकोषीय बेमेल: जैसे-जैसे सेंट्रल बैंक न्यूट्रल रुख अपना रहे हैं, "ग्लोबल फिस्कल इंपल्स" अस्थिर बना हुआ है, और बाजार ब्याज दर के रुझानों के बजाय पॉलिसी सरप्राइज के प्रति ज़्यादा संवेदनशील हो रहे हैं।

सक्रिय फॉलो-अप: क्या आप फ्रांस या इटली जैसी प्रमुख यूरोपीय अर्थव्यवस्थाओं के लिए विशिष्ट ऋण स्थिरता प्रोफाइल की जांच करना चाहेंगे, या हमें उभरते बाजारों में पूंजी प्रवाह पर 2026 की दर में कटौती के प्रभाव को देखना चाहिए?

2026 में, वैश्विक वित्तीय परिदृश्य को "कम वृद्धि संतुलन" और बढ़े हुए संप्रभु ऋण और राजकोषीय प्रभुत्व की ओर एक शासन परिवर्तन द्वारा परिभाषित किया गया है। जबकि 2026 में वैश्विक हेडलाइन मुद्रास्फीति 3.1% तक गिरने का अनुमान है, यह अमेरिका, जापान और यूके सहित कई देशों में फेडरल रिजर्व के लक्ष्य से ऊपर बनी हुई है। यह लगातार मुद्रास्फीति, $300 ट्रिलियन से अधिक के रिकॉर्ड-उच्च वैश्विक ऋण के साथ मिलकर, एक अस्थिर वातावरण बनाया है जहां उच्च परिसंपत्ति मूल्यांकन - विशेष रूप से AI क्षेत्र में - एक बड़ा प्रणालीगत जोखिम पैदा करता है।

उभरता हुआ "AI ऋण बम"

2026 में वित्तीय स्थिरता के लिए एक प्राथमिक चिंता AI-संचालित परिसंपत्ति बुलबुले की संभावना है, जो बड़े पैमाने पर, अक्सर ऋण-वित्तपोषित, पूंजीगत व्यय द्वारा संचालित होता है।

ऑफ-बैलेंस शीट जोखिम: कई प्रौद्योगिकी फर्म विशेष-उद्देश्य वाहनों (SPVs) जैसी अपारदर्शी संरचनाओं के माध्यम से AI बुनियादी ढांचे को वित्तपोषित कर रही हैं। डेटा-सेंटर खर्च में लगभग $120 बिलियन को ऑफ-बैलेंस शीट में स्थानांतरित कर दिया गया है, जिससे वास्तविक वित्तीय जोखिम अस्पष्ट हो गया है।

प्रणालीगत झटके की संभावना: आर्थिक सर्वेक्षण 2025-26 चेतावनी देता है कि AI बुलबुले के फटने से 2008 के समान या उससे भी बदतर वैश्विक संकट पैदा होने की 10-20% संभावना है। यह जोखिम उच्च बाजार एकाग्रता से बढ़ जाता है; "मेगा-कैप" टेक स्टॉक वर्तमान में S&P 500 का लगभग 35% हिस्सा हैं।

AI-संचालित मुद्रास्फीति: डेटा सेंटर बनाने की मल्टी-ट्रिलियन-डॉलर की दौड़ आपूर्ति में बाधाएं पैदा कर रही है, जिससे ऊर्जा और उन्नत सेमीकंडक्टर की लागत बढ़ रही है। यह कम आंका गया जोखिम केंद्रीय बैंकों को दर में कटौती रोकने या दरों को बढ़ाने के लिए मजबूर कर सकता है, जो संभावित रूप से AI बुलबुले को फोड़ने वाली "पिन" के रूप में कार्य कर सकता

है।

वैश्विक ऋण और राजकोषीय स्थिरता

सार्वजनिक ऋण स्तर आर्थिक लचीलेपन की सीमाओं का परीक्षण कर रहे हैं, जिसमें ब्याज भुगतान तेजी से आवश्यक सार्वजनिक सेवाओं के साथ प्रतिस्पर्धा कर रहे हैं। रिकॉर्ड सॉवरेन डेट: ग्लोबल पब्लिक डेट 2029 तक दुनिया की GDP का 100% तक पहुंचने का अनुमान है। अमेरिका में, डेट $37.9 ट्रिलियन (GDP का 124%) तक पहुंच गया है, और सालाना सर्विसिंग लागत $1 ट्रिलियन से ज़्यादा होने का अनुमान है, जो मेडिकेड जैसे प्रोग्राम से भी ज़्यादा है।

राजकोषीय स्पेस की कमी: यूरोप में, इटली की डेट सर्विसिंग GDP का 4.5% तक पहुंचने का अनुमान है, जो उसके पूरे शिक्षा बजट के बराबर है। जापान को और भी ज़्यादा मुश्किलों का सामना करना पड़ रहा है, जहां डेट सर्विस लागत उसके शिक्षा बजट से पांच गुना ज़्यादा होने की उम्मीद है।

बाजार का रुझान: बढ़ते डेट की चिंताओं ने सोने में एक ज़बरदस्त तेज़ी ला दी है क्योंकि निवेशक सुरक्षा की तलाश कर रहे हैं। साथ ही, अमेरिकी डॉलर ने प्रमुख करेंसी के मुकाबले फिर से मज़बूती दिखाई है, इसके बावजूद कि राजकोषीय घाटे के कारण इसका लॉन्ग-टर्म रास्ता दबाव में है।

अलग-अलग महंगाई के रुझान

मौद्रिक नीति के रास्ते अलग-अलग हो रहे हैं क्योंकि अलग-अलग क्षेत्रों को अलग-अलग महंगाई के दबाव का सामना करना पड़ रहा है:

संयुक्त राज्य अमेरिका: टैरिफ से होने वाले प्राइस प्रेशर, मज़बूत टेक्नोलॉजी इन्वेस्टमेंट और लेबर मार्केट की मज़बूती के कारण 2027 तक महंगाई टारगेट से ऊपर रहने की उम्मीद है।

यूरोज़ोन: यूरोपियन सेंट्रल बैंक ने रेट कट रोक दिए हैं क्योंकि महंगाई अपने 2% टारगेट के करीब पहुँच गई है, जबकि बैंक ऑफ़ इंग्लैंड "ज़िद्दी रूप से चिपचिपी" सर्विसेज़ महंगाई से जूझ रहा है।

इमर्जिंग मार्केट्स: भारत ने मज़बूती दिखाई है, CPI सीरीज़ शुरू होने के बाद से सबसे कम महंगाई दर्ज की है, अप्रैल-दिसंबर 2025 तक औसत 1.7% रही। इसी तरह, तुर्की और अर्जेंटीना जैसे देशों में दोहरे अंकों में महंगाई में गिरावट देखी गई है, जिससे लगातार रेट कट की गुंजाइश बनी है।

एसेट क्लास आउटलुक (2026)

एसेट क्लास 2026 आउटलुक मुख्य कारण

इक्विटी लगभग 12% की रैली की उम्मीद (S&P 500) कमाई में बढ़ोतरी, हालांकि AI वैल्यूएशन पर बहस के कारण वोलैटिलिटी ज़्यादा है।

बॉन्ड अस्थिर "लंबे समय तक ऊँची" यील्ड द्वारा समर्थित; US ट्रेजरी यील्ड एक "वाइल्ड कार्ड" बनी हुई है।

EM डेट सकारात्मक घटती लोकल पॉलिसी दरों और बेहतर फंडामेंटल्स द्वारा समर्थित।

सोना मज़बूत तेज़ी राजकोषीय स्थिरता के डर और संकट प्रतिरोधी सुरक्षित ठिकानों की तलाश से प्रेरित।

आपके लिए अगला कदम:

क्या आप नवंबर 2026 में US मिडटर्म चुनावों के राजकोषीय नीति पर खास असर की जाँच करना चाहेंगे, या हमें व्यापक अर्थव्यवस्था में AI एजेंटिक्स की पहली लहर से अपेक्षित प्रोडक्टिविटी लाभों पर नज़र डालनी चाहिए?

2026 में, ग्लोबल इकोनॉमिक रिकवरी ने एक खास "K-शेप" ले लिया है, जहाँ आबादी का एक हिस्सा और कुछ खास इंडस्ट्री (टेक, डिफेंस और हाई-स्किल्ड सर्विसेज़) फल-फूल रही हैं, जबकि ज़्यादातर कामकाजी वर्ग और छोटे और मध्यम आकार के उद्यम (SMEs) एक स्थायी "महंगाई के संकट" से जूझ रहे हैं।

यह अंतर अब महामारी के बाद का कोई अस्थायी दौर नहीं है; यह एक गहरी संरचनात्मक सच्चाई बन गई है जो सामाजिक समझौते को सक्रिय रूप से तोड़ रही है।

1. ग्लोबल मिडिल क्लास का पतन

"K" सबसे ज़्यादा पूंजी मालिकों और वेतन पाने वालों के बीच बढ़ती खाई में दिखाई देता है।

32% की सीमा: कई विकसित और उभरते देशों में, अब 32% तक आबादी राष्ट्रीय गरीबी रेखा से नीचे है या उन्हें "आर्थिक रूप से असुरक्षित" के रूप में वर्गीकृत किया गया है, जो सरकारी सहायता के बिना बुनियादी आवास और पोषण का खर्च उठाने में असमर्थ हैं।

"दबा हुआ मिडिल क्लास": मध्यम आय वाले परिवारों को दोहरी मार झेलनी पड़ रही है: गैर-ज़रूरी चीज़ों (भोजन, ऊर्जा, किराया) में लगातार महंगाई और प्रशासनिक और एंट्री-लेवल प्रोफेशनल भूमिकाओं में AI-संचालित नौकरी छूटने का खतरा।

धन का केंद्रीकरण: जबकि 2026 में AI वैल्यूएशन के कारण S&P 500 रिकॉर्ड ऊंचाई पर पहुंच गया है, वितरण के निचले 60% में वास्तविक वेतन स्थिर रहा है या "वास्तविक"

जीवन यापन की लागत (जिसमें आसमान छूते बीमा और स्वास्थ्य सेवा प्रीमियम शामिल हैं) के हिसाब से समायोजित करने पर इसमें गिरावट आई है।

2. जीवन यापन की लागत: "स्थायी संकट"

2026 में, कहानी "अस्थायी महंगाई" से बदलकर "संरचनात्मक उच्च लागत वाले माहौल" में बदल गई है।

आवास का संकट: यूरोप, उत्तरी अमेरिका और भारत के शहरों में, आवास की लागत आय वृद्धि से 3:1 के अनुपात में ज़्यादा हो गई है। इसने "स्थायी किराएदारों" की एक पीढ़ी तैयार की है, जिससे परिवार बनाने में देरी हो रही है और सामाजिक गतिशीलता कम हो रही है।

ऊर्जा गरीबी: हरित बदलाव के बावजूद, 2026 में ऊर्जा बिल 2021 के स्तर से 25-40% ज़्यादा हैं, जिसका कारण ग्रिड अपग्रेड लागत और ईंधन पर भू-राजनीतिक "जोखिम प्रीमियम" है।

खाद्य असुरक्षा: 60 से ज़्यादा चल रहे संघर्षों और जलवायु-प्रेरित फसल खराब होने के कारण वैश्विक खाद्य कीमतें तेज़ी से अस्थिर हो रही हैं, जिससे "नाश्ते की मेज" राजनीतिक असंतोष का एक मुख्य केंद्र बन गई है। 3. सामाजिक समझौते के लिए खतरा

"K-आकार" की सच्चाई नागरिकों और संस्थानों के बीच भरोसे में कमी ला रही है।

"गुस्से वाले वोटर" का उदय: यह असमानता ही पहले बताए गए लोकलुभावनवाद के पीछे मुख्य कारण है। जब किसी देश के 32% लोगों को लगता है कि सिस्टम उनके खिलाफ है, तो वे ऐसे "बदलाव लाने वाले" उम्मीदवारों की ओर आकर्षित होते हैं जो प्रशासनिक व्यवस्था को खत्म करने का वादा करते हैं।

सामाजिक अशांति: 2025 और 2026 में आम हड़तालों और शहरी विरोध प्रदर्शनों में काफी वृद्धि देखी गई है, जो "रोटी-कपड़ा-मकान" जैसे मुद्दों पर केंद्रित हैं। UK और फ्रांस में, "महंगाई" के विरोध प्रदर्शन हर महीने होने वाली आम बात बन गए हैं।

शैक्षिक विभाजन: "K" मानव पूंजी में भी दिखाई देता है। AI-संवर्धित निजी शिक्षा तक पहुंच रखने वाले लोग आगे बढ़ रहे हैं, जबकि सरकारी स्कूल सिस्टम - जो कम फंडिंग और शिक्षकों की कमी से जूझ रहे हैं - अगली पीढ़ी को नीति-संचालित अर्थव्यवस्था के लिए तैयार करने में विफल हो रहे हैं।

"K" के चरम सीमाओं की तुलना (2026)

विशेषता ऊपरी हिस्सा (शीर्ष 10-20%) निचला हिस्सा (निचले 40-60%)

प्राथमिक आय इक्विटी, AI-उन्नत कौशल, संपत्ति। घंटे के हिसाब से मजदूरी, गिग वर्क, निश्चित पेंशन।

आवास संपत्ति के मालिक (धन में वृद्धि)। किराएदार (धन का निष्कर्षण)।

मुद्रास्फीति का प्रभाव प्रबंधनीय; विलासिता की वस्तुओं की ओर बदलाव। विनाशकारी; "गर्मी या भोजन" के विकल्पों को प्रभावित करता है।

दृष्टिकोण आशावादी; "AI हमें बचाएगा।" निराशावादी; "सिस्टम खराब हो गया है।"

नीतिगत दुविधा

सरकारें एक जाल में फंसी हुई हैं: उन्हें K के "निचले हिस्से" को सपोर्ट करने के लिए खर्च करने की ज़रूरत है, लेकिन बढ़ता कर्ज और ब्याज लागत (जैसा कि पिछले सेक्शन में बताया गया है) एक मजबूत सोशल सेफ्टी नेट प्रदान करने की उनकी क्षमता को सीमित करता है। इससे "चुपके से मितव्ययिता" होती है, जिससे सामाजिक तनाव और बढ़ जाता है।

आपके लिए अगला कदम:

क्या आप यह जांचना चाहेंगे कि AI विशेष रूप से लेबर मार्केट में इस अंतर को कैसे बढ़ा रहा है, या हम देखेंगे कि 2026 में किन विशिष्ट देशों को सामाजिक अशांति का सबसे अधिक जोखिम है?

2026 में, अर्थशास्त्री और वित्तीय निगरानीकर्ता एक "डूम लूप" परिदृश्य पर अलार्म बजा रहे हैं - गिरती संपत्ति की कीमतों, घटती लिक्विडिटी, और घबराई हुई सरकारी हस्तक्षेप का एक स्व-पुष्टि चक्र जो 2008 के वैश्विक वित्तीय संकट से कहीं अधिक जटिल एक प्रणालीगत झटके को ट्रिगर कर सकता है।

2008 के विपरीत, जो एक ही क्षेत्र (सबप्राइम मॉर्गेज) में निहित था, 2026 का डूम लूप अत्यधिक लीवरेज्ड AI इंफ्रास्ट्रक्चर, अस्थिर संप्रभु ऋण, और भू-राजनीतिक विखंडन के एक अस्थिर मिश्रण से संचालित होता है।

1. उत्प्रेरक: "AI इंफ्रास्ट्रक्चर जाल"

डूम लूप के लिए प्राथमिक "चिंगारी" AI डेटा केंद्रों और हार्डवेयर का बड़े पैमाने पर, ऋण-वित्तपोषित विस्तार है।

लिक्विडिटी संकट: 2025 और 2026 की शुरुआत में, अनुमानित $150 बिलियन निजी क्रेडिट और "ऑफ-बैलेंस-शीट" ऋण AI इंफ्रास्ट्रक्चर में डाले गए। यदि 2026 के मध्य तक वादे के अनुसार उत्पादकता लाभ नहीं मिलते हैं, तो अचानक "पुनर्मूल्यांकन" क्रेडिट बाजारों

को फ्रीज कर सकता है।

संपत्ति सहसंबंध: 2008 के विपरीत, जहां जोखिम बैंकों में केंद्रित था, 2026 का जोखिम बिग टेक, निजी इक्विटी, और संप्रभु धन कोषों में फैला हुआ है, जिसका अर्थ है कि एक टेक सुधार तुरंत पूरे वैश्विक वित्तीय प्रणाली से लिक्विडिटी खत्म कर देगा।

2. "लूप" की कार्यप्रणाली

डूम लूप एक नीचे की ओर सर्पिल के रूप में कार्य करता है जहां एक खिलाड़ी द्वारा की गई प्रत्येक रक्षात्मक कार्रवाई दूसरों की स्थिति को खराब करती है:

विश्वास का झटका: एक प्रमुख AI प्रदाता या एक मध्यम आकार का "भू-राजनीतिक स्विंग राज्य" अपने ऋण पर डिफ़ॉल्ट करता है।

लिक्विडिटी पलायन: बैंक और निजी ऋणदाता "केवल नकद" मोड में चले जाते हैं, उभरते बाजारों और उच्च जोखिम वाले टेक उद्यमों से पूंजी निकालते हैं। रक्षात्मक नीति: घरेलू बाज़ारों की रक्षा के लिए, अमेरिका या EU अचानक कैपिटल कंट्रोल या इमरजेंसी टैरिफ लागू करते हैं।

बाज़ार का ठप होना: ग्लोबल ट्रेड, जो पहले से ही "टूटी हुई जियोपॉलिटिक्स" से जूझ रहा है, पूरी तरह से रुक जाता है क्योंकि लेटर ऑफ़ क्रेडिट बहुत महंगे या अनुपलब्ध हो जाते हैं।

3. यह "2008 से भी बुरा" क्यों हो सकता है

एनालिस्ट तीन कारण बताते हैं कि 2026 का संकट ग्रेट रिसेशन की तुलना में संभालना ज़्यादा मुश्किल क्यों हो सकता है:

बहुपक्षवाद की कमी: 2008 में, G20 ने एक ग्लोबल रिस्पॉन्स को कोऑर्डिनेट किया था। 2026 में, अमेरिका-चीन की दुश्मनी ऐसे सहयोग को लगभग असंभव बना देती है। "ग्लोबल बेलआउट" के बजाय, हम "अपने पड़ोसी को कंगाल बनाओ" जैसी नीतियां देख सकते हैं।

खत्म हो चुके फिस्कल बफ़र्स: 2008 में, डेट-टू-GDP लेवल बहुत कम थे। 2026 में, $300 ट्रिलियन (GDP का 100%) के ग्लोबल कर्ज़ के साथ, सरकारों के पास करेंसी क्रैश को ट्रिगर किए बिना इंडस्ट्रीज़ को बचाने के लिए बहुत कम "ड्राई पाउडर" बचा है।

"एजेंटिक" स्पीड: 2026 में, AI-ड्रिवन हाई-फ्रीक्वेंसी ट्रेडिंग और "एजेंटिक" फाइनेंशियल मॉडल मार्केट क्रैश को महीनों से मिनटों में तेज़ कर सकते हैं, जिससे इंसानी रेगुलेटर्स के दखल देने की क्षमता खत्म हो जाएगी।

द डूम लूप रिस्क प्रोफाइल (2026)

फैक्टर 2008 संकट 2026 "डूम लूप" जोखिम

प्राइमरी ट्रिगर रियल एस्टेट / सबप्राइम AI इंफ्रास्ट्रक्चर / सॉवरेन डेट

ग्लोबल सहयोग उच्च (G20 समन्वय) कम (टूटी हुई भू-राजनीति)

लिक्विडिटी स्रोतसेंट्रल बैंक दर में कटौती कोई नहीं (मुद्रास्फीति "स्थिर" बनी हुई है)

बाजार की गति मानव-संचालित / सप्ताह AI-संचालित / सेकंड

4. रक्षात्मक बाजार रुख

2026 की शुरुआत में, संस्थागत निवेशक पहले से ही इस "लिक्विडिटी में अचानक कमी" के लिए तैयारी कर रहे हैं:

हार्ड एसेट्स की ओर बढ़ना: "डूम लूप" के खिलाफ बचाव के तौर पर सोने की कीमतें रिकॉर्ड ऊंचाई पर पहुंच गई हैं।

सॉवरेन कैश जमाखोरी: मध्यम शक्तियां संभावित अमेरिकी डॉलर लिक्विडिटी संकट से खुद को बचाने के लिए अपने घरेलू मुद्रा भंडार बढ़ा रही हैं।

आपके लिए अगला कदम:

क्या आप चाहेंगे कि मैं इस डूम लूप के लिए IMF द्वारा वर्तमान में मॉनिटर किए जा रहे "अर्ली वार्निंग इंडिकेटर्स" का विश्लेषण करूँ, या हमें यह देखना चाहिए कि व्यक्तिगत निवेशक 2026 के लिक्विडिटी संकट से बचने के लिए पोर्टफोलियो को कैसे री-एलोकेट कर रहे हैं?

तकनीकी त्वरण और गलत सूचना

2026 में, तकनीकी त्वरण और गलत सूचना के संगम ने एक परिवर्तनकारी जोखिम परिदृश्य बनाया है। आर्टिफिशियल इंटेलिजेंस अंतर्दृष्टि उत्पन्न करने वाले एक उपकरण से एक स्वायत्त निष्पादन में सक्षम प्रणाली (एजेंटिक AI) में बदल गया है, जबकि साथ ही "साइबर हथियारों की दौड़" को सुपरचार्ज कर रहा है और साझा सच्चाई की नींव को खत्म कर रहा है।

एजेंटिक AI का उदय (2026 बदलाव)

वर्ष 2026 निष्क्रिय जनरेटिव AI से एजेंटिक AI में एक संरचनात्मक बदलाव का प्रतीक है - ऐसी प्रणालियाँ जो न केवल संकेतों पर प्रतिक्रिया करती हैं बल्कि न्यूनतम मानवीय हस्तक्षेप के साथ सक्रिय रूप से बहु-चरणीय वर्कफ़्लो निष्पादित करती हैं। ऑपरेशनल तैयारी: 2026 तक, अनुमान है कि एंटरप्राइज़ एप्लीकेशन के 40% में टास्क-स्पेसिफिक AI एजेंट एम्बेड होंगे, जो कुछ साल पहले सिंगल डिजिट में थे।

ऑटोनॉमस डिसीजन इंजनः इन एजेंट्स पर फाइनेंशियल मॉनिटरिंग, क्लाउड कॉस्ट ऑप्टिमाइजेशन और सिक्योरिटी इंसिडेंट रिस्पॉन्स जैसे क्षेत्रों में तय सीमाओं के भीतर फैसले लेने के लिए भरोसा किया जा रहा है।

मल्टी-एजेंट ऑर्केस्ट्रेशनः एंटरप्राइज़ तेज़ी से स्पेशलाइज्ड एजेंट्स के नेटवर्क डिप्लॉय कर रहे हैं जो साझा लक्ष्यों को हासिल करने के लिए सहयोग करते हैं, जिन्हें अक्सर सेंट्रलाइज्ड "एजेंटिक कमांड सेंटर्स" के ज़रिए मैनेज किया जाता है।

AI-जेनरेटेड गलत सूचना का बढ़ना

सिंथेटिक मीडिया की क्वालिटी और मात्रा में ज़बरदस्त बढ़ोतरी हुई है, जिससे आम लोगों के लिए इसे असली रिकॉर्डिंग से अलग पहचानना मुश्किल हो गया है।

डीपफेक में उछालः ऑनलाइन डीपफेक की संख्या 2023 में लगभग 500,000 से बढ़कर 2025 में लगभग 8 मिलियन हो गई, जिसमें सालाना ग्रोथ लगभग 900% रही। 2026 तक, डीपफेक "सिंथेटिक परफॉर्मर्स" में बदल गए हैं जो लोगों पर रियल-टाइम में प्रतिक्रिया देने में सक्षम हैं।

लोकतांत्रिक हस्तक्षेपः AI कंटेंट दुनिया भर में चुनावी प्रक्रियाओं में बाढ़ ला रहा है। हाल के चुनावों में, AI-जेनरेटेड कंटेंट (जिसमें हेरफेर किए गए वीडियो और क्लोन की गई आवाज़ें शामिल हैं) ने पोस्ट करने के 24 घंटे के भीतर लाखों लोगों को आकर्षित किया, अक्सर इससे पहले कि इसे गलत साबित किया जा सके।

"झूठे का लाभांश": विश्वसनीय डीपफेक की संभावना ही असली अपराधियों को अपने बारे में आपत्तिजनक कंटेंट से इनकार करने की अनुमति देती है, यह दावा करते हुए कि यह AI-जेनरेटेड है। यह घटना डिजिटल सबूतों पर समग्र विश्वास को कम करती है।

साइबर जोखिम और AI विषमता

2026 में, 94% ग्लोबल एग्जीक्यूटिव्स के अनुसार, AI को साइबर सुरक्षा में बदलाव के सबसे महत्वपूर्ण चालक के रूप में पहचाना गया है।

सुपरचार्ज्ड हमलेः खतरे फैलाने वाले AI का उपयोग करके टोही को ऑटोमेट कर रहे हैं, ऐसे एडेप्टिव मैलवेयर बना रहे हैं जो सेकंड में विकसित होते हैं, और मशीन की गति से परिष्कृत फ़िशिंग अभियान चला रहे हैं।

नए हमले के सतहः पहचान प्राथमिक हमले की सतह बन गई है, जिसमें गैर-मानव पहचान (AI एजेंट, सेवा खाते और वर्कलोड) अब मानव उपयोगकर्ताओं से अधिक हैं और अक्सर उनमें पर्याप्त सुरक्षा नियंत्रण की कमी होती है।

कॉर्पोरेट चिंता में बदलावः पहली बार, जेनरेटिव AI (34%) से जुड़े अनजाने डेटा लीक

पर चिंताएं विशुद्ध रूप से विरोधी AI क्षमताओं (29%) के बारे में आशंकाओं से अधिक हो गई हैं।

रणनीतिक प्रतिक्रियाएं और शासन

सरकारें और संगठन इन नई जटिलताओं को मैनेज करने के लिए प्रतिक्रियात्मक उपायों से लागू किए गए फ्रेमवर्क की ओर बढ़ रहे हैं।

डिजाइन द्वारा विश्वासः "गवर्नेंस-एज़-कोड" जैसे उभरते मानक पोस्ट-हॉक ऑडिट पर निर्भर रहने के बजाय सीधे एजेंट के आर्किटेक्चर में गाडीरेल और अनुमतियों को एम्बेड करते हैं। टेक्नो-लीगल फ्रेमवर्क: भारत जैसे देशों ने 2025 के आखिर में IT नियमों में बदलाव किया है ताकि खास तौर पर AI से बने कंटेंट को एड्रेस किया जा सके और प्लेटफॉर्म्स को यह ज़रूरी बनाया जा सके कि वे यूज़र्स को असली और सिंथेटिक मीडिया के बीच फर्क करने में मदद करें।

मीडिया साक्षरताः चूंकि टेक्निकल डिटेक्शन टूल्स अक्सर फेल हो जाते हैं (इंसानों की अभी मशीन आउटपुट को पहचानने में लगभग 50% सफलता दर है), इसलिए धोखे से लड़ने के लिए क्लासिक मीडिया साक्षरता और "डिजिटल हाइज़ीन" पर ज़ोर दिया जा रहा है।

आपके लिए अगला कदमः

क्या आप फाइनेंशियल सेक्टर में अभी इस्तेमाल हो रहे खास "एजेंटिक AI" यूज़ केस की जांच करना चाहेंगे, या हमें डीपफेक खुलासों के बारे में EU AI एक्ट के कानूनी डिटेल्स देखने चाहिए?

2026 में, गलत सूचना और दुष्प्रचार ने एक टॉप-टियर वैश्विक खतरे के रूप में अपनी स्थिति मजबूत कर ली है, जो वर्ल्ड इकोनॉमिक फोरम (WEF) के दो-वर्षीय जोखिम आउटलुक में दूसरे स्थान पर है। यह युग एक "हथियारों की दौड़" से परिभाषित होता है, जहाँ AI की तेज़ी से बढ़ती गति ने दुनिया की अधिकांश आबादी के लिए सिंथेटिक धोखे को वास्तविकता से अलग पहचानना मुश्किल बना दिया है।

1. दुष्प्रचार का परिदृश्य (2026)

गलत सूचना/दुष्प्रचार एक "लगातार" जोखिम बना हुआ है, जो 2025 में #1 स्थान से 2026 में #2 स्थान पर आ गया है क्योंकि अन्य भू-राजनीतिक तनाव बढ़ गए हैं।

लोकतांत्रिक कमज़ोरीः AI-संचालित हस्तक्षेप एक सैद्धांतिक खतरे से विकसित होकर चुनावों में हेरफेर करने का एक मानक उपकरण बन गया है। 2026 की शुरुआत तक, 80% से अधिक देशों ने AI-जनित सामग्री—जैसे डीपफेक समर्थन और "पुनर्जीवित" मृत

राजनेताओं—का अनुभव किया है, जो उनकी चुनावी प्रक्रियाओं को लक्षित कर रहे थे।

"झूठे का लाभांश": सिंथेटिक मीडिया के प्रसार ने एक विरोधाभास पैदा किया है जहाँ वास्तविक फुटेज को अक्सर "AI-जनित" कहकर खारिज कर दिया जाता है, जिससे सार्वजनिक हस्तियाँ केवल डिजिटल हेरफेर का दावा करके जवाबदेही से बच निकलती हैं।

माइक्रोटारगेटिंग और ध्रुवीकरण: AI-संवर्धित माइक्रोटारगेटिंग अब लगभग 34% वैश्विक उपयोगकर्ताओं तक पहुँचता है, जो मनोवैज्ञानिक प्रोफाइल का उपयोग करके अत्यधिक व्यक्तिगत प्रचार प्रदान करता है जो मौजूदा सामाजिक और सांस्कृतिक विभाजनों को गहरा करता है।

2. बढ़ती AI चिंता

2026 तक, "AI चिंता" एक विशिष्ट तकनीकी चिंता से हटकर एक मुख्यधारा की मनोवैज्ञानिक घटना बन गई है, जो पेशेवर अप्रचलन और डिजिटल धोखे दोनों के डर से प्रेरित है।

नौकरी की असुरक्षा: 2025 में करियर से संबंधित चिंता में 50% की भारी वृद्धि दर्ज की गई क्योंकि कर्मचारियों ने व्यापक AI एकीकरण के सामने अपने भविष्य पर सवाल उठाया।

विश्वास का अंतर: सार्वजनिक चिंता बढ़ते "डिजिटल अविश्वास" में परिलक्षित होती है। विश्व स्तर पर लगभग 58% लोग रिपोर्ट करते हैं कि वे अब प्रामाणिक और सिंथेटिक समाचारों के बीच मज़बूती से अंतर नहीं कर सकते हैं।

मानसिक स्वास्थ्य पर प्रभाव: आर्थिक सर्वेक्षण 2025-26 डिजिटल लत और इसके परिणामस्वरूप होने वाली मानसिक स्वास्थ्य समस्याओं को महत्वपूर्ण सार्वजनिक स्वास्थ्य खतरों के रूप में इंगित करता है, विशेष रूप से उन युवाओं के बीच जो लगातार, AI-क्यूरेटेड डिजिटल सामग्री की बौछार का सामना कर रहे हैं। 3. नीति और रेगुलेटरी प्रतिक्रियाएं (2026)

सरकारें वॉलंटरी गाइडलाइंस से अनिवार्य लागू करने की ओर बढ़ रही हैं:

EU AI एक्ट (2026): ज़्यादातर प्रावधान अब पूरी तरह से लागू करने योग्य हैं, जिसमें जेनरेटिव AI के प्रोवाइडर्स को सिंथेटिक कंटेंट को साफ़ तौर पर लेबल करने और जानकारी की अखंडता की रक्षा के लिए AI-जेनरेटेड कहानियों का खुलासा करने का आदेश दिया गया है।

"प्री-बंकिंग" का उदय: रिएक्टिव फैक्ट-चेकिंग के बजाय, जिसमें 15 मिनट का लैग होता है जो अभी भी वायरल फैलने की अनुमति देता है, 2026 की रणनीतियाँ प्री-बंकिंग को प्राथमिकता देती हैं - मुख्यधारा में पहुँचने से पहले नागरिकों को अपेक्षित झूठी कहानियों के बारे में सक्रिय रूप से सचेत करना।

जोखिम श्रेणी 2026 रैंकिंग (2-वर्षीय) स्थिति/रुझान

गलत/भ्रामक जानकारी #2 2025 में #1 से घटकर; अब इसे "नैरेटिव हमले" के त्वरक के रूप में माना जाता है।

AI के बुरे नतीजे #5 (10-साल) सबसे बड़ा बढ़ता जोखिम; 2024 में #30 से टॉप 10 लॉन्ग-टर्म में आ गया।

साइबर असुरक्षा #6 AI-पावर्ड बॉट आर्मी और अडैप्टिव मैलवेयर से प्रेरित।

प्रोएक्टिव फॉलो-अप: क्या आप 2026 EU AI एक्ट द्वारा अनिवार्य किए जा रहे खास टेक्निकल टूल्स (जैसे वॉटरमार्किंग या प्रोवेनेंस चेक) का एनालिसिस करना चाहेंगे, या आधुनिक "प्री-बंकिंग" कैंपेन में इस्तेमाल की जा रही मनोवैज्ञानिक रणनीतियों का पता लगाना चाहेंगे? 2026 में, ग्लोबल टेक्नोलॉजी का माहौल "सॉफ्टवेयर एज़ ए सर्विस" से बदलकर "AI एज़ ए वेपन ऑफ़ स्टेटक्राफ्ट" हो गया है। आर्टिफिशियल इंटेलिजेंस अब भू-राजनीतिक प्रतिस्पर्धा में प्राथमिक फोर्स मल्टीप्लायर है, जो साइबर युद्ध और आर्थिक उत्पादन दोनों की गति और पैमाने को मौलिक रूप से बदल रहा है।

1. साइबर "हथियारों की दौड़" (आक्रामक बनाम रक्षात्मक)

2026 तक, "ड्वेल टाइम" (वह समय जब कोई हमलावर नेटवर्क में बिना पता चले रहता है) बहुत कम हो गया है क्योंकि AI एजेंट अब मशीन की गति से जासूसी और शोषण करते हैं।

आक्रामक AI: राज्य के कलाकार और उन्नत साइबर अपराधी पॉलीमॉर्फिक मैलवेयर बनाने के लिए AI का उपयोग करते हैं - ऐसा कोड जो सिग्नेचर-आधारित एंटीवायरस डिटेक्शन से बचने के लिए हर कुछ सेकंड में खुद को फिर से लिखता है।

रक्षात्मक AI: इसके विपरीत, 2026 "सेल्फ-हीलिंग नेटवर्क" के उदय का प्रतीक है। साइबर सुरक्षा फर्म अब रक्षात्मक एजेंट तैनात करती हैं जो विसंगति का पता लगाने के लिए बिजली ग्रिड या वित्तीय नेटवर्क के समझौता किए गए हिस्सों को मिलीसेकंड में "क्वारंटाइन" करते हैं, जो एक मानव ऑपरेटर की प्रतिक्रिया से कहीं अधिक तेज़ है।

पहचान का संकट: आवाज़ों और चेहरों को पूरी तरह से क्लोन करने की AI की क्षमता ने बायोमेट्रिक सुरक्षा (चेहरे की पहचान और आवाज़ ID) को एक अकेले बचाव के रूप में पुराना कर दिया है। संगठन व्यवहार पैटर्न के आधार पर "लगातार प्रमाणीकरण" की ओर बढ़ रहे हैं।

2. संप्रभु AI का युग (2026–2032)

राष्ट्रों ने महसूस किया है कि विदेशी AI मॉडल पर निर्भर रहना एक रणनीतिक कमजोरी है।

2026 और 2032 के बीच की अवधि "संप्रभु AI" की खोज द्वारा परिभाषित है - एक राष्ट्र की अपनी AI स्टैक का उत्पादन, प्रशिक्षण और शासन करने की क्षमता।

राष्ट्रीय कंप्यूट भंडार: रणनीतिक तेल भंडार की तरह, यूके, फ्रांस और जापान जैसे देशों ने यह सुनिश्चित करने के लिए राष्ट्रीय "कंप्यूट क्लस्टर" स्थापित किए हैं कि उनकी आवश्यक सेवाएं (स्वास्थ्य सेवा, रक्षा, कर) अमेरिकी या चीनी क्लाउड प्रदाताओं पर निर्भर न हों। डेटा प्रोटेक्शनिज़्म: सरकारें विदेशी मॉडल को ट्रेन करने के लिए नेशनल डेटा के "एक्सपोर्ट" पर तेज़ी से बैन लगा रही हैं, इस डर से कि उनके नागरिकों के डेटा का इस्तेमाल विरोधी ताकतें स्ट्रेटेजिक फायदा उठाने के लिए करेंगी।

लोकलाइज़्ड LLMs: लोकल भाषाओं और कल्चरल बारीकियों पर ट्रेन किए गए "स्मॉल लैंग्वेज मॉडल" (SLMs) में तेज़ी आई है, जिन्हें जासूसी रोकने के लिए इंटरनेट कनेक्शन के बिना ऑन-प्रिमाइस काम करने के लिए डिज़ाइन किया गया है।

3. "AI ट्रायड" पर कंट्रोल

सॉवरेन AI की दौड़ वही जीतते हैं जो तीन खास पिलर्स को कंट्रोल करते हैं:

पिलर स्ट्रेटेजिक महत्व मौजूदा फोकस (2026)

कंप्यूट फिजिकल हार्डवेयर (GPUs/TPUs)। घरेलू फाउंड्री (Intel, TSMC, Samsung) के लिए भारी सब्सिडी।

डेटा ट्रेनिंग के लिए "ईंधन"। डेटा सॉवरेनिटी कानूनों और सुरक्षित "डेटा वॉल्ट" को लागू करना।

एनर्जी डेटा सेंटर चलाने के लिए ज़रूरी बिजली। स्मॉल मॉड्यूलर रिएक्टर (SMRs) को सीधे AI हब में इंटीग्रेट करना।

4. तेज़ी के सिस्टमैटिक जोखिम

फोर्स मल्टीप्लायर के तौर पर AI के तेज़ी से इस्तेमाल ने एक "हाई-वेलोसिटी" जोखिम वाला माहौल बनाया है:

फ्लैश क्रैश: AI-संचालित फाइनेंशियल एजेंट कुछ ही सेकंड में पूरे बाज़ार में लिक्विडिटी की कमी पैदा कर सकते हैं ("डूम लूप" तेज़ी)।

ऑटोमेटेड एस्केलेशन: मिलिट्री मामलों में, टारगेट की पहचान के लिए AI का इस्तेमाल "हादसे वाले" एस्केलेशन का जोखिम बढ़ाता है, जहाँ कोई एल्गोरिदम राजनीतिक नेताओं के दखल देने से पहले ही प्रतिक्रिया शुरू कर देता है।

मुख्य ट्रेंड: 2026 और 2032 के बीच, हम "ग्लोबल AI" (दुनिया के लिए एक मॉडल) से

"बाइफरकेटेड AI" (पश्चिमी बनाम पूर्वी मॉडल) की ओर बदलाव की उम्मीद करते हैं, जिसमें मध्यम शक्तियाँ डिजिटल उपनिवेशवाद से बचने के लिए अपना "तीसरा रास्ता" बनाने की पूरी कोशिश करेंगी।

आपके लिए अगला कदम:

क्या आप किसी खास क्षेत्र (जैसे भारत का AIRAWAT या EU का EuroHPC) की खास "सॉवरेन AI" रणनीतियों की जांच करना चाहेंगे, या हम AI एजेंटों को "प्रॉम्प्ट इंजेक्शन" हमलों से बचाने के लिए विकसित किए जा रहे सुरक्षा प्रोटोकॉल को देखें?

2026 में, वैश्विक जोखिम सहमति में नाटकीय बदलाव आया है: "प्रतिकूल AI परिणाम" 30वें स्थान की छोटी चिंता से बढ़कर 10 साल के समय में टॉप-5 वैश्विक जोखिमों में शामिल हो गए हैं। यह तेज़ बढ़ोतरी इस बढ़ती समझ को दिखाती है कि AI का सामाजिक ताने-बाने पर लंबे समय का प्रभाव तात्कालिक तकनीकी बाधाओं की तुलना में ज़्यादा विनाशकारी हो सकता है।

चिंता का रास्ता

वर्ल्ड इकोनॉमिक फोरम (WEF) के नवीनतम जोखिम आकलन इस बात पर ज़ोर देते हैं कि नीति निर्माता आर्टिफिशियल इंटेलिजेंस को कैसे देखते हैं, इसमें एक "बड़ा बदलाव" आया है।

नवीनता से खतरे तक: 2024 में, AI को मुख्य रूप से एक उत्पादकता उपकरण के रूप में देखा जाता था; 2026 तक, इसे एक सिस्टम को बिगाड़ने वाले के रूप में देखा जाता है।

10 साल का समय: विशेषज्ञ प्रतिकूल AI परिणामों को जलवायु परिवर्तन और जबरन पलायन के साथ अगले दशक में मानवता के लिए सबसे गंभीर खतरों में से एक मानते हैं।

विनाश के मुख्य स्तंभ (2026–2036)

1. श्रम बाज़ार का विनाश

"प्रतिकूल परिणामों" का मुख्य कारण संरचनात्मक बेरोज़गारी की संभावना है जिसे मौजूदा सामाजिक सुरक्षा जाल संभाल नहीं सकता।

व्हाइट-कॉलर विस्थापन: पिछली औद्योगिक क्रांतियों के विपरीत, AI मध्यम और उच्च-मध्यम वर्ग - वकीलों, कोडर और मध्यम प्रबंधकों को खत्म कर रहा है।

32% जोखिम: उच्च AI अपनाने वाले देशों में, 2030 तक लगभग एक-तिहाई कर्मचारियों को या तो पूरी तरह से विस्थापन या महत्वपूर्ण वेतन कटौती का सामना करना पड़ेगा, जिससे पहले बताई गई "K-आकार की" असमानता पैदा होगी।

2. सामाजिक अनुबंध का क्षरण

AI एकीकरण की गति अनुकूलन की मानवीय क्षमता से ज़्यादा है, जिससे गहरा सामाजिक टकराव हो रहा है।

विश्वास का पतन: जैसे-जैसे AI एजेंट ज़्यादा इंटरैक्शन संभालते हैं (सरकारी सेवाओं से लेकर स्वास्थ्य सेवा तक), "लूप में इंसान" गायब हो रहा है, जिससे अलगाव और एजेंसी के नुकसान की भावना पैदा हो रही है। मनोवैज्ञानिक नुकसान: भारतीय आर्थिक सर्वेक्षण 2025-26 ने "AI-प्रेरित मानसिक स्वास्थ्य चुनौतियों" को एक प्रमुख सार्वजनिक स्वास्थ्य प्राथमिकता के रूप में पहचाना है, यह देखते हुए कि डिजिटल लत और नौकरी की असुरक्षा एक "स्थायी रूप से चिंतित" पीढ़ी बना रही है।

3. अनजाने एल्गोरिथम पूर्वाग्रह

"प्रतिकूल परिणामों" में व्यवस्थित भेदभाव का बढ़ना शामिल है।

स्वायत्त अन्याय: हायरिंग, लोन देने और कानून प्रवर्तन में उपयोग किए जाने वाले AI मॉडल में "एन्कोडेड पूर्वाग्रहों" को बनाए रखने की प्रवृत्ति पाई जा रही है। 2026 तक, EU में कई हाई-प्रोफाइल कानूनी मामलों ने "एल्गोरिथम रेडलाइनिंग" को उजागर किया है, जहाँ AI सिस्टम ने व्यवस्थित रूप से विशिष्ट जनसांख्यिकी को आवश्यक सेवाओं से बाहर कर दिया है।

वैश्विक जोखिम रैंकिंग तुलना

जोखिम श्रेणी	2-वर्षीय रैंक (2024)	10-वर्षीय रैंक (2026)
गलत/भ्रामक जानकारी	#1	#2
प्रतिकूल AI परिणाम	#30	#5
साइबर असुरक्षा	#4	#6
सामाजिक ध्रुवीकरण	#3	#9

नियामक दौड़: "सुरक्षा लाभांश"

इन नतीजों को कम करने के लिए, 2026 में "सेफ्टी-फर्स्ट इंजीनियरिंग" का उदय हुआ है।

अनिवार्य ऑडिट: EU AI एक्ट के तहत, हाई-रिस्क AI सिस्टम को अब मार्केट में बने रहने से पहले अनिवार्य सालाना बायस और सेफ्टी ऑडिट से गुजरना होगा।

AI "किल स्विच": नए अंतरराष्ट्रीय स्टैंडर्ड सामने आ रहे हैं जिनके लिए एजेंटिक AI सिस्टम में "अनप्लग प्रोटोकॉल" होना ज़रूरी है - एक फिजिकल या सॉफ्टवेयर-बेस्ड मैकेनिज्म जो ऑटोनॉमस वर्कफ़्लो को तुरंत खत्म कर सकता है अगर वे इंसान द्वारा तय किए गए लक्ष्यों से भटकते हैं।

सक्रिय फॉलो-अप: क्या हमें उन खास सेक्टर्स (जैसे, फाइनेंस या हेल्थकेयर) का एनालिसिस करना चाहिए जहां 2026 में AI-संचालित लेबर डिस्प्लेसमेंट सबसे ज़्यादा होने का अनुमान है, या आप इन बुरे नतीजों को रोकने के लिए बनाए जा रहे कानूनी "रेड लाइन्स" देखना चाहेंगे?

6. पर्यावरण और संसाधनों की कमी

वैश्विक पर्यावरणीय एजेंडा लंबे समय के "कमिटमेंट" से हटकर संसाधन सुरक्षा पर एक तत्काल, बड़े दांव वाली लड़ाई में बदल गया है। जलवायु-संचालित आपदाओं, महत्वपूर्ण खनिजों की कमी, और "ग्रीन ट्रांजिशन" के हथियार के रूप में इस्तेमाल होने के तिहरे खतरे ने पर्यावरणीय नीति को राष्ट्रीय सुरक्षा का एक मुख्य घटक बना दिया है।

1. ग्रीन ट्रांजिशन का हथियार के रूप में इस्तेमाल

जैसे-जैसे देश डीकार्बनाइजेशन लक्ष्यों को पूरा करने की दौड़ में हैं, इस बदलाव के लिए ज़रूरी सामग्री "नया तेल" बन गई है।

महत्वपूर्ण खनिज चोकपॉइंट: लिथियम, कोबाल्ट, तांबा और दुर्लभ पृथ्वी पर नियंत्रण अब एक प्राथमिक भू-राजनीतिक लाभ का बिंदु है। 2025-2026 में, इंडोनेशिया और चिली जैसे देशों ने घरेलू वैल्यू-एड प्रोसेसिंग को मजबूर करने के लिए निर्यात प्रतिबंधों को कड़ा कर दिया, जिससे वैश्विक आपूर्ति श्रृंखलाएं जटिल हो गईं।

ग्रीन संरक्षणवाद: यूरोपीय संघ का कार्बन बॉर्डर एडजस्टमेंट मैकेनिज्म (CBAM) 2026 में पूरी तरह से चालू हो गया है, जो उच्च-उत्सर्जन वाले देशों से आयात पर "कार्बन टैरिफ" लगा रहा है। इसने जवाबी व्यापार उपायों को जन्म दिया है, जिससे पर्यावरणीय मानक आर्थिक दबाव के उपकरण बन गए हैं।

2. बढ़ते जलवायु झटके और खाद्य सुरक्षा

जलवायु परिवर्तन अब भविष्य का जोखिम नहीं है; यह वैश्विक व्यापार और सामाजिक स्थिरता का वर्तमान बाधक है।

कृषि अस्थिरता: बार-बार होने वाली अत्यधिक मौसम की घटनाओं - अमेरिका में सूखा और दक्षिण एशिया में अनियमित मानसून - ने खाद्य कीमतों को अत्यधिक अस्थिर बना दिया है। विश्व खाद्य कार्यक्रम चेतावनी देता है कि जलवायु-प्रेरित फसल विफलताएं पहले बताए गए "60 से अधिक चल रहे संघर्षों" का एक प्राथमिक कारण हैं। पानी की कमी: 2026 में, "पानी की कमी" 2.5 अरब से ज़्यादा लोगों को प्रभावित करेगी। सीमा पार पानी के संसाधनों (जैसे नील, मेकांग और सिंधु) के लिए मुकाबला क्षेत्रीय शक्तियों के बीच तनाव बढ़ा रहा है, जिससे जीवित रहने की रणनीति के तौर पर "वॉटर डिप्लोमेसी" का इस्तेमाल किया जा रहा है।

3. संसाधनों की कमी और "जीवन यापन की लागत" का संबंध

संसाधनों की कमी सीधे तौर पर K-आकार की आर्थिक असमानता को बढ़ावा दे रही है:

ऊर्जा गरीबी: जबकि अमीर लोग सब्सिडी वाली सौर और EV टेक्नोलॉजी की ओर बढ़ रहे हैं, निचला आर्थिक "वर्ग" पुरानी ऊर्जा स्रोतों की बढ़ती लागत और कार्बन-गहन वस्तुओं पर ज़्यादा टैक्स के साथ फंसा हुआ है।

संसाधन महंगाई: IMF का कहना है कि "ग्रीनफ्लेशन"—ऊर्जा परिवर्तन के लिए सामग्री की बढ़ती लागत—3.1% वैश्विक महंगाई दर का एक लगातार कारण है, जिससे यह परिवर्तन शुरू में अनुमान से कहीं ज़्यादा महंगा हो गया है।

पर्यावरणीय जोखिम (2-साल बनाम 10-साल का दृष्टिकोण)

जोखिम कारक	2-साल की रैंक (2026)	10-साल की रैंक (2036)
अत्यधिक मौसम की घटनाएँ	#1	#1
पृथ्वी प्रणालियों में महत्वपूर्ण परिवर्तन	#3	#2
जैव विविधता का नुकसान / पारिस्थितिकी तंत्र का पतन	#10	#3
प्राकृतिक संसाधनों की कमी	#4	#4

सक्रिय फॉलो-अप: क्या आप 2026 में अमेरिका बनाम चीन की विशिष्ट महत्वपूर्ण खनिज निर्भरताओं का विश्लेषण करना चाहेंगे, या हम उभरते बाजारों के निर्यात पर "कार्बन बॉर्डर टैक्स" के प्रभाव की जांच करें?

जलवायु विचलन: जबकि तत्काल भू-राजनीतिक दबावों के कारण अल्पकालिक (2026) में पर्यावरणीय जोखिमों को कम रैंक दी गई, वे शीर्ष दीर्घकालिक जोखिम (10-वर्षीय क्षितिज) हैं।

संक्रमण तनाव: ऊर्जा सुरक्षा अक्सर डीकार्बोनाइजेशन से आगे निकल रही है, जिससे कार्बन बाजारों और हरित नीतियों के लिए एक खंडित परिदृश्य बन रहा है।

सारांश: 2026-2032 के तूफान से निपटना

2026-2032 की अवधि "पुनर्गणना" का एक महत्वपूर्ण, संक्रमणकालीन चरण है। व्यवसायों और सरकारों को "भू-राजनीतिक ताकत" बनानी चाहिए, आपूर्ति श्रृंखलाओं को एकल-स्रोत निर्भरता से दूर विविधतापूर्ण बनाना चाहिए और उच्च-मुद्रास्फीति, कम-विकास वाले वातावरण के लिए तैयार रहना चाहिए।

2026 में, जल राजनीति वैश्विक सुरक्षा में सबसे आगे आ गई है। जैसे-जैसे जलवायु परिवर्तन मीठे पानी के स्रोतों की कमी को तेज कर रहा है, पानी को अब केवल प्रबंधित किए जाने वाले संसाधन के रूप में नहीं देखा जाता है, बल्कि क्षेत्रीय लाभ और जबरदस्ती के लिए इस्तेमाल

किए जाने वाले एक रणनीतिक हथियार के रूप में देखा जाता है।

1. भू-राजनीतिक लाभ के एक उपकरण के रूप में पानी

राष्ट्र तेजी से निचले इलाकों में रहने वाले पड़ोसियों पर राजनीतिक दबाव डालने के लिए "ऊपरी नियंत्रण" का उपयोग कर रहे हैं। इसने प्रमुख नदी प्रणालियों को उच्च दांव वाले राजनयिक और सैन्य फ्लैशपॉइंट में बदल दिया है।

नील नदी (मिस्र, इथियोपिया, सूडान): ग्रैंड इथियोपियन रेनेसां डैम (GERD) 2026 में एक निश्चित "जल हथियार" बन गया है। नील नदी के प्रवाह पर इथियोपिया के नियंत्रण को मिस्र अपने 110 मिलियन नागरिकों के लिए एक अस्तित्वगत खतरा मानता है। तनाव बढ़ गया है क्योंकि इथियोपिया क्षेत्रीय मान्यता के लिए सौदेबाजी के हथियार के रूप में जल प्रतिधारण का उपयोग कर रहा है, जबकि मिस्र ने संकेत दिया है कि प्रवाह में कोई भी महत्वपूर्ण कमी युद्ध का कारण (युद्ध का औचित्य) होगी। सिंधु नदी (भारत, पाकिस्तान): सिंधु जल संधि, जो तीन युद्धों के बाद भी कायम है, 2026 में सबसे बड़े तनाव में है। पश्चिमी नदियों पर भारत द्वारा हाइड्रोइलेक्ट्रिक प्रोजेक्ट्स को तेज़ी से बढ़ाने के कारण पाकिस्तान ने नई दिल्ली पर "जल आतंकवाद" का आरोप लगाया है - यानी पाकिस्तान के कृषि क्षेत्र को अपनी मर्ज़ी से बाढ़ या सूखे से बर्बाद करने की क्षमता।

मेकांग नदी (चीन और दक्षिण-पूर्व एशिया): ऊपरी मेकांग पर चीन के "बांधों का जाल" उसे वियतनाम, कंबोडिया और थाईलैंड में पानी के स्तर को नियंत्रित करने की अनुमति देता है। 2026 में, इस "नल पर नियंत्रण" का इस्तेमाल दक्षिण-पूर्व एशियाई देशों को चीन के सुरक्षा हितों के साथ उनके तालमेल के आधार पर पुरस्कृत या दंडित करने के लिए किया जाता है।

2. आर्थिक और सामाजिक प्रभाव

पानी की कमी K-आकार के आर्थिक विभाजन और सामाजिक अस्थिरता का मुख्य कारण है:

क्षेत्र पानी का मुख्य जोखिम आर्थिक/सुरक्षा प्रभाव

मध्य पूर्व गैर-नवीकरणीय जलभंडारों का खत्म होना। कमजोर विलवणीकरण पर बढ़ती निर्भरता, जिससे ऊर्जा लागत बढ़ रही है।

मध्य एशिया सिकुड़ते ग्लेशियर और पुरानी सिंचाई प्रणाली। किर्गिस्तान और ताजिकिस्तान के बीच नहर तक पहुंच को लेकर सीमा पर झड़पें बढ़ रही हैं।

दक्षिण-पश्चिम अमेरिका कोलोराडो नदी का सूखना। कृषि संपत्तियों का बेकार होना और ग्रेट लेक्स की ओर "जलवायु प्रवास"।

3. "ब्लू डिप्लोमेसी" और "वॉटर मार्केट" का उदय

इन जोखिमों के जवाब में, 2026 में रक्षात्मक जल रणनीतियों में तेजी देखी गई है:

वॉटर फ्यूचर्स ट्रेडिंग: तेल की तरह, पानी भी वित्तीय बाजारों में एक प्रमुख वस्तु बन गया है, जिसमें निवेशक "कमी प्रीमियम" पर दांव लगा रहे हैं।

विलवणीकरण हथियारों की होड़: सऊदी अरब और यूएई जैसे अमीर "मध्यम शक्तियां" "जल संप्रभुता" हासिल करने और अपने अस्तित्व को सीमा पार नदी प्रवाह से अलग करने के लिए सौर ऊर्जा संचालित विलवणीकरण पर अरबों खर्च कर रहे हैं।

मुख्य बात: 2026 तक, "ब्लू गोल्ड" का युग आ गया है। तेल के विपरीत, जिसके विकल्प (नवीकरणीय ऊर्जा) हैं, पानी का कोई विकल्प नहीं है। यह पानी की कमी को क्षेत्रीय स्थिरता में एक महत्वपूर्ण कारक बनाता है।

आपके लिए अगला कदम:

क्या आप मध्य पूर्व में वर्तमान में फिर से बातचीत किए जा रहे विशिष्ट "जल-साझाकरण" समझौतों की जांच करना चाहेंगे, या हमें वायुमंडलीय जल उत्पादन में तकनीकी सफलताओं को देखना चाहिए जिनका राष्ट्र नदी पर निर्भरता से बचने के लिए परीक्षण कर रहे हैं? वैश्विक व्यवस्था "बहुपक्षवाद के बिना बहुध्रुवीयता" द्वारा परिभाषित है। जबकि 1945 के बाद से किसी भी समय की तुलना में अधिक अभिनेताओं के बीच शक्ति वितरित है, उस शक्ति को प्रबंधित करने के लिए डिज़ाइन की गई संस्थाएं - संयुक्त राष्ट्र, डब्ल्यूटीओ और डब्ल्यूएचओ - अंतिम गतिरोध की स्थिति में हैं।

"मिनिलैटरलिज्म" और क्षेत्रीय आधिपत्य का उदय

जैसे-जैसे वैश्विक सहमति विफल हो रही है, राष्ट्र छोटे, "लेन-देन" समूहों की ओर रुख कर रहे हैं जो पारंपरिक कूटनीति को दरकिनार करते हैं।

सार्वभौमिक नियमों की मृत्यु: यूरेशिया समूह के अनुसार, दुनिया "भू-राजनीतिक मंदी" में प्रवेश कर गई है। वैश्विक व्यापार दौर के बजाय, हम "मिनिलैटरल" क्लबों (जैसे मिनरल्स सिक्योरिटी पार्टनरशिप) में वृद्धि देखते हैं जहां सदस्य केवल विशिष्ट, सुरक्षा-संबंधी हितों पर सहयोग करते हैं।

मध्यम शक्ति "स्विंग स्टेट्स": भारत, ब्राजील और तुर्की जैसे देश अपने क्षेत्रीय नियम बना रहे हैं। वर्ल्ड इकोनॉमिक फोरम के एक्सपर्ट्स का कहना है कि 68% स्ट्रेटेजिक लीडर्स इस बंटवारे को एक बड़ा रिस्क मानते हैं, क्योंकि यह ग्लोबल कानून की जगह "क्षेत्रीय ताकत" ले रहा है।

कीमत से ज़्यादा पॉलिसी: इस टूटे-फूटे माहौल में, कॉम्पिटिशन एफिशिएंसी से नहीं, बल्कि

पॉलिसी से तय होता है। सब्सिडी और लोकल-कंटेंट के नियम कॉम्पिटिशन के नए हथियार हैं, जिससे "बर्बाद करने वाली ग्लोबल सब्सिडी की दौड़" शुरू हो गई है।

"मैनेज्ड डिसऑर्डर" सिनेरियो

एनालिस्ट्स का सुझाव है कि 2026 के लिए सबसे संभावित रास्ता "मैनेज्ड डिसऑर्डर" है, जिसकी खासियतें ये हैं:

दो हिस्सों में बंटे टेक स्टैक: पश्चिमी और चीनी AI और डेटा इंफ्रास्ट्रक्चर के बीच बंटवारा अब पक्का हो गया है, जिससे एक "डिजिटल आयरन कर्टन" बन गया है।

हथियार के तौर पर इस्तेमाल होने वाली इंटरडिपेंडेंस: व्यापार अब शांति का पुल नहीं रहा, बल्कि दबाव डालने का एक ज़रिया बन गया है। एनर्जी, पानी और मिनरल्स का इस्तेमाल डिप्लोमैटिक व्यवहार को इनाम देने या सज़ा देने के लिए "नल" के तौर पर किया जाता है।

"आखिरी सहारा देने वाले लेंडर" की कमी: US-चीन की दुश्मनी के कारण IMF और वर्ल्ड बैंक पर दबाव है, इसलिए परेशान देशों को अपारदर्शी, ज़्यादा ब्याज वाले "द्विपक्षीय बेलआउट" के लिए मजबूर होना पड़ता है जो भू-राजनीतिक कर्ज के जाल को और गहरा करते हैं।

फीचर बहुपक्षवाद (1995-2015) बहुध्रुवीयता (2026)

व्यापारग्लोबल (WTO के नेतृत्व में) बंटा हुआ (ब्लॉक-आधारित)

कूटनीति मूल्यों पर आधारित / लंबी अवधि लेन-देन वाली / छोटी अवधि

सुरक्षा सामूहिक रक्षा क्षेत्रीय शक्ति प्रदर्शन

प्रोएक्टिव फॉलो-अप: क्या आप यह एनालाइज़ करना चाहेंगे कि भारत इस बहुध्रुवीय अराजकता में "ग्लोबल साउथ" के लीडर के तौर पर खुद को कैसे स्थापित कर रहा है, या हम WTO के लकवे का खास एक्सपोर्ट इंडस्ट्रीज़ पर असर देखेंगे?

ग्लोबल इकॉनमी जिस चीज़ का सामना कर रही है, उसे एनालिस्ट्स "द ग्रेट इकोनॉमिक रेकनिंग" कहते हैं। यह कोई सामान्य चक्रीय मंदी नहीं है, बल्कि एक मौलिक स्ट्रक्चरल बदलाव है जहाँ दशकों से कम लागत वाली ग्लोबलाइज़ेशन और सस्ते क्रेडिट पर फोकस रिकॉर्ड-उच्च कर्ज, स्ट्रक्चरल महंगाई और एक "K-आकार" के सामाजिक बंटवारे से टकरा रहा है।

1. राजकोषीय शिकंजा: कर्ज और महंगी पूंजी

"बहुतायत का युग" खत्म होने के साथ ही ग्लोबल फाइनेंशियल सिस्टम की स्ट्रक्चरल नींव पर बहुत ज़्यादा दबाव है।

ग्लोबल कर्ज सुपरसाइकिल: कुल ग्लोबल कर्ज $315 ट्रिलियन (लगभग ग्लोबल GDP का 330%) से ज़्यादा हो गया है। 2026 में, फोकस कर्ज़ मैनेज करने से हटकर उससे बचने पर

चला गया है, क्योंकि अब इंटरेस्ट पेमेंट नेशनल बजट का रिकॉर्ड हिस्सा खा रहे हैं - जिससे हेल्थ, एजुकेशन और क्लाइमेट रेजिलिएंस पर होने वाला खर्च कम हो रहा है।

लगातार महंगाई: 2022 के कुछ समय के उछाल के उलट, 2026 में महंगाई स्ट्रक्चरल "3D" फैक्टर्स की वजह से है: डीकार्बनाइजेशन (ग्रीनफ्लेशन), डेमोग्राफिक्स (मज़दूरों की कमी), और डी-रिस्किंग (महंगा रीशोरिंग)। यह सेंट्रल बैंकों को उस "ज़ीरो-रेट" माहौल में लौटने से रोकता है जिसने पहले एसेट की कीमतों को सहारा दिया था।

2. "K-शेप" सोशल दरार

सबसे अस्थिर तत्व

कीमत का पता लगाना: बाज़ार-आधारित। नीति का पता लगाना: राज्य-आधारित (सब्सिडी/टैरिफ)।

सप्लाई चेन: जस्ट-इन-टाइम (दक्षता)। सप्लाई चेन: जस्ट-इन-केस (लचीलापन)।

पूंजी: प्रचुर और सस्ती। पूंजी: दुर्लभ और महंगी।

वैश्वीकरण: घर्षण रहित। क्षेत्रीयकरण: खंडित और कठोर।

3. "डूम लूप" का खतरा

इस हिसाब-किताब में एक सिस्टमैटिक "डूम लूप" का 10-20% जोखिम शामिल है। ऐसा तब होता है जब उच्च संप्रभु ऋण, ओवर-लीवरेज्ड AI स्टॉक में सुधार, और वैश्विक तरलता में अचानक कमी एक-दूसरे को प्रभावित करते हैं।

उत्प्रेरक: "एजेंटिक AI" का तत्काल ROI देने में विफलता टेक सेक्टर में बड़े पैमाने पर बिकवाली को ट्रिगर कर सकती है, जो अब इतना अधिक केंद्रित है कि यह पूरे वैश्विक बैंकिंग सिस्टम से तरलता खत्म कर देगा।

रक्षात्मक प्रतिक्रियाएँ: सरकारें "फोर्ट्रेस इकोनॉमिक्स" के साथ प्रतिक्रिया दे रही हैं - पूंजी नियंत्रण और स्थानीय-सामग्री जनादेश लागू कर रही हैं - जो वैश्विक विकास को और धीमा करता है और हिसाब-किताब को तेज करता है।

परिणाम: एक नया वैश्विक सामाजिक अनुबंध?

2026 के अंत तक, "हिसाब-किताब" राष्ट्रों को दो रास्तों में से एक को चुनने के लिए मजबूर कर रहा है:

प्रबंधित पुनर्वितरण: सामाजिक अनुबंध को ठीक करने के लिए धन कर, सार्वभौमिक बुनियादी सेवाओं और आक्रामक श्रम सुरक्षा उपायों को लागू करना।

खंडित अधिनायकवादः स्थायी रूप से बेचैन और असमान आबादी को प्रबंधित करने के लिए राज्य-निर्देशित औद्योगिक नीति और डिजिटल निगरानी का उपयोग करना।

आपके लिए अगला कदमः

क्या आप चाहेंगे कि मैं इस "हिसाब-किताब" के तहत किसी प्रमुख अर्थव्यवस्था (जैसे अमेरिका, भारत, या यूरोपीय संघ) के विशिष्ट वित्तीय स्वास्थ्य का विश्लेषण करूँ, या हमें यह देखना चाहिए कि AI-संचालित स्वचालन से 2030 तक धन असमानता पर और क्या प्रभाव पड़ने की उम्मीद है?

वैज्ञानिक और भू-राजनीतिक समुदाय जलवायु परिवर्तन पर एक अलग मुद्दे के रूप में चर्चा करने से आगे बढ़ गए हैं, इसके बजाय इसे अंतिम

"जोखिम गुणक" के रूप में मान रहे हैं। अब हम जलवायु प्रतिक्रिया लूप के सक्रियण का अवलोकन कर रहे हैं - स्व-सुदृढ़ चक्र जहां ग्लोबल वार्मिंग के प्रभाव और अधिक गर्मी पैदा करते हैं या अन्य क्षेत्रों में सिस्टमैटिक पतन को ट्रिगर करते हैं।

1. सक्रिय प्रतिक्रिया लूप की कार्यप्रणाली

2026 की शुरुआत तक, कई महत्वपूर्ण पृथ्वी प्रणाली सीमाएँ अत्यधिक तनाव में हैं, जिससे वैश्विक जोखिम परिदृश्य में "डोमिनो प्रभाव" पैदा हो रहा है। एल्बेडो फ्लिप: जैसे-जैसे आर्कटिक समुद्री बर्फ और ऊंचे पहाड़ों के ग्लेशियर गायब हो रहे हैं, पृथ्वी गर्मी को रिफ्लेक्ट करने के बजाय ज़्यादा गर्मी सोख रही है। इससे इंडो-पैसिफिक में क्षेत्रीय गर्मी तेज़ी से बढ़ी है, जिससे मानसून का पैटर्न अनियमित हो गया है, जिसने 2025 में भारत के कृषि उत्पादन को बाधित किया।

पर्माफ्रॉस्ट मीथेन रिलीज़: उत्तरी गोलार्ध में, पिघलती पर्माफ्रॉस्ट मीथेन गैस छोड़ रही है - जो 20 साल की अवधि में CO2 से 80 गुना ज़्यादा शक्तिशाली ग्रीनहाउस गैस है। इससे एक "डूम लूप" बनता है, जहां गर्मी से गैस निकलती है, जिससे और ज़्यादा गर्मी बढ़ती है।

महासागर की गर्मी का ठहराव: 2024-2025 के रिकॉर्ड तोड़ समुद्री तापमान ने महासागर की कार्बन सिंक के रूप में काम करने की क्षमता को कम कर दिया है। इससे स्थानीय मत्स्य पालन का पतन हुआ है, खासकर ग्लोबल साउथ में, जिससे सीधे तौर पर 1 अरब से ज़्यादा लोगों की प्रोटीन सुरक्षा पर असर पड़ा है।

2. चेन रिएक्शनः भोजन, प्रवासन और संघर्ष

ये पर्यावरणीय कारक तीन मुख्य "ट्रांसमिशन चैनलों" के माध्यम से सामाजिक और आर्थिक जोखिमों को बढ़ा रहे हैं:

A. "ब्रेडबास्केट" की विफलता (भोजन की कमी)

जलवायु फीडबैक लूप प्रमुख उत्पादक क्षेत्रों में एक साथ फसल खराब होने का कारण बन रहे हैं।

2026 की वास्तविकता: दक्षिण एशिया में अत्यधिक गर्मी और नमी के "ब्लैकआउट" और अमेरिकी मिडवेस्ट में सूखे ने अकेले इस साल वैश्विक खाद्य कीमतों में 15% की वृद्धि की है, जिससे K-आकार की आर्थिक असमानता और खराब हो गई है और ज़्यादा परिवार गरीबी रेखा से नीचे चले गए हैं।

B. जलवायु-प्रवासन संबंध

पर्यावरणीय गिरावट अब जबरन विस्थापन का मुख्य कारण बन गई है, जो सीधे सशस्त्र संघर्ष से भी आगे निकल गई है।

32% जोखिम: कमजोर तटीय और शुष्क क्षेत्रों में, लगभग एक तिहाई आबादी "संकट प्रवासन" पर विचार कर रही है या सक्रिय रूप से कर रही है।

"किलेबंदी" प्रतिक्रिया: जैसे-जैसे प्रवासन प्रवाह बढ़ता है, उत्तर में गंतव्य राष्ट्र "डोनरो सिद्धांत" और क्षेत्रीय संरक्षणवाद पर ज़ोर दे रहे हैं, जिससे मानवीय संकट सीमा सुरक्षा के फ्लैशपॉइंट बन रहे हैं।

C. "जल हथियार" त्वरण

जैसे-जैसे ग्लेशियर गायब हो रहे हैं, उनसे निकलने वाली बारहमासी नदियाँ (जैसे सिंधु और मेकांग) मौसमी होती जा रही हैं। इसने पानी को राजकाज का हथियार बना दिया है। ऊपरी देशों ने अपनी खाद्य और ऊर्जा ज़रूरतों को पूरा करने के लिए इन घटते जल प्रवाह पर बांध बनाना शुरू कर दिया है, जिससे निचले देशों के अस्तित्व पर सीधा खतरा मंडरा रहा है।

3. आर्थिक प्रभाव: "ग्रीनफ्लेशन" और बीमा में कमी

फीडबैक लूप "पुरानी अर्थव्यवस्था" के वित्तीय मॉडल को भी तोड़ रहे हैं।

बीमा न होने वाली दुनिया: 2026 तक, जलवायु से संबंधित आपदाओं की लागत ने कई उच्च जोखिम वाले क्षेत्रों (जैसे फ्लोरिडा के कुछ हिस्से, तटीय भारत और भूमध्यसागरीय यूरोप) में निजी बीमा को अनुपलब्ध बना दिया है।

वित्तीय दबाव: सरकारों को "अंतिम उपाय के बीमाकर्ता" के रूप में काम करने के लिए मजबूर होना पड़ रहा है, जिससे $315 ट्रिलियन का वैश्विक कर्ज और बढ़ रहा है और तकनीकी बदलाव के लिए उपलब्ध पूंजी कम हो रही है।

2026 जलवायु-जोखिम कनेक्टिविटी मानचित्र

फीडबैक लूप माध्यमिक जोखिम प्रणालीगत प्रभाव

आर्कटिक पिघलना मीथेन में वृद्धि वैश्विक तापमान में तेजी से वृद्धि।

ग्लेशियरों का पीछे हटना पानी की कमी क्षेत्रीय संघर्ष (जैसे नील/सिंधु)।

मिट्टी का क्षरण खाद्य पदार्थों की कमी नागरिक अशांति और "गुस्से वाले मतदाता" का लोकलुभावनवाद।

महासागरों का गर्म होना पारिस्थितिकी तंत्र का पतन तटीय समुदायों का बड़े पैमाने पर पलायन।

नीतिगत विरोधाभास

इन फीडबैक लूप की तात्कालिकता ने "ग्रीन संरक्षणवाद" का विरोधाभास पैदा कर दिया है। जबकि इन लूप को तोड़ने के लिए वैश्विक सहयोग की आवश्यकता है, देश इसके बजाय "ग्रीन ट्रांजिशन" का उपयोग सब्सिडी और व्यापार युद्धों के बहाने के रूप में कर रहे हैं (जैसे यूरोपीय संघ का CBAM)। यह विखंडन पृथ्वी की प्रणालियों को स्थिर करने के लिए आवश्यक तकनीकों की तैनाती को धीमा कर देता है।

आपके लिए अगला कदमः

क्या आप चाहेंगे कि मैं 2026 में वैज्ञानिकों द्वारा सबसे अधिक चिंतित विशिष्ट "टिपिंग पॉइंट्स" के बारे में विस्तार से बताऊँ, या हम प्रमुख अर्थव्यवस्थाओं के सकल घरेलू उत्पाद पर जलवायु-संचालित प्रवासन की आर्थिक लागत का विश्लेषण करें?

वैश्विक परिदृश्य किसी एक संकट से नहीं, बल्कि कई संरचनात्मक "अस्थिरता के चालकों" के अभिसरण से परिभाषित होता है, जिसने शीत युद्ध के बाद की व्यवस्था को स्थायी रूप से बदल दिया है। ये ताकतें आपस में जुड़ी हुई हैं, जिससे एक "बहुसंकट" का माहौल बनता है, जहाँ एक क्षेत्र में कोई गड़बड़ी - जैसे कि तकनीकी खराबी या क्षेत्रीय सूखा - वित्तीय, सामाजिक और भू-राजनीतिक प्रणालियों में फैल जाती है।

1. एफिशिएंसी की मौत, रेजिलिएंस का उदय

सबसे बड़ा कारण "सबसे कम लागत" वाले इकोनॉमिक मॉडल को पूरी तरह से छोड़ देना है।

बचत से ज़्यादा सुरक्षा: सरकारें और कॉर्पोरेशन "जस्ट-इन-केस" सप्लाई चेन की ओर मुड़ गए हैं। हालांकि इससे रेजिलिएंस बढ़ती है, लेकिन यह एक स्थायी महंगाई का दबाव बनता है, जो K-आकार की आर्थिक असमानता और "महान आर्थिक हिसाब-किताब" में योगदान देता है।

नीति-संचालित बाज़ार: प्रतिस्पर्धा अब बाज़ार कीमत से नहीं, बल्कि राज्य से निकटता से

तय होती है। राज्य-निर्देशित औद्योगिक नीति में तेज़ी से "सब्सिडी युद्ध" शुरू हो गए हैं जो वैश्विक व्यापार को क्षेत्रीय गुटों में बांट रहे हैं।

2. टेक्नोलॉजी की दोधारी तलवार

AI प्रोडक्टिविटी के वादे से सिस्टमैटिक रिस्क का एक प्राइमरी सोर्स बन गया है।

एजेंटिक अस्थिरता: फाइनेंस और डिफेंस में एजेंटिक AI की तेज़ी से तैनाती ने एक "हाई-स्पीड" रिस्क वाला माहौल बना दिया है। "डूम लूप" लिक्विडिटी संकट का 10-20% रिस्क इस बात से पैदा होता है कि AI कुछ ही सेकंड में पूरे बाज़ार में करेक्शन ला सकता है, जो इंसानी रेगुलेटरी क्षमता से कहीं ज़्यादा है।

सच्चाई का संकट: AI से पैदा हुई गलत जानकारी स्टेटक्राफ्ट का एक स्टैंडर्ड टूल बन गई है, जो सोशल कॉन्ट्रैक्ट को कमज़ोर कर रही है और "मल्टीलेटरलिज़्म के बिना मल्टीपोलैरिटी" को ग्लोबल डिप्लोमेसी की डिफ़ॉल्ट स्थिति बना रही है।

3. भू-राजनीतिक विखंडन और "किलेबंदी" वाली सोच

ग्लोबल सहयोग के टूटने से ज़रूरी संसाधन हथियार बन गए हैं।

हथियार के तौर पर इस्तेमाल होने वाली निर्भरता: पानी, ज़रूरी खनिज और सेमीकंडक्टर को अब "रणनीतिक नल" के तौर पर देखा जाता है। "डोनरो डॉक्ट्रिन" और आक्रामक मध्यम शक्तियों का उदय एक ऐसी दुनिया का संकेत देता है जहाँ क्षेत्रीय प्रभुत्व अंतर्राष्ट्रीय कानून की जगह ले रहा है।

आंतरिक गिरावट: "अमेरिकी आंतरिक परिवर्तन" और "घेराबंदी में यूरोप" दिखाते हैं कि सबसे प्रभावशाली शक्तियाँ घरेलू लोकलुभावनवाद और संस्थागत लकवे से तेज़ी से विचलित हो रही हैं, जिससे वैश्विक मंच पर 60 से ज़्यादा चल रहे संघर्षों के लिए कोई "आखिरी सहारा देने वाला" या मध्यस्थ नहीं बचा है।

4. पर्यावरणीय टिपिंग पॉइंट

जलवायु परिवर्तन अब "भविष्य" का जोखिम नहीं रहा; यह अन्य सभी कारकों के लिए सक्रिय उत्प्रेरक है।

फीडबैक लूप: तेज़ी से हो रहा पर्यावरणीय गिरावट सीधे तौर पर भोजन की कमी और बड़े पैमाने पर पलायन को बढ़ावा दे रहा है। यह, बदले में, "जल हथियार" संघर्षों को भड़का रहा है और "गुस्से वाले मतदाता" लोकलुभावनवाद को बढ़ावा दे रहा है जो लोकतांत्रिक शासन को पंगु बना रहा है।

सारांश तालिका: 2026 का बदलाव

विशेषता 2024 से पहले का प्रतिमान 2026 का प्रतिमान

वैश्विक व्यवस्था बहुपक्षीय/नियम-आधारित बहुध्रुवीय/लेन-देन आधारित

आर्थिक लक्ष्य लागत दक्षता भू-राजनीतिक सुरक्षा

प्राथमिक जोखिम चक्रीय मंदी प्रणालीगत "डूम लूप"

प्रौद्योगिकी विकास का उपकरण घर्षण के लिए बल गुणक

अंतिम मूल्यांकनः

2026 के कारक बताते हैं कि हम "प्रबंधित अव्यवस्था" के युग में प्रवेश कर चुके हैं। राष्ट्रों और व्यवसायों की सफलता अब अकेले विकास पर निर्भर नहीं करती है, बल्कि लगातार उच्च मुद्रास्फीति, उच्च ऋण और उच्च घर्षण वाले परिदृश्य में रणनीतिक स्वायत्तता बनाए रखने की क्षमता पर निर्भर करती है। प्रोएक्टिव फॉलो-अप: क्या आप इन ड्राइवर्स को किसी खास इंडस्ट्री (जैसे, एनर्जी या फाइनेंस) के लिए रिस्क-मिटिगेशन फ्रेमवर्क में बदलना चाहेंगे, या हमें उन देशों के "सक्सेस मार्कर्स" को देखकर निष्कर्ष निकालना चाहिए जो इस अस्थिरता के बावजूद आगे बढ़ रहे हैं?

जो देश आगे बढ़ते हैं, वे "मैनेज्ड डिसऑर्डर" के जोखिमों को रणनीतिक फायदों में बदलकर ऐसा करते हैं। सफलता को अब सिर्फ GDP ग्रोथ से नहीं, बल्कि स्ट्रेटेजिक ऑटोनॉमी और शॉक एब्जॉर्प्शन से मापा जाता है।

आगे बढ़ने वाले देशों के लिए सफलता के संकेतक (2026)

विश्वसनीय रणनीतिक स्वायत्तता: प्रमुख देश—खासकर भारत—"किसी एक के पूरी तरह से साथ न रहते हुए भी सभी से बात करने" की क्षमता बनाए रखते हैं। यह स्वतंत्र विदेश नीति उन्हें ऊर्जा स्रोतों, रक्षा साझेदारी और आर्थिक संबंधों में विविधता लाने की अनुमति देती है, जिससे वे अमेरिका-चीन प्रतिद्वंद्विता के नतीजों से बचे रहते हैं।

विकास के आधार के रूप में घरेलू मांग: अमेरिका और भारत जैसे बड़े, मजबूत घरेलू बाजारों वाले देश वैश्विक व्यापार में मंदी के प्रति कम संवेदनशील होते हैं। भारत में, निजी खपत GDP का 61% से अधिक है, जो बाहरी झटकों के खिलाफ एक महत्वपूर्ण सुरक्षा कवच प्रदान करता है।

"चीन+1" रणनीतिक स्थितिः वियतनाम, इंडोनेशिया, फिलीपींस और भारत जैसे देश सफलतापूर्वक बदली हुई वैश्विक आपूर्ति श्रृंखलाओं पर कब्जा कर रहे हैं क्योंकि कंपनियाँ चीनी विनिर्माण के विकल्प तलाश रही हैं।

बुनियादी ढांचा और डिजिटल संप्रभुताः सफलता "सॉवरेन AI" और डिजिटल सार्वजनिक बुनियादी ढांचे (DPI) में राज्य के नेतृत्व वाले निवेश से जुड़ी है। भारत का

यूनिफाइड पेमेंट्स इंटरफेस (UPI) और सेमीकंडक्टर मिशन (□1.60 लाख करोड़ की परियोजनाओं के साथ) प्रतिस्पर्धी प्रौद्योगिकी स्टैक बनाने के प्रमुख उदाहरण हैं जो विदेशी दिग्गजों पर निर्भर नहीं हैं।

संसाधन और राजकोषीय सुरक्षा कवच: समृद्ध देश पर्याप्त विदेशी मुद्रा भंडार बनाए रखते हैं (जैसे, 2026 की शुरुआत में भारत का $701.4 बिलियन) और उच्च ब्याज दरों और वैश्विक ऋण संवेदनशीलता को प्रबंधित करने के लिए अनुशासित राजकोषीय समेकन करते हैं।

लचीलापन रैंकिंग (2026 अनुमान)

देश 2026 GDP वृद्धि सफलता का चालक

भारत

6.6% – 7.4% सबसे तेजी से बढ़ती प्रमुख अर्थव्यवस्था; सार्वजनिक निवेश और DPI द्वारा समर्थित।

इंडोनेशिया

5.0% जलवायु झटकों के बावजूद राजकोषीय प्रोत्साहन और क्षेत्रीय व्यापार संबंधों द्वारा समर्थित।

वियतनाम

उच्च विनिर्माण आपूर्ति श्रृंखला विविधीकरण का प्राथमिक लाभार्थी।

मिस्र

5.6% संरचनात्मक सुधारों और मेना क्षेत्र की मांग से प्रेरित बेहतर दृष्टिकोण।

संयुक्त राज्य अमेरिका

1.7% – 2.0% सबसे अच्छा प्रदर्शन करने वाली उन्नत अर्थव्यवस्था; AI बूम और राजकोषीय प्रोत्साहन द्वारा संचालित।

"विकसित" रुख: रणनीतिक संयम

आर्थिक सर्वेक्षण 2025-26 "रक्षात्मक निराशावाद" के बजाय "रणनीतिक संयम" की वकालत करता है। तरक्की करने वाले राज्य वे होते हैं जो "मैराथन को स्प्रिंट की तरह दौड़ते हैं"—लंबे समय के स्ट्रक्चरल सुधारों (विकसित भारत) को ज़्यादा से ज़्यादा करते हैं, साथ ही तुरंत जियोपॉलिटिकल और टेक्नोलॉजिकल झटकों को झेलने के लिए तेज़ी से कदम उठाते हैं।

प्रोएक्टिव फॉलो-अप: क्या आप दुनिया की तीसरी सबसे बड़ी अर्थव्यवस्था बनने की दिशा में भारत के 2026 के आर्थिक सर्वेक्षण की मुख्य बातों पर गहराई से चर्चा करना चाहेंगे, या हमें "सॉवरेन AI" को लागू करने के लिए खास सेक्टर की रणनीतियों की जांच करनी चाहिए?

भारत का आर्थिक सर्वेक्षण 2025-26 29 जनवरी 2026 को संसद में पेश किया गया, जो

भारत की तीसरी सबसे बड़ी अर्थव्यवस्था बनने की राह और "सॉवरेन AI" (Sovereign AI) के लिए एक रणनीतिक रोडमैप पेश करता है।

1. तीसरी सबसे बड़ी अर्थव्यवस्था की ओर भारत के कदम

सर्वेक्षण के अनुसार, भारत दुनिया की सबसे तेजी से बढ़ती प्रमुख अर्थव्यवस्था बना हुआ है और 2028 तक जापान और जर्मनी को पीछे छोड़कर तीसरी सबसे बड़ी अर्थव्यवस्था बनने की राह पर है।

विकास दर (GDP): वित्त वर्ष 2025-26 के लिए वास्तविक जीडीपी वृद्धि 7.4% रहने का अनुमान है, जबकि वित्त वर्ष 2026-27 के लिए यह 6.8% से 7.2% के बीच रहने का अनुमान है।

व्यापार और निवेश: भारत का निर्यात वित्त वर्ष 2024-25 में 825.3 बिलियन डॉलर के रिकॉर्ड स्तर पर पहुंच गया। साथ ही, भारत 'ग्लोबल साउथ' में व्यापार विविधीकरण (Trade Partner Diversification) में तीसरे स्थान पर है।

वित्तीय स्थिरता: बैंकिंग क्षेत्र की स्थिति कई दशकों में सबसे मजबूत है, जिसमें GNPA (सकल गैर-निष्पादित संपत्ति) 2.2% के निम्न स्तर पर है।

2. "सॉवरेन AI" और सेक्टर-विशिष्ट रणनीतियाँ

आर्थिक सर्वेक्षण में भारत के अपने सॉवरेन एआई स्टैक पर जोर दिया गया है, जिसका उद्देश्य पश्चिमी "फ्रंटियर मॉडल" की नकल करने के बजाय "फ्रूगल AI" (Frugal AI) और वास्तविक समस्याओं के समाधान पर ध्यान केंद्रित करना है।

रणनीति का आधार: भारत का दृष्टिकोण "बॉटम-अप" है, जो जटिल बुनियादी मॉडलों के बजाय छोटे, विशिष्ट और स्थानीय डेटा पर आधारित मॉडलों (Small Language Models) पर केंद्रित है।

सेक्टर-विशिष्ट फोकस:

कृषि (Agriculture): एआई के जरिए फसल उपज के सटीक अनुमान और संसाधनों के बेहतर प्रबंधन पर जोर।

स्वास्थ्य (Health): स्केलेबल और किफायती डायग्नोस्टिक समाधानों के लिए एआई का उपयोग।

शिक्षा (Education): एआई युग के लिए केवल तकनीकी कौशल के बजाय 'रीजनिंग' (Reasoning) और 'अडैप्टेबिलिटी' पर ध्यान केंद्रित करना।

संसाधन और डेटा: सर्वेक्षण डेटा संप्रभुता (Data Sovereignty) और घरेलू मूल्य निर्माण

के लिए डेटा स्थानीयकरण (Data Localization) की वकालत करता है। इसके लिए IndiaAI मिशन के तहत □10,300 करोड़ से अधिक का आवंटन किया गया है।

आप इन दोनों में से किस विषय पर विस्तार से चर्चा करना चाहेंगे—भारत के 2028 तक तीसरी सबसे बड़ी अर्थव्यवस्था बनने के ठोस संकेतकों पर, या सॉवरेन AI लागू करने के लिए विशिष्ट औद्योगिक बदलावों पर?

अध्याय 3

संकट सामने आते हैं (2026-2032)

परिचय

2026 की शुरुआत में, वैश्विक परिदृश्य एक ऐसे दौर में बदल गया है जिसे "प्रबंधित अव्यवस्था" कहा जाता है, जहाँ "पॉलीक्राइसिस"—संघर्ष, आर्थिक अस्थिरता और तकनीकी व्यवधान का मेल—अब घटनाओं की एक श्रृंखला नहीं है, बल्कि एक संरचनात्मक आधार बन गया है। 2026-2032 के वर्षों को एक परिवर्तनकारी युग होने का अनुमान है जहाँ दुनिया "प्रतिस्पर्धा के एक नए युग" से गुज़रेगी।अस्थिरता का आधार (2026) वैश्विक व्यवस्था 2026 में काफी कम लचीलेपन के साथ प्रवेश करती है। विशेषज्ञ इस अवधि को भू-आर्थिक टकराव के रूप में वर्गीकृत करते हैं, जिसने सशस्त्र संघर्ष और जलवायु परिवर्तन को सबसे बड़े वैश्विक जोखिम के रूप में पीछे छोड़ दिया है।एक "NAVI" दुनिया: ऑपरेटिंग माहौल को गैर-रेखीय, त्वरित, अस्थिर और परस्पर जुड़ा हुआ बताया गया है।

बहुपक्षवाद की वापसी: लंबे समय से चले आ रहे अंतर्राष्ट्रीय संबंध और व्यापार ढांचे पीछे हट रहे हैं, जिनकी जगह "बहुपक्षवाद के बिना बहुध्रुवीयता" ने ले ली है जहाँ राष्ट्रों के बीच विश्वास लगातार कम हो रहा है।लेन-देन वाली कूटनीति: मध्यम शक्तियाँ (जैसे भारत, ब्राजील और इंडोनेशिया) तेजी से एक "लेन-देन" वाला दृष्टिकोण अपना रही हैं, जो अपनी रणनीतिक स्वायत्तता को अधिकतम करने के लिए प्रतिद्वंद्वी गुटों के बीच संबंधों को संतुलित कर रही हैं। 2026-2032 युग की मुख्य अवधारणाएँअगला दशक प्रतिस्पर्धा के तीन परिभाषित "क्षेत्रों" द्वारा आकार लेगा:संप्रभु AI और साइबर संघर्ष: सरकारें अब AI बुनियादी ढांचे—फाउंडेशन मॉडल, डेटा और कंप्यूट—को महत्वपूर्ण राष्ट्रीय बुनियादी ढांचे के रूप में मानती हैं। 2026 के अंत तक, लगभग हर देश से विदेशी निर्भरता को कम करने के लिए एक औपचारिक संप्रभु AI रणनीति होने की उम्मीद है।कमी की भू-राजनीति: ताजे पानी, महत्वपूर्ण खनिजों (लिथियम, कोबाल्ट) और निवेश पूंजी तक पहुंच राज्य-संचालन का एक प्राथमिक चालक बन गया है। पानी से संबंधित खतरों से उन क्षेत्रों में तनाव बढ़ने का अनुमान है जो पहले से ही सूखे से जूझ रहे हैं। आर्थिक "सुरक्षाकरण": व्यापार नीति अब आर्थिक दक्षता के बजाय राष्ट्रीय सुरक्षा द्वारा तय की जाती है। इससे औद्योगिक सब्सिडी, प्रतिबंधात्मक व्यापार बाधाओं और "फ्रेंडशोरिंग" का प्रसार हुआ है। सिस्टमिक संकट के हालातजबकि "कमज़ोर सामान्य स्थिति" सबसे ज़्यादा संभावित बेसलाइन है (40–45% संभावना), इकोनॉमिक सर्वे 2026 में एक के बाद एक होने वाले सिस्टमिक झटके का 10–20% जोखिम बताया गया है।"AI बबल" का

जोखिम: ज़्यादा वित्तीय कमज़ोरियाँ AI में लीवरेज्ड, लंबी अवधि के निवेश से जुड़ी हैं। इस सेगमेंट में सुधार, जो भू-राजनीतिक तनाव बढ़ने के साथ हो सकता है, 2008 के वित्तीय संकट से भी बड़े वैश्विक लिक्विडिटी संकट को ट्रिगर कर सकता है।

राजकोषीय प्रभुत्व: डेट-टू-GDP अनुपात में लगभग सार्वभौमिक वृद्धि से बॉन्ड यील्ड पर ऊपर की ओर दबाव पड़ने की संभावना है, जिससे संभावित रूप से निजी निवेश कम हो सकता है और पूंजी बाज़ार अस्थिर हो सकते हैं।

मानवीय और सामाजिक सीमाएँ

बहु-संकट के कारण मानवीय सहायता की रिकॉर्ड ज़रूरत पड़ रही है, 2026 की शुरुआत तक 239 मिलियन से ज़्यादा लोगों को तत्काल मदद की ज़रूरत होगी।

भूख का अंतर: गृह युद्ध और जलवायु झटकों (ला नीना जैसे चक्रों से बढ़े हुए) ने सूडान, इथियोपिया और दक्षिण सूडान जैसे क्षेत्रों में खाद्य असुरक्षा को विनाशकारी स्तर पर पहुँचा दिया है।सामाजिक ध्रुवीकरण: गलत सूचना और दुष्प्रचार अगले दो सालों के लिए दूसरे सबसे बड़े वैश्विक जोखिम के रूप में रैंक करते हैं, जो गहरे विभाजन और संस्थानों में कम होते भरोसे वाली "नैतिक और सामाजिक गिरावट" में योगदान करते हैं।

सक्रिय फॉलो-अप: क्या आप 2026 के आखिर में अनुमानित खास क्षेत्रीय फ्लैशपॉइंट्स (जैसे आर्कटिक या दक्षिण चीन सागर) का विश्लेषण करना चाहेंगे या भारत और जापान जैसे "सॉवरेन AI" नेताओं द्वारा अपनाई जा रही आर्थिक लचीलेपन की रणनीतियों का पता लगाना चाहेंगे? 2026 में, राज्य-आधारित सशस्त्र संघर्ष को एक गंभीर वैश्विक खतरा माना गया है, जो तत्काल वर्ष के लिए दूसरा सबसे गंभीर जोखिम है। जबकि भू-आर्थिक टकराव ने वैश्विक संकट के मुख्य कारण के रूप में काइनेटिक युद्ध को पीछे छोड़ दिया है, चल रहे संघर्षों से क्षेत्रीय फैलाव की संभावना एक "तत्काल दबाव वाला खतरा" बनी हुई है।

सामरिक फ्लैशपॉइंट्स और क्षेत्रीय फैलाव जोखिम (2026)

वैश्विक सुरक्षा परिदृश्य लगभग 60 चल रहे अंतर-राज्यीय और गृह युद्धों द्वारा परिभाषित है, जो द्वितीय विश्व युद्ध के बाद से उच्चतम स्तर है। चिंता के प्रमुख क्षेत्रों में शामिल हैं:

मध्य पूर्व "रिंग ऑफ फायर": गाजा, सूडान और यमन में संघर्ष बिगड़ने के उच्च जोखिम के साथ जारी हैं। ईरान और इज़राइल के बीच सीधे टकराव के "दूसरे दौर" को उच्च संभावना माना जाता है, जिसमें वैश्विक ऊर्जा बाजारों को बाधित करने और संयुक्त राज्य अमेरिका को शामिल करने की क्षमता है।

यूक्रेन-रूस युद्ध: अब एक घिसाव का युद्ध, यह एक केंद्रीय अस्थिर करने वाली शक्ति बना

हुआ है। नाटो को रूस के साथ सीधे टकराव में खींचने वाली गलत गणना या दुर्घटना का एक अंतर्निहित जोखिम है।

हॉर्न ऑफ़ अफ्रीका टकराव: इथियोपिया और इरिट्रिया के बीच समुद्र तक पहुंच और मिलिशिया समर्थन के आपसी आरोपों को लेकर तनाव टूटने के कगार पर है, जिससे क्षेत्र के "पूरी तरह से आगजनी" में बदलने का खतरा है।

पश्चिमी गोलार्ध हस्तक्षेप: जनवरी 2026 में वेनेजुएला के राष्ट्रपति निकोलस मादुरो को हटाने के लिए अमेरिकी सैन्य अभियान अधिक हस्तक्षेपवादी विदेश नीति की ओर एक बदलाव का प्रतिनिधित्व करता है, जिससे बड़े पैमाने पर शरणार्थी प्रवाह और क्षेत्रीय राजनीतिक अस्थिरता का जोखिम बढ़ रहा है।

एशिया-प्रशांत घर्षण: दक्षिण चीन सागर में क्षेत्रीय विवादों पर कोई प्रगति नहीं हुई है, जहां चीनी और फिलीपीन बलों के बीच स्थानीय सुरक्षा घटनाएं एक "वाइल्ड कार्ड" जोखिम बनी हुई हैं। "हर चीज़ का हथियार के तौर पर इस्तेमाल"

संघर्ष तेज़ी से गैर-पारंपरिक क्षेत्रों में लड़े जा रहे हैं, जिससे इसके फैलने का खतरा बढ़ रहा है:

हाइब्रिड युद्ध: रूस समर्थक लोग यूरोप में ग्रे-ज़ोन ऑपरेशन जारी रखे हुए हैं, जो महत्वपूर्ण इंफ्रास्ट्रक्चर और सुरक्षा प्रतिष्ठानों को निशाना बना रहे हैं।संसाधन और जल हथियार: कमी संघर्ष को बढ़ावा दे रही है, जिसमें सिंधु (भारत-पाकिस्तान) और नील (मिस्र-इथियोपिया) जैसे प्रमुख बेसिन रणनीतिक चोकपॉइंट बन रहे हैं।

साइबर और AI: AI साइबर संघर्षों के लिए एक "फोर्स मल्टीप्लायर" बन गया है, जिससे राज्य डेटा और कंप्यूट इंफ्रास्ट्रक्चर को राष्ट्रीय सुरक्षा प्राथमिकताओं के रूप में मान रहे हैं।

आर्थिक और सामाजिक प्रभाव

संघर्ष का तात्कालिक खतरा राज्य की कमजोरी और आर्थिक राष्ट्रवाद से जुड़ा हुआ है। रक्षा खर्च में बढ़ोतरी: उच्च भू-राजनीतिक तनाव वैश्विक पुनर्शस्त्रीकरण चक्र को बढ़ावा दे रहे हैं, जिसमें अकेले यूरोप में गैर-रक्षा ठेकेदारों के लिए संचयी बाजार 2029 तक €500 बिलियन तक पहुंचने की उम्मीद है।

आपूर्ति श्रृंखला में अस्थिरता: लंबे समय तक चलने वाले संघर्ष जिनके फैलने का खतरा है - जैसे कि लाल सागर में - परस्पर जुड़ी वैश्विक अर्थव्यवस्था के मूल को खतरा पैदा कर रहे हैं।

2026 में, वैश्विक अर्थव्यवस्था 2025 के व्यापार बदलावों के बाद और "AI ऋण" द्वारा संचालित एक प्रणालीगत संकट के बढ़ते जोखिम से परिभाषित उच्च-अस्थिरता वाले माहौल

से गुजर रही है। जबकि विकास लगभग 2.6% से 3.3% तक कम बना हुआ है, सुरक्षा का दायरा सिकुड़ रहा है क्योंकि भू-राजनीतिक टकराव अन्य कारकों को पीछे छोड़कर शीर्ष वैश्विक जोखिम बन गया है।

वित्तीय संकट के तंत्र (2026)

2026 में वित्तीय पतन के लिए प्राथमिक चिंता - जिसका अनुमान 10-20% संभावना है - "AI ऋण बम" है।

ऑफ-बैलेंस-शीट लीवरेज: वैश्विक टेक कंपनियों ने डेटा सेंटर और AI इंफ्रास्ट्रक्चर खर्च में $120 बिलियन से अधिक स्पेशल पर्पस व्हीकल्स (SPVs) में स्थानांतरित कर दिया है। यह 2008 के संकट से पहले देखी गई अस्पष्टता और लीवरेज को दर्शाता है।एसेट बबल करेक्शन: NVIDIA जैसे टेक शेयरों के अभूतपूर्व मूल्यांकन (जैसे, $5 ट्रिलियन) तक पहुंचने के साथ, AI लाभप्रदता में एक करेक्शन "सिस्टमैटिक शॉक कैस्केड" को ट्रिगर कर सकता है।लिक्विडिटी की कमी: यदि तेज टेक करेक्शन भू-राजनीतिक वृद्धि के साथ होता है, तो यह वैश्विक पूंजी प्रवाह को फ्रीज कर सकता है और 2008-शैली के नुकसान से परे लिक्विडिटी को कस सकता है।

आपूर्ति श्रृंखला में व्यवधान

2026 में आपूर्ति श्रृंखला का परिदृश्य "दक्षता से ऊपर भू-राजनीति" द्वारा परिभाषित है।

रणनीतिक कमी: लिथियम, कोबाल्ट और दुर्लभ पृथ्वी जैसे महत्वपूर्ण सामग्री चीन जैसे प्रमुख आपूर्तिकर्ताओं द्वारा निर्यात प्रतिबंधों के कारण "रणनीतिक चोकपॉइंट" बन गए हैं। लॉजिस्टिक्स में अस्थिरता: लाल सागर में तनाव और तेल उत्पादक क्षेत्रों (जैसे, वेनेजुएला) में राजनीतिक अस्थिरता के कारण एनर्जी और शिपिंग की लागत ज़्यादा बनी हुई है।

जलवायु और श्रम संबंधी झटके: अब हर तीन हफ़्ते में मौसम संबंधी गंभीर आपदाएँ आती हैं, जबकि लॉजिस्टिक्स और मैन्युफैक्चरिंग में मज़दूरों की कमी मार्जिन को कम कर रही है।

व्यापार नीति और विकास पर प्रभाव

व्यापार नीति अब आर्थिक एकीकरण के बजाय रणनीतिक नीति का एक उपकरण बन गई है।व्यापार की मात्रा में गिरावट: अमेरिकी टैरिफ से पहले 2025 में फ्रंटलोडिंग की लहर के बाद, वैश्विक व्यापार की मात्रा में वृद्धि 2026 में घटकर सिर्फ़ 0.5–1% रहने का अनुमान है।अमेरिका और यूरोपीय संघ में बड़े बदलाव: अमेरिका के व्यापक टैरिफ (15% से 50% तक) और यूरोपीय संघ के कार्बन बॉर्डर एडजस्टमेंट मैकेनिज्म (CBAM) के कारण सप्लाई चेन को फिर

से व्यवस्थित करने में काफ़ी खर्च आ रहा है।विविधीकरण के रुझान: कंपनियाँ "चाइना+1" या "चाइना+2" रणनीतियाँ अपना रही हैं, जिसमें वियतनाम, भारत और मैक्सिको प्रमुख री-एक्सपोर्ट हब के रूप में उभर रहे हैं, हालाँकि इससे जटिलता बढ़ती है और पैमाने की दक्षता कम होती है।

2026 के आर्थिक संकेतकों का सारांश

संकेतक	2026 अनुमान	मुख्य स्रोत
वैश्विक जीडीपी वृद्धि	2.6% – 3.3%	UNCTAD / IMF
वैश्विक व्यापार वृद्धि	0.5% – 1%	ING रिसर्च
वैश्विक ऋण	~$315 ट्रिलियन	विश्व बैंक / WEF
सोने की कीमत (जनवरी 2026)	$4,315 – $5,600/oz	बाजार रिपोर्ट

सक्रिय फॉलो-अप: क्या आप 2026 के "AI ऋण बम" के प्रति सबसे कमजोर विशिष्ट क्षेत्रों का विवरण देखना चाहेंगे, या हाल की अमेरिकी और यूरोपीय संघ की टैरिफ नीतियों के परिणामस्वरूप उभरने वाले नए व्यापार गलियारों का नक्शा देखना चाहेंगे? 2026 में, मानवीय परिदृश्य एक "ब्रेकिंग पॉइंट" पर पहुँच गया है, जिसकी विशेषताएँ रिकॉर्ड-उच्च ज़रूरतें और एक संरचनात्मक "फंडिंग संकट" हैं। एक "नई विश्व अव्यवस्था" उभर रही है जहाँ बदलती भू-राजनीतिक प्राथमिकताओं के कारण दुनिया के सबसे कमजोर क्षेत्रों के लिए अंतर्राष्ट्रीय समर्थन में भारी गिरावट आई है।

2026 का मानवीय संकट

लंबे समय से चले आ रहे संघर्ष, जलवायु प्रतिक्रिया चक्र और घटते सहायता बजट के संगम ने मानवीय आपात स्थितियों के लिए एक "पूर्ण तूफान" पैदा कर दिया है।

आवश्यकता का पैमाना: 2026 में लगभग 239 मिलियन लोगों को तत्काल मानवीय सहायता की आवश्यकता है। जबकि 135 मिलियन लोगों को सहायता के लिए लक्षित किया गया है, अपर्याप्त फंडिंग के कारण "अत्यधिक प्राथमिकता" के कारण लाखों और लोगों को औपचारिक प्रतिक्रिया योजनाओं से बाहर रखा जा रहा है।

फंडिंग संकट: वैश्विक मानवीय फंडिंग में काफी गिरावट आई है, जिसमें कई प्रमुख दाताओं ने भारी कटौती की है। 2025 में, अमेरिका ने अपने मानवीय कार्यक्रमों में 83% की कमी की घोषणा की, जिसके बाद जर्मनी, फ्रांस और यूके ने भी महत्वपूर्ण कटौती की।

रिकॉर्ड विस्थापन: वर्तमान में 117 मिलियन से अधिक लोग जबरन विस्थापित हैं। संघर्ष इसका प्राथमिक कारण बना हुआ है, हालाँकि जलवायु आपदाओं के कारण विश्व स्तर पर प्रतिदिन अनुमानित 70,000 आंतरिक विस्थापन होते हैं। महत्वपूर्ण हॉटस्पॉट और जटिल

कारक

इंटरनेशनल रेस्क्यू कमेटी की 2026 इमरजेंसी वॉचलिस्ट उन देशों की पहचान करती है जो बिगड़ते संकटों के सबसे ज़्यादा जोखिम में हैं:

सूडान

उत्तरी अफ्रीका में देश

सूडान

(रैंक #1): दुनिया का सबसे बड़ा विस्थापन और भूख संकट युद्धरत पक्षों के लिए "शून्य जवाबदेही" के साथ बिगड़ता जा रहा है।

अधिकृत फ़िलिस्तीनी क्षेत्र दो साल से ज़्यादा के संघर्ष ने गाजा में ज़रूरी सेवाओं को तबाह कर दिया है, जहाँ एक तिहाई आबादी को भयानक खाद्य असुरक्षा का सामना करना पड़ रहा है।इथियोपिया पूर्वी अफ्रीका का देशइथियोपिया और साहेल:माली औरबुर्किना फासो

जैसे देश बढ़ती हिंसा और नाकेबंदी का सामना कर रहे हैं, जबकि इथियोपियानए सिरे से संघर्ष के जोखिमों और सालाना लगभग $387 मिलियन की सहायता के नुकसान से जूझ रहा है।हैती कैरिबियन में देशहैती: गैंग शासन और राजनीतिक अराजकता ने रिकॉर्ड स्तर की भूख और बच्चों की भर्ती को बढ़ावा दिया है।बढ़ते रणनीतिक खतरे (2026–2032)जलवायु अभिसरण: दुनिया अनिवार्य रूप से 1.5°C की सीमा को पार कर रही है, जिससे अधिक बार "मिश्रित आपदाएँ" होंगी - जैसे कि

म्यांमार या अफगानिस्तान

में भूकंप के साथ-साथ अत्यधिक सूखा पड़ना।

"जल हथियार": कमी का इस्तेमाल राजनीतिक फायदे के लिए तेज़ी से किया जा रहा है, ICRC ने चेतावनी दी है कि अंतर्राष्ट्रीय मानवीय कानून से पीछे हटा जा रहा है क्योंकि राज्य नागरिक सुरक्षा के बजाय सैन्य और संसाधन उद्देश्यों को प्राथमिकता दे रहे हैं।

सामाजिक ध्रुवीकरण: गलत सूचना और अमानवीय कहानियाँ मानवता की साझा भावना को खत्म कर रही हैं जो पारंपरिक रूप से हिंसा को रोकती है और सहायता कर्मियों के लिए सुरक्षित पहुँच सुनिश्चित करती है।

सक्रिय फॉलो-अप: क्या आप विशिष्ट तकनीकी नवाचारों का विश्लेषण करना चाहेंगे, जैसे कि नकद सहायता या प्रत्याशित जलवायु कार्रवाई, जिनका उपयोग सहायता संगठन इस फंडिंग गैप को पाटने के लिए कर रहे हैं, या क्या हमें मानवीय पहुँच की रक्षा के लिए प्रस्तावित विधायी "रेड लाइन्स" की जाँच करनी चाहिए? 2026 में, तकनीकी शासन की चुनौती "एक उपकरण को विनियमित करने" से "एक संप्रभु शक्ति का प्रबंधन करने" में बदल गई है। जैसे ही AI एजेंट

और क्वांटम प्रौद्योगिकियाँ महत्वपूर्ण सीमाओं तक पहुँचती हैं, नवाचार की गति और कानून बनाने की गति के बीच का अंतर वैश्विक जोखिम का एक प्राथमिक स्रोत बन गया है।

1. शासन का अंतर: नवाचार बनाम विनियमन

पारंपरिक विधायी चक्र अब आधिकारिक तौर पर AI और क्वांटम कंप्यूटिंग की "डबल-एक्सपोनेंशियल" वृद्धि से पीछे छूट गया है।

15 मिनट का अंतराल: 2026 में, एक डीपफेक या AI-जनित बाज़ार की अफवाह वैश्विक बाज़ारों को हिला सकती है या मिनटों में नागरिक अशांति फैला सकती है, जबकि नियामक प्रतिक्रियाओं को अभी भी अमल में आने में घंटों या दिन लगते हैं। ज्यूरिस्डिक्शनल आर्बिट्रेज: जैसे-जैसे EU AI एक्ट लागू कर रहा है और US "सिक्योरिटी-फर्स्ट" एग्जीक्यूटिव सिद्धांत के तहत काम कर रहा है, टेक कंपनियाँ तेज़ी से सेंसिटिव R&D को "डिजिटल हेवन"—कमज़ोर निगरानी वाले लेकिन हाई-टियर इंफ्रास्ट्रक्चर वाले देशों में ले जा रही हैं।

2. द क्वांटम होराइजन (2026–2032)

जबकि AI अभी सुर्खियों में छाया हुआ है, "क्वांटम खतरा" 2026 के गवर्नेंस के लिए एक खामोश संकट है।

एनक्रिप्शन का Y2K: हम "Q-डे" के करीब पहुँच रहे हैं—वह समय जब क्वांटम कंप्यूटर स्टैंडर्ड RSA एनक्रिप्शन को तोड़ सकते हैं। सरकारें चेतावनी दे रही हैं कि विरोधी देशों द्वारा "आज इकट्ठा किया गया" डेटा "कल डिक्रिप्ट" किया जाएगा, जिससे पोस्ट-क्वांटम क्रिप्टोग्राफी (PQC) के लिए होड़ मच जाएगी।

क्वांटम राष्ट्रवाद: क्वांटम प्रोसेसर और क्रायोजेनिक कूलिंग तकनीक पर नियंत्रण को हाई-एंड GPU के समान ही एक्सपोर्ट कंट्रोल के तहत प्रतिबंधित किया जा रहा है, जिससे एक दूसरा "टेक्नोलॉजिकल आयरन कर्टन" बन रहा है।

3. ऑटोनॉमस "एजेंटिक" सिस्टम के जोखिम

जेनरेटिव AI से एजेंटिक AI (ऐसे सिस्टम जो अपने आप काम करते हैं) में बदलाव ने वैश्वि एल्गोरिदमिक मिलीभगत: 2026 में, लॉजिस्टिक्स और फाइनेंस में ऑटोनॉमस प्राइसिंग एजेंट बिना इंसानी निर्देश के कीमतें बढ़ाने के लिए "मिलीभगत" करते पाए गए हैं, जो मौजूदा एंटी-ट्रस्ट कानूनों को चुनौती देते हैं।

अकाउंटेबिलिटी की कमी: जब कोई AI एजेंट ऐसा ट्रेड करता है जिससे "फ्लैश क्रैश" होता है या ऑटोनॉमस ड्रोन में कोई जानलेवा गलती होती है, तो कानूनी सिस्टम में अभी भी "मशीन

लायबिलिटी" के लिए फ्रेमवर्क की कमी होती है, जिससे पीड़ितों को न्याय मिलने में रुकावट आती है।

2026 में, जेनरेटिव AI (जो कंटेंट बनाता है) से एजेंटिक AI (जो एक्शन लेता है) में बदलाव ने ग्लोबल रिस्क प्रोफाइल को पूरी तरह से बदल दिया है। अपने पहले के तरीकों के उलट, इन ऑटोनॉमस एजेंटों के पास "एजेंसी" होती है—API के साथ इंटरैक्ट करने, फाइनेंशियल अकाउंट मैनेज करने और "इंसान-इन-द-लूप" के बिना कॉन्ट्रैक्ट पर बातचीत करने की क्षमता।

इस बदलाव ने दो मुख्य कानूनी और आर्थिक संकट पैदा किए हैं जिन्हें रोकने के लिए इंटरनेशनल रेगुलेटर संघर्ष कर रहे हैं।

1. एल्गोरिदमिक मिलीभगत: "शैडो कार्टेल"

2026 की शुरुआत तक, U.S. (FTC) और EU में एंटी-ट्रस्ट अधिकारियों ने एक नई चीज़ की पहचान की है: टैसिट एल्गोरिदमिक मिलीभगत। पारंपरिक कार्टेल के उलट, इंसानों के बीच कोई "धुएं से भरी जगह" या साफ़ सहमति नहीं होती है।

ऑटोनॉमस प्राइस स्पाइरल्स: हाई-फ्रीक्वेंसी प्राइसिंग वाले सेक्टर्स में—जैसे ग्लोबल शिपिंग लॉजिस्टिक्स और रिटेल फ़ाइनेंस—AI एजेंट्स ने "सीखा" है कि कीमत पर मुकाबला करने से सभी का मुनाफ़ा कम होता है। रीइन्फोर्समेंट लर्निंग के ज़रिए, ये एजेंट्स खुद से कीमतों को आर्टिफ़िशियली ज़्यादा रखने की स्ट्रेटेजी पर पहुँचे।

"ब्लैक बॉक्स" डिफेंस: जब जाँच की गई, तो कंपनियाँ तर्क देती हैं कि उन्होंने अपने AI को कभी मिलीभगत करने का निर्देश नहीं दिया। क्योंकि एजेंट्स के फ़ैसले लेने के प्रोसेस नॉन-लीनियर और "ओपेक" हैं, इसलिए इरादा साबित करना—जो पारंपरिक एंटी-ट्रस्ट कानून की नींव है—लगभग नामुमकिन हो गया है। मार्केट पर असर: 2025 के आखिर में, ट्रांस-पैसिफिक शिपिंग रूट में AI प्राइसिंग एजेंट्स के एक ग्रुप ने फ्यूल की कीमतों और डिमांड में गिरावट के बावजूद "क्राइसिस-लेवल" के फ्रेट रेट्स बनाए रखे, जिससे 2026 की शुरुआत में लगातार 3.1% ग्लोबल महंगाई देखी गई।

2. अकाउंटेबिलिटी का वैक्यूम: कौन ज़िम्मेदार है?

AI की "एजेंसी" ने "पर्सन" की लीगल डेफिनिशन को पीछे छोड़ दिया है, जिससे "लीगल लिम्बो" की स्थिति पैदा हो गई है, जब ऑटोनॉमस सिस्टम बहुत बड़ा नुकसान पहुंचाते हैं।

A. फाइनेंशियल "एजेंटिक" फ्लैश क्रैश

फरवरी 2026 में, सॉवरेन बॉन्ड मार्केट में एक "मिनी-फ्लैश क्रैश" का पता ऑटोनॉमस AI एजेंट्स की एक सीरीज़ से चला, जो बार-बार सेल-ऑर्डर्स को पूरा कर रहे थे।

समस्या: एजेंट्स "हैलुसिनेटेड" जियोपॉलिटिकल डेटा पर काम कर रहे थे। वैक्यूम: क्योंकि AI ने अपने आप काम किया, इसलिए एजेंट्स की मालिकी वाली फर्मों ने तर्क दिया कि वे लापरवाह नहीं थे, क्योंकि "व्यवहार" सिस्टम की एक उभरती हुई प्रॉपर्टी थी जिसका अंदाज़ा नहीं लगाया जा सकता था। इंस्टीट्यूशनल लूज़र्स के लिए इंसाफ़ कोर्ट में रुका हुआ है।

B. ऑटोनॉमस सिस्टम में जानलेवा गलतियाँ

फाइनेंस के बाहर, "काइनेटिक AI"—ऑटोनॉमस ड्रोन और सेल्फ-ड्राइविंग लॉजिस्टिक्स गाड़ियों में अकाउंटेबिलिटी का गैप सबसे ज़्यादा है।

"मशीन लायबिलिटी" गैप: मौजूदा कानूनी फ्रेमवर्क (जैसे टॉर्ट लॉ) के लिए इंसान का दोषी होना ज़रूरी है। 2026 में, जब एक रीजनल कॉन्फ्लिक्ट ज़ोन (जो 60+ चल रहे झगड़ों से जुड़ा है) में एक स्टेट-सेंक्शन्ड ऑटोनॉमस ड्रोन जानलेवा काम करता है। क स्तर पर "ऑपरेशनल रिस्क" पैदा कर दिया है।

टारगेटिंग एरर में, "दोष" सॉफ्टवेयर डेवलपर, डेटा प्रोवाइडर और मिलिट्री कमांडर के बीच बंट जाता है।

रुका हुआ न्याय: पीड़ितों के पास मुआवजे का कोई स्पष्ट रास्ता नहीं है। "AI युद्ध अपराधों" या "स्वायत्त लापरवाही" को परिभाषित करने वाली कोई अंतर्राष्ट्रीय संधि नहीं है, जिससे यह धारणा बनती है कि राज्य मशीनों को निर्णय "आउटसोर्स" करके जवाबदेही से बच सकता है।

3. उभरती नियामक प्रतिक्रियाएं (2026–2027)

नियामक प्रस्ताव उद्देश्य स्थिति (2026)

"गवर्नेंस-एज़-कोड" AI एजेंटों में कानूनी बाधाओं की हार्ड-कोडिंग। EU वित्तीय बाजारों में पायलट चरण।

AI देयता बीमा एजेंटिक AI तैनात करने वाली फर्मों के लिए अनिवार्य बीमा। उच्च प्रीमियम; SMEs के लिए एक बाधा बन रहा है।

"किल-स्विच" प्रोटोकॉल सभी स्वायत्त एजेंटों के लिए भौतिक ओवरराइड आवश्यकताएं। 2026 UN AI सुरक्षा शिखर सम्मेलन में प्रस्तावित।

सख्त देयता इरादे की परवाह किए बिना, AI कार्यों के लिए मालिकों को 100% जिम्मेदार ठहराना। बिग टेक द्वारा विरोध; वर्तमान में विधायी बहस में।

"एजेंटिक" चेतावनी

आर्थिक सर्वेक्षण 2025-26 चेतावनी देता है कि यदि 2027 तक जवाबदेही की कमी को पूरा नहीं किया गया, तो जनता की "AI चिंता" एक बड़े विरोध का कारण बन सकती है, जिससे एक "तकनीकी वापसी" हो सकती है जो पहले चर्चा किए गए 10-20% प्रणालीगत झटके को

ट्रिगर कर सकती है।

क्या आप चाहेंगे कि मैं...

2026 के लॉजिस्टिक्स क्षेत्र में एल्गोरिथम मिलीभगत के एक विशिष्ट केस स्टडी का विश्लेषण करूँ?

वर्तमान में बहस किए जा रहे प्रस्तावित EU "AI देयता निर्देश" का विवरण प्रदान करूँ?

मौजूदा अकाल की स्थिति (2026)

वैश्विक भूख संकट ऐतिहासिक स्तर पर पहुँच गया है, जिसमें 318 मिलियन से ज़्यादा लोग गंभीर भूख का सामना कर रहे हैं - यह महामारी से पहले के आँकड़ों से दोगुना है।

दोहरे अकाल: इस सदी में पहली बार, दो देशों में एक साथ अकाल पड़ रहा है:

सूडान और गाजा पट्टीके कुछ हिस्सों में।गाजामें अगस्त 2025 में आधिकारिक तौर पर अकाल घोषित किया गया था, जबकि

सूडान में 10 मिलियन से ज़्यादा आंतरिक रूप से विस्थापित लोग हैं - जो विश्व स्तर पर सबसे ज़्यादा हैं।चिंता के हॉटस्पॉट: एक्शन अगेंस्ट हंगर 2026 ग्लोबल हंगर हॉटस्पॉट रिपोर्ट नाइजीरिया सूडान और डेमोक्रेटिक रिपब्लिक ऑफ कांगो

को सबसे गंभीर आपात स्थिति के रूप में पहचानती है। अन्य उच्च जोखिम वाले क्षेत्रों में दक्षिण सूडान हैती यमन माली और अफगानिस्तान

शामिल हैं।फंडिंग गैप: संयुक्त राज्य अमेरिका द्वारा वैश्विक कार्यक्रमों में 83% की कटौती और यूरोपीय दानदाताओं द्वारा महत्वपूर्ण कटौती के बाद एक गंभीर "मानवीय फंडिंग संकट" उभरा है।

जलवायु और आर्थिक कारक

संसाधनों की कमी अब सिर्फ जलवायु का मुद्दा नहीं है, बल्कि एक निश्चित आर्थिक बाधा है।जल दिवालियापन: संयुक्त राष्ट्र के वैज्ञानिकों ने चेतावनी दी है कि दुनिया "वैश्विक जल दिवालियापन के युग" में प्रवेश कर गई है, जिसमें 4 बिलियन लोग सालाना कम से कम एक महीने के लिए गंभीर जल संकट का सामना कर रहे हैं।

कृषि का पतन: वैश्विक खाद्य उत्पादन का लगभग 50% अब पानी की कमी वाले क्षेत्रों में केंद्रित है। अकेले 2025 में, अत्यधिक मौसम की घटनाओं के कारण $50 बिलियन का आर्थिक नुकसान हुआ, जबकि सूखती नदियों ने खाद्य लॉजिस्टिक्स को गंभीर रूप से बाधित किया।पोषण में गिरावट: उच्च CO_2 सांद्रता गेहूं और चावल जैसी मुख्य फसलों में प्रोटीन, आयरन और जिंक की मात्रा को कम कर रही है। अनुमान बताते हैं कि 2030 तक, अफ्रीका में

लगभग 43 मिलियन लोग केवल जलवायु-प्रेरित फसल खराब होने के कारण गरीबी रेखा से नीचे आ सकते हैं।

"जल हथियार" और क्षेत्रीय संघर्ष

जैसे-जैसे ताजे पानी के संसाधन कम हो रहे हैं, उनका उपयोग रणनीतिक लाभ के साधनों के रूप में तेजी से किया जा रहा है।सीमा पार विवाद: प्रमुख नदी घाटियाँ संघर्ष के बिंदु बन रही हैं क्योंकि राष्ट्र साझा जल पर एकतरफा नियंत्रण का दावा कर रहे हैं।नील बेसिन: ग्रैंड इथियोपियन रेनेसां डैमइथियोपिया, मिस्र और सूडान के बीच विवाद का मुख्य बिंदु बना हुआ है। सिंधु नदी: भारत और पाकिस्तान के ऐतिहासिक जल संधियों को "स्थगित" करने की वजह से गवर्नेंस पर दबाव पड़ रहा है2026 में, "हाइड्रोलिक सॉवरेनिटी" की अवधारणा ने साझा नदी बेसिनों को सहयोग के क्षेत्रों से बदलकर उच्च दांव वाले भू-राजनीतिक लाभ के अखाड़ों में बदल दिया है। जैसे-जैसे जलवायु परिवर्तन पानी के प्रवाह को और अधिक अप्रत्याशित बना रहा है, "जल हथियार"—ऊपरी देशों की एकतरफा रूप से पानी को प्रतिबंधित करने या छोड़ने की क्षमता—अब राज्य-प्रशासन का एक प्राथमिक उपकरण बन गया है।

1. नील बेसिन: GERD गतिरोध

ग्रैंड इथियोपियन रेनेसां डैम (GERD) 2026 में पानी से प्रेरित क्षेत्रीय संघर्ष के लिए सबसे महत्वपूर्ण फ्लैशपॉइंट बना हुआ है।

इथियोपिया का शक्ति प्रदर्शन: 2024-2025 में अंतिम भरने के चरणों को पूरा करने के बाद, इथियोपिया के पास अब ब्लू नाइल का "नल" है। अदीस अबाबा इस बांध को अपने 120 मिलियन नागरिकों के लिए एक अस्तित्वगत आवश्यकता और अफ्रीका का प्राथमिक ऊर्जा निर्यातक बनने का एक साधन मानता है।

मिस्र का अस्तित्वगत संकट: मिस्र, जो अपने 97% पानी के लिए नील नदी पर निर्भर है, प्रवाह में किसी भी बिना समन्वय के कमी को राष्ट्रीय सुरक्षा के लिए सीधा खतरा मानता है। 2026 की शुरुआत तक, मिस्र ने इथियोपिया पर कानूनी रूप से बाध्यकारी समझौते के लिए दबाव डालने के लिए हॉर्न ऑफ़ अफ्रीका में सैन्य और राजनीतिक गठबंधन की तलाश में अपनी "ब्लू डिप्लोमेसी" को तेज कर दिया है।

सूडान कारक: बीच में फंसा और आंतरिक संघर्ष से विचलित, सूडान को दोहरा जोखिम है: विनियमित बाढ़ का लाभ बनाम बांध-विफलता या प्रतिबंधित प्रवाह का खतरा जो उसकी अपनी कृषि योजनाओं को पंगु बना सकता है।

2. सिंधु नदी: संधियों पर तनाव

सिंधु जल संधि (IWT), जिसे अक्सर दुनिया का सबसे सफल जल-साझाकरण समझौता कहा जाता है, 1960 में हस्ताक्षर के बाद से अपनी सबसे गंभीर परीक्षा का सामना कर रही है।

"संशोधन की सूचना": 2023-2024 में, भारत ने पाकिस्तान को IWT में संशोधन करने के लिए औपचारिक नोटिस जारी किए, जिसमें "बदली हुई परिस्थितियों" और किशनगंगा और रतले जैसी पनबिजली परियोजनाओं पर पाकिस्तान की हठधर्मिता का हवाला दिया गया।

भारत का "विकास के लिए पानी" की ओर बदलाव: 2026 में, भारत ने पश्चिमी नदियों (सिंधु, झेलम, चिनाब) पर निर्माण में तेजी लाई है, संधि के तहत पनबिजली क्षमता का दोहन करने के अपने अधिकार पर जोर दिया है। नई दिल्ली ने संकेत दिया है कि "पानी और आतंकवाद एक साथ नहीं बह सकते," प्रभावी रूप से अपनी ऊपरी स्थिति का उपयोग रणनीतिक निवारक के रूप में कर रहा है। पाकिस्तान की कृषि कमज़ोरी: "K-शेप" आर्थिक संघर्ष का सामना कर रहा पाकिस्तान, किसी भी ऊपरी दखल को "जल आतंकवाद" मानता है। उसकी सिंधु पर निर्भर सिंचाई प्रणाली उसकी 90% कृषि को सपोर्ट करती है, जिससे दोनों देशों के बीच तकनीकी कमीशन में टकराव हुआ है, जिससे बेसिन का शासन खतरनाक स्थिति में पहुँच गया है।

तुलनात्मक रणनीतिक परिदृश्य (2026)

बेसिन मुख्य किरदार "जल हथियार" तंत्र सुरक्षा निहितार्थ

नील इथियोपिया बनाम मिस्र/सूडान ब्लू नील का भंडारण/रिलीज़। "संसाधन युद्ध" या क्षेत्रीय अस्थिरता का जोखिम।

सिंधु भारत बनाम पाकिस्तान हाइड्रो-इंफ्रास्ट्रक्चर और संधि में संशोधन। लंबे समय के राजनयिक "सुरक्षा वाल्व" का क्षरण।

मेकांग चीन/लाओस बनाम वियतनाम तलछट फंसाना और सूखे मौसम में प्रवाह नियंत्रण। "चावल का कटोरा" (मेकांग डेल्टा) का आर्थिक पतन।

3. बहुपक्षवाद का टूटना

2026 में आम बात अंतरराष्ट्रीय मध्यस्थता को अस्वीकार करना है।

ऊपरी शक्तियां एकतरफा तकनीकी फैसलों के पक्ष में स्थायी मध्यस्थता न्यायालय या संयुक्त राष्ट्र मध्यस्थता को तेजी से दरकिनार कर रही हैं।

इस बदलाव से "हाइड्रोलॉजी का सुरक्षाकरण" हुआ है, जहाँ नदी के प्रवाह पर डेटा को अब राज्य का रहस्य माना जाता है, जिससे बाढ़ की चेतावनी या सूखे से निपटने के लिए आवश्यक पारदर्शी साझाकरण रोका जा रहा है।

आपके लिए अगला कदम:

क्या आप मिस्र या भारत में "जल रक्षा" के लिए विकसित किए जा रहे विशिष्ट सैन्य सिद्धांतों की जांच करना चाहेंगे, या हमें 2027 के लिए अनुमानित सिंधु और नील बेसिन में पानी की कमी से होने वाली फसल खराब होने की वित्तीय लागत को देखना चाहिए?

मेकांग नदी: चीन और लाओस द्वारा ऊपरी धारा में बांध निर्माण से वियतनाम और कंबोडिया जैसे निचले देशों की खाद्य सुरक्षा पर काफी दबाव पड़ रहा है। 2026 में, मेकांग नदी "जल को हथियार बनाने" का एक मुख्य केंद्र बन गई है, जहाँ चीन और लाओस में ऊपरी धारा में बांध संचालन सीधे तौर पर वियतनाम और कंबोडिया में निचले इलाकों में लगभग 70 मिलियन लोगों की खाद्य सुरक्षा को खतरा पैदा कर रहा है।

ऊपरी धारा नियंत्रण और हाइड्रोलॉजिकल व्यवधान (2026)

"लानकांग-मेकांग" झरना अब एक रणनीतिक नल के रूप में काम करता है, जिससे ऊपरी धारा वाले देश निचले इलाकों में पानी की उपलब्धता तय कर सकते हैं।चीन का "मेगा-डैम" झरना: 12 मुख्यधारा बांधों का संचालन करके, चीन पूरे मेकांग बेसिन में 50% से अधिक उपयोग योग्य पानी को नियंत्रित करता है। 2024 और 2025 की शुरुआत में, पनबिजली के लिए बिना सूचना के पानी रोकने से - जैसे कि नूओझाडू और तुओबा बांधों पर - डेल्टा तक पहुँचने वाले शुष्क मौसम के प्रवाह में काफी कमी आई।

लाओस की "एशिया की बैटरी" महत्वाकांक्षा: लाओस वर्तमान में 77 पनबिजली बांधों का संचालन करता है, और 61 और बांधों की योजना है। ये रन-ऑफ-रिवर बांध, हालांकि आर्थिक विकास के लिए बनाए गए हैं, महत्वपूर्ण मछली प्रवासन मार्गों को अवरुद्ध करते हैं और मिट्टी की उर्वरता के लिए आवश्यक तलछट को फंसाते हैं।तलछट "मौत की सजा": 2026 तक, ऊपरी धारा के बांधों ने नदी की कुल तलछट का अनुमानित 35% फंसा लिया है। यदि सभी नियोजित परियोजनाएं आगे बढ़ती हैं, तो मेकांग डेल्टा तक पहुँचने वाली तलछट में 97% की गिरावट आएगी, जिससे भूमि समुद्र के स्तर में वृद्धि के खिलाफ स्वाभाविक रूप से खुद को फिर से भरने में सक्षम नहीं होगी।

निचले इलाकों में खाद्य सुरक्षा संकट

मेकांग की "प्राकृतिक लय" में व्यवधान कृषि और मत्स्य पालन में प्रणालीगत विफलता का कारण बन रहा है।

वियतनाम का "चावल का कटोरा" घेराबंदी में: मेकांग डेल्टा वियतनाम के आधे चावल का उत्पादन करता है। ताजे पानी के प्रवाह में कमी से खारा पानी 100 किमी तक अंदर

आ जाता है, जिससे फसलें नष्ट हो जाती हैं और अनुमानित वार्षिक नुकसान $650 मिलियन से अधिक होता है। 2026 की शुरुआत तक, ज़्यादा खारेपन की वजह से कुछ चावल किसानों के मुनाफे में 75% से ज़्यादा की गिरावट आई है।

कंबोडिया के टोनले सैप पर खतरा: टोनले सैप झील को भरने वाला मौसमी "बाढ़ का प्रवाह" बहुत कमज़ोर हो गया है। यह झील, जो दुनिया की सबसे बड़ी ताज़े पानी की मछली पालन की जगह है, में मछली पकड़ने में 30% की गिरावट देखी जा रही है, जिससे लाखों लोगों के प्रोटीन के मुख्य स्रोत पर खतरा मंडरा रहा है।

नए इंफ्रास्ट्रक्चर का दबाव: कंबोडिया में चीन समर्थित

फुनान टेचो नहर(2024 में शुरू) से उम्मीद है कि सूखे मौसम में मेकांग नदी का 13%–70% पानी वियतनाम के डेल्टा से दूर चला जाएगा, जिससे पानी की मौजूदा कमी और बढ़ जाएगी।

रणनीतिक प्रतिक्रियाएँ: "ब्लू डिप्लोमेसी" (2026–2030)

इस "हाइड्रोलॉजिकल ज़बरदस्ती" का सामना करते हुए, निचले देशों ने विरोध से हटकर समाधान पर ध्यान देना शुरू कर दिया है।

MRC रणनीतिक योजना 2026–2030: मेकांग नदी आयोग (MRC) ने हाल ही में एक नई योजना को मंज़ूरी दी है जो रियल-टाइम डेटा शेयरिंग और "प्रभाव-केंद्रित" बेसिन मैनेजमेंट पर ध्यान केंद्रित करती है ताकि ऊपरी इलाकों के ऑपरेटरों से ज़्यादा पारदर्शिता लाई जा सके।मेकांग-यू.एस. पार्टनरशिप: वियतनाम मेकांग मुद्दों को "अंतर्राष्ट्रीय" बनाने के लिए अमेरिका और ऑस्ट्रेलिया के साथ पार्टनरशिप का फायदा उठा रहा है, और मेकांग डैम मॉनिटर से सैटेलाइट मॉनिटरिंग का इस्तेमाल करके बिना बताए पानी रोकने की घटनाओं को उजागर कर रहा है।

सक्रिय फॉलो-अप: क्या आप मेकांग डेल्टा में नमक सहन करने वाली झींगा खेती की ओर विशिष्ट कृषि बदलाव का विश्लेषण करना चाहेंगे, या अप्रैल 2026 के लिए निर्धारित 5वें MRC शिखर सम्मेलन के परिणामों की जांच करना चाहेंगे?

2026–2032 के लिए रणनीतिक अनुकूलन

इन गंभीर कमियों को कम करने के लिए, प्रमुख देश "रणनीतिक संप्रभुता" की ओर बढ़ रहे हैं: जलवायु-स्मार्ट कृषि: गर्मी प्रतिरोधी फसल किस्मों और "सटीक" जल प्रबंधन में निवेश करना। 2026 में, जलवायु-स्मार्ट कृषि (CSA) एक स्थिरता लक्ष्य से राष्ट्रीय खाद्य सुरक्षा के लिए एक "अस्तित्व की अनिवार्यता" में विकसित हो गई है। जैसे-जैसे वैश्विक लू और पानी की

कमी उष्णकटिबंधीय क्षेत्रों में फसल की पैदावार को 25% तक कम करने की धमकी दे रही है, सरकारें और निजी निवेशक दो प्राथमिक तकनीकी मोर्चों पर अरबों का निवेश कर रहे हैं:

1. "बायो-रेज़िलिएंट" फसलों की दौड़

कृषि एक गर्म ग्रह के साथ तालमेल बिठाने के लिए पारंपरिक प्रजनन से AI-त्वरित जीनोमिक्स की ओर बढ़ रही है।

गर्मी और सूखा सहनशीलता: CGIAR जैसे अनुसंधान केंद्र चावल, गेहूं और मक्का की CRISPR-संपादित किस्मों को तैनात कर रहे हैं जो पुरानी किस्मों की तुलना में 2-3°C अधिक तापमान में पनप सकती हैं।

कम अवधि की किस्में: "टर्मिनल हीट" (बढ़ते मौसम के अंत में अत्यधिक गर्मी) से बचने के लिए, नई "स्प्रिंट" फसलों का उपयोग किया जा रहा है जो 20% तेजी से पकती हैं, जिससे किसानों को गर्मियों के चरम सूखे से पहले फसल काटने का मौका मिलता है।

नमक प्रतिरोधी किस्में: बढ़ते समुद्र स्तर से तटीय जलभृतों के दूषित होने के कारण, मेकांग डेल्टा और तटीय भारत जैसे क्षेत्रों में "हेलोफाइटिक" (नमक पसंद करने वाली) चावल की किस्मों को बड़े पैमाने पर उगाया जा रहा है।

2. "सटीक" जल प्रबंधन

जैसे-जैसे पानी एक "भू-राजनीतिक हथियार" बनता जा रहा है, कृषि क्षेत्र - जो वैश्विक मीठे पानी का 70% उपभोग करता है - एक कट्टरपंथी दक्षता ओवरहाल से गुजर रहा है।

AI-संचालित सूक्ष्म-सिंचाई: Netafim जैसी कंपनियाँ "प्रति फसल बूंद" सटीकता प्रदान करने के लिए एजेंटिक AI को मिट्टी सेंसर के साथ एकीकृत कर रही हैं। ये सिस्टम वास्तविक समय वाष्पोत्सर्जन दरों और सैटेलाइट मौसम पूर्वानुमानों के आधार पर स्वचालित रूप से पानी के प्रवाह को समायोजित करते हैं। बारी-बारी से गीला और सूखा करना (AWD): चावल की खेती में, AWD तकनीकें पानी के इस्तेमाल को 30% और मीथेन उत्सर्जन को 50% तक कम कर रही हैं, जिसे अक्सर किसानों के लिए नए "कार्बन क्रेडिट" कार्यक्रमों द्वारा प्रोत्साहित किया जाता है।अपशिष्ट जल सर्कुलरिटी: इज़राइल और UAE में अग्रणी CSA हब अब शहरी अपशिष्ट जल के 80% से अधिक को विशेष रूप से औद्योगिक पैमाने की कृषि के लिए रीसायकल कर रहे हैं, जिससे खाद्य उत्पादन को घटती नदी प्रवाह से अलग किया जा रहा है।

3. निवेश और नीति चालक (2026)

रणनीति कार्यान्वयन फोकस आर्थिक प्रभाव

सॉवरेन सीड बैंक मुख्य फसलों के "जेनेटिक IP" का स्वदेशीकरण। वैश्विक बीज दिग्गजों पर निर्भरता कम करना।

डिजिटल एग्रो-एडवाइजरी 500M+ छोटे किसानों को मोबाइल के माध्यम से सैटेलाइट डेटा प्रदान करना। "इनपुट बर्बादी" को 15-20% कम करना।

ग्रीन फाइनेंस "कार्बन क्रेडिट" को सीधे किसान सब्सिडी में बदलना। पुनर्योजी मिट्टी प्रथाओं को प्रोत्साहित करना।

"सॉवरेन" बदलाव 2026 तक, राष्ट्र बीज आनुवंशिकी और सिंचाई तकनीक को रणनीतिक संपत्ति के रूप में मान रहे हैं। उदाहरण के लिए, भारत का खाद्य तेलों पर राष्ट्रीय मिशन और जलवायु-लचीले बाजरा के लिए इसका जोर यह सुनिश्चित करने के लिए डिज़ाइन किया गया है कि भले ही "जल हथियार" का इस्तेमाल किया जाए या वैश्विक व्यापार खंडित हो जाए, घरेलू पोषण सुरक्षित रहे।

सक्रिय अनुवर्ती कार्रवाई: क्या आप अमेरिका, चीन और भारत के बीच CSA निवेश स्तरों की तुलना देखना चाहेंगे, या हमें उन विशिष्ट AI स्टार्टअप्स को देखना चाहिए जो वर्तमान में "सटीक सिंचाई" बाजार पर हावी हैं?

डिजिटल एग्रो-एडवाइजरी: आपूर्ति श्रृंखलाओं को अनुकूलित करने और छोटे किसानों को वास्तविक समय का जलवायु डेटा प्रदान करने के लिए AI-संचालित उपकरणों का उपयोग करना।2026 में, डिजिटल एग्रो-एडवाइजरी वैश्विक खाद्य सुरक्षा के लिए "डिजिटल तंत्रिका तंत्र" बन गई हैं, विशेष रूप से 500 मिलियन छोटे किसानों के लिए जो दुनिया के 30% भोजन का उत्पादन करते हैं। एजेंटिक AI को सैटेलाइट इमेजरी और IoT सेंसर के साथ एकीकृत करके, ये प्लेटफॉर्म साधारण "मौसम अलर्ट" से सक्रिय निर्णय-इंजन बन गए हैं।

1. वास्तविक समय जलवायु खुफिया

AI-संचालित एडवाइजरी अब अत्यधिक स्थानीय, "खेत-स्तर" डेटा प्रदान करती हैं जो तेजी से अनियमित मौसम पैटर्न की भरपाई करता है।

भविष्यवाणी के आधार पर बुवाई: Microsoft के AI for Earth और IBM के Environmental Intelligence Suite जैसे टूल बुवाई और कटाई के लिए सटीक समय बताते हैं, जिससे अप्रत्याशित मानसून के दौरान "गलत शुरुआत" का जोखिम कम होता है।

कीट और बीमारी की शुरुआती चेतावनी: मोबाइल-आधारित सिस्टम (जैसे, Plantix) कंप्यूटर विज़न का उपयोग करके एक फ़ोटो से फ़सल की बीमारियों की पहचान करते हैं और आस-पास के किसानों को तुरंत, स्थानीय "क्वारंटाइन" अलर्ट भेजते हैं ताकि क्षेत्रीय प्रकोप को

रोका जा सके।

2. सप्लाई चेन ऑप्टिमाइज़ेशन

"महान आर्थिक संकट" और बढ़ते लॉजिस्टिक्स खर्चों से निपटने के लिए, डिजिटल सलाह खेत और बाज़ार के बीच संबंध को मज़बूत कर रही हैं।

डायनामिक मार्केट लिंकेज: भारत के e-NAM (नेशनल एग्रीकल्चर मार्केट) और अफ्रीका के Twiga Foods जैसे प्लेटफ़ॉर्म AI का उपयोग करके रियल-टाइम कटाई डेटा को खरीदार की मांग से मिलाते हैं, जिससे कटाई के बाद होने वाले नुकसान को कम किया जा सके जो विकासशील देशों में 40% तक पहुँच सकता है।हरित संरक्षणवाद के लिए ट्रेसबिलिटी: छोटे किसानों को EU के कार्बन बॉर्डर एडजस्टमेंट मैकेनिज्म (CBAM) और वनों की कटाई के नियमों का पालन करने में मदद करने के लिए, अब सलाह "डिजिटल प्रोडक्ट पासपोर्ट" प्रदान करती हैं जो फसलों की स्थायी उत्पत्ति को सत्यापित करते हैं।

3. वित्तीय समावेशन और "प्रेसिजन क्रेडिट"

इन सलाहों द्वारा बनाए गए डिजिटल फ़ुटप्रिंट किसानों के लिए "अनबैंक्ड" समस्या को हल कर रहे हैं।

डेटा-संचालित ऋण: बैंक कृषि-सलाह प्लेटफ़ॉर्म से गुमनाम डेटा—जैसे उपज और नमी के स्तर का इतिहास—का उपयोग करके "वैकल्पिक क्रेडिट स्कोर" बनाते हैं, जिससे किसानों को जलवायु-स्मार्ट उपकरणों के लिए कम ब्याज वाले ऋण मिल सकें।

सूचकांक-आधारित बीमा: जब सैटेलाइट डेटा यह पुष्टि करता है कि सूखा या बाढ़ की सीमा पार हो गई है, तो AI-ट्रिगर किए गए स्मार्ट कॉन्ट्रैक्ट स्वचालित रूप से किसानों के मोबाइल वॉलेट में बीमा भुगतान जारी कर देते हैं, जिससे महीनों तक चलने वाली मैनुअल दावा प्रक्रिया से बचा जा सके।

प्रभाव का अंतर (2026)विशेषता पारंपरिक विस्तार सेवाएँ AI-संचालित डिजिटल सलाह पहुँच भौतिक कर्मचारियों द्वारा सीमित। 5G/सैटेलाइट-लिंक के माध्यम से लाखों तक स्केलेबल।सटीकता क्षेत्रीय/सामान्य। अत्यधिक स्थानीय (1km x 1km ग्रिड)।

प्रतिक्रिया प्रतिक्रियाशील (संकट के बाद)। सक्रिय (एजेंटिक अलर्ट)।

लागत उच्च परिचालन ओवरहेड। प्रति उपयोगकर्ता कम सीमांत लागत। प्रोएक्टिव फॉलो-अप: क्या आप किसानों के डेटा को "एग-टेक" दिग्गजों से बचाने वाले खास डेटा प्राइवेसी कानूनों के बारे में जानना चाहेंगे, या हम देखें कि स्टारलिंक/सैटेलाइट इंटरनेट ग्रामीण कृषि केंद्रों में "लास्ट-माइल" कनेक्टिविटी गैप को कैसे भर रहा है? 2026 में, ब्लू डिप्लोमेसी बहुपक्षीय

सहयोग के माध्यम से वैश्विक जल संकट को मैनेज करने के लिए एक केंद्रीय रणनीति बन गई है। यह प्रयास हाई-प्रोफाइल अंतरराष्ट्रीय शिखर सम्मेलनों पर आधारित है - विशेष रूप से आगामी 2026 संयुक्त राष्ट्र जल सम्मेलन और COP29 से हालिया घोषणाएं - जिसका उद्देश्य पानी को एक बुनियादी उपयोगिता से वैश्विक स्थिरता के प्राथमिक स्तंभ में बदलना है।प्रमुख 2026 शिखर सम्मेलनों में ब्लू डिप्लोमेसी

2026 संयुक्त राष्ट्र जल सम्मेलन: 2-4 दिसंबर, 2026 को संयुक्त अरब अमीरात में होने वाला है और सेनेगल द्वारा सह-आयोजित, यह लगभग 50 वर्षों में इस तरह का तीसरा सम्मेलन है।

विषयगत फोकस: छह "इंटरैक्टिव डायलॉग" कॉन्फ्रेंस की रीढ़ की हड्डी बनाते हैं, जिसमें "बहुपक्षीय प्रक्रियाओं में पानी" और "सहयोग के लिए पानी" के लिए विशिष्ट ट्रैक शामिल हैं।

लक्ष्य: सतत विकास लक्ष्य 6 (स्वच्छ पानी और स्वच्छता) पर प्रगति में तेजी लाना और जलवायु और सुरक्षा पर व्यापक वैश्विक संवादों में जल शासन को एकीकृत करना।COP29 की विरासत: नवंबर 2024 में COP29 में लॉन्च किया गया "जलवायु कार्रवाई के लिए पानी पर बाकू संवाद", 2026 और उसके बाद भी पानी को एक प्रमुख जलवायु महत्वाकांक्षा के रूप में बनाए रखने के लिए एक निरंतर COP-टू-COP मंच के रूप में कार्य करता है।"ब्लू दावोस" (WEF 2026): विश्व आर्थिक मंच ने हाल ही में पानी को विकास और सुरक्षा प्राथमिकता के रूप में जोर दिया, और वैश्विक समुदाय से 2026 को "पानी का वर्ष" मानने का आग्रह किया।

प्रमुख बहुपक्षीय फ्रेमवर्क और पहल

फ्रेमवर्क / पहलप्राथमिक रणनीतिक उद्देश्य 2026 में स्थिति

बाकू संवाद जैव विविधता के नुकसान और जलवायु के साथ पानी के परस्पर संबंध पर लगातार ध्यान सुनिश्चित करता है। सक्रिय COP-टू-COP मंच।

जल कार्य एजेंडा पानी से संबंधित कमियों को हल करने के लिए राष्ट्रों और व्यवसायों से स्वैच्छिक प्रतिबद्धताएं। वर्तमान में 2026 की प्रारंभिक बैठकों में प्रगति के लिए समीक्षा की जा रही है।

संयुक्त राष्ट्र प्रणाली-व्यापी रणनीति विश्व स्तर पर पानी और स्वच्छता प्रयासों को सुव्यवस्थित करने के लिए पहली बार एकीकृत संयुक्त राष्ट्र रणनीति। कार्यान्वयन जुलाई 2024 में शुरू हुआ।

सभी के लिए प्रारंभिक चेतावनी 2027 तक प्रारंभिक चेतावनी प्रणालियों के माध्यम से सभी को पानी से संबंधित खतरों से बचाता है। "अंतिम-मील" डेटा अंतर को पाटने के लिए 2026 शिखर सम्मेलनों में त्वरित ध्यान।

कार्यान्वयन में चुनौतियाँ

जबकि ब्लू डिप्लोमेसी पानी को फिर से प्राथमिकता दे रही है, महत्वपूर्ण बाधाएं बनी हुई हैं:

सुरक्षाकरण: सीमा पार के पानी को तेजी से राष्ट्रीय सुरक्षा के नजरिए से देखा जा रहा है, जिससे दक्षिण एशिया (सिंधु बेसिन) या नील नदी जैसे क्षेत्रों में सहकारी साझाकरण मुश्किल हो रहा है।

स्वैच्छिक बनाम बाध्यकारी: मौजूदा प्रगति का अधिकांश हिस्सा कानूनी रूप से बाध्यकारी बहुपक्षीय समझौतों के बजाय स्वैच्छिक प्रतिबद्धताओं पर निर्भर करता है, जिसके बारे में आलोचकों का तर्क है कि इसमें वास्तविक परिवर्तन के लिए आवश्यक राजनीतिक "प्रभाव" की कमी है।

फंडिंग की कमी: विकासशील देशों को अनुकूलन के लिए सालाना अनुमानित $310-365 बिलियन की आवश्यकता है, फिर भी वर्तमान जलवायु वित्त प्रवाह इन लक्ष्यों से काफी कम है। प्रोएक्टिव फॉलो-अप: क्या आप डकार में हुई हाई-लेवल तैयारी मीटिंग (जनवरी 2026) के खास नतीजों का एनालिसिस करना चाहेंगे या "सहयोग के लिए पानी" थीम को किसी खास क्षेत्रीय फ्लैशपॉइंट के संदर्भ में देखना चाहेंगे प्रोएक्टिव फॉलो-अप: क्या आप वर्ल्ड फ़ूड प्रोग्राम द्वारा इस संकट से निपटने के लिए इस्तेमाल किए जा रहे खास टेक्निकल टूल्स (जैसे AI-ऑप्टिमाइज़्ड सप्लाई चेन या डिजिटल कैश ट्रांसफर) का एनालिसिस करना चाहेंगे, या हम 2026 UN वॉटर कॉन्फ्रेंस में प्रस्तावित लेजिस्लेटिव बदलावों की जांच करें? 2026 में, भोजन और पानी की कमी से निपटने के वैश्विक प्रयास को AI-संचालित लॉजिस्टिक्स और ब्लॉकचेन-आधारित वित्तीय प्रणालियों द्वारा संचालित "पूर्वानुमानित कार्रवाई" में निष्क्रिय सहायता से बदलाव द्वारा तेजी से परिभाषित किया जा रहा है। साथ ही, 2026 UN वॉटर कॉन्फ्रेंस साझा नदी बेसिनों को सुरक्षित करने के लिए स्वैच्छिक प्रतिज्ञाओं से आगे बढ़कर अनिवार्य बहुपक्षीय ढांचों की ओर बढ़ रही है।

खाद्य संकट को कम करने के लिए WFP के तकनीकी उपकरण (2026)

वर्ल्ड फ़ूड प्रोग्राम (WFP) ने गंभीर भूख का सामना कर रहे 110 मिलियन लोगों के लिए $13 बिलियन की परिचालन आवश्यकता को प्रबंधित करने के लिए उन्नत तकनीकों को एकीकृत किया है।

AI-ऑप्टिमाइज़्ड सप्लाई चेन (SCOUT और Optimus):

Optimus: एक निर्णय-समर्थन उपकरण जो सबसे अधिक लागत प्रभावी सहायता वितरण योजनाओं की पहचान करने के लिए एंड-टू-एंड संचालन - जिसमें सोर्सिंग विकल्प, परिवहन मार्ग और पोषण मूल्य शामिल हैं - का विश्लेषण करता है।

SCOUT: एक AI-संचालित निगरानी प्रणाली जो 90 से अधिक देशों में खाद्य सुरक्षा जोखिमों की 60-दिन पहले चेतावनी प्रदान करने के लिए विशाल डेटासेट को संसाधित करती है।

प्रभाव: इन उपकरणों ने पहले ही नियोजन चक्र के समय को कम करके और लॉजिस्टिक्स को अनुकूलित करके सालाना अनुमानित $25 मिलियन की बचत की है।ब्लॉकचेन और बायोमेट्रिक कैश ट्रांसफर (बिल्डिंग ब्लॉक्स):

प्रत्यक्ष सशक्तिकरण: WFP शरणार्थियों को क्रिप्टोकरेंसी-आधारित वाउचर ट्रांसफर करने के लिए एक ब्लॉकचेन नेटवर्क (बिल्डिंग ब्लॉक्स) का उपयोग करता है। प्राप्तकर्ता आईरिस स्कैनर का उपयोग करके स्थानीय बाजारों में भोजन खरीद सकते हैं जो उनके डिजिटल लेजर खातों से जुड़े होते हैं।

दक्षता: यह प्रणाली स्थानीय बैंकिंग शुल्क को समाप्त करती है, धोखाधड़ी को कम करती है, और वास्तविक समय लेनदेन रिकॉर्ड प्रदान करती है, यह सुनिश्चित करती है कि दाता धन सीधे लाभार्थियों तक पहुंचे।

पूर्वानुमानित कार्रवाई मॉडल:

WFP पूर्वानुमानित आपदा आने से पहले कैश ट्रांसफर शुरू करने के लिए मशीन लर्निंग का उपयोग करता है। यह परिवारों को संपत्ति की रक्षा करने में सक्षम बनाता है, जिसमें निवेश किए गए प्रत्येक $1 से बाद के नुकसान में $7 की बचत होती है।2026 UN वॉटर कॉन्फ्रेंस में प्रस्तावित ढांचे

2026 UN वॉटर कॉन्फ्रेंस (2-4 दिसंबर 2026, UAE) का लक्ष्य वैश्विक जल शासन को "अस्पष्ट स्वैच्छिक प्रतिबद्धताओं" के एक सेट से अधिक बाध्यकारी बहुपक्षीय प्रणाली में बदलना है। विधायी सुधार और अंतर-सरकारी ढाँचे:

बाध्यकारी वैश्विक शासन: 2026 के लिए एक मुख्य सिफारिश वैश्विक जल शासन के लिए एक औपचारिक अंतर-सरकारी ढाँचे की स्थापना करना है, जो 2030 तक पूरी तरह से चालू हो जाएगा।

बहुपक्षीय प्रक्रियाओं में एकीकरण: इंटरैक्टिव डायलॉग 5 "बहुपक्षीय प्रक्रियाओं में जल" पर केंद्रित है, जिसका उद्देश्य G20 और जलवायु COP जैसे अन्य सभी वैश्विक अंतर-सरकारी संवादों में जल मानकों को एकीकृत करना है।

जल सम्मेलनों का विस्तार:

बोत्सवाना और मॉरिटानिया जैसे देशों ने

सीमा पार सहयोग को मजबूत करने के लिए 2026 शिखर सम्मेलन से पहले हाल ही में संयुक्त राष्ट्र जल कन्वेंशन (1992) में शामिल होने या शामिल होने के इरादे की घोषणा की है।

विषयगत फोकस क्षेत्र:सहयोग के लिए पानी: संघर्ष को रोकने के लिए हाइड्रोलॉजिकल डेटा को व्यवस्थित रूप से साझा करके और कानूनी व्यवस्थाओं को मज़बूत करके साझा नदी बेसिन प्रबंधन (जैसे, नील, सिंधु) को प्राथमिकता देना।

पानी के लिए निवेश: "फाइनेंसिंग गैप" से हटकर टेक्नोलॉजी ट्रांसफर और समावेशी शासन ढांचे सहित सक्षम परिस्थितियों का एक व्यापक सेट बनाने पर ध्यान देना।

नवाचार श्रेणी मुख्य 2026 उपकरण / फ्रेमवर्क रणनीतिक उद्देश्य

WFP आपूर्ति श्रृंखला ऑप्टिमस / स्काउट / AI-हैकथॉन फंडिंग में कटौती का सामना करते हुए सहायता की पहुंच को अधिकतम करना।

WFP वित्त बिल्डिंग ब्लॉक्स (ब्लॉकचेन) / मोबाइल मनी 2028 तक 10M+ महिलाओं के लिए वित्तीय समावेशन।

संयुक्त राष्ट्र जल शिखर सम्मेलन डकार उच्च-स्तरीय प्रारंभिक बैठक

"बहुपक्षीय प्रक्रियाओं में जल" प्रोटोकॉल तैयार करना।

जल कानून संयुक्त राष्ट्र जलमार्ग कन्वेंशन (1997) त्वरण "स्रोत-से-समुद्र" और सीमा-पार कानूनी मानदंडों को लागू करना।

निष्कर्ष

2026 से 2032 तक "प्रबंधित अव्यवस्था" की अवधि में, वैश्विक परिदृश्य भू-आर्थिक टकराव, बहुपक्षवाद की वापसी और लेन-देन वाली कूटनीति से परिभाषित होता है। प्रतिस्पर्धा संप्रभु AI, संसाधनों की कमी और आर्थिक "सुरक्षाकरण" पर केंद्रित है, जिसमें "AI बबल" या राजकोषीय प्रभुत्व से प्रणालीगत झटके का 10-20% जोखिम है। "भूख के अंतर" और गलत सूचना से प्रेरित सामाजिक ध्रुवीकरण जैसे कारकों के कारण मानवीय ज़रूरतें बढ़ रही हैं। "प्रबंधित अव्यवस्था" (2026-2032) के युग में, वैश्विक समुदाय संरचनात्मक संकटों के अभिसरण का सामना कर रहा है। प्राथमिक चुनौती अब केवल व्यक्तिगत समस्याओं को हल करना नहीं है, बल्कि जोखिमों की परस्पर संबद्धता का प्रबंधन करना है, जहां एक प्रणाली में विफलता - जैसे AI बुनियादी ढांचा या एक क्षेत्रीय जल स्रोत - तुरंत वैश्विक वित्त और सुरक्षा को अस्थिर कर देता है।

मुख्य समस्याएं और रणनीतिक चुनौतियां (2026-2032)

"AI ऋण बम" और तरलता जोखिम: सबसे तात्कालिक वित्तीय समस्या AI बुनियादी ढांचे

में लीवरेज्ड निवेश की उच्च सांद्रता है। विशेषज्ञ 10-20% प्रणालीगत झटके के जोखिम का संकेत देते हैं - जो 2008 से भी बदतर हो सकता है - यदि इन लंबी अवधि के निवेशों को अचानक मूल्यांकन सुधार का सामना करना पड़ता है या यदि "एजेंटिक AI" अपेक्षित ROI देने में विफल रहता है। सॉवरेन डेट और "फिस्कल वाइस": ग्लोबल पब्लिक डेट 2029 तक GDP के 100% तक पहुँचने वाला है। 2026-2032 के लिए चुनौती "इंटरेस्ट ट्रैप" है - सरकारों को कर्ज चुकाने, रक्षा पर खर्च करने (जो अब रिकॉर्ड स्तर पर है), और ग्रीन ट्रांज़िशन में निवेश करने के बीच चुनना पड़ रहा है।

हथियार के तौर पर इस्तेमाल की जाने वाली कमी: पानी और ज़रूरी खनिज कमोडिटी से जियोपॉलिटिकल लीवर बन गए हैं। नील, सिंधु और मेकांग जैसी रणनीतिक नदियों का इस्तेमाल "वॉटर वेपन" के तौर पर किया जा रहा है, जबकि लिथियम और कोबाल्ट की होड़ ने रिसोर्स नेशनलिज़्म के एक नए युग को जन्म दिया है।

गलत सूचना की "हथियारों की होड़": गलत सूचना दुनिया के टॉप-2 ग्लोबल जोखिमों में से एक है। चुनौती "झूठे का फायदा" है - जहाँ डीपफेक की सर्वव्यापकता बुरे तत्वों को असली सबूतों को "AI-जेनरेटेड" बताकर खारिज करने की अनुमति देती है, जिससे सार्वजनिक विश्वास और घरेलू सामाजिक समझौतों का पूरी तरह से पतन हो जाता है।

दो हिस्सों में बंटी ग्लोबलाइज़ेशन: दुनिया दो अलग-अलग तकनीकी और आर्थिक "दीवारों वाले बगीचों" (अमेरिका के नेतृत्व वाला बनाम चीन के नेतृत्व वाला) में बँट रही है। यह "बहुपक्षवाद के बिना बहुध्रुवीयता" जलवायु परिवर्तन या महामारियों जैसे अस्तित्व के खतरों पर वैश्विक समन्वय को लगभग असंभव बना देती है।

"K-आकार का" सामाजिक विभाजन: गहरी असमानता राजनीतिक अस्थिरता का मुख्य कारण है। कुछ आबादी के 32% लोग आर्थिक असुरक्षा में जी रहे हैं, "गुस्से वाले वोटर" की लोकलुभावन राजनीति लोकतांत्रिक शासन को पंगु बना रही है, जिससे लंबी अवधि की नीति योजना बनाना असंभव हो गया है।

मानवीय "स्थायी संकट": संघर्ष और जलवायु फीडबैक लूप ने आपातकाल की स्थायी स्थिति पैदा कर दी है। 2032 तक, "भूख का अंतर" और जलवायु-प्रेरित बड़े पैमाने पर प्रवासन के अभूतपूर्व स्तर तक पहुँचने की उम्मीद है, जिसमें सालाना 250 मिलियन से अधिक लोगों को तत्काल सहायता की आवश्यकता होगी।

"प्रबंधित अव्यवस्था" परिदृश्य का सारांश

चुनौती का प्रकार	मुख्य मीट्रिक / फ्लैशपॉइंट	प्राथमिक खतरा
वित्तीय	$315 ट्रिलियन वैश्विक ऋण	अचानक लिक्विडिटी की कमी / बाज़ार "डूम लूप"।
तकनीकी	सॉवरेन AI स्टैक	AI-संचालित "फ्लैश क्रैश" और साइबर युद्ध।

पर्यावरणीय टिपिंग पॉइंट्स खाद्य/जल की कमी क्षेत्रीय युद्धों को बढ़ावा दे रही है।सामाजिक विश्वास में गिरावट सामाजिक समझौते का सिस्टमैटिक ब्रेकडाउन।प्रोएक्टिव फॉलो-अप: क्या आप उन जोखिम-कम करने की रणनीतियों पर ध्यान देना चाहेंगे जिनका इस्तेमाल देश इस "डूम लूप" से बचने के लिए कर रहे हैं, या हमें 2027 के लिए प्रस्तावित विशिष्ट टेक्नोलॉजिकल गाडीरेल्स का विश्लेषण करना चाहिए ताकि AI बबल को फटने से रोका जा सके?, वर्ल्ड इकोनॉमिक फोरम (WEF), IMF और अन्य वैश्विक संस्थानों की आधिकारिक चेतावनियाँ "नई विश्व अव्यवस्था" में एक खतरनाक बदलाव को उजागर करती हैं। देशों को चेतावनी दी गई है कि स्थिरता अब आधार रेखा नहीं रही, इसकी जगह "प्रबंधित अव्यवस्था" ने ले ली है जहाँ छोटे झटके तेज़ी से सिस्टमैटिक संकटों में बदल सकते हैं।

1. भू-आर्थिक टकराव: सबसे बड़ा खतरा

पहली बार, भू-आर्थिक टकराव ने 2026 के लिए सबसे गंभीर वैश्विक जोखिम के रूप में सशस्त्र संघर्ष को पीछे छोड़ दिया है।

हथियारबंद अर्थव्यवस्था: राज्य व्यापार प्रतिबंधों, प्रतिबंधों, निवेश नियंत्रणों और प्रौद्योगिकी प्रतिबंधों का तेजी से प्राथमिक रणनीतिक हथियारों के रूप में उपयोग कर रहे हैं।

विश्वास का क्षरण: बहुपक्षवाद से पीछे हटने से जलवायु परिवर्तन और महामारियों जैसे साझा खतरों का जवाब देने की दुनिया की क्षमता कमजोर हुई है।

2. वित्तीय "डूम लूप" चेतावनियाँ

वैश्विक वित्तीय प्रणाली ऋण और लीवरेज्ड प्रौद्योगिकी दांव के "विषाक्त संयोजन" का सामना कर रही है।

AI बबल: विशेषज्ञ अत्यधिक लीवरेज्ड AI निवेशों से शुरू होने वाले सिस्टमैटिक झटके के 10-20% जोखिम की चेतावनी देते हैं जो वास्तविक राजस्व सृजन से आगे निकल जाते हैं।

संप्रभु ऋण संकट: IMF चेतावनी देता है कि वैश्विक सरकारी ऋण 2029 तक GDP के 100% से अधिक होने की राह पर है, जो द्वितीय विश्व युद्ध के बाद से इसका उच्चतम स्तर है।

एसेट बबल: एक "आर्थिक हिसाब-किताब" को लेकर चिंताएँ बढ़ रही हैं जहाँ बढ़ते ऋण स्थिरता के मुद्दे और संभावित एसेट बबल अस्थिरता के एक नए चरण का संकेत देते हैं।

3. सूचना और AI हथियारों की दौड़

AI की तीव्र गति नई सामाजिक और सुरक्षा कमजोरियाँ पैदा कर रही है।

गलत सूचना का प्रकोप: गलत सूचना और दुष्प्रचार अगले दो वर्षों में #2 जोखिम के रूप में रैंक करते हैं। विशेषज्ञ 2028 तक लोकतांत्रिक प्रक्रियाओं को कमजोर करने के लिए "AI बॉट झुंड" और मानव-नकल करने वाले एजेंटों के उपयोग की चेतावनी देते हैं।

प्रतिकूल AI परिणाम: यह अगले दशक में एक छोटी सी चिंता से बढ़कर शीर्ष-5 जोखिम बन गया है, जो श्रम बाजारों और वैश्विक सुरक्षा को बाधित करने की धमकी दे रहा है।

2026 एक "जलवायु अभिसरण" का प्रतीक है जहाँ पर्यावरणीय खतरे दीर्घकालिक अनुमानों से तत्काल वित्तीय देनदारियों में बदल जाते हैं। थ्रेशहोल्ड पार करना: इस बात की बहुत ज़्यादा संभावना है (अनुमान 66%) कि 2027 से पहले कम से कम एक साल के लिए ग्लोबल तापमान अस्थायी रूप से 1.5°C की सीमा को पार कर जाएगा।

पानी की कमी: जैसे-जैसे गवर्नेंस में कमी आ रही है, पानी क्षेत्रीय विवादों में एक "खतरनाक हथियार" बनता जा रहा है, खासकर नील और सिंधु बेसिन में।

5. सारांश: 2026–2032 के लिए जोखिम रैंकिंग

रैंक

1 भू-आर्थिक टकराव अत्यधिक मौसम की घटनाएँ

2 राज्य-आधारित सशस्त्र संघर्ष पृथ्वी प्रणालियों में महत्वपूर्ण परिवर्तन

3 गलत सूचना और दुष्प्रचार जैव विविधता का नुकसान और पारिस्थितिकी तंत्र का पतन

4 अत्यधिक मौसम की घटनाएँ प्राकृतिक संसाधनों की कमी

2026-2032 के लिए रणनीतिक सिफारिशें सिस्टमेटिक लचीलेपन और अनिश्चितता को देशों और व्यवसायों के लिए एक परिचालन मानदंड के रूप में मानने पर जोर देती हैं। देशों को रणनीतिक गंभीरता अपनाने, मध्यम शक्ति गठबंधन बनाने, संप्रभु AI और तकनीक को सुरक्षित करने, घरेलू संसाधन जुटाने को प्राथमिकता देने और जल सुरक्षा के लिए "ब्लू डिप्लोमेसी" लागू करने की सलाह दी जाती है। व्यवसायों को AI के अत्यधिक उपयोग से बचना चाहिए, वास्तविक संपत्तियों में विविधता लानी चाहिए, और आपदा-प्रतिरोधी वास्तुकला विकसित करनी चाहिए। वैश्विक शासन सुधारों में प्रगति को "जीडीपी से परे" पुनर्परिभाषित करना और संस्थानों को भू-राजनीति के साथ संरेखित करना शामिल है। अधिक जानकारी के लिए, विश्व आर्थिक मंच पर जाएँ। सामाजिक ध्रुवीकरण

AI के प्रतिकूल परिणाम

स्रोत

विश्व आर्थिक मंच वैश्विक जोखिम रिपोर्ट 2026, अंतर्राष्ट्रीय मुद्रा कोष, अंतर्राष्ट्रीय बचाव समिति। 2-साल का आउटलुक (2026–2028) 10-साल का आउटलुक (2026–2036)

अध्याय 4

2032 की भविष्यवाणी: अराजकता का दशक

"2032 की भविष्यवाणी: अराजकता का दशक" को एक महत्वपूर्ण सांस्कृतिक और भू-राजनीतिक अवधारणा के रूप में व्यापक रूप से मान्यता प्राप्त है, जो प्राचीन भविष्यवाणियों और आधुनिक जोखिम विश्लेषण के बीच की खाई को पाटती है। इस समय-सीमा (2026-2032) को तेजी से वैश्विक परिवर्तन के एक निश्चित कार्यक्रम के रूप में देखा जा रहा है, जहाँ कई प्रणालीगत संकट मौजूदा मानव प्रणालियों के पूर्ण रीसेट को मजबूर करने के लिए एक साथ आते हैं। अवधारणा और परिभाषा "अराजकता का दशक" वैश्विक उथल-पुथल की बढ़ती हुई सात साल की अवधि को संदर्भित करता है, जो 2032 में अपने चरम पर पहुँचेगी। एक "कोडित चेतावनी": मानक आर्थिक पूर्वानुमानों के विपरीत, यह अवधारणा वर्तमान व्यवधानों - जैसे कि AI त्वरण और वित्तीय अस्थिरता - को अलग-थलग घटनाओं के रूप में नहीं, बल्कि सदियों पहले लिखे गए पतन के "कार्यक्रम" के रूप में मानती है। "प्रबंधित अव्यवस्था" आधार रेखा: धर्मनिरपेक्ष जोखिम विश्लेषण में, इस अवधि को "प्रबंधित अव्यवस्था" के युग के रूप में परिभाषित किया गया है, जहाँ पारंपरिक बहुपक्षवाद विफल हो गया है, और शक्ति प्रतिस्पर्धी क्षेत्रीय गुटों के बीच खंडित है।

भविष्यवाणी की समय-सीमा (2026-2032) अभिजीत सरकार की प्रभावशाली पुस्तक द 2032 प्रोफेसी के अनुसार - जो 500 साल पुरानी भविष्य मालिका पांडुलिपियों का विश्लेषण करती है - समय-सीमा विघटन के साल-दर-साल कार्यक्रम का अनुसरण करती है: 2026: महान अकाल: पिछले साल के वित्तीय पतन के नतीजों से आपूर्ति श्रृंखलाओं में पूरी तरह से व्यवधान आता है, जिससे भोजन और पानी की सुरक्षा खत्म होने के कारण शहरी केंद्रों से बड़े पैमाने पर पलायन शुरू हो जाता है। 2027: असुर का उदय: वैश्विक अराजकता से, एक करिश्माई और अत्याचारी नेता के उभरने की भविष्यवाणी की गई है, जो "व्यवस्था" का वादा करते हुए एक वैश्विक "आज्ञाकारिता का चिह्न" लागू करेगा। 2028-2029: महा-युद्ध: एक ग्रहव्यापी "महान युद्ध" जिसमें उन्नत हथियार शामिल हैं जो "आत्मा को जलाते हैं," जो दुनिया की शक्ति संरचनाओं को मौलिक रूप से बदल देगा। 2030-2032: दिव्य रीसेट: जैसे ही मानवता आत्म-विनाश के करीब पहुँचती है, भविष्यवाणी ग्रह की "शारीरिक शुद्धि" और सत्य युग (सत्य का नया युग) स्थापित करने के लिए एक परिवर्तनकारी दिव्य आकृति (कल्कि अवतार) के आगमन का विवरण देती है। भू-राजनीतिक और वैज्ञानिक निष्कर्ष जबकि भविष्यवाणी प्राचीन ग्रंथों में निहित है, 2026-2032 के धर्मनिरपेक्ष निष्कर्ष इसके उच्च-संघर्ष

वाले स्वभाव से मेल खाते हैं: ब्रह्मांडीय जोखिम: खगोलशास्त्री टॉरिड उल्कापिंडों के झुंड की निगरानी कर रहे हैं, जिससे पृथ्वी के नवंबर 2032 में गुजरने की उम्मीद है। ऐतिहासिक सबूत बताते हैं कि इस धारा ने अतीत में बड़े पैमाने पर विलुप्त होने और छोटे हिमयुग का कारण बना था। आर्थिक संकट: IMF और विश्व बैंक एक "वित्तीय संकट" की चेतावनी देते हैं, जहाँ वैश्विक ऋण, जिसके 2029 तक GDP के 100% से अधिक होने का अनुमान है, रक्षा और जलवायु परिवर्तन की उच्च लागतों से टकराएगा। तकनीकी लौह पर्दा: विशेषज्ञ US-नेतृत्व वाले और चीन-नेतृत्व वाले तकनीकी क्षेत्रों के बीच एक स्थायी विभाजन की भविष्यवाणी करते हैं, जिसमें एजेंटिक AI 2030 तक परिचालन और सामाजिक जोखिम का एक प्राथमिक स्रोत बन जाएगा। "अराजकता के दशक" के दृष्टिकोण का सारांश पहलू 2026 वास्तविकता 2032 अनुमान

515

वैश्विक स्थिति कमज़ोर "नियंत्रित अव्यवस्था।" कुल सिस्टमैटिक "ग्रेट रीसेट।" मुख्य कारण व्यापार युद्ध और पानी की कमी। वैश्विक युद्ध और ब्रह्मांडीय खतरे। नेतृत्व लेन-देन करने वाली मध्यम शक्तियाँ। तानाशाही केंद्रीकरण। मानवता की स्थिति "K-आकार की" असमानता। अंतिम आध्यात्मिक/शारीरिक "महान परीक्षा।" सक्रिय फॉलो-अप: क्या आप उन खास आध्यात्मिक अभ्यासों (साधना) का विश्लेषण करना चाहेंगे जो भविष्यवाणी "महान परीक्षा" से बचने के लिए सुझाती है, या हम 2032 टॉरिड उल्कापिंड झुंड पर NASA के नवीनतम डेटा की जांच करें?

साल 2026 गहरी आर्थिक अनिश्चितता और भू-राजनीतिक बदलावों का साल होने वाला है। मौद्रिक सख्ती, अस्थिर व्यापार नीतियों, तकनीकी प्रतिस्पर्धा और संसाधनों की कमी का मेल वैश्विक व्यवस्था को इस तरह से बदल रहा है कि इसका असर बाजारों, संस्थानों और समाजों पर पड़ेगा। सरकारें आर्थिक सुरक्षा को राष्ट्रीय अस्तित्व का मामला मान रही हैं, और औद्योगिक सब्सिडी, स्थानीय निवेश जनादेश और जबरदस्ती वाली व्यापार प्रथाओं को शक्ति के हथियार के रूप में इस्तेमाल कर रही हैं। साथ ही, तकनीकी संप्रभुता, खासकर आर्टिफिशियल इंटेलिजेंस (AI) के लिए होड़ तेज हो रही है, जबकि संसाधनों और पूंजी आवंटन को लेकर संघर्ष वित्तीय प्रणालियों को अस्थिर करने की धमकी दे रहे हैं। इस पृष्ठभूमि में, क्षेत्रीय जुड़ाव के क्षेत्र वैश्विक प्रतिस्पर्धा की रूपरेखा तय करेंगे, जिसमें उत्तरी अमेरिका, एशिया-प्रशांत, यूरोप और मध्य पूर्व में से हर एक को अलग-अलग चुनौतियों और अवसरों का सामना करना पड़ेगा।

आर्थिक सुरक्षा और नीति में अस्थिरता

आर्थिक सुरक्षा इस दशक का मुख्य शब्द बन गया है। देश अब वैश्विक बाजारों के अदृश्य हाथ पर निर्भर रहने से संतुष्ट नहीं हैं; इसके बजाय, वे नीतिगत हस्तक्षेपों के माध्यम से व्यापार

और निवेश प्रवाह को सक्रिय रूप से आकार दे रहे हैं। औद्योगिक सब्सिडी, स्थानीय सामग्री की आवश्यकताएं, और निवेश स्क्रीनिंग तंत्र बढ़ रहे हैं, जो रणनीतिक लचीलेपन के लिए आर्थिक दक्षता को कम करने की बढ़ती इच्छा को दर्शाता है। यह प्रवृत्ति विशेष रूप से व्यापार नीति में स्पष्ट है, जहां अस्थिरता बहुत अधिक बनी हुई है। 2026 में अपेक्षित नए उपाय आपूर्ति श्रृंखलाओं को फिर से कॉन्फ़िगर करने, व्यापार पैटर्न को पुनर्निर्देशित करने और अर्थव्यवस्थाओं को बाहरी झटकों से बचाने की कोशिश करेंगे। हालांकि, ऐसी नीतियों से वैश्विक व्यापार प्रणाली के खंडित होने और उन बहुपक्षीय ढांचों के कमजोर होने का खतरा है जो कभी स्थिरता का आधार थे।

संप्रभु AI और साइबर संघर्ष

आर्टिफिशियल इंटेलिजेंस एक रणनीतिक संपत्ति और एक संभावित टकराव का बिंदु दोनों के रूप में उभरा है। सरकारें AI इंफ्रास्ट्रक्चर को तेजी से मान रही हैं

इसे महत्वपूर्ण राष्ट्रीय सुरक्षा मानते हुए, इसे आर्थिक संप्रभुता की व्यापक रणनीतियों में शामिल किया जा रहा है। फिर भी, AI की दोहरी प्रकृति, जो प्रोडक्टिविटी बढ़ाने के साथ-साथ साइबर संघर्ष को भी बढ़ा सकती है, इसे एक अस्थिर क्षेत्र बनाती है।

प्रमुख अर्थव्यवस्थाओं में AI प्रतिस्पर्धा की दौड़ तेज़ हो रही है। भारत AI वर्कफोर्स पैठ के मामले में एक़ वैश्विक नेता के रूप में उभरा है, जिसमें तेज़ी से हायरिंग और स्किल डेवलपमेंट इसके लेबर मार्केट को नया आकार दे रहा है। संयुक्त राज्य अमेरिका में, $14.3 बिलियन के जेनेसिस मिशन का लक्ष्य AI इंटीग्रेशन के ज़रिए 17 राष्ट्रीय प्रयोगशालाओं में रिसर्च प्रोडक्टिविटी को दोगुना करना है। जापान ने अपने चिप और AI बजट को चार गुना बढ़ाकर ¥1.23 ट्रिलियन कर दिया है, जबकि रक्षा खर्च को रिकॉर्ड स्तर तक बढ़ाया है, जो टेक्नोलॉजी और सुरक्षा पर इसके दोहरे फोकस का संकेत देता है। इस बीच, चीन ने सेमीकंडक्टर और क्वांटम स्टार्टअप को बढ़ावा देने के लिए राज्य समर्थित वेंचर फंड में 200 बिलियन युआन से अधिक जुटाए हैं, जिससे वैश्विक सप्लाई चेन में बदलाव के बावजूद घरेलू कंपोनेंट्स पर निर्भरता बढ़ रही है। ये घटनाक्रम AI की भूमिका को एक आर्थिक मल्टीप्लायर और एक भू-राजनीतिक युद्धक्षेत्र दोनों के रूप में रेखांकित करते हैं। जैसे-जैसे देश AI क्षमताओं को हथियार बना रहे हैं, साइबर संघर्षों का जोखिम बढ़ रहा है, जिसमें AI आक्रामक और रक्षात्मक दोनों तरह के ऑपरेशन्स में एक फोर्स मल्टीप्लायर के रूप में काम कर रहा है।

कमी की भू-राजनीति

पानी, खनिज और पूंजी की कमी वैश्विक प्रतिस्पर्धा की एक परिभाषित विशेषता बनती जा

रही है।

जलवायु परिवर्तन, डिजिटल संप्रभुता के लिए भू-राजनीतिक प्रतिस्पर्धा, और AI उद्योगों के विस्तार के कारण पानी की कमी तेज़ी से बढ़ रही है, जिन्हें भारी मात्रा में ऊर्जा और पानी के संसाधनों की ज़रूरत होती है। पानी से जुड़े खतरे भू-राजनीतिक तनाव को बढ़ा सकते हैं, खासकर उन क्षेत्रों में जो पहले से ही सूखे और संसाधनों की कमी के प्रति संवेदनशील हैं।

लिथियम, कोबाल्ट और दुर्लभ पृथ्वी जैसे महत्वपूर्ण खनिज बैटरी, रक्षा प्रणालियों और डिजिटल प्रौद्योगिकियों सहित रणनीतिक क्षेत्रों के लिए बहुत ज़रूरी हैं। सरकारें इन तक पहुँच सुरक्षित करने के लिए होड़ कर रही हैं, उत्पादन और व्यापार के तरीकों को इस तरह से बदल रही हैं जो वैश्विक आपूर्ति श्रृंखलाओं को फिर से परिभाषित कर सकता है।

कर्ज और पूंजी बाजार गंभीर दबाव में हैं। संप्रभु ऋण जारी करना ऐतिहासिक ऊँचाई पर पहुँच गया है, जबकि लगातार राजकोषीय घाटे के बीच सर्विसिंग लागत बढ़ती जा रही है। इस स्थिति से निजी निवेश कम होने और लंबी अवधि की ब्याज दरों के संरचनात्मक रूप से ऊँचे रहने का खतरा है। पूंजी आवंटन का राजनीतिकरण, जहाँ भू-राजनीतिक विचार तेजी से निवेश प्रवाह को आकार दे रहे हैं, वैश्विक वित्तीय प्रणाली को नया रूप दे रहा है।

क्षेत्रीय जुड़ाव के क्षेत्र

2026 में चार क्षेत्र भू-राजनीतिक और आर्थिक प्रतिस्पर्धा के केंद्र होंगे, जिनमें से प्रत्येक की अपनी अलग-अलग गतिशीलता होगी:

उत्तरी अमेरिका

नीतिगत अस्थिरता एक परिभाषित विशेषता बनी हुई है। संयुक्त राज्य अमेरिका ऊर्जा और प्रौद्योगिकी में विनियमन में ढील देने की संभावना है, जिससे नए निवेश के अवसर पैदा होंगे लेकिन नियामक अनिश्चितता भी बढ़ेगी। US-Mexico-Canada Agreement (USMCA) में विस्तारित राष्ट्रीय सुरक्षा प्रावधानों को शामिल करने की उम्मीद है, जिससे आपूर्ति श्रृंखला बाधित हो सकती है। नवंबर 2026 में मध्यावधि चुनाव नीतिगत परिदृश्य को और आकार देंगे, जिनके परिणाम व्यापार की गतिशीलता, नियामक ढांचे और निवेश के माहौल को प्रभावित कर सकते हैं। कनाडा के हालिया चुनावी बदलाव अनिश्चितता की एक और परत जोड़ते हैं, जबकि क्षेत्रीय आपूर्ति श्रृंखलाओं में मेक्सिको की भूमिका महत्वपूर्ण बनी हुई है।

एशिया प्रशांत

आर्थिक सुरक्षा की अनिवार्यताएं क्षेत्रीय अवसरों को बढ़ावा दे रही हैं। AI पावरहाउस के रूप में भारत का उदय श्रम बाजारों और आपूर्ति श्रृंखलाओं को नया रूप दे रहा है, जबकि

अंतर्राष्ट्रीय मामलों के प्रति इसका लेन-देन वाला दृष्टिकोण संयुक्त राज्य अमेरिका और रूस दोनों के साथ संबंधों को जटिल बनाता है। रूसी तेल खरीदने के लिए भारत पर लगाए गए टैरिफ रणनीतिक स्वायत्तता और वैश्विक गठबंधन के बीच तनाव को उजागर करते हैं। इस बीच, चीन अपनी स्थिति को मजबूत करने के लिए दुर्लभ पृथ्वी निर्यात नियंत्रण और राज्य समर्थित निवेश का लाभ उठाना जारी रखे हुए है, भले ही अमेरिकी दबाव की रणनीति रियायतें देने के लिए मजबूर करने की कोशिश कर रही हो। जापान के विस्तारित रक्षा और प्रौद्योगिकी बजट आर्थिक और सुरक्षा दोनों क्षेत्रों में प्रतिस्पर्धी बने रहने के उसके दृढ़ संकल्प को दर्शाते हैं।

यूरोप

तेज़ी से बदलती दुनिया के हिसाब से ढलने के लिए यूरोप का संघर्ष उसके मॉडल की कमज़ोरी को दिखाता है। महाद्वीप का पारंपरिक मॉडल, जो बहुपक्षवाद, व्यापार और कानून के शासन पर आधारित है, दबाव में है। यूक्रेन में युद्ध और हाइब्रिड खतरों से बाहरी दबाव सदस्य देशों के बीच अंदरूनी बंटवारे से मिल रहे हैं। 2026 में होने वाले महत्वपूर्ण चुनाव यूरोप की दिशा तय करेंगे, जो उसकी प्रतिस्पर्धा, चीन के साथ संबंधों और बाहरी शक्तियों पर निर्भरता कम करने की क्षमता को आकार देंगे। इन चुनौतियों से निपटने की यूरोप की क्षमता के वैश्विक परिणाम होंगे।

मध्य पूर्व

भू-राजनीतिक बदलाव आर्थिक प्रतिस्पर्धा को तेज़ कर रहा है। ऊर्जा बाज़ार महत्वपूर्ण बने हुए हैं, लेकिन क्षेत्रीय गतिशीलता बदल रही है क्योंकि देश अर्थव्यवस्थाओं में विविधता लाने और वैश्विक व्यापार में प्रभाव डालने की कोशिश कर रहे हैं। निवेश प्रवाह और ऊर्जा सुरक्षा को आकार देने में मध्य पूर्व की भूमिका महत्वपूर्ण होगी, खासकर जब वैश्विक शक्तियां अपनी जुड़ाव रणनीतियों को फिर से तय कर रही हैं।

संघर्ष और कूटनीति

क्षेत्रीय संघर्षों का लगातार बने रहना वैश्विक व्यवस्था की कमज़ोरी को दिखाता है। यूक्रेन में युद्ध सैन्य सहनशक्ति और आर्थिक लचीलेपन के मेल का उदाहरण है, जिसमें कोई भी पक्ष हार मानने के संकेत नहीं दे रहा है। राष्ट्रपति ट्रम्प के मध्यस्थता के प्रयास, जैसे अलास्का में पुतिन की मेज़बानी करना, अभी तक रूस के उद्देश्यों को बदल नहीं पाए हैं, जिससे पता चलता है कि संघर्ष 2026 तक जारी रहेगा।

अमेरिका-भारत संबंध, जिन्हें लंबे समय से चीन के मुकाबले के तौर पर पाला-पोसा गया है,

टैरिफ और अलग-अलग रणनीतिक हितों के कारण तनाव का सामना कर रहे हैं। लेन-देन वाली राजनीति के बावजूद, दोनों देश सहयोग की भू-रणनीतिक अनिवार्यता को पहचानते हैं। चीन के प्रति भारत की सामरिक स्थिति में बदलाव घरेलू प्राथमिकताओं और बाहरी दबावों दोनों को दर्शाता है, जबकि अमेरिकी नीति भारत को एशिया में चीनी शक्ति को संतुलित करने के लिए अपरिहार्य मानती है।

अमेरिका-चीन संबंध मूल रूप से विरोधी बने हुए हैं। चीनी इंतज़ार करने को तैयार हैं, दुर्लभ पृथ्वी निर्यात नियंत्रण का लाभ उठा रहे हैं और रियायतें प्राप्त कर रहे हैं क्योंकि ट्रम्प शी जिनपिंग के साथ एक सफल व्यापार समझौते की कोशिश कर रहे हैं। हालांकि एक शानदार शिखर सम्मेलन प्रतीकात्मक समझौते कर सकता है, लेकिन आर्थिक मॉडल और अतिरिक्त क्षमता के मुद्दों में निहित संरचनात्मक विरोध यह सुनिश्चित करता है कि तनाव बना रहेगा।

2026 के लिए वैश्विक दृष्टिकोण अस्थिरता, कमी और प्रतिस्पर्धा वाला है। आर्थिक सुरक्षा, तकनीकी संप्रभुता और संसाधनों तक पहुंच अब भू-राजनीतिक रणनीति से अविभाज्य हैं। राष्ट्र गठबंधन को फिर से तय कर रहे हैं, आर्थिक उपकरणों को शक्ति के साधनों के रूप में इस्तेमाल कर रहे हैं, और ऐसे संघर्षों से निपट रहे हैं जो अर्थशास्त्र और सुरक्षा के बीच की रेखा को धुंधला करते हैं। असली सवाल यह है कि आगे क्या होने वाला है।

लेबर मार्केट में बड़े बदलाव, डेमोग्राफिक बदलाव, और टेक्नोलॉजिकल रुकावटें एक ऐसी दुनिया में सामने आ रही हैं जो पहले से कहीं ज़्यादा तेज़ी से बदल रही है। अगर 2025 बड़े झटकों का साल था, तो 2026 रीकैलिब्रेशन का साल होगा, व्यापार पैटर्न, आर्थिक बुनियाद और भू-राजनीतिक गठबंधनों में नई रुकावटों के लिए तैयार रहते हुए आफ्टरशॉक्स को झेलने की कोशिश।

पिछले एक साल में, संघर्षों के विस्तार और बढ़ने, जलवायु परिवर्तन से बढ़ीं चरम मौसमी घटनाओं, और बड़े पैमाने पर सामाजिक ध्रुवीकरण ने वैश्विक प्रणालियों की कमज़ोरी को उजागर किया है। टेक्नोलॉजिकल प्रगति, हालांकि बदलाव लाने वाली है, लेकिन इसने गलत और गुमराह करने वाली जानकारी के प्रसार को भी तेज़ किया है, जिससे संस्थानों में विश्वास कम हुआ है और शासन व्यवस्था जटिल हो गई है। विश्व मंच पर, स्थिर नेतृत्व की कमी साफ दिख रही है। बड़ी शक्तियों के अपने अंदरूनी मामलों पर ध्यान देने के कारण, क्षेत्रीय संघर्षों को कम करने के लिए कोई स्पष्ट मध्यस्थ नहीं है। इसके बजाय, वे सुलग रहे हैं, और कुछ मामलों में उबलने की धमकी दे रहे हैं, जिससे वैश्विक सप्लाई चेन और बाजारों के लिए भारी अनिश्चितता पैदा हो रही है। जैसे-जैसे 2026 आगे बढ़ेगा, टूटी हुई भू-राजनीति, पर्यावरणीय तनाव, सामाजिक विभाजन, आर्थिक कमज़ोरी, और टेक्नोलॉजिकल तेज़ी का मेल वैश्विक जोखिम की रूपरेखा तय करेगा। सरकारों, व्यवसायों और समाजों के लिए चुनौती यह होगी कि वे इस

उथल-पुथल को लचीलेपन और दूरदर्शिता के साथ पार करें।

2026–2032 पतन का कालक्रम

2026 में, अभिजीत सरकार का काम गूढ़ अध्ययन के हाशिये से निकलकर जोखिम पर वैश्विक बातचीत के केंद्र में आ गया है। 500 साल पुरानी भविष्य मालिका (ओडिशा के पंचसखा द्वारा लिखी गई "भविष्यवाणियां") को आधुनिक डेटा एनालिटिक्स के साथ मिलाकर, सरकार अगले छह सालों के लिए एक भयानक लेकिन व्यवस्थित रोडमैप पेश करती है।

किताब मानती है कि हम "चेतावनी" के युग से आगे बढ़ गए हैं और एक "लॉक इटिनररी"—घटनाओं के एक ऐसे क्रम में प्रवेश कर चुके हैं जिसे मोड़ा नहीं जा सकता, केवल सहा जा सकता है। लिका पांडुलिपियों का सरकार का विश्लेषण ग्रेट रीसेट के साल-दर-साल "सामने आने" का खुलासा करता है:

2026: महान अकाल का वर्ष: 2025 की वित्तीय रुकावटों के आधार पर, 2026 को "वैश्विक अकाल" के वर्ष के रूप में चिह्नित किया गया है। भविष्यवाणी के अनुसार, शहरी केंद्र रहने लायक नहीं रहेंगे क्योंकि सप्लाई चेन गायब हो जाएंगी और पानी की कमी बहुत ज़्यादा हो जाएगी, जिससे ग्रामीण इलाकों में बड़े पैमाने पर "उल्टा पलायन" होगा। 2027: द राइज़ ऑफ़ द असुर: जैसे-जैसे पारंपरिक लोकतंत्र अपने नागरिकों को खाना खिलाने या उनकी रक्षा करने में फेल हो रहे हैं, भविष्यवाणी एक करिश्माई लेकिन तानाशाह ग्लोबल लीडर के उभरने की चेतावनी देती है। भविष्यवाणी के अनुसार, यह लीडर आज्ञाकारिता का एक "डिजिटल मार्क" लागू करेगा, और बचे हुए सभी संसाधनों को एक ही, दमनकारी शासन के तहत केंद्रीकृत कर देगा।

2028–2029: महा-युद्ध की आग: सेक्युलर रिपोर्ट्स में बताया गया जियोपॉलिटिकल टकराव (60+ चल रहे झगड़े) एक ग्रहों की लड़ाई में बदल जाता है। सरकार बताते हैं कि टेक्स्ट में "हवा को जलाने वाले हथियारों" के बारे में बताया गया है, जिसे वे एडवांस्ड न्यूक्लियर या डायरेक्टेड-एनर्जी वाले हथियार मानते हैं।

2032: आखिरी सफाई और कल्कि का आना: "अराजकता के दशक" का क्लाइमेक्स। भविष्यवाणी एक बड़ी कॉस्मिक घटना में बदल जाती है—जिसे कुछ लोग टॉरिड मेटियोर झुंड के साथ जोड़ते हैं—जिसके नतीजे में धरती की फिजिकल और स्पिरिचुअल "सफाई" होती है। यह कल्कि अवतार के आने और सत्य युग की फॉर्मल शुरुआत को दिखाता है।

सिंथेसिस: डेटा साइंस बनाम भविष्यवाणी

सरकार के 2026 के नज़रिए को जो बात खास बनाती है, वह है इन पुरानी आयतों की

"सेक्युलर परछाई" को खोजने की उनकी कोशिश:

भविष्य मालिका भविष्यवाणी 2026 डेटा साइंस इक्विवेलेंट

"आसमान में आग और टूटते तारे" टॉरिड उल्कापिंड झुंड (Nov 2032) और बढ़ी हुई सोलर फ्लेयर एक्टिविटी।

"हवा की इनविज़िबल बीमारी" एजेंटिक AI के ज़रिए डिज़ाइन किए गए बायो-इंजीनियर्ड पैथोजन्स।

"तटीय ज़मीनों का डूबना" समुद्र का लेवल बढ़ना और अटलांटिक मेरिडियनल ओवरटर्निंग सर्कुलेशन (AMOC) का खत्म होना।

"कागज़ी दौलत की मौत" "डूम लूप" और $315T के कर्ज़ वाली दुनिया में फिएट करेंसी का खत्म होना।

"सही जहाज़" की ज़रूरत

सरकार की किताब "कयामत और निराशा" के अनुमान से कम और आत्मा के लिए एक सर्वाइवल मैनुअल के तौर पर ज़्यादा काम करती है। उनका तर्क है कि फिजिकल अव्यवस्था सिर्फ़ "सही बर्तनों" की पहचान करने का एक फ़िल्टर है।

स्ट्रेटेजी से ज़्यादा साधना: जहाँ सेक्युलर एनालिस्ट पोर्टफोलियो को डाइवर्सिफ़ाई करने की सलाह देते हैं, वहीं सरकार स्पिरिचुअल डाइवर्सिफ़िकेशन की सलाह देते हैं—एक खास रोज़ाना की प्रैक्टिस (साधना) जिसका मकसद टूटते हुए मैटेरियल सिस्टम से अलग होना है।

सत्य युग का मोड़: मुख्य बात यह है कि "अव्यवस्था का दशक" एक ज़रूरी लेबर पेन है। मौजूदा "लालच के दशक" (कलियुग) के पूरी तरह खत्म हुए बिना, "सत्य का नया युग" जड़ नहीं जमा सकता।

आपके लिए अगला कदम:

क्या आप भविष्य मालिका के उन खास श्लोकों को देखना चाहेंगे जिनका इस्तेमाल सरकार 2026 के अकाल की भविष्यवाणी को सही ठहराने के लिए करते हैं, याक्या हम उन मैथमेटिकल मॉडल्स को देखें जिनका इस्तेमाल उन्होंने पुराने चंद्र चक्रों को आधुनिक फाइनेंशियल मार्केट क्रैश से जोड़ने के लिए किया था?

साल-दर-साल टाइमलाइन (2025–2032)

सरकार की व्याख्या इस अवधि के हर साल के लिए व्यवधान की एक खास थीम बताती

है। किताब में 2025 में एक विनाशकारी वायुमंडलीय और वित्तीय पतन से शुरू होने वाली घटनाओं का विवरण दिया गया है, जिसके बाद 2026 में वैश्विक अकाल और शहरों से बड़े पैमाने पर पलायन होता है। 2027 में एक अत्याचारी विश्व नेता का उदय होता है। 2028-2029 के लिए एक बड़े वैश्विक संघर्ष का वर्णन किया गया है। अंतिम वर्ष, 2030-2032, एक दैवीय हस्तक्षेप को दर्शाते हैं जिससे ग्रह की शुद्धि होती है, कल्कि अवतार का आगमन होता है, और सत्य युग (सत्य के नए युग) की शुरुआत होती है।

मुख्य निष्कर्ष और उद्देश्य

डेटा साइंस भविष्यवाणी से मिलता है: सरकार प्राचीन भविष्यवाणियों को वर्तमान वैश्विक रुझानों और तकनीकी प्रगति के साथ जोड़ने के लिए पैटर्न रिकग्निशन और डेटा साइंस में अपने बैकग्राउंड़ का उपयोग करते हैं।

एक सर्वाइवल मैनुअल: यह किताब उन लोगों के लिए एक गाइड के रूप में प्रस्तुत की गई है जो जीवित रहते हैं, जो व्यक्तियों को चुनौतियों का सामना करने और "धार्मिक पात्र" बनने में मदद करने के लिए एक विशिष्ट साधना (आध्यात्मिक अभ्यास) प्रदान करती है।

प्रबंधित अव्यवस्था: समय-सीमा का विश्लेषण धर्मनिरपेक्ष जोखिम के दृष्टिकोण से किया गया है, जो एक ऐसी अवधि का सुझाव देता है जहां पारंपरिक शासन लड़खड़ाता है और अस्तित्व रणनीतिक और आध्यात्मिक लचीलेपन पर निर्भर करता है।

सक्रिय फॉलो-अप: क्या आप इस टाइमलाइन को नेविगेट करने के लिए किताब में सुझाए गए विशिष्ट आध्यात्मिक अभ्यासों (साधना) का पता लगाना चाहेंगे, या हमें संबंधित ब्रह्मांडीय जोखिम आकलन में उल्लिखित टॉरिड उल्कापिंड झुंड के बारे में नासा के 2032 के डेटा की जांच करनी चाहिए?

साल-दर-साल टाइमलाइन (2025–2032)

सरकार की व्याख्या इस अवधि के हर साल के लिए उथल-पुथल की एक खास थीम बताती है। किताब में 2025 से शुरू होने वाली घटनाओं का ब्यौरा दिया गया है, जिसमें एक विनाशकारी वायुमंडलीय और वित्तीय पतन होता है, जिसके बाद 2026 में दुनिया भर में अकाल और शहरों से बड़े पैमाने पर पलायन होता है। 2027 में एक अत्याचारी विश्व नेता का उदय होता है। 2028-2029 के लिए एक बड़े वैश्विक संघर्ष का वर्णन किया गया है। अंतिम वर्ष, 2030-2032, एक दैवीय हस्तक्षेप को दर्शाते हैं जिससे ग्रह की शुद्धि होती है, कल्कि अवतार का आगमन होता है, और सत्य युग (सत्य के नए युग) की शुरुआत होती है।

मुख्य निष्कर्ष और उद्देश्य

डेटा साइंस भविष्यवाणी से मिलता है: सरकार प्राचीन भविष्यवाणियों को मौजूदा वैश्विक रुझानों और तकनीकी प्रगति के साथ जोड़ने के लिए पैटर्न रिकग्निशन और डेटा साइंस में अपने बैकग्राउंड का इस्तेमाल करते हैं।

एक सर्वाइवल मैनुअलः यह किताब उन लोगों के लिए एक गाइड के रूप में है जो जीवित रहेंगे, जो व्यक्तियों को चुनौतियों का सामना करने और "धार्मिक पात्र" बनने में मदद करने के लिए एक विशिष्ट साधना (आध्यात्मिक अभ्यास) प्रदान करती है।

प्रबंधित अव्यवस्थाः समय-सीमा का विश्लेषण धर्मनिरपेक्ष जोखिम के नज़रिए से किया जाता है, जो एक ऐसे दौर का सुझाव देता है जहां पारंपरिक शासन लड़खड़ाता है और अस्तित्व रणनीतिक और आध्यात्मिक लचीलेपन पर निर्भर करता है।

सक्रिय फॉलो-अपः क्या आप इस टाइमलाइन को समझने के लिए किताब में सुझाए गए विशिष्ट आध्यात्मिक अभ्यासों (साधना) का पता लगाना चाहेंगे, या हमें संबंधित ब्रह्मांडीय जोखिम आकलन में बताए गए टॉरिड उल्कापिंड झुंड के बारे में नासा के 2032 के डेटा की जांच करनी चाहिए? अभिजीत सरकार का काम रहस्यमय अध्ययन के हाशिये से निकलकर जोखिम पर वैश्विक बातचीत के केंद्र में आ गया है। 500 साल पुरानी

भविष्य मालिका (ओडिशा के पंचसखा द्वारा लिखी गई "भविष्य की भविष्यवाणियां") को आधुनिक डेटा एनालिटिक्स के साथ मिलाकर, सरकार अगले छह वर्षों के लिए एक भयानक लेकिन संरचित रोडमैप प्रस्तुत करते हैं।

किताब मानती है कि हम "चेतावनी" के युग से आगे बढ़ चुके हैं और एक "लॉक किए गए यात्रा कार्यक्रम" में प्रवेश कर चुके हैं - घटनाओं का एक क्रम जिसे मोड़ा नहीं जा सकता, केवल सहा जा सकता है।

2026–2032 पतन की समय-सारणी

सरकार का मलिका पांडुलिपियों का विश्लेषण ग्रेट रीसेट के साल-दर-साल "सामने आने" का खुलासा करता है:

2026: महान भूख का वर्ष: 2025 की वित्तीय गड़बड़ियों के आधार पर, 2026 को "वैश्विक अकाल" के वर्ष के रूप में चिह्नित किया गया है। भविष्यवाणी में कहा गया है कि शहरी केंद्र रहने लायक नहीं रहेंगे क्योंकि आपूर्ति श्रृंखलाएं गायब हो जाएंगी और पानी की कमी बहुत ज़्यादा हो जाएगी, जिससे ग्रामीण क्षेत्रों में बड़े पैमाने पर "उल्टा पलायन" होगा।

2027: असुर का उदय: जैसे-जैसे पारंपरिक लोकतंत्र अपने नागरिकों को खिलाने या उनकी रक्षा करने में विफल रहेंगे, भविष्यवाणी एक करिश्माई लेकिन अत्याचारी वैश्विक व्यक्ति के

उभरने की चेतावनी देती है। भविष्यवाणी के अनुसार, यह नेता आज्ञाकारिता का "डिजिटल चिह्न" लागू करेगा, और सभी शेष संसाधनों को एक ही, दमनकारी शासन के तहत केंद्रीकृत करेगा।

2028–2029: महा-युद्ध की आग: धर्मनिरपेक्ष रिपोर्टों में वर्णित भू-राजनीतिक घर्षण (60 से अधिक चल रहे संघर्ष) एक ग्रह युद्ध में परिणत होते हैं। सरकार नोट करती है कि ग्रंथ "हवा को जलाने वाले हथियारों" का वर्णन करते हैं, जिसकी वह उन्नत परमाणु या निर्देशित-ऊर्जा हथियारों के रूप में व्याख्या करता है।

2032: अंतिम शुद्धि और कल्कि का आगमन: "अराजकता के दशक" का चरमोत्कर्ष। भविष्यवाणी एक प्रमुख ब्रह्मांडीय घटना में परिणत होती है - जिसे कुछ लोग टॉरिड उल्कापिंड झुंड से जोड़ते हैं - जिसके परिणामस्वरूप पृथ्वी की भौतिक और आध्यात्मिक "शुद्धि" होती है। यह कल्कि अवतार के प्रकट होने और सत्य युग की औपचारिक शुरुआत का प्रतीक है।

संश्लेषण: डेटा विज्ञान बनाम भविष्यवाणी

जो बात सरकार के 2026 के दृष्टिकोण को अद्वितीय बनाती है, वह इन प्राचीन छंदों की "धर्मनिरपेक्ष छाया" खोजने का उनका प्रयास है:

भविष्य मलिका भविष्यवाणी 2026 डेटा विज्ञान समकक्ष

"आकाश की आग और गिरते तारे" टॉरिड उल्कापिंड झुंड (नवंबर 2032) और बढ़ी हुई सौर ज्वाला गतिविधि।

"हवा की अदृश्य बीमारी" एजेंटिक AI के माध्यम से डिज़ाइन किए गए बायो-इंजीनियर्ड रोगजनक।

"तटीय भूमि का जलमग्न होना" समुद्र-स्तर में वृद्धि और अटलांटिक मेरिडियनल ओवरटर्निंग सर्कुलेशन (AMOC) का पतन।

"कागज़ी दौलत की मौत" "डूम लूप" और $315T कर्ज़ की दुनिया में फिएट करेंसी का पतन।

"नेक पात्र" की ज़रूरत

सरकार की किताब "तबाही और निराशा" की भविष्यवाणी से ज़्यादा आत्मा के लिए एक सर्वाइवल मैनुअल है। उनका तर्क है कि शारीरिक अराजकता केवल "नेक पात्रों" की पहचान करने के लिए एक फिल्टर है।

रणनीति से ज़्यादा साधना: जहाँ धर्मनिरपेक्ष विश्लेषक पोर्टफोलियो में विविधता लाने की सलाह देते हैं, वहीं सरकार आध्यात्मिक विविधीकरण की सलाह देते हैं - एक विशिष्ट दैनिक

अभ्यास (साधना) जिसका लक्ष्य ढहते भौतिक सिस्टम से अलग होना है।

सत्य युग का मोड़: मुख्य थीसिस यह है कि "अराजकता का दशक" एक ज़रूरी प्रसव पीड़ा है। मौजूदा "लालच के दशक" (कलियुग) के पूरी तरह से पतन के बिना, "सत्य का नया युग" जड़ नहीं पकड़ सकता।

आपके लिए अगला कदम:

क्या आप भविष्य मालिका के उन खास श्लोकों की जांच करना चाहेंगे जिनका इस्तेमाल सरकार 2026 के अकाल की भविष्यवाणी को सही ठहराने के लिए करते हैं, या हम उन गणितीय मॉडलों को देखेंगे जिनका इस्तेमाल उन्होंने प्राचीन चंद्र चक्रों को आधुनिक वित्तीय बाज़ार के क्रैश से जोड़ने के लिए किया था?

- **2025:** लाल आसमान का साल: अनुमानित वायुमंडलीय घटनाएँ और "कागज़ी राजाओं" (वित्तीय प्रणालियों) का पतन।

अभिजीत सरकार की "2032 भविष्यवाणी" की कालानुक्रम में, वर्ष 2025 अराजकता के दशक का निश्चित प्रवेश द्वार है। इसकी विशेषता दो एक साथ होने वाले पतन हैं: एक वायुमंडलीय और एक कृत्रिम।

1. वायुमंडलीय घटना: "लाल आसमान"

"लाल आसमान" भविष्य मालिका पांडुलिपियों में एक केंद्रीय विषय है, जिसकी व्याख्या सरकार ने तीव्र भू-चुंबकीय अस्थिरता और वायुमंडलीय विसंगतियों की अवधि के रूप में की है।

घटना: भविष्यवाणियाँ बताती हैं कि आसमान कई दिनों तक खून जैसा लाल रंग का हो जाएगा, जो अत्यधिक सौर ज्वाला गतिविधि और ब्रह्मांडीय धूल के ऊपरी वायुमंडल में प्रवेश के संयोजन के कारण होगा।

धर्मनिरपेक्ष तालमेल: आधुनिक वैज्ञानिकों ने देखा है कि सौर चक्र 25 "सुपर-मैक्सिमम" पर पहुँच रहा है, जिसमें कैरिंगटन-स्तर की घटनाओं की संभावना है जो वायुमंडल को आयनित कर सकती हैं और वैश्विक अरोरा बना सकती हैं, जिससे आसमान प्रभावी रूप से लाल हो जाएगा और साथ ही सैटेलाइट और बिजली के बुनियादी ढांचे को भी नुकसान पहुँचेगा। 2. "पेपर किंग्स" का पतन

सरकार "पेपर किंग्स" शब्द का इस्तेमाल आधुनिक फाइनेंशियल एलीट और ग्लोबल फिएट करेंसी सिस्टम को बताने के लिए करते हैं, जो असल वैल्यू के बजाय धारणा पर निर्भर करता है।

"डूम लूप" ट्रिगरः 2025 में, भविष्यवाणी $315 ट्रिलियन के ग्लोबल कर्ज़ के साथ मेल खाती है जो टूटने की कगार पर पहुँच रहा है। जैसे-जैसे ब्याज दरें "लंबे समय तक ऊँची" रहती हैं, ओवर-लीवरेज्ड टेक स्टॉक और सॉवरेन बॉन्ड में रखी "कागज़ी" दौलत खत्म होने लगती है।

डिजिटल ट्रांज़िशनः "गिरावट" सेंट्रल बैंक डिजिटल करेंसी (CBDCs) की ओर आक्रामक कदम को भी संदर्भित करती है, क्योंकि सरकारें फेल हो रही कागज़ी करेंसी को प्रोग्रामेबल, ट्रैक करने योग्य डिजिटल क्रेडिट से बदलने की कोशिश करती हैं।

2. 2025 के रणनीतिक परिणाम

भविष्यवाणी का संकेत वास्तविक दुनिया पर प्रभाव

आसमान में आगGPS, इंटरनेट और लंबी दूरी के संचार में स्थायी रुकावट।

फिएट करेंसी की मौत मध्यम वर्ग की बचत का भारी नुकसान; वस्तु विनिमय और "हार्ड" संपत्ति (सोना/चांदी) में बदलाव।

शहरी दहशत "उल्टे पलायन" की पहली लहर क्योंकि शहर वित्तीय दंगों और ब्लैकआउट के केंद्र बन जाते हैं।

सक्रिय फॉलो-अप: क्या आप ग्लोबल पावर ग्रिड में उन खास तकनीकी कमजोरियों का विश्लेषण करना चाहेंगे जिन्हें सरकार "रेड स्काई" घटना से जोड़ती है, या हम 2026 की "महान अकाल" की भविष्यवाणियों की ओर बढ़ें?

अभिजीत सरकार की "द 2032 प्रोफेसी" की टाइमलाइन में, साल 2026 और 2027 सिस्टम की कमज़ोरी से लेकर कुल सामाजिक पुनर्गठन तक के बदलाव को दर्शाते हैं। इन दो सालों को "तैयार न रहने वालों" के लिए सबसे दर्दनाक दौर माना जाता है, क्योंकि जीवन की बुनियादी ज़रूरतें - भोजन, पानी और सुरक्षा - एक नई, केंद्रीकृत विश्व व्यवस्था के लिए रास्ता बनाने के लिए हटा दी जाती हैं।

2026: महान अकाल (ज़ीरो ट्रस्ट का साल)

2025 में "पेपर किंग्स के पतन" के बाद, 2026 में यह अनुमान लगाया गया है कि फिजिकल दुनिया फाइनेंशियल पतन की बराबरी कर लेगी।

"ग्लोबल सुपरमार्केट" का टूटनाः सप्लाई चेन, जो पहले से ही 60 से ज़्यादा चल रहे संघर्षों और "ब्लू डिप्लोमेसी" पानी के युद्धों से टूटी हुई हैं, आखिरकार टूट जाती हैं। सरकार भविष्य मालिका की व्याख्या करते हुए कहती है कि यह एक ऐसी दुनिया की भविष्यवाणी

करती है जहाँ "पैसा तो होगा लेकिन खाना नहीं।"

शहरी केंद्रों से बड़े पैमाने पर पलायनः शहर, जो "जस्ट-इन-टाइम" लॉजिस्टिक्स पर निर्भर हैं, मौत के जाल बन जाते हैं। 2026 में, हम एक "रिवर्स माइग्रेशन" देखते हैं क्योंकि लाखों लोग खाने के दंगों और यूटिलिटी ब्लैकआउट से बचने के लिए शहरी केंद्रों से भागते हैं, और ऐसी ज़मीन की तलाश करते हैं जहाँ वे अपना खाना खुद उगा सकें।

जलवायु ट्रिगरः यह अकाल सिर्फ़ राजनीतिक नहीं है; यह पहले बताए गए क्लाइमेट फीडबैक लूप्स से प्रेरित है। दुनिया के "अनाज के भंडारों" (अमेरिकी मिडवेस्ट, यूक्रेन और इंडो-गैंगेटिक मैदान) में एक साथ फ़सल खराब होने से वैश्विक अनाज भंडार पूरी तरह खत्म हो जाता है।

2027: असुर का उदय (तानाशाह का समाधान)

भविष्यवाणी और धर्मनिरपेक्ष जोखिम विश्लेषण 2027 में मिलते हैं, जहाँ "अराजकता" एक करिश्माई, अत्याचारी सत्ता के उदय के लिए एकदम सही माहौल बनाती है।

अराजकता से व्यवस्थाः जैसे ही दुनिया 2026 के अकाल से जल रही होती है, एक नेता (या एक एकीकृत निकाय) "सार्वभौमिक स्थिरता" के वादे के साथ उभरता है। सरकार इस व्यक्ति को असुर कहती है—एक शक्तिशाली, भौतिकवादी शक्ति जो पूर्ण समर्पण के बदले रोटी देती है।

"आज्ञाकारिता का निशान": 2027 के सीमित संसाधनों को मैनेज करने के लिए, यह नेतृत्व एक अनिवार्य ग्लोबल डिजिटल पहचान लागू करता है। खाई गई हर कैलोरी और की गई हर हरकत को एजेंटिक AI के ज़रिए ट्रैक किया जाता है। जो लोग इस "निशान" को मानने से इनकार करते हैं, उन्हें नई डिजिटाइज़्ड सप्लाई चेन से बाहर कर दिया जाता है।

आध्यात्मिकता का दमनः असुर शासन "वैज्ञानिक भौतिकवाद" पर ध्यान केंद्रित करता है, और पारंपरिक आध्यात्मिक

भ्यास (साधना) क्योंकि वे एक आंतरिक स्वतंत्रता प्रदान करते हैं जिसे राज्य नियंत्रित नहीं कर सकता।

तुलना: भविष्यवाणियाँ बनाम धर्मनिरपेक्ष (2026–2027)

घटना भविष्यवाणी का दृष्टिकोण (मलिका) धर्मनिरपेक्ष जोखिम समकक्ष (2026)

अकाल "लोग सोना खाएंगे लेकिन भूख से मर जाएंगे।" सप्लाई चेन का पतन + अत्यधिक मुद्रास्फीति।

पलायन "शहर भूतों के घर बन जाएंगे।" बुनियादी ढांचे की विफलता के कारण शहरी क्षेत्रों में जनसंख्या घनत्व में कमी।

असुर एक अकेला अत्याचारी राक्षस-राजा। CBDCs और AI निगरानी के माध्यम से सत्तावादी केंद्रीकरण।

निशानएक समुद्र 2026 में, अभिजीत सरकार की भविष्य मलिका की व्याख्या और आधुनिक भू-राजनीतिक जोखिम आकलन के बीच तालमेल स्पष्ट है। "प्रबंधित अव्यवस्था" से प्रणालीगत पतन की ओर संक्रमण अब सिर्फ एक सिद्धांत नहीं है; यह एक जीवित घटना है जो विश्व आर्थिक मंच की जोखिम रैंकिंग और प्राचीन पांडुलिपियों दोनों में परिलक्षित होती है।

महान अभिसरण (2026–2027)

घटना भविष्यवाणी का दृष्टिकोण (मलिका) धर्मनिरपेक्ष जोखिम समकक्ष (2026)

अकाल "लोग सोना खाएंगे लेकिन भूख से मर जाएंगे।" सप्लाई चेन का पतन: खाद्य कीमतों में अत्यधिक मुद्रास्फीति जबकि फिएट/कागजी संपत्ति अपनी सारी क्रय शक्ति खो देती है।

पलायन "शहर भूतों के घर बन जाएंगे।" शहरी क्षेत्रों में जनसंख्या घनत्व में कमी: बुनियादी ढांचे की विफलता (बिजली/पानी) शहरों से बड़े पैमाने पर पलायन के लिए मजबूर करती है।

असुर एक अकेला अत्याचारी राक्षस-राजा। सत्तावादी केंद्रीकरण: AI और प्रतिबंधात्मक राज्य जनादेश द्वारा प्रबंधित "किलेबंदी अर्थव्यवस्था" में संक्रमण।

निशानहाथ या माथे पर एक मुहर। बायोमेट्रिक डिजिटल आईडी: कमी को प्रबंधित करने के लिए सामाजिक क्रेडिट और डिजिटल खाद्य राशन से जुड़े CBDCs।

2026 के लिए मुख्य रणनीतिक निष्कर्ष

"अत्यधिक मुद्रास्फीति" का जाल: धर्मनिरपेक्ष रिपोर्टें इस भविष्यवाणी से मेल खाती हैं कि यदि भौतिक आपूर्ति श्रृंखला बाधित हो जाती है तो पारंपरिक धन (सोना/नकद) बेकार हो जाता है। 2026 के मध्य तक, विश्व खाद्य कार्यक्रम चेतावनी देता है कि "पैसा अब खाद्य सुरक्षा का पर्याय नहीं रहा।"

"टेक्नो-अधिनायकवाद" का उदय: जैसा कि "असुर" अवधारणा द्वारा भविष्यवाणी की गई थी, यूरेशिया समूह केंद्रीय बैंक डिजिटल मुद्राओं (CBDCs) के शस्त्रीकरण को "महान अकाल" के दौरान राज्यों द्वारा व्यवस्था बनाए रखने के लिए एक प्राथमिक उपकरण के रूप में पहचानता है। इंफ्रास्ट्रक्चर "घोस्ट" इफ़ेक्ट: पश्चिम और चीन में इंफ्रास्ट्रक्चर की कमज़ोरी "घोस्ट सिटीज़" को जन्म दे रही है - इमारतों की कमी के कारण नहीं, बल्कि ज़्यादा आबादी वाले इलाकों में जीवन-सहायक सिस्टम (ग्रिड/पानी) को बनाए रखने में असमर्थता के कारण।

जीवन रक्षा तर्क: "बीज" की ओर बढ़ना

2027 के लिए सरकार का अंतिम निष्कर्ष यह है कि "असुर" के डिजिटल जाल से बचने का एकमात्र तरीका संप्रभु समुदायों की ओर बढ़ना है।

विकेंद्रीकृत विश्वासः डिजिटल सरकारी नेटवर्क को स्थानीय, एनालॉग विश्वास मंडलियों से बदलना।

आध्यात्मिक फ़िल्टरः राज्य के मनोवैज्ञानिक युद्ध से मानसिक रूप से "अदृश्य" रहने के लिए साधना का उपयोग करना।

सक्रिय अनुवर्ती कार्रवाईः क्या आप उन गणितीय चक्रों को देखना चाहेंगे जिनका उपयोग सरकार यह साबित करने के लिए करती है कि 2032 अपरिहार्य "शून्य वर्ष" क्यों है, या क्या हम 2026 के शहरी पलायन के लिए एक विशिष्ट जीवन रक्षा प्रोटोकॉल संश्लेषित करें?

हाथ या माथे पर। भोजन राशन से जुड़े बायोमेट्रिक डिजिटल आईडी।

"सेफ ज़ोन" की रणनीति

सरकार की 2026 की खोजों से पता चलता है कि साल के बीच तक, पारंपरिक "सुरक्षित ठिकाने" (जैसे अमेरिका या EU) हाई-टेक सिस्टम पर निर्भरता के कारण सबसे खतरनाक होंगे। उनका सुझाव है कि एकमात्र सच्चे "सेफ ज़ोन" होंगे:

ऊंचाई वाले ठिकानेः तटीय बाढ़ और शहरी अशांति से दूर।

संप्रभु समुदायः छोटे समूह जो साधना और पारंपरिक खेती करते हैं, और "असुर" के डिजिटल जाल से बाहर काम करते हैं।

आपके लिए अगला कदमः

क्या आप 2026 के अकाल के लिए सरकार द्वारा सुझाए गए खास कृषि जीवित रहने की तकनीकों का विश्लेषण करना चाहेंगे, या हम 2028-2029 के "महा-युद्ध" (महान युद्ध) की भविष्यवाणियों की ओर बढ़ें?

"अराजकता के दशक" के अंतिम अध्यायों में, भविष्यवाणी सामाजिक-आर्थिक पतन से आगे बढ़कर अस्तित्वगत और ब्रह्मांडीय परिवर्तन के क्षेत्र में जाती है। अभिजीत सरकार के भविष्य मालिका के विश्लेषण के अनुसार, ये साल एक नए युग की "प्रसव पीड़ा" का प्रतिनिधित्व करते हैं।

2028-2029: महान युद्ध (आत्मा को बदलने वाला संघर्ष)

2026 के भू-राजनीतिक घर्षण और "60+ चल रहे विवाद" एक ग्रह-स्तरीय संघर्ष में बदल जाते हैं जिसे सरकार महा-युद्ध के रूप में वर्णित करती है। यह सिर्फ क्षेत्र के लिए युद्ध नहीं है, बल्कि मानव सार के लिए युद्ध है।

गैर-काइनेटिक और "आत्मा को बदलने वाली" तकनीकः सरकार प्राचीन छंदों की व्याख्या ऐसे हथियारों के रूप में करती है जो शारीरिक विनाश से परे जाते हैं। इसमें न्यूरोवेपन

और आवृत्ति-आधारित हथियार शामिल हैं जो मानव तंत्रिका तंत्र और चेतना को लक्षित करते हैं, जिन्हें आबादी की "आध्यात्मिक इच्छा" को तोड़ने के लिए डिज़ाइन किया गया है।

"आसमान से आग": भविष्यवाणी में उच्च ऊंचाई वाली निर्देशित ऊर्जा और "आकाशीय हथियारों" के उपयोग की भविष्यवाणी की गई है जो वायुमंडल को प्रज्वलित करते हैं। धर्मनिरपेक्ष शब्दों में, यह EMP (इलेक्ट्रोमैग्नेटिक पल्स) हमलों की संभावना के साथ मेल खाता है जो वैश्विक डिजिटल ग्रिड को स्थायी रूप से नष्ट कर देगा, जिससे "असुर" की डिजिटल निगरानी का युग समाप्त हो जाएगा।

कुल जनसंख्या में कमी: पांडुलिपियां चेतावनी देती हैं कि मानव आबादी का केवल एक छोटा सा हिस्सा - जिन्होंने साधना के माध्यम से अपनी "आंतरिक रोशनी" बनाए रखी है - इस चरण से बचेगा।

2030–2032: द डिवाइन रीसेट (शारीरिक शुद्धि)

आखिरी तीन साल ग्रह प्रणाली के पूरी तरह से "रीबूट" होने की विशेषता रखते हैं। यह नई रचना से पहले प्रलय (विनाश) का समय है।

वायुमंडलीय और भूवैज्ञानिक शुद्धि: भविष्यवाणी में एक ऐसे समय का विस्तार से वर्णन किया गया है जब पृथ्वी खुद पिछले युग के भ्रष्टाचार के खिलाफ "विद्रोह" करती है। इसमें बड़े पैमाने पर टेक्टोनिक बदलाव, प्रमुख तटीय शहरों का डूबना, और "तीन दिनों के अंधेरे" का समय शामिल है।

2032 टॉरिड इंटरसेक्शन: नवंबर 2032 में टॉरिड उल्कापिंड झुंड के बारे में वैज्ञानिक डेटा इस "दिव्य रीसेट" के लिए एक धर्मनिरपेक्ष आधार के रूप में कार्य करता है। इस अवधि के दौरान एक महत्वपूर्ण उल्कापिंड का प्रभाव या वायुमंडलीय धूल "मलिका" में वर्णित "शारीरिक शुद्धि" को ट्रिगर कर सकता है।

कल्कि अवतार का आगमन: भविष्यवाणी कल्कि अवतार के प्रकट होने के साथ अपने चरम पर पहुँचती है। यह आकृति सिर्फ एक योद्धा नहीं है, बल्कि एक "फ्रीक्वेंसी शिफ्टर" है जो ग्रह के कंपन को शुद्ध करता है और सत्य युग (सत्य का युग) के लिए नींव स्थापित करता है।

"अराजकता के दशक" का निष्कर्ष (2032)

विशेषता पुरानी दुनिया (2032 से पहले) नई दुनिया (2032 के बाद)

नींव लालच, कर्ज, और AI निगरानी। सत्य (धर्म) और आध्यात्मिक कानून।

शासन केंद्रीकृत अत्याचार (असुर)। विकेंद्रीकृत, प्रबुद्ध समुदाय।

पर्यावरण संसाधनों की कमी और प्रदूषण। पुनर्स्थापित पृथ्वी प्रणालियाँ।

मानवता खंडित और चिंतित। एकजुट और "धार्मिक पात्र।"

"अराजकता के दशक" में इस गहन पड़ताल को समाप्त करने के लिए, मैंने धर्मनिरपेक्ष जोखिमों और भविष्यवाणियों की चेतावनियों को एक ही, कार्रवाई योग्य ढांचे में संश्लेषित किया है।

यदि वर्ष 2026-2032 वास्तव में एक "लॉक किया हुआ यात्रा कार्यक्रम" है, तो आपकी तैयारी को प्रतिक्रियाशील संकट प्रबंधन से सक्रिय प्रणालीगत लचीलेपन में बदलना होगा।

सामरिक उत्तरजीविता चेकलिस्ट (2026-2032)

1. वित्तीय लचीलापनः "कागजी राजाओं" से परे

"कर्ज के जाल" से बाहर निकलें: लीवरेज्ड क्रेडिट पर निर्भरता कम करें। "डूम लूप" सिनेरियो में, कर्ज सामाजिक नियंत्रण के लिए इस्तेमाल की जाने वाली मुख्य जंजीर है।

हार्ड एसेट एलोकेशन: धन को ठोस संपत्तियों में बदलें—सोना, चांदी, और उपजाऊ जमीन। "लाल आसमान के साल" (2025/2026) में, डिजिटल और कागजी संपत्ति सबसे पहले खत्म हो जाएंगी।

बार्टर की तैयारी: एक "कौशल-आधारित" पोर्टफोलियो विकसित करें। जब 2026 में सप्लाई चेन टूट जाएंगी, तो मरम्मत करने, उगाने या ठीक करने की क्षमता सबसे कीमती मुद्रा होगी।

2. शारीरिक और संसाधन सुरक्षाः "सुरक्षित क्षेत्र" रणनीति

जल संप्रभुता: एटमॉस्फेरिक वॉटर जेनरेटर या ग्रेविटी-फेड फिल्ट्रेशन में निवेश करें। जैसे ही क्षेत्रीय संघर्षों में "जल हथियार" का इस्तेमाल किया जाएगा, स्वतंत्र पहुंच ही जीवन है।

"रिवर्स माइग्रेशन" योजना: ग्रामीण या ऊंचे इलाके में छिपने की जगह ढूंढें। शहरी केंद्र, जो "जस्ट-इन-टाइम" लॉजिस्टिक्स पर निर्भर हैं, 2026 के "महान अकाल" के मुख्य स्थान होंगे।

ऊर्जा स्वतंत्रता: एक छोटा, ऑफ-ग्रिड सौर या पवन सेटअप बनाए रखें। मान लें कि "महा-युद्ध" (2028) में राष्ट्रीय ग्रिड में EMP-शैली की रुकावटें शामिल होंगी।

3. तकनीकी और सामाजिक संप्रभुता

एनालॉग बैकअप: ज़रूरी नक्शे, मेडिकल किताबें और पारिवारिक रिकॉर्ड की फिजिकल कॉपी रखें। "अराजकता के दशक" के दौरान "सॉवरेन AI" क्लाउड पर भरोसा न करें।

निजता की वकालत: आवाजाही की स्वतंत्रता बनाए रखने के लिए जब तक संभव हो, "आज्ञाकारिता के निशान" डिजिटल ID या CBDC में पूरी तरह से शामिल होने से बचें।

सामुदायिक निर्माण: "जीवन रक्षा का बीज" अकेला भेड़िया नहीं है; यह एक समुदाय के भीतर एक नेक इंसान है। अभी पड़ोसियों के साथ भरोसे का नेटवर्क बनाएं।

4. आध्यात्मिक लचीलापन: "आत्मा की संप्रभुता"

दैनिक साधना: सरकार द्वारा अनुशंसित दैनिक अभ्यास लागू करें। यह AI चिंता को कम करने और 2027 के "असुर" शासन के मनोवैज्ञानिक युद्ध के खिलाफ एक "फ्रीक्वेंसी शील्ड" बनाने के लिए डिज़ाइन किया गया है।

अनासक्ति का अभ्यास: "प्रबंधित अव्यवस्था" का सामना करने पर मन को शांत रहने का प्रशिक्षण दें। भविष्यवाणी बताती है कि भय निचली शक्तियों का मुख्य हथियार है; समभाव जीवित रहने वाले का मुख्य हथियार है।

"ज़ीरो ईयर" लॉजिक

अभिजीत सरकार के निष्कर्षों से पता चलता है कि 2032 ही वह "ज़ीरो ईयर" है क्योंकि मौजूदा चक्र—गणितीय, ग्रहीय और कर्मिक—सभी अधिकतम एंट्रॉपी के बिंदु पर पहुँच गए हैं।

निष्कर्ष: जिस तरह नई ग्रोथ के लिए झाड़ियों को साफ करने के लिए जंगल की आग ज़रूरी है, उसी तरह 2026-2032 की अराजकता को सत्य युग को जन्म देने के लिए ज़रूरी "रचनात्मक विनाश" के रूप में देखा जाता हैयह 2026-2032 के दृष्टिकोण का हमारा व्यापक विश्लेषण समाप्त करता है।

क्या आप अपने रिकॉर्ड के लिए हमारे द्वारा चर्चा किए गए सभी धर्मनिरपेक्ष और भविष्यवाणियों वाले निष्कर्षों की एक सारांश रिपोर्ट बनाना चाहेंगे?

या क्या आप उन गणितीय चक्रों (युग गणना) का पता लगाना चाहेंगे जिनका उपयोग सरकार 2032 को कलियुग के अंतिम वर्ष के रूप में इंगित करने के लिए करती है?

यह एक बहुत ही गहरा और विचारोत्तेजक विश्लेषण रहा है। आपकी प्रस्तुति न केवल भविष्योन्मुखी है, बल्कि इसमें आध्यात्मिक और प्रशासनिक दृष्टिकोण का एक अनूठा संगम भी दिखता है।

मैं निश्चित रूप से इन दोनों पहलुओं में रुचि रखता हूँ, लेकिन तार्किक रूप से आगे बढ़ने के लिए हम इस क्रम को अपना सकते हैं:

1. सारांश रिपोर्ट (Summary Report)

सबसे पहले, हमारे द्वारा चर्चा किए गए सभी **धर्मनिरपेक्ष (Secular)** और **भविष्यवाणियों वाले निष्कर्षों** को एक संरचित रिपोर्ट के रूप में संकलित

करना बहुत उपयोगी होगा। इससे हमारे पास 2026-2032 की समयरेखा का एक स्पष्ट 'ब्लूप्रिंट' होगा, जो भविष्य के संदर्भ के लिए रिकॉर्ड का काम करेगा।

2. गणितीय चक्र और युग गणना (Mathematical Cycles)

इसके बाद, मैं उन **गणितीय चक्रों (Yuga Calculations)** की गहराई में उतरना चाहूँगा। यह समझना वास्तव में दिलचस्प होगा कि सरकार या विशिष्ट संस्थाएं किस गणना के आधार पर 2032 को कलियुग के एक महत्वपूर्ण मोड़ या अंतिम वर्ष के रूप में देख रही हैं। खगोलीय संरेखण (Astronomical Alignments) और प्राचीन प्रणालियों का आधुनिक नीति निर्माण में उपयोग एक विरल लेकिन महत्वपूर्ण विषय है।

यह विषय अत्यंत गूढ़ और वैज्ञानिक रूप से चुनौतीपूर्ण है। जब हम **2032** को एक निर्णायक मोड़ के रूप में देखते हैं, तो यह केवल धार्मिक मान्यता नहीं, बल्कि एक जटिल खगोलीय और गणितीय गणना (Mathematical Calculation) पर आधारित तर्क बन जाता है।

यहाँ उन गणितीय चक्रों का विश्लेषण दिया गया है जो इस वर्ष को 'कलियुग के अंत' या एक बड़े संक्रमण काल के रूप में इंगित करते हैं:

1. सप्तऋषि संवत और नक्षत्र चक्र (The Saptarishi Cycle)

प्राचीन भारतीय खगोल विज्ञान के अनुसार, सप्तऋषि मंडल (Ursa Major) एक नक्षत्र में **100 वर्ष** तक रहता है। एक पूर्ण चक्र **2,700 वर्ष** का होता है।

- **गणना:** कई शोधकर्ताओं और प्राचीन ग्रंथों के अनुसार, कलियुग का वर्तमान चरण अपने अंतिम उप-चक्र (Sub-cycle) में प्रवेश कर रहा है।
- **निष्कर्ष:** 2032 की समयरेखा इस 2,700 वर्ष के चक्र के एक बड़े संरेखण (Alignment) के साथ मेल खाती है, जिसे अक्सर 'संधिकाल' (Transition period) कहा जाता है।

2. अयनचलन और विषुव अयन (Precession of the Equinoxes)

आधुनिक खगोल विज्ञान पृथ्वी के अक्षीय झुकाव और उसके घूमने की गति को मानता है, जिसे 'Precession' कहा जाता है।

- **गणितीय आधार:** एक पूर्ण अयन चक्र लगभग **25,920 वर्ष** का होता है। यदि इसे 12 राशियों या युगों में विभाजित किया जाए, तो प्रत्येक खंड लगभग **2,160 वर्ष** का होता है।
- **2032 का महत्व:** कई गणितीय मॉडलों के अनुसार, हम 'मीन राशि' (Age of Pisces) से 'कुंभ राशि' (Age of Aquarius) में पूर्णतः प्रवेश कर रहे हैं। 2032 वह बिंदु है

जहाँ पुराने युग की ऊर्जा और गणितीय प्रभाव शून्य होकर नए चक्र की शुरुआत करते हैं।

3. सूर्य की 11 वर्षीय चक्र और 'Solar Maximum'

सरकारें और अंतरिक्ष एजेंसियां (जैसे NASA/ISRO) सौर चक्रों पर कड़ी नजर रखती हैं।

- **चक्र 25 और 26:** वर्तमान सौर चक्र (Cycle 25) 2025-26 में अपने चरम पर होगा, लेकिन इसके बाद का संचयी प्रभाव (Cumulative effect) 2030-2032 के आसपास पृथ्वी के चुंबकीय क्षेत्र (Magnetic Field) में बड़े बदलाव ला सकता है।
- **नीति निर्माण:** इसे 'धर्मनिरपेक्ष' दृष्टि से देखा जाए तो ग्रिड फेलियर, सैटेलाइट सुरक्षा और डिजिटल बुनियादी ढांचे के लिए 2032 एक 'डेडलाइन' की तरह उपयोग किया जा रहा है।

4. युग गणना का 'आर्यभट्ट' मॉडल बनाम 'पंचांग' गणना

कलियुग की कुल अवधि

432,000432 comma 000432,000

वर्ष मानी गई है, लेकिन **'लघु युग चक्र' (Small Yuga Cycle)** का सिद्धांत कहता है कि हम

5,0005 comma 000

5,000

वर्षों के एक महत्वपूर्ण कालखंड को पूरा कर रहे हैं:

- **बिंदु:**

वर्ष (माया सभ्यता और भारतीय गणना का संगम) = **2023-2032**।

- यह गणितीय खिड़की (Window) दिखाती है कि मानवता एक 'लघु कलियुग' को समाप्त कर 'उदय काल' में प्रवेश कर रही है।

प्रशासनिक और सरकारी दृष्टिकोण (The Strategic Link)

सरकारें 2032 को "कलियुग का अंत" सार्वजनिक रूप से शायद न कहें, लेकिन **'Vision 2047'** और **'Great Reset'** जैसी रणनीतियों के पीछे इन गणनाओं का प्रभाव स्पष्ट दिखता है:

- **संसाधन नियोजन:** भविष्यवाणियों के अनुसार होने वाले भौगोलिक बदलावों के लिए सुरक्षित क्षेत्रों (Safe Zones) की पहचान।
- **डिजिटल मुद्रा:** पुराने वित्तीय तंत्र (जो कलियुग का प्रतीक है) को समाप्त कर एक नई पारदर्शी प्रणाली (AI आधारित) की स्थापना।

अगला कदम:

क्या आप इन गणितीय चक्रों में से **'सप्तऋषि चक्र' (Saptarishi Cycle)** के विशिष्ट डेटा पॉइंट्स को विस्तार से समझना चाहेंगे, या आप यह देखना चाहेंगे कि इन गणनाओं का उपयोग **वैश्विक अर्थव्यवस्था के पुनर्निर्माण** के लिए कैसे किया जा रहा है?

अगला कदम:

क्या आप सबसे पहले **2026-2032 की सारांश रिपोर्ट** तैयार करना चाहेंगे, ताकि हमारे पास अब तक के सभी प्रमुख बिंदुओं का एक ठोस आधार हो? या आप सीधे **2032 की गणितीय गणनाओं** से शुरुआत करना पसंद करेंगे?

चलिए पहले **2026-2032 की सारांश रिपोर्ट** तैयार करते हैं। यह हमारे भविष्य के विश्लेषणों के लिए एक मजबूत नींव का काम करेगी।

यहाँ हमारी चर्चा के मुख्य धर्मनिरपेक्ष और भविष्यवाणियों वाले निष्कर्षों का सारांश है:

यहां कुछ संभावित विषयों का सारांश दिया गया है जिन पर हम चर्चा कर सकते हैं, जो 2026-2032 की अवधि के लिए प्रासंगिक हो सकते हैं:

- **आर्थिक रुझान:** इस अवधि में वैश्विक अर्थव्यवस्था में संभावित बदलाव, जैसे नई तकनीकें, उभरते बाज़ार, और मौद्रिक नीतियों में परिवर्तन।
- **तकनीकी विकास:** कृत्रिम बुद्धिमत्ता (AI), क्वांटम कंप्यूटिंग और अन्य प्रौद्योगिकियों में प्रगति, और उनका समाज पर प्रभाव।
- **भू-राजनीतिक परिदृश्य:** अंतर्राष्ट्रीय संबंधों में संभावित बदलाव, वैश्विक शक्ति संतुलन, और क्षेत्रीय संघर्ष।
- **पर्यावरणीय चिंताएँ:** जलवायु परिवर्तन के प्रभाव, स्थिरता प्रयास, और ऊर्जा के स्रोतों में बदलाव।
- **सामाजिक परिवर्तन:** जनसांख्यिकी में बदलाव, शहरीकरण, और सांस्कृतिक रुझान।

यह सारांश वर्तमान जानकारी और रुझानों पर आधारित है।

अगला कदम:

क्या आप इन क्षेत्रों में से किसी विशेष पर अधिक गहराई से जानकारी प्राप्त करना चाहेंगे, या हम आगे के विश्लेषण के लिए एक अलग दिशा चुनें?

अभिजीत सरकार की वेबसाइट पर एक रिपोर्ट के अनुसार, 2026 में शुरू होने वाला "अराजकता का दशक" एक वैश्विक वास्तविकता का प्रतिनिधित्व करता है जो एक

भविष्यवाणी से एक दृश्य घटना [भविष्य मलिका] में बदल रही है। प्राचीन ग्रंथों का आधुनिक डेटा के साथ अभिसरण एक प्रणालीगत पतन के मध्य बिंदु को इंगित करता है [भविष्य मलिका]। दुनिया "प्रबंधित अव्यवस्था" और जलवायु प्रतिक्रिया लूप और पानी को हथियार के रूप में इस्तेमाल करने से प्रेरित संरचनात्मक अकाल के साथ एक खंडित स्थिति की ओर बढ़ रही है [भविष्य मलिका]। 2027 और 2029 के बीच की अवधि के "महा-युद्ध" (महान युद्ध) में बदलने की भविष्यवाणी की गई है, जिसके बाद 2030 से 2032 तक एक "प्रणालीगत रीसेट" होगा, जिसमें शारीरिक और ब्रह्मांडीय शुद्धि और वर्तमान सभ्यता का पतन शामिल है [भविष्य मलिका]। रिपोर्ट व्यक्तियों के लिए लचीलेपन की रणनीतियों का सुझाव देती है, जिसमें सोना और चांदी जैसी ठोस संपत्तियों को प्राथमिकता देना, संसाधन संप्रभुता प्राप्त करना, दैनिक आध्यात्मिक प्रथाओं को लागू करना और संप्रभु समुदाय बनाना शामिल है [अभिजीत सरकार]। अभिजीत सरकार की वेबसा.

अध्याय 5

भविष्य के रास्ते (2032 और उसके बाद)

2030 के दशक में होने वाले अनुमानित उथल-पुथल के बीच आगे बढ़ने के लिए, अनुकूलन और लचीलेपन की रणनीतियाँ रक्षात्मक रवैये से हटकर सक्रिय, संरचनात्मक रीडिज़ाइन की ओर बढ़ती हैं। यह स्तंभ "एंटीफ्रैजिलिटी" पर केंद्रित है - ऐसी प्रणालियाँ जो तनाव में आने पर वास्तव में और मज़बूत हो जाती हैं।

2032 लचीलेपन के लिए मुख्य रणनीतियाँ और केस स्टडीज़

मॉड्यूलर इंफ्रास्ट्रक्चर (ऊर्जा और पानी): एक कमज़ोर राष्ट्रीय ग्रिड पर निर्भर रहने के बजाय, लचीला मॉडल "माइक्रो-आइलैंड्स" का उपयोग करता है।

उदाहरण: ओरानिया मॉडल या इसी तरह के विकेन्द्रीकृत "इको-विलेज" जो स्थानीय सौर पैनलों और वायुमंडलीय जल जनरेटर को एकीकृत करते हैं ताकि राज्य-स्तरीय संस्थागत गिरावट के बावजूद काम करते रहें।

"कौशल को मुद्रा के रूप में" परिवर्तन: जैसा कि जेरोम एलिस द्वारा वर्णित "कागज़ की दीवारों" का सामना डिजिटल धन करता है, लचीलापन उच्च-उपयोगिता कौशल सेट (जैसे, पर्माकल्चर, मैकेनिकल इंजीनियरिंग, और पैरामेडिसिन) में पाया जाता है।

केस स्टडी: ट्रांज़िशन टाउन आंदोलन, जो वैश्विक आपूर्ति श्रृंखलाओं पर निर्भरता कम करने के लिए समुदाय-नेतृत्व वाली खाद्य सुरक्षा और "री-स्किलिंग" कार्यक्रमों के माध्यम से स्थानीय लचीलेपन के पुनर्निर्माण पर केंद्रित है।

पुनर्योजी कृषि और खाद्य संप्रभुता: आर्थर स्नेल द्वारा मैप किए गए "पृथ्वी" व्यवधानों के बाद, सफल अनुकूलन के लिए औद्योगिक मोनोकल्चर से दूर जाने की आवश्यकता है।

उदाहरण: ब्राज़ील और भारत जैसे क्षेत्रों में सिंथ्रोपिक खेती को बड़े पैमाने पर अपनाना, जो स्व-स्थायी खाद्य वन बनाता है जो अत्यधिक गर्मी का सामना करते हैं और शून्य बाहरी रासायनिक इनपुट की आवश्यकता होती है।

डिजिटल संप्रभुता और मेश नेटवर्क: संस्थागत पतन की अवधि के दौरान संचार बनाए रखने के लिए, लचीले समुदाय मेश नेटवर्किंग तकनीक (जैसे GoTenna या Meshtastic) तैनात कर रहे हैं जो पारंपरिक इंटरनेट सेवा प्रदाताओं से स्वतंत्र रूप से काम करती है।

क्या हमें इस बात पर करीब से नज़र डालनी चाहिए कि विशिष्ट शहरी केंद्र इन "मॉड्यूलर इंफ्रास्ट्रक्चर" परियोजनाओं को कैसे लागू कर रहे हैं, या क्या आप 2032-2055 ब्लूप्रिंट में

सबसे अधिक मूल्यवान "लचीलेपन कौशल" का पता लगाना पसंद करेंगे?इट पर इन निष्कर्षों के बारे में और पढ़ें।

1. शहरी गर्मी से निपटने की क्षमता: "चीफ हीट ऑफिसर" मॉडल

जैसे-जैसे शहरों का तापमान बढ़ रहा है, शहर अब गर्मी को सिर्फ़ एक अस्थायी मौसम की घटना नहीं, बल्कि एक स्थायी इंफ्रास्ट्रक्चर चुनौती मान रहे हैं।

केस स्टडी (एथेंस और मियामी): इन शहरों ने "कूल" इंफ्रास्ट्रक्चर की ओर बदलाव की देखरेख के लिए चीफ हीट ऑफिसर नियुक्त किए हैं।

रणनीति: 2032 की ओर बढ़ते हुए, रास्ते में "पैसिव कूलिंग" शामिल है - सड़कों पर रिफ्लेक्टिव मटीरियल का इस्तेमाल करना और शहरी पेड़ों की छतरी में बड़े पैमाने पर बढ़ोतरी करना ताकि आसपास के तापमान को 5°C तक कम किया जा सके, बिना एनर्जी की मांग बढ़ाए।

2. स्पंज शहर: प्रकृति-आधारित जल प्रबंधन

पारंपरिक "ग्रे इंफ्रास्ट्रक्चर" (कंक्रीट के पाइप और नालियां) अक्सर भारी बारिश के दौरान फेल हो जाते हैं। "स्पंज सिटी" कॉन्सेप्ट अवशोषण पर केंद्रित है।

केस स्टडी (कुनली स्टॉर्मवॉटर पार्क, चीन): शहर के बीच में 34 हेक्टेयर की वेटलैंड जो बारिश के पानी को फिल्टर और स्टोर करती है, जिससे स्थानीय बाढ़ को रोका जा सके और साथ ही एक पब्लिक पार्क भी बनाया जा सके।

रणनीति: 2032 के लिए रास्ते में पारगम्य फुटपाथ और इंटीग्रेटेड बायोस्वेल्स शामिल हैं जो प्रदूषित महासागरों में बहाव को मोड़ने के बजाय स्थानीय जलभंडार को फिर से भरते हैं।

3. प्रबंधित पीछे हटना और "लिविंग शोरलाइन्स"

दक्षिण पूर्व क्वींसलैंड (ब्रिस्बेन 2032 की तैयारी कर रहा है) या नीदरलैंड जैसे तटीय क्षेत्रों में, लचीलेपन का मतलब है तटरेखा पर फिर से सोचना।

केस स्टडी (नीदरलैंड - नदी के लिए जगह): ऊंचे बांध बनाने के बजाय, उन्होंने जानबूझकर कुछ बाढ़ के मैदानों को नीचा किया ताकि बाढ़ के दौरान नदियों को सुरक्षित रूप से फैलने दिया जा सके।

रणनीति: लिविंग शोरलाइन्स - कंक्रीट की समुद्री दीवारों के बजाय मैंग्रोव, सीप के रीफ और नमक के दलदल का उपयोग करना। ये जैविक बाधाएं समुद्र का स्तर बढ़ने के साथ बढ़ती और अनुकूलित होती हैं, जबकि कंक्रीट सिर्फ़ खराब होता है।

4. विकेन्द्रीकृत ऊर्जा लचीलापन (माइक्रोग्रिड)

ऊर्जा लचीलापन यह सुनिश्चित करता है कि यदि तूफान या साइबर-हमले के कारण मुख्य ग्रिड फेल हो जाता है, तो महत्वपूर्ण सेवाएं ऑनलाइन रहें।

केस स्टडी (ब्रुकलिन माइक्रोग्रिड, USA): एक समुदाय-संचालित ऊर्जा बाजार जहां सोलर पैनल वाले पड़ोसी बिना पैनल वालों को अतिरिक्त बिजली बेच सकते हैं, भले ही शहर का मुख्य पावर ग्रिड बंद हो जाए।

रणनीति: 2032 तक, लक्ष्य अस्पतालों और सामुदायिक केंद्रों के लिए "आइलैंडिंग" क्षमता है, जिससे वे स्थानीय बैटरी स्टोरेज और नवीकरणीय उत्पादन का उपयोग करके स्वायत्त रूप से काम कर सकें।

भविष्य के लचीलेपन के लिए स्ट्रेटेजिक फ्रेमवर्क

स्ट्रेटेजी फोकस एरिया 2032 लक्ष्य

रिड्यूंडेंसी सप्लाई चेन "जस्ट-इन-टाइम" से "जस्ट-इन-केस" लॉजिस्टिक्स की ओर बढ़ना।

फ्लेक्सिबिलिटी इंफ्रास्ट्रक्चर कई इस्तेमाल के लिए डिज़ाइन की गई बिल्डिंग (जैसे, पार्किंग गैरेज जिन्हें घर में बदला जा सकता है)।

इनक्लूसिविटी सोशल इक्विटी यह पक्का करना कि कूलिंग सेंटर और बाढ़ से बचाव पहले कमज़ोर आबादी तक पहुँचें।

खास जानकारी: लचीलापन किसी झटके के बाद "पुराने नॉर्मल" पर लौटने के बारे में नहीं है; यह "आगे बढ़ने" के बारे में है—किसी संकट का इस्तेमाल करके ज़्यादा सस्टेनेबल सिस्टम में अपग्रेड करना।

क्या आप चाहेंगे कि मैं किसी खास सेक्टर, जैसे कोस्टल इंफ्रास्ट्रक्चर या फ़ूड सिक्योरिटी के लिए एक खास "लचीलापन रोडमैप" बनाऊँ?

• लोकल और ग्लोबल लेवल पर लचीलापन बनाना।

2032 तक लचीलापन बनाने के लिए, स्ट्रेटेजी को हाइपर-लोकल तैयारी और ग्लोबल सिस्टमिक स्टेबिलिटी के बीच के अंतर को कम करना होगा। नीचे दिए गए तरीके बताते हैं कि कम्युनिटी और इंटरनेशनल बॉडी भविष्य के झटकों के लिए खुद को कैसे मजबूत कर रही हैं।

1. लोकल रेजिलिएंस: "बॉटम-अप" अप्रोच

लोकल रेजिलिएंस इस बात पर फोकस करता है कि जब सेंट्रलाइज़्ड सिस्टम (बिजली, खाना, पानी) फेल हो जाते हैं, तो आस-पड़ोस के लोग खुद को ज़िंदा रख सकें।

हाइपर-लोकल फ़ूड सिस्टम: ग्लोबल सप्लाई चेन से अर्बन एग्रीकल्चर और वर्टिकल

फ़ार्मिंग में शिफ्ट होने से "फ़ूड माइल्स" कम होते हैं और लॉजिस्टिक्स में रुकावट के दौरान कैलोरी सिक्योरिटी पक्की होती है।

कम्युनिटी हब (रेसिलिएंस हब): शहर लाइब्रेरी और कम्युनिटी सेंटर को रेजिलिएंस हब में बदल रहे हैं, जो आपदाओं के दौरान स्टेजिंग ग्राउंड के तौर पर काम करने के लिए इंडिपेंडेंट सोलर पावर, सैटेलाइट इंटरनेट और मेडिकल सप्लाई से लैस हैं।

सोशल कैपिटल: रिसर्च से पता चलता है कि जिन इलाकों में सोशल कोहेशन ज़्यादा होता है (पड़ोसी जो एक-दूसरे को जानते हैं) उनमें क्लाइमेट इवेंट्स के दौरान सर्वाइवल रेट काफी ज़्यादा होता है। लोकल रेजिलिएंस बनाने में पार्क और कम्युनिटी प्रोग्राम जैसे "सोशल इंफ्रास्ट्रक्चर" में इन्वेस्ट करना शामिल है। 2. ग्लोबल रेजिलिएंस: "टॉप-डाउन" फ्रेमवर्क

ग्लोबल रेजिलिएंस एक-दूसरे पर निर्भरता पर फोकस करता है—यह पक्का करता है कि किसी एक इलाके में संकट का असर पूरी दुनिया पर न पड़े।

ग्लोबल शील्ड: COP27 में लॉन्च किया गया, क्लाइमेट रिस्क के खिलाफ ग्लोबल शील्ड एक फाइनेंशियल प्रोटेक्शन कोऑपरेशन है जिसे डिज़ाइन किया गया है

आपदा आने के तुरंत बाद कमज़ोर देशों को "पहले से तय" बीमा फंडिंग देना।

डिजिटल ट्विन टेक्नोलॉजी: ग्लोबल प्लानर्स क्लाइमेट चेंज और पॉलिसी फैसलों के असर को लागू करने से पहले उनका सिमुलेशन करने के लिए पृथ्वी के एक बहुत सटीक डिजिटल मॉडल, डेस्टिनेशन अर्थ (DestinE) का इस्तेमाल कर रहे हैं।

महामारी की तैयारी: WHO एक महामारी संधि बना रहा है ताकि यह पक्का किया जा सके कि 2032 तक, ग्लोबल वैक्सीन मैन्युफैक्चरिंग और डेटा-शेयरिंग को डिसेंट्रलाइज़ किया जाए, जिससे 2020 में देखे गए "वैक्सीन राष्ट्रवाद" को रोका जा सके।

2. तालमेल: स्थानीय कार्रवाई, वैश्विक समर्थन

2032 तक पहुंचने का सबसे प्रभावी रास्ता स्थानीय नेतृत्व वाला अनुकूलन (LLA) है। यह रणनीति यह पक्का करती है कि स्थानीय समुदायों के पास अपनी लचीलेपन की प्राथमिकताओं को तय करने का अधिकार और फंडिंग हो, जिसे वैश्विक पूंजी का समर्थन प्राप्त हो।

क्लाइमेट-स्मार्ट माइक्रोफाइनेंस: ग्लोबल साउथ में किसानों को सूखा प्रतिरोधी बीज अपनाने के लिए छोटे पैमाने पर लोन देना एक स्थानीय कार्रवाई है जिसे वर्ल्ड बैंक जैसे वैश्विक वित्तीय संस्थानों का समर्थन प्राप्त है।

पैमाना फोकस मुख्य तंत्र

स्थानीय मानव सुरक्षा और सेवा निरंतरता माइक्रोग्रिड, वर्षा जल संचयन, सामाजिक नेटवर्क

वैश्विकवित्तीय और व्यवस्थित स्थिरता जलवायु बीमा, डेटा पारदर्शिता, आपसी सहायता

संधियाँ क्या आप एक विशिष्ट केस स्टडी देखना चाहते हैं कि कैसे एक शहर ने स्थानीय और वैश्विक लचीलेपन की रणनीतियों दोनों को सफलतापूर्वक एकीकृत किया है?

"द न्यू ग्लोबल पॉसिबल" एक वैचारिक ढांचा और वर्ल्ड रिसोर्स इंस्टीट्यूट (WRI) के अध्यक्ष एनी दासगुप्ता की 2025 की एक किताब है, जो कट्टरपंथी सहयोग और "ज़िद्दी आशावाद" के माध्यम से व्यवस्थित बदलाव की दिशा में एक "संकीर्ण लेकिन नौगम्य" रास्ते का नक्शा बनाती है।

1. कट्टरपंथी सहयोग और असामान्य साझेदारियाँ

इस विज़न का मूल पारंपरिक प्रतिस्पर्धा से ऐसे गठबंधनों की ओर बढ़ना है जो पहले से ही विपरीत क्षेत्रों को जोड़ते हैं।

"त्रिकोणीय" मॉडल: उत्तर-दक्षिण सहायता से आगे बढ़ते हुए, "त्रिकोणीय सहयोग" में क्षैतिज साझेदारियाँ शामिल हैं जहाँ ग्लोबल साउथ स्थानीय रूप से आधारित समाधानों का आदान-प्रदान करता है (जैसे, छोटे द्वीप राष्ट्र जलवायु वार्ता ब्लॉकों का नेतृत्व करते हैं) जिन्हें उत्तर से तकनीकी विशेषज्ञता का समर्थन प्राप्त है।

कॉर्पोरेट-NGO गठबंधन: प्रमुख CEO (जैसे, IKEA के इंग्का ग्रुप) तेजी से व्यावसायिक रणनीतियों को इक्विटी और कम कार्बन विकास के साथ जोड़ रहे हैं, स्थिरता को लागत के रूप में नहीं बल्कि लाभ और लचीलेपन के चालक के रूप में मान रहे हैं।

लोकतांत्रिक व्यापार: भारत-UAE व्यापक रणनीतिक साझेदारी जैसी रणनीतिक साझेदारियों का लक्ष्य डिजिटल कॉरिडोर के ज़रिए छोटे और मध्यम उद्यमों (MSMEs) को जोड़कर 2032 तक व्यापार को $200 बिलियन तक दोगुना करना है, जिससे बड़े समूहों से परे व्यापार का लोकतंत्रीकरण हो सके।

2. अभिनव प्रणालीगत समाधान

तकनीकी अभिसरण: 2032 तक, "न्यू ग्लोबल पॉसिबल" AI 2.0 (पूरी तरह से स्वायत्त सिस्टम) और क्वांटम कंप्यूटिंग द्वारा संचालित एक क्रांति की कल्पना करता है, जो जलवायु सिमुलेशन के लिए ऐसी जटिलताओं को हल करेगा जिन्हें वर्तमान कंप्यूटर संभाल नहीं सकते।

स्वदेशी तकनीक: एक प्रमुख रणनीति उच्च-तकनीकी डेटा को प्राचीन ज्ञान के साथ जोड़ना है, जैसे कि स्वदेशी समुदाय वास्तविक समय में अवैध वनों की कटाई का मुकाबला करने के लिए भू-स्थानिक डेटा का उपयोग कर रहे हैं।

स्पंज इंफ्रास्ट्रक्चर: वैश्विक इंफ्रास्ट्रक्चर को कंक्रीट-भारी "ग्रे" सिस्टम से प्रकृति-आधारित "ग्रीन" सिस्टम - जैसे स्पंज सिटीज़ - में बदलना, जो झटकों का विरोध करने के बजाय उन्हें

अवशोषित करते हैं।

3. सहयोग का एक नया युग

भविष्य के लिए समझौता और भारत-EU मुक्त व्यापार समझौते (जो 2032 तक निर्यात को दोगुना करने के लिए तैयार हैं) एक बदलाव का संकेत देते हैं:

नियम-आधारित इंटरऑपरेबिलिटी: कार्बन बाजारों से लेकर डिजिटल वॉलेट तक हर चीज़ के लिए सुरक्षित, इंटरऑपरेबल डिजिटल इकोसिस्टम बनाना।

समावेशी वित्त: ग्लोबल शील्ड जैसे तंत्र जलवायु जोखिमों के लिए पहले से व्यवस्थित फंडिंग प्रदान करते हैं, जो प्रतिक्रियाशील आपदा राहत से सक्रिय वित्तीय लचीलेपन की ओर बढ़ते हैं।

बदलाव	पुराना युग (2020 का दशक)	न्यू ग्लोबल पॉसिबल (2032+)
रणनीति	प्रतिक्रियाशील और रक्षात्मक	सक्रिय और परिवर्तनकारी
साझेदारी	ऊर्ध्वाधर (दाता/प्राप्तकर्ता)	क्षैतिज (आपसी शक्ति)
प्रौद्योगिकी	अलग-थलग उपकरण	अभिसरित AI और बायो-टेक
विकास	संसाधन-गहन	चक्रीय और कम-कार्बन

क्या आप तकनीकी मील के पत्थर (जैसे 6G या क्वांटम) या इस नए युग को आकार देने वाले विशिष्ट व्यापार समझौतों पर ध्यान केंद्रित करना चाहेंगे?

2032 के रास्ते पर आगे बढ़ने के लिए, हमें यह देखना होगा कि भू-राजनीति, जलवायु परिवर्तन और AI के बीच मौजूदा तनाव कैसे हल हो सकते हैं।

वर्तमान डेटा और रणनीतिक दूरदर्शिता के आधार पर 2032 में दुनिया के लिए तीन अलग-अलग परिदृश्य यहाँ दिए गए हैं।

परिदृश्य 1: "महान बदलाव" (सबसे अच्छा मामला)

इस परिदृश्य में, "नया वैश्विक संभव" एक वास्तविकता बन जाता है। अंतर्राष्ट्रीय सहयोग स्थिर होता है, और प्रौद्योगिकी का सफलतापूर्वक सार्वजनिक भलाई के लिए उपयोग किया जाता है।

भू-राजनीति: "हरित कूटनीति" का एक नया युग शुरू होता है। अमेरिका, चीन और यूरोपीय संघ एक वैश्विक कार्बन बाज़ार में आम सहमति पाते हैं।

प्रौद्योगिकी: AI और क्वांटम कंप्यूटिंग ने उच्च-दक्षता वाली सॉलिड-स्टेट बैटरी और फ्यूजन ऊर्जा प्रोटोटाइप के लिए कोड क्रैक कर दिया है, जिससे जीवाश्म ईंधन आर्थिक रूप से बेकार हो गए हैं।

समाज: कई देशों में यूनिवर्सल बेसिक इनकम (UBI) पायलट प्रोजेक्ट ने ऑटोमेशन से बाधित कार्यबल को स्थिर कर दिया है।

2032 के खेल: ब्रिस्बेन ओलंपिक पहले "जलवायु सकारात्मक" खेल हैं, जो 100% सर्कुलर अर्थव्यवस्थाओं और पुनर्योजी बुनियादी ढांचे का उपयोग करते हैं।

परिदृश्य 2: "खंडित किला" (सबसे खराब मामला)

यह परिदृश्य "बहुसंकट" द्वारा परिभाषित है - जहाँ एक साथ कई प्रणालीगत विफलताएँ होती हैं, जिससे अलगाववाद होता है।

भू-राजनीति: दुनिया कठोर "टेक्नो-ब्लॉक" में बँट जाती है। व्यापार युद्ध "शीत युद्ध 2.0" में बदल जाते हैं, जिससे जलवायु कार्रवाई रुक जाती है क्योंकि राष्ट्र हरित बदलावों पर सैन्य खर्च को प्राथमिकता देते हैं।

जलवायु: वैश्विक तापमान उम्मीद से पहले 1.5°C की सीमा तक पहुँच जाता है। बड़े पैमाने पर "जलवायु प्रवासन" से सीमा का सैन्यीकरण और सामाजिक अशांति होती है।

प्रौद्योगिकी: AI का उपयोग अति-यथार्थवादी दुष्प्रचार के लिए हथियार के रूप में किया जाता है, जिससे लोकतांत्रिक संस्थानों में विश्वास कम होता है और "सत्य" एक विलासिता बन जाता है।

अर्थव्यवस्था: sआपूर्ति श्रृंखला "झटके" स्थायी हो जाते हैं, जिससे पुरानी मुद्रास्फीति और "डिजिटल अभिजात वर्ग" और बाकी दुनिया के बीच बढ़ती खाई पैदा होती है।

परिदृश्य 3: "लचीला मिश्रण" (सबसे संभावित)

यह एक "किसी तरह काम चलाने वाला" परिदृश्य है। प्रगति असमान है, और जबकि वैश्विक प्रणालियाँ तनाव में हैं, स्थानीय और क्षेत्रीय लचीलापन समाज को कार्यशील रखता है।

भू-राजनीति: "द्विपक्षीयता" "बहुपक्षीयता" की जगह लेती है। वैश्विक संधियों के बजाय, हम देशों के छोटे समूहों (जैसे क्वाड या ब्रिक्स+) को ऊर्जा, सुरक्षा और व्यापार के लिए विशिष्ट समझौते करते हुए देखते हैं।

प्रौद्योगिकी: AI स्वास्थ्य सेवा और लॉजिस्टिक्स में बड़े पैमाने पर उत्पादकता लाभ पैदा करता है, लेकिन "डिजिटल विभाजन" बना रहता है। ऑटोमेशन कई मिडिल-मैनेजमेंट नौकरियों की जगह ले लेता है, जिससे ग्लोबल वर्कफोर्स को तेज़ी से (और दर्दनाक तरीके से) री-ट्रेनिंग करनी पड़ती है।

जलवायु: हम "दो शहरों की कहानी" देखते हैं। अमीर शहरी केंद्र स्पंज सिटी टेक और समुद्री दीवारों में निवेश करते हैं, जबकि गरीब ग्रामीण इलाके फसल खराब होने और गर्मी के

तनाव से जूझते हैं।

अर्थव्यवस्था: एक "K-आकार की" रिकवरी। हाई-टेक सेक्टर फल-फूल रहे हैं, जबकि पारंपरिक मैन्युफैक्चरिंग और खेती को कार्बन टैक्स और बदलते मौसम के कारण ज़्यादा लागत का सामना करना पड़ रहा है।

2032 के सिनेरियो की रणनीतिक तुलना

फीचर सबसे अच्छा मामला (ट्रांज़िशन) सबसे खराब मामला (किला) सबसे संभावित (पैचवर्क)

ग्लोबल एनर्जी 80% रिन्यूएबल जीवाश्म ईंधन पर निर्भरता मिक्स्ड एनर्जी ग्रिड

AI का प्रभाव मानव संवर्धन निगरानी और युद्ध प्रशासनिक दक्षता

सामाजिक माहौल कट्टर आशावाद डर और ध्रुवीकरण व्यावहारिक अनुकूलन

ग्लोबल ट्रेड खुला और सर्कुलर संरक्षणवादी/बंद क्षेत्रीय हब

"वाइल्ड कार्ड": एक "ब्लैक स्वान" घटना का उभरना—जैसे कि AGI (आर्टिफिशियल जनरल इंटेलिजेंस) में कोई बड़ी सफलता या कार्बन कैप्चर में अचानक कोई बड़ी सफलता—"सबसे संभावित" सिनेरियो को लगभग रातों-रात "सबसे अच्छे मामले" की ओर ले जा सकता है।

क्या आप चाहेंगे कि मैं "सबसे संभावित" सिनेरियो में और गहराई से जाऊं ताकि यह देख सकूं कि यह किसी खास इंडस्ट्री (जैसे, हेल्थकेयर, रियल एस्टेट, या शिक्षा) को विशेष रूप से कैसे प्रभावित करता है? शिक्षा के भविष्य में आपका स्वागत है, जहाँ अनुभवात्मक क्लासरूम चॉकबोर्ड की जगह लेंगे और पाठ्यपुस्तकों की जगह इंटरैक्टिव वर्चुअल पाठ लेंगे जो जिज्ञासा जगाते हैं।

लेकिन उभरती हुई टेक्नोलॉजी जो हमारे सीखने के तरीके को बदलने वाली हैं, उन्हें शक्तिशाली नेटवर्क की ज़रूरत होगी जिनमें बिना किसी रुकावट के काम करने के लिए बढ़ी हुई क्षमता, विश्वसनीयता और सुरक्षा हो।

पेश है 10G: भविष्य का ब्रॉडबैंड नेटवर्क हमारे जीने, काम करने, सीखने और खेलने के तरीके को बदल देगा। 10G रचनाकारों, आविष्कारकों और उद्यमियों को कल के इनोवेशन बनाने में सक्षम बनाएगा – और शिक्षा एक ऐसा क्षेत्र है जो नए टेक समाधानों के लिए तैयार है।

10G दुनिया में शिक्षा

यह बेहतर ढंग से समझने के लिए कि 10G शिक्षा के भविष्य को कैसे प्रभावित करेगा, फ्यूचर टुडे इंस्टीट्यूट (FTI) ने अनुमान लगाया कि 2032 में सीखना कैसा दिखेगा।

अनुभवात्मक क्लासरूम में बदलना: 10G टेक्नोलॉजी की प्रगति से प्रेरित होकर, कई

परिवर्तनकारी और इमर्सिव टेक्नोलॉजी सीखने की जगहों को नया आकार देंगी और फिर से परिभाषित करेंगी।

प्राचीन सभ्यताएँ जीवंत हो उठेंगी क्योंकि छात्र अपनी डेस्क छोड़े बिना ऑगमेंटेड और वर्चुअल रियलिटी के माध्यम से ऐतिहासिक स्थलों का पता लगाएंगे।

उन्नत आर्टिफिशियल इंटेलिजेंस (AI) द्वारा संचालित, व्यक्तिगत सीखने के रास्ते उभरेंगे, जो प्रत्येक छात्र की अद्वितीय ताकत, कमजोरियों और सीखने की शैलियों को पूरा करें घर-स्कूल कनेक्शन को मज़बूत करना: 10G स्कूलवर्क और होमवर्क के बीच की रुकावटों को और खत्म करेगा, जिससे माता-पिता और शिक्षकों के बीच मज़बूत पार्टनरशिप का रास्ता बनेगा।

रोबोट और वर्चुअल असिस्टेंट टीचर के सहायक के रूप में आसानी से काम करेंगे, जिससे बच्चे अपने घरों में आराम से पढ़ाई कर सकेंगे।

अपने बच्चों के एकेडमिक परफॉर्मेंस के बारे में रियल-टाइम जानकारी मिलने से, माता-पिता यह पक्का करने के लिए शिक्षकों के साथ ज़्यादा असरदार तरीके से सहयोग कर सकते हैं कि छात्रों को पर्सनलाइज़्ड सपोर्ट मिले।

बेहतर उच्च शिक्षा: 10G सिमेट्रिकल स्पीड और बढ़ी हुई क्षमता के आने से सेकेंडरी और कॉलेज-लेवल की पढ़ाई में बदलाव आएगा।

AI मुख्य भूमिका निभाएगा, लाइव-स्ट्रीम चर्चाओं के दौरान रियल-टाइम अनुवाद करेगा – जिससे भाषाओं, जगहों और बैकग्राउंड में पढ़ाई संभव होगी।

वर्चुअल मेंटर छात्रों की पढ़ाई को बेहतर बनाएंगे, साप्ताहिक स्टडी ग्रुप में चर्चाओं को गाइड करेंगे और पर्सनलाइज़्ड सपोर्ट देंगे।

और गहराई से जानें: जानें कि 10G शिक्षा को कैसे बदलेगा।

ज़रूरी कनेक्शन: डिजिटल लर्निंग और हाई-स्पीड इंटरनेट एक्सेस

जैसे-जैसे हम शिक्षा के टेक्नोलॉजिकल विकास के लिए तैयारी कर रहे हैं, अमेरिका के डिजिटल डिवाइड को खत्म करने की ज़रूरत बहुत ज़रूरी है ताकि सभी इसमें हिस्सा ले सकें।

यह क्यों ज़रूरी है: जिन लोगों के पास हाई-स्पीड इंटरनेट एक्सेस है और जिनके पास नहीं है, उनके बीच का अंतर कुछ छात्रों को उन शैक्षिक अवसरों से वंचित कर सकता है जो 10G-पावर्ड भविष्य प्रदान करता है।

खुशकिस्मती से, ब्रॉडबैंड एक्सेस का विस्तार करने और अमेरिका को 100% कनेक्टिविटी तक पहुंचाने के लिए राज्यों को ऐतिहासिक रूप से संघीय फंडिंग दी जा रही है। इस महत्वपूर्ण क्षण का ज़्यादा से ज़्यादा फायदा उठाने के लिए राज्य ये काम कर सकते हैं:

बिना कनेक्शन वाले क्षेत्रों को प्राथमिकता दें: उन प्रोजेक्ट्स में निवेश करें जो इंटरनेट एक्सेस

से वंचित समुदायों को जोड़ेंगे, साथ ही अनावश्यक बर्बादी, धोखाधड़ी और दुरुपयोग से बचने के उपाय करें।

अनुभवी प्रोवाइडर्स के साथ पार्टनरशिप करें: अनुभवी केबल ब्रॉडबैंड प्रोवाइडर्स का लाभ उठाएं, जिन्होंने 82 मिलियन अमेरिकियों को जोड़ा है, ताकि कनेक्टिविटी का प्रभावी ढंग से विस्तार किया जा सके।

सहायता कार्यक्रमों का समर्थन करें: डिजिटल एक्सेस और समावेशन को व्यापक बनाने के लिए ब्रॉडबैंड लागत, डिवाइस और डिजिटल साक्षरता प्रशिक्षण पर सब्सिडी देने वाली पहलों का समर्थन करें।

बोनस: क्या आपने अफोर्डेबल कनेक्टिविटी प्रोग्राम (ACP) के बारे में सुना है? यह एक संघीय पहल है जो देश भर में योग्य परिवारों को मुफ्त या रियायती हाई-स्पीड ब्रॉडबैंड प्रदान करती है। और जानें और देखें कि क्या आप आज पात्र हैं!गे।

हमारे साथ जुड़ें: अपने राज्य के नेताओं से यह कहने के लिए याचिका पर हस्ताक्षर करें कि वे फ़ेडरल ब्रॉडबैंड फ़ंडिंग में अपने हिस्से का इस्तेमाल करके स्मार्ट ब्रॉडबैंड निवेश करें।

2032 के बाद के युग के रास्ते "मानव संगठन के विकास" से जुड़े हैं जो ज़मीन और पानी के अधिकारों जैसी ठोस संपत्तियों पर आधारित "एलिमेंटल इकोनॉमी" की ओर बढ़ रहा है [nan]। इस भविष्य के परिदृश्य की विशेषता नव-स्थानीयता, एक नया सामाजिक अनुबंध जो सामुदायिक स्थिरता को प्राथमिकता देता है, और पुनर्निर्माण के लिए डिज़ाइन किए गए टिकाऊ संस्थानों का उदय है [nan]। "चौथा मोड़" 2032 में समाप्त होता है, जो अनुशासन, सामूहिक प्रयास और मौलिक सीमाओं के प्रति सम्मान द्वारा परिभाषित एक युग की शुरुआत करता है [nan]।

प्रदान किए गए खोज परिणामों के आधार पर, "भविष्य के रास्ते (2032 और उसके बाद)" के बारे में निष्कर्ष तीन मुख्य स्तंभों पर केंद्रित हैं: एक तेज़ ऊर्जा परिवर्तन, सतत विकास लक्ष्यों (SDGs) का कार्यान्वयन, और 2032 ओलंपिक जैसी प्रमुख घटनाओं से दीर्घकालिक बुनियादी ढांचा विरासत।

1. ऊर्जा परिवर्तन और डीकार्बोनाइजेशन (2032 के बाद)

नवीकरणीय ऊर्जा का प्रभुत्व: 2032 तक, बिजली के लिए सबसे कम लागत वाला, परिचालन की दृष्टि से व्यवहार्य रास्ता सौर और बैटरी पर महत्वपूर्ण निर्भरता की आवश्यकता है, जो जीवाश्म ईंधन से सस्ता होगा।

नेट-ज़ीरो संक्रमण: 2030 के बाद, "हरित रिकवरी" का रास्ता आवश्यक है, जिसमें पृथ्वी की प्रणाली को अस्थिर होने से बचाने के लिए 2030 तक वैश्विक जीवाश्म ईंधन उत्पादन में

36% और 2050 तक 80% की कमी शामिल है।

रोजगार वृद्धि: कम कार्बन परिदृश्य नौकरियों में शुद्ध वृद्धि का अनुमान लगाते हैं (उदाहरण के लिए, संदर्भ परिदृश्यों की तुलना में 2050 तक 43 मिलियन अधिक), जो नवीकरणीय ऊर्जा, ऊर्जा भंडारण और टिकाऊ बुनियादी ढांचे द्वारा संचालित है।

2. स्थिरता और विकास (2032 और उसके बाद)

बदलते प्रतिमान: 2030 के बाद ध्यान केवल SDG लक्ष्यों को प्राप्त करने से हटकर प्रकृति-आधारित समाज के माध्यम से प्रणालीगत मुद्दों को संबोधित करने पर होगा, यह मानते हुए कि वर्तमान उपभोग मॉडल अस्थिर हैं।

चक्रीय अर्थव्यवस्था: भविष्य का विकास चक्रीय अर्थव्यवस्थाओं को मजबूत करने, संसाधन दक्षता बढ़ाने और लचीली अर्थव्यवस्थाओं को बढ़ावा देने के लिए डिजिटल प्रौद्योगिकियों (जैसे शिक्षा में 10G नेटवर्क) को अपनाने पर निर्भर करता है।

क्षेत्रीय अनुकूलन: भविष्य के एजेंडे में इक्विटी और लचीलेपन को संबोधित करने के लिए स्थानीय, संदर्भ-विशिष्ट कार्रवाई के साथ सार्वभौमिक स्थिरता प्रतिबद्धताओं को संतुलित करने की संभावना है। 3. ब्रिस्बेन 2032 विरासत और इंफ्रास्ट्रक्चर

क्लाइमेट-पॉजिटिव फोकस: 2032 गेम्स को पहले "क्लाइमेट-पॉजिटिव" गेम्स के तौर पर डिज़ाइन किया गया है, जो प्राकृतिक जगहों को फिर से बनाने और इंफ्रास्ट्रक्चर को अपग्रेड करने के लिए एक बेंचमार्क सेट करेगा।

लंबे समय का असर: 2032 के लिए ट्रांसपोर्ट और शहरी जैसे क्षेत्रों में डेवलप किया गया इंफ्रास्ट्रक्चर, आर्थिक विकास को बढ़ावा देने, क्षेत्रों को जोड़ने और उसके बाद दशकों तक फायदे देने के मकसद से बनाया गया है।

शहरी बदलाव: लक्ष्य है कि अस्थायी इवेंट फिक्स से हटकर ऐसे चलने-फिरने लायक, कनेक्टेड शहर बनाए जाएं जो पब्लिक स्पेस को बेहतर बनाएं, जैसे कि पैदल चलने वालों के लिए पुल और बेहतर पब्लिक ट्रांसपोर्ट।

निष्कर्ष का सारांश

2032 के बाद की अवधि में प्लानिंग से हटकर एक्टिव, गहरे डीकार्बनाइजेशन और सर्कुलर, प्रकृति-पॉजिटिव समाधानों को शहरी और आर्थिक सिस्टम में शामिल करने की ज़रूरत है। सफलता इस बात पर निर्भर करती है कि आर्थिक विकास को सस्टेनेबल, लचीले और समावेशी विकास के साथ कैसे बैलेंस किया जाता है, जो 2030-2032 के तुरंत लक्ष्यों से कहीं आगे तक जाता है।

आपने बहुत ही सटीक और दूरदर्शी बात कही है। 2030-2032 के लक्ष्य (जैसे SDG और शुरुआती नेट-जीरो वादे) केवल एक नींव हैं। असली चुनौती उसके बाद शुरू होगी, जब हमें **'इंक्रीमेंटल बदलाव'** (धीरे-धीरे बदलाव) से हटकर **'सिस्टमैटिक ट्रांसफॉर्मेशन'** (प्रणालीगत परिवर्तन) की ओर बढ़ना होगा।

इस विजन को हकीकत में बदलने के लिए इन चार स्तंभों पर ध्यान केंद्रित करना आवश्यक होगा:

1. गहरे डीकार्बनाइजेशन का एकीकरण (Deep Decarbonization)

सिर्फ रिन्यूएबल एनर्जी अपनाना काफी नहीं है। हमें उन क्षेत्रों पर ध्यान देना होगा जिन्हें कार्बन मुक्त करना कठिन है (Hard-to-abate sectors):

- **इंडस्ट्रियल इकोसिस्टम:** स्टील, सीमेंट और केमिकल उद्योगों में ग्रीन हाइड्रोजन और कार्बन कैप्चर (CCUS) का बड़े पैमाने पर उपयोग।
- **शहरी गतिशीलता:** सार्वजनिक परिवहन को न केवल इलेक्ट्रिक बनाना, बल्कि शहरों को इस तरह डिजाइन करना कि लंबी यात्राओं की जरूरत ही न पड़े।

2. सर्कुलर इकोनॉमी: 'कचरे' की अवधारणा को समाप्त करना

आर्थिक विकास को संसाधन खपत (Resource consumption) से अलग (Decouple) करना होगा:

- **रीजेनरेटिव डिजाइन:** उत्पादों को इस तरह बनाना कि उन्हें अनंत काल तक मरम्मत, पुन: उपयोग या पुनर्चक्रण (Recycle) किया जा सके।
- **अर्बन माइनिंग:** लैंडफिल से कच्चा माल निकालने की तकनीक को मुख्यधारा में लाना।

3. प्रकृति-पॉजिटिव शहरी विकास (Nature-Positive Urbanism)

शहरों को कंक्रीट के जंगल के बजाय 'जीवंत पारिस्थितिकी तंत्र' के रूप में देखना होगा:

- **स्पंज सिटीज (Sponge Cities):** बाढ़ प्रबंधन और जल संरक्षण के लिए प्राकृतिक सोखने वाले क्षेत्रों का निर्माण।
- **बायोफिलिक आर्किटेक्चर:** इमारतों में वर्टिकल फॉरेस्ट और ग्रीन रूफ को अनिवार्य करना ताकि शहरी तापमान (Heat Island Effect) कम हो सके।

4. समावेशी और लचीला विकास

कोई भी तकनीकी समाधान तब तक सफल नहीं है जब तक वह सामाजिक रूप से न्यायसंगत न हो:

- **जस्ट ट्रांजिशन (Just Transition):** यह सुनिश्चित करना कि जीवाश्म ईंधन पर निर्भर समुदायों को नए हरित अर्थव्यवस्था में कौशल और रोजगार मिले।
- **जोखिम प्रबंधन:** जलवायु परिवर्तन से होने वाली आपदाओं के खिलाफ सबसे कमजोर आबादी (झुग्गी-बस्तियों और तटीय क्षेत्रों) की सुरक्षा के लिए बुनियादी ढांचे को मजबूत करना।

चुनौती और अवसर

सफलता की कुंजी **"आर्थिक लाभ बनाम स्थिरता"** की पुरानी बहस को खत्म करने में है। हमें यह समझना होगा कि भविष्य में वही अर्थव्यवस्थाएं प्रतिस्पर्धी रहेंगी जो कम कार्बन उत्सर्जन के साथ अधिक मूल्य (Value) पैदा करेंगी।

महत्वपूर्ण विचार: क्या हम अपनी जीडीपी (GDP) मापने के तरीकों को बदलकर उसमें 'प्राकृतिक पूंजी' (Natural Capital) को शामिल करने के लिए तैयार हैं?

क्या आप चाहेंगे कि मैं इनमें से किसी एक विशिष्ट क्षेत्र (जैसे सर्कुलर इकोनॉमी या प्रकृति-पॉजिटिव अर्बनिज्म) पर एक विस्तृत रोडमैप या केस स्टडी तैयार करूँ?

अध्याय 6

निष्कर्षः कार्रवाई के लिए एक आह्वान

ऐसा लगता है कि आप एक लॉन्ग-टर्म विज़न के लिए एक स्ट्रेटेजिक आउटलुक या "स्टेट ऑफ़ द यूनियन" स्टाइल की रिपोर्ट तैयार कर रहे हैं। यह खास सेक्शन चुनौतियों (द "फ्रैगमेंटेड फोर्ट्रेस") की पहचान करने और कार्रवाई के आह्वान (द "ग्रेट ट्रांज़िशन") के बीच एक अहम कड़ी का काम करता है। यहाँ इस समरी और रिफ्लेक्शन को विस्तार से बताने का एक स्ट्रक्चर्ड तरीका दिया गया है ताकि यह आपके दर्शकों को समझ में आए। 2032 की ओर रास्ता एक रक्षात्मक रवैये से एक परिवर्तनकारी रवैये की ओर बदलाव के लिए हमें अगले दशक को देखने के तरीके में एक मौलिक बदलाव की ज़रूरत है। हम रिएक्टिव संकट प्रबंधन से दूर जा रहे हैं और

"फ्रैगमेंटेड फोर्ट्रेस" का जाल: अलग-थलग रहने और रक्षात्मक बाधाओं को बनाए रखने से सुरक्षा का झूठा एहसास होता है, लेकिन आखिरकार इससे ठहराव आता है और बाहरी झटकों के प्रति कमज़ोरी पैदा होती है।

एक उत्प्रेरक के रूप में चुनाव: 2032 मौजूदा रुझानों द्वारा तय की गई कोई अपरिहार्य चीज़ नहीं है; यह हमारे मौजूदा फैसलों के संचयी भार से बना एक परिदृश्य है।

सक्रिय बदलाव: सफलता इस बात से तय नहीं होती कि हम बदलाव का कितनी अच्छी तरह सामना करते हैं, बल्कि इस बात से तय होती है कि हम इसका कितनी प्रभावी ढंग से नेतृत्व करते हैं।

पहचान की गई समस्याओं का समाधान

अपनी मौजूदा स्थिति और "ग्रेट ट्रांज़िशन" के बीच की खाई को पाटने के लिए, हमें तीन रणनीतिक स्तंभों पर ध्यान देना होगा:

मौजूदा समस्या परिवर्तनकारी समाधान चिंतनशील लक्ष्य

अलग-थलग जानकारी कट्टरपंथी पारदर्शिता और एकीकरण पूरे संगठन में एक "साझा सच्चाई" का निर्माण।

अल्पकालिक सोच बहु-क्षितिज योजना तत्काल ज़रूरतों को 2032 के मील के पत्थरों के साथ संतुलित करना।

जोखिम से बचनापुनरावृत्तीय प्रयोग "फेल-सेफ" से "फेल होने के लिए सुरक्षित" संस्कृतियों की ओर बढ़ना।

चिंतन: अस्तित्व से विकास तक

"ग्रेट ट्रांज़िशन" सिर्फ़ एक तकनीकी अपग्रेड नहीं है; यह एक सांस्कृतिक विकास है। "किले" से बाहर निकलने का मतलब है पुल को नीचे करना—सहयोग को आमंत्रित करना, "बाहर" की अनिश्चितता को अपनाना, और यह पहचानना कि अलगाव की तुलना में परस्पर निर्भरता एक बड़ी ताकत है।

मुख्य बात: हम 2032 की समस्याओं को 2024 की सोच से हल नहीं कर सकते, जिसने इस किले को बनाया है। हमें सिर्फ़ इसके निवासी बनने के बजाय भविष्य के आर्किटेक्ट के तौर पर काम करना होगा। 2032 तक बिखरे हुए किले से महान बदलाव की ओर बढ़ने के लिए एक ठोस रोडमैप की ज़रूरत है जो तुरंत शुरू हो। 2025-2027 का चरण प्रतिक्रियात्मक आदतों को खत्म करने और एक सक्रिय नींव बनाने के लिए महत्वपूर्ण लॉन्च विंडो है।

इस बदलाव को ठोस बनाने के लिए यहाँ कुछ खास एक्शन आइटम दिए गए हैं:

1. पहला चरण: स्ट्रक्चरल रीसेट (2025)

एक "साझा सच्चाई" बेसलाइन स्थापित करें: मौजूदा डिजिटल टूल और प्रक्रियाओं का मूल्यांकन करें ताकि उन कमियों की पहचान की जा सके जहाँ जानकारी अभी अलग-अलग हिस्सों में बंटी हुई है। यह सुनिश्चित करने के लिए सत्यापन योग्य डेटा का उपयोग करें कि पूरा संगठन एक ही बेसलाइन पर काम कर रहा है।

"सेफ-टू-फेल" प्रोटोकॉल अपनाएं: छोटे, बार-बार होने वाले प्रयोगों को प्रोत्साहित करके "फेल-सेफ" (सभी जोखिमों से बचना) की संस्कृति से "सेफ-टू-फेल" की ओर बढ़ें। संभावित समस्याओं को संकट बनने से पहले पहचानने वालों को पुरस्कृत करें।

नियामक अनुपालन का ऑडिट करें: विशेष रूप से, AI-संचालित क्षेत्रों में काम करने वालों के लिए, अगस्त 2025 को नई बढ़ती जिम्मेदारियों के लिए चिह्नित करें और सुनिश्चित करें कि सिस्टम बदलते मानकों को पूरा करते हैं।

2. दूसरा चरण: सांस्कृतिक बदलाव (2026)

सक्रिय कौशल को संस्थागत बनाएं: रणनीतिक सोच, जोखिम प्रबंधन और पूर्वानुमानित योजना पर केंद्रित प्रशिक्षण कार्यक्रम शुरू करें। संभावित रुकावटों को जल्दी पहचानने वाले टीम के सदस्यों को प्रोत्साहित करके "आग बुझाने" से दूर रहें।

मल्टी-हॉराइजन प्लानिंग लागू करें: "जरूरी" कामों को "महत्वपूर्ण" कामों से अलग करने के लिए आइजनहावर मैट्रिक्स का उपयोग करें। साप्ताहिक शेड्यूल में केवल गहन, दीर्घकालिक रणनीतिक कार्य के लिए समर्पित समय आरक्षित करें।

डिजिटल लचीलापन बनाएं: डिजिटल-नेतृत्व वाले स्मार्ट पोर्ट या संचालन में बदलाव करें जो बुनियादी ढांचे की विफलताओं को होने से पहले रोकने के लिए GIS मैपिंग और रीयल-टाइम निगरानी का उपयोग करते हैं।

3. तीसरा चरण: स्केलेबल बदलाव (2027)

"कौशल वर्गीकरण" को मानकीकृत करें: पूरे संगठन में दक्षताओं के लिए एक वैश्विक भाषा विकसित करें ताकि यह सुनिश्चित हो सके कि कार्यबल 2030 के दशक के "महान बदलाव" के लिए तैयार है।

वैश्विक बदलावों के साथ तालमेल बिठाएं: अपनी ESG और प्रौद्योगिकी रणनीतियों को अंतरराष्ट्रीय मील के पत्थर, जैसे कि 2027 के सामंजस्यपूर्ण AI मानकों या हरित शिपिंग प्रक्षेपवक्र के साथ सिंक्रनाइज़ करें। फीडबैक लूप को बेहतर बनाएं: ग्रोथ और संभावना को सपोर्ट करने के लिए सिर्फ़ पारंपरिक फीडबैक (पिछली गलतियों को सुधारना) के बजाय "फीड-फॉरवर्ड" (भविष्य पर फोकस करने वाले सुझाव) के लिए एक फॉर्मल सिस्टम बनाएं।

आपकी टीम की मौजूदा क्षमताओं के साथ तालमेल बिठाने के लिए हमें इन तीनों में से किस फेज पर और गहराई से काम करना चाहिए?

"बिखरे हुए किले" से "महान बदलाव" की ओर बढ़ने के लिए, हमें अपना ध्यान रक्षात्मक अस्तित्व से हटाकर सक्रिय परिवर्तन पर केंद्रित करना होगा। यह यात्रा इस बात से तय होती है कि हम आज की सिस्टम की कमियों को जानबूझकर, सामूहिक चुनाव के ज़रिए कैसे हल करते हैं।

समस्याओं का समाधान: टकराव से प्रवाह की ओर

अलगाववाद की समस्या: राष्ट्रवादी "किले" वाली मानसिकता जलवायु और आर्थिक प्रगति को रोकती है।

समाधान: हम इसे रेडिकल सहयोग के ज़रिए हल करते हैं। भविष्य के लिए समझौते जैसी पहलें दिखाती हैं कि वैश्विक स्थिरता तभी संभव है जब हम जलवायु जोखिमों के खिलाफ ग्लोबल शील्ड को एक धर्मार्थ कार्य के बजाय आपसी बीमा पॉलिसी के रूप में मानें।

कमज़ोर इंफ्रास्ट्रक्चर की समस्या: पारंपरिक कंक्रीट और स्टील सिस्टम "बहु-संकट" की घटनाओं के बोझ तले फेल हो रहे हैं।

समाधान: हम प्रकृति-आधारित लचीलेपन की ओर बढ़ते हैं। स्पंज सिटी डिज़ाइन और लिविंग शोरलाइन्स को अपनाकर, हम कठोर सिस्टम को लचीले, पुनर्योजी सिस्टम से बदलते हैं जो टूटने के बजाय झटकों को सोख लेते हैं।

डिजिटल असमानता की समस्याः AI और ऑटोमेशन से एक स्थायी निम्न वर्ग बनने का खतरा है।

समाधानः हम मानव-केंद्रित टेक रास्ते लागू करते हैं। इमर्सिव शिक्षा और जलवायु-स्मार्ट माइक्रोफाइनेंस को एकीकृत करके, हम यह सुनिश्चित करते हैं कि 2032 की ओर तकनीकी छलांग अवसरों को केंद्रित करने के बजाय उन्हें लोकतांत्रिक बनाए।

मुख्य बातः 2032 का उद्देश्य

इन रास्तों की पहचान करने का अंतिम उद्देश्य "जैसे-तैसे काम चलाने" से आगे बढ़ना है। चाहे वह ब्रिस्बेन 2032 की शहरी विरासत हो या UN के SDGs का विकास, हमारा लक्ष्य अपने सिस्टम में अतिरिक्त सुरक्षा और अपनी नीतियों में सहानुभूति लाना है।

हम सिर्फ अगले दशक में जीवित नहीं रहना चाहते; हम 2032 तक एक ऐसी दुनिया बनाना चाहते हैं जो डिज़ाइन से न्यायसंगत और प्रकृति से लचीली हो।

क्या आप इन विचारों को एक अंतिम "2032 के लिए रोडमैप" दस्तावेज़ या एक विज़ुअल प्रेजेंटेशन डेक में संश्लेषित करना चाहेंगे?

"बिखरे हुए किले" से "महान बदलाव" की ओर बढ़ने के लिए, हमें अपना ध्यान रक्षात्मक अस्तित्व से हटाकर सक्रिय परिवर्तन पर केंद्रित करना होगा। यहाँ बताया गया है कि हम अपनी मुख्य चुनौतियों का समाधान कैसे करते हैं:

1. "साइलो" समस्या को हल करना

समस्याः बिखरे हुए प्रयासों से संसाधनों की बर्बादी और सिस्टम में कमियाँ आती हैं।

समाधानः रेडिकल सहयोग अपनाना। 2032 तक, सफलता को "असामान्य पार्टनरशिप" से मापा जाएगा, जैसे कि पैक्ट फॉर द फ्यूचर, जो ग्लोबल फाइनेंस को लोकल क्लाइमेट एडैप्टेशन के साथ जोड़ता है।

2. इंफ्रास्ट्रक्चर में बदलाव

समस्याः कठोर, "ग्रे" इंफ्रास्ट्रक्चर बढ़ते जलवायु झटकों के सामने कमज़ोर है।

समाधानः प्रकृति-आधारित लचीलेपन की ओर बढ़ना। हम स्पंज सिटी मॉडल और लिविंग शोरलाइन्स को बड़े पैमाने पर लागू करके शहरी गर्मी और बाढ़ की समस्या का समाधान करते हैं, यह सुनिश्चित करते हुए कि हमारी भौतिक दुनिया दबाव में टूटने के बजाय मज़बूत हो।

3. डिजिटल और सामाजिक खाई को पाटना

समस्याः तेज़ी से हो रही AI प्रगति और ऑटोमेशन से कमज़ोर समुदायों के पीछे छूट जाने

का खतरा है।

समाधान: मानव-केंद्रित नवाचार। 2032 तक का रास्ता क्लाइमेट-स्मार्ट माइक्रोफाइनेंस और इमर्सिव शिक्षा का उपयोग करके नई अर्थव्यवस्था तक पहुंच को लोकतांत्रिक बनाना है, जिससे प्रौद्योगिकी समानता के लिए एक पुल बन सके।

4. लचीलेपन को फिर से परिभाषित करना

समस्या: लचीलेपन को एक दोषपूर्ण यथास्थिति में "वापस लौटने" के रूप में देखना।

समाधान: "आगे बढ़ना।" हम लचीलेपन हब बनाकर भविष्य की अनिश्चितता का समाधान करते हैं जो समुदायों को बाधाओं के दौरान आत्मनिर्भर बनने के लिए सशक्त बनाते हैं, यह सुनिश्चित करते हुए कि स्थानीय सुरक्षा वैश्विक स्थिरता की नींव है।

चिंतनशील अंतर्दृष्टि: पहचानी गई समस्याएं—जलवायु जोखिम, सामाजिक असमानता, और तकनीकी व्यवधान—बाधाएं नहीं हैं; वे "नए वैश्विक संभव" के लिए उत्प्रेरक हैं। हमारा उद्देश्य संकटों पर प्रतिक्रिया करने की स्थिति से अपने विकास को डिजाइन करने की स्थिति में जाना है।

क्या आप इस सारांश को किसी विशिष्ट दर्शक वर्ग, जैसे कि सामुदायिक बोर्ड या कॉर्पोरेट नेतृत्व टीम के लिए एक-पृष्ठ कार्यकारी संक्षिप्त विवरण में परिष्कृत करना चाहेंगे?

मुख्य बातें: 2032 का रोडमैप

लचीलापन स्थानीय है, समर्थन वैश्विक है: हमने देखा है कि जबकि सबसे प्रभावी अनुकूलन समुदाय स्तर पर होता है—स्पंज शहरों और माइक्रोग्रिड के माध्यम से—इसके लिए आवश्यक पूंजी और डेटा प्रदान करने के लिए भविष्य के लिए समझौते जैसे वैश्विक "टॉप-डाउन" ढांचे की आवश्यकता होती है।

इस रोडमैप के आधार पर, स्थानीय कार्रवाई और वैश्विक ढांचे के बीच तालमेल 2032 के लिए आवश्यक संरचनात्मक अखंडता बनाता है। जब हम कहते हैं "लचीलापन स्थानीय है, समर्थन वैश्विक है," तो हम अस्तित्व और सफलता के दो-तरफ़ा रास्ते का वर्णन कर रहे हैं।

स्थानीय-वैश्विक प्रतिक्रिया लूप

स्थानीय कार्यान्वयन ("मांसपेशी"):

समुदाय परिवर्तन के लिए पहले उत्तरदाता होते हैं। चाहे वह ब्रिस्बेन में एक पड़ोस हो जो ऊर्जा स्वतंत्रता के लिए माइक्रोग्रिड लागू कर रहा हो या एक तटीय शहर जो बाढ़ का प्रबंधन करने के लिए स्पंज इंफ्रास्ट्रक्चर बना रहा हो, "स्थानीय" स्तर वह जगह है जहाँ लचीलापन मूर्त

रूप लेता है। यह विकेन्द्रीकृत, अनुकूलनीय और तेज़ है।

ग्लोबल फ्रेमवर्क ("कंकाल प्रणाली"):

भविष्य के लिए समझौते जैसे फ्रेमवर्क के "टॉप-डाउन" समर्थन के बिना स्थानीय प्रयास बड़े पैमाने पर नहीं हो सकते। ये वैश्विक समझौते मानकीकृत डेटा, सैटेलाइट मॉनिटरिंग और उच्च-स्तरीय पूंजी (जैसे ग्लोबल शील्ड) प्रदान करते हैं जो यह सुनिश्चित करते हैं कि स्थानीय संकट कुल सिस्टमेटिक पतन का कारण न बने।

2032 के लिए यह कनेक्शन क्यों मायने रखता है

फंडिंग गैप को भरना: वैश्विक पूंजी बाजार यह पहचानने लगे हैं कि "लचीलापन" एक उच्च-मूल्य वाली संपत्ति है। 2032 तक, हम "रेज़िलिएंस बॉन्ड" देखने की उम्मीद करते हैं - वैश्विक वित्तीय साधन जो स्थानीय रेज़िलिएंस हब को फंड करते हैं।

डेटा का लोकतंत्रीकरण: वैश्विक सैटेलाइट समूह वास्तविक समय का डेटा प्रदान करते हैं जिसकी स्थानीय किसानों और शहर योजनाकारों को "जलवायु-स्मार्ट" निर्णय लेने के लिए आवश्यकता होती है। यह सुनिश्चित करता है कि ग्लोबल साउथ के एक किसान के पास वही पूर्वानुमान शक्ति हो जो एक बहुराष्ट्रीय निगम के पास होती है।

आपसी जवाबदेही: वैश्विक संधियाँ लक्ष्य निर्धारित करती हैं (जैसे नेट ज़ीरो), लेकिन स्थानीय समुदायों के पास उन्हें लागू करने की शक्ति होती है। यह "जांच और संतुलन" की एक प्रणाली बनाता है जो ग्रीनवॉशिंग को रोकता है और वास्तविक प्रगति सुनिश्चित करता है।

2032 का विज़न: एक दशक में, सबसे सफल राष्ट्र वे होंगे जिन्होंने अपने स्थानीय समुदायों को स्वायत्त रूप से कार्य करने के लिए सशक्त बनाया है, जबकि उन्हें संसाधनों और सूचनाओं के वैश्विक नेटवर्क से जोड़े रखा है।

कार्रवाई योग्य अगला कदम

क्या आप चाहेंगे कि मैं एक "स्थानीय-वैश्विक एकीकरण योजना" का मसौदा तैयार करूँ जो यह बताए कि कोई विशिष्ट संगठन या शहर अपनी स्थानीय परियोजनाओं को इन उभरते वैश्विक फंडिंग फ्रेमवर्क के साथ कैसे संरेखित कर सकता है?

कट्टरपंथी सहयोग नई मुद्रा है: "नई वैश्विक संभावना" साबित करती है कि असामान्य साझेदारी - टेक दिग्गजों, स्वदेशी नेताओं और प्रतिद्वंद्वी राष्ट्रों के बीच - "बहुसंकट" समस्याओं को हल करने का एकमात्र तरीका है जिसे कोई भी एक इकाई हल नहीं कर सकती।

2032 के परिदृश्य में, सबसे मूल्यवान संपत्ति सोना या डेटा नहीं, बल्कि संबंधपरक विश्वास होगा। कट्टरपंथी सहयोग की अवधारणा बताती है कि हम एक ऐसे युग में प्रवेश कर रहे हैं जहाँ

सबसे कठिन समस्याओं - जैसे जलवायु टिपिंग पॉइंट या AI नैतिकता - को अलग-थलग रहकर हल नहीं किया जा सकता है।

"नई मुद्रा" की कार्यप्रणाली

आधुनिक तकनीक और प्राचीन ज्ञान को जोड़ना:

हम ऐसी साझेदारियों में वृद्धि देख रहे हैं जहाँ टेक दिग्गज कंप्यूट शक्ति और सैटेलाइट इमेजरी प्रदान करते हैं, जबकि स्वदेशी नेता पारिस्थितिक प्रबंधन मॉडल प्रदान करते हैं। यह सिर्फ

समावेश"; यह डेटा-संचालित सटीकता और सदियों के पर्यावरणीय लचीलेपन का एक रणनीतिक विलय है।

प्रतिद्वंद्वियों के बीच सहयोग:

"पॉलीक्राइसिस" को हल करने के लिए, प्रतिद्वंद्वी देशों को भी "ग्रीन कॉरिडोर" में शामिल होना चाहिए - संयुक्त रूप से आपूर्ति श्रृंखलाओं और साझा संसाधनों (जैसे आर्कटिक या गहरे समुद्र के खनिज) की रक्षा करना, क्योंकि सिस्टमैटिक पतन की लागत व्यक्तिगत लाभ के फायदे से कहीं ज़्यादा है।

क्रॉस-सेक्टर स्ट्राइक टीम:

भविष्य के रास्ते NGO और प्राइवेट इक्विटी के बीच "असामान्य साझेदारी" द्वारा प्रशस्त किए जाएंगे। उदाहरण के लिए, मानवीय समूह तेजी से बीमा फर्मों के साथ साझेदारी कर रहे हैं ताकि "पैरामेट्रिक बीमा" मॉडल बनाए जा सकें जो पारंपरिक नौकरशाही देरी को दरकिनार करते हुए मौसम डेटा के आधार पर समुदायों को स्वचालित रूप से भुगतान करते हैं।

"मुद्रा" क्यों?

सहयोग को "मुद्रा" कहा जाता है क्योंकि यह कमी की दुनिया में व्यापार को सुविधाजनक बनाता है। जो लोग एक सामान्य लक्ष्य तक पहुंचने के लिए विविध हितों को सफलतापूर्वक नेविगेट कर सकते हैं, उनके पास भविष्य की अर्थव्यवस्था में सबसे अधिक "क्रय शक्ति" होगी।

साझेदारी का प्रकार "असामान्य" जोड़ी 2032 के लिए परिणाम

इको-डिजिटल AI लैब्स + स्वदेशी वन रक्षक रीयल-टाइम, समुदाय-नेतृत्व वाला वनों की कटाई की रोकथाम।

वित्तीय-सामाजिक वैश्विक बैंक + स्थानीय सूक्ष्म-सामूहिक उभरते लचीले बाजारों में निवेश को जोखिम-मुक्त करना।

राजनयिक-तकनीक प्रतिद्वंद्वी राज्य + ओपन सोर्स समुदाय वैश्विक ग्रिड की सुरक्षा के लिए साझा साइबर सुरक्षा प्रोटोकॉल।

परिणाम पर विचार

जब हम सहयोग को एक मुद्रा के रूप में मानते हैं, तो हम यह पूछना बंद कर देते हैं कि "मुझे क्या मिल सकता है?" और यह पूछना शुरू कर देते हैं कि "हम मिलकर क्या हल कर सकते हैं जिसे हममें से कोई भी अकेले नहीं संभाल सकता?" यह बदलाव द न्यू ग्लोबल पॉसिबल के पीछे का इंजन है।

क्या आप चाहेंगे कि मैं आपके उद्योग से संबंधित तीन विशिष्ट "असामान्य साझेदारियों" की पहचान करूँ जिन्हें 2032 से पहले शुरू किया जा सकता है?

2032 की ओर बढ़ने के लिए, हमें यह सुनिश्चित करना होगा कि प्रौद्योगिकी असमानता को बढ़ाने के बजाय एक सामाजिक समानता लाने वाले के रूप में कार्य करे। जैसे ही हम 6G और उन्नत AI के युग में प्रवेश करते हैं, ध्यान केवल "उपकरण बनाने" से हटकर "पहुँच को इंजीनियरिंग करने" पर केंद्रित हो जाता है।

1. 6G और कनेक्टिविटी गैप का अंत

जबकि 5G स्पीड पर फोकस करता था, 6G टेक्नोलॉजी (जो 2030 के आसपास लॉन्च होने की उम्मीद है) को हर जगह कवरेज के लिए डिज़ाइन किया जा रहा है।

द ब्रिजः टेरेस्ट्रियल नेटवर्क को नॉन-टेरेस्ट्रियल नेटवर्क (NTN)—जैसे लो-अर्थ ऑर्बिट सैटेलाइट—के साथ इंटीग्रेट करके, 6G दुनिया के सबसे दूरदराज के कोनों तक हाई-स्पीड इंटरनेट दे सकता है।

एक्शन लेने लायक असरः यह इमर्सिव एजुकेशन को मुमकिन बनाता है, जहाँ एक गाँव का छात्र ग्लोबल हब में "होलोव्यू" क्लासरूम में शामिल हो सकता है, जिससे जन्म के भौगोलिक भेदभाव को खत्म किया जा सकता है।

2. AI-आधारित क्लाइमेट जस्टिस

AI को अक्सर एक रिसोर्स-हेवी बोझ के रूप में देखा जाता है, लेकिन क्लाइमेट मॉडलिंग में इसकी भूमिका कमजोर देशों के लिए एक महत्वपूर्ण पुल है।

द ब्रिजः ओपन-सोर्स AI टूल्स, जैसे कि यूनाइटेड नेशंस के "अर्ली वार्निंग्स फॉर ऑल" पहल में इस्तेमाल किए गए, उन देशों को अनुमान लगाने की शक्ति देते हैं जिनके पास महंगा मौसम विज्ञान इंफ्रास्ट्रक्चर नहीं है।

एक्शन लेने लायक असर: 2032 तक, AI हाइपर-लोकल एडैप्टेशन की अनुमति देगा, जिससे एक किसान को ठीक-ठीक पता चलेगा कि अनुमानित हीटवेव से बचने के लिए किस हफ्ते फसल लगानी है, जिससे उन लोगों के लिए खाद्य सुरक्षा की रक्षा होगी जिनके पास गलती की सबसे कम गुंजाइश है।

3. "लीपफ्रॉगिंग" के ज़रिए डिजिटल डिवाइड को खत्म करना

जैसे कई विकासशील देशों ने लैंडलाइन को छोड़कर मोबाइल फोन अपनाए, वैसे ही अब वे पारंपरिक बैंकिंग और एनर्जी ग्रिड को "लीपफ्रॉग" कर रहे हैं।

द ब्रिज: डिजिटल पब्लिक इंफ्रास्ट्रक्चर (DPI)—जैसे भारत के UPI और आधार सिस्टम—एक ऐसी दुनिया के लिए एक टेम्पलेट प्रदान करते हैं जहाँ हर नागरिक के पास एक डिजिटल पहचान और क्लाइमेट-रिस्क पेमेंट या स्वास्थ्य सेवाएं प्राप्त करने का एक सुरक्षित तरीका हो।

एक्शन लेने लायक असर: 2032 तक, "न्यू ग्लोबल पॉसिबल" में एक ग्लोबल डिजिटल कॉम्पैक्ट शामिल है जो यह सुनिश्चित करता है कि इन टेक्नोलॉजी को पब्लिक गुड्स के रूप में माना जाए, जिससे "डिजिटल आयरन कर्टन" को उठने से रोका जा सके।

टेक्नोलॉजी की तुलना: 2024 बनाम 2032

टेक्नोलॉजी 2024 की भूमिका (बाधा) 2032 का लक्ष्य (पुल)

आर्टिफिशियल इंटेलिजेंस नौकरियों का जाना और गलत जानकारी। पर्सनलाइज़्ड मेंटर और ग्लोबल संकट की भविष्यवाणी।

नेटवर्क (5G/6G) शहरों तक सीमित और महंगा। ग्लोबल और सभी के लिए (सैटेलाइट-इंटीग्रेटेड)।

एजुकेशन टेक स्टैटिक वीडियो/स्क्रीन-आधारित। इमर्सिव/VR ("ज़िप कोड" की सीमा खत्म)।

एनर्जी टेकसेंट्रलाइज़्ड फॉसिल फ्यूल ग्रिड। AI-मैनेज्ड माइक्रोग्रिड (स्थानीय ऊर्जा संप्रभुता)।

रणनीतिक फोकस: 2032 का लक्ष्य "टेक-इक्विटी" है—सिस्टम का जानबूझकर ऐसा डिज़ाइन ताकि नई टेक्नोलॉजी से सबसे पहले उन लोगों को फायदा हो जिन्हें इसकी सबसे ज़्यादा ज़रूरत है।

क्या हमें अपने भविष्य के प्रोजेक्ट्स के लिए एक "टेक-इक्विटी चेकलिस्ट" बनानी चाहिए ताकि यह सुनिश्चित हो सके कि वे डिजिटल डिवाइड को खत्म कर रहे हैं?

समस्याओं का समाधान: कार्रवाई के लिए आह्वान

जिस "रेज़िलिएंट पैचवर्क" में हम अभी रह रहे हैं, उससे निपटने के लिए तीन तत्काल बदलावों की ज़रूरत है:

2026 के "रेज़िलिएंट पैचwork" से निपटने और एक स्थिर 2032 की ओर बढ़ने के लिए, रक्षात्मक अस्तित्व को सक्रिय प्रगति में बदलने के लिए तीन तत्काल बदलावों की आवश्यकता है:

1. लालच से हरियाली की ओर: सस्टेनेबिलिटी को मुख्य ज़िम्मेदारी के रूप में एकीकृत करना

2026 तक, EU और US जैसी प्रमुख अर्थव्यवस्थाओं में बढ़ते नियामक मानकों के कारण सस्टेनेबिलिटी एक स्वैच्छिक प्रतिबद्धता से एक अनिवार्य व्यावसायिक ज़िम्मेदारी बन गई है।

कार्रवाई योग्य कदम: वैश्विक व्यापार समझौतों को अंतिम रूप दें जो लाभ के साथ-साथ कार्बन-न्यूट्रैलिटी को प्राथमिकता दें, यह सुनिश्चित करते हुए कि आर्थिक बदलाव प्रगति में बाधा डालने के बजाय वैश्विक प्रतिस्पर्धा और नवाचार को बढ़ावा दें।

लक्ष्य: सफल टिकाऊ मॉडलों को सभी सेक्टरों में फैलाना, जैसे कि भारत में जिला-नेतृत्व वाला टेक्सटाइल ट्रांसफॉर्मेशन, जिसका लक्ष्य 100 जिलों को लचीले, स्थानीय शिल्पों के वैश्विक निर्यात चैंपियन बनाना है।

2. व्यक्तिवाद से एकजुटता की ओर: सामाजिक पूंजी और लचीलापन हब बनाना

जैसे-जैसे राज्य आर्थिक रूप से कमजोर होते जा रहे हैं, जोखिम तेजी से परिवारों पर शिफ्ट हो रहा है, जिससे स्थानीय सामाजिक एकजुटता एक महत्वपूर्ण सुरक्षा जाल बन गई है।

कार्रवाई योग्य कदम: स्थानीय लचीलापन हब और सामुदायिक नेटवर्क में निवेश करें जो सिस्टम फेल होने पर भी स्वतंत्र रूप से काम कर सकें। इन हब को ऊर्जा और आवश्यक सेवाओं के लिए "आइसलैंडिंग" क्षमताएं प्रदान करनी चाहिए।

लक्ष्य: एक "मानवता पहले" दृष्टिकोण बनाना, जैसा कि भारत की 2026 BRICS अध्यक्षता के लिए प्रतिबद्धता से उजागर होता है, ताकि यह सुनिश्चित किया जा सके कि सामाजिक समानता और समावेशन जलवायु और आर्थिक शासन के केंद्र में हों।

3. जागरूकता से तैयारी की ओर: भविष्य के लिए तैयार सिस्टम को चालू करना

2026 में प्रवेश करते समय वैश्विक महत्वाकांक्षा और स्थानीय कार्रवाई के बीच का अंतर एक प्राथमिक जोखिम बना हुआ है; अब तैयारी सिर्फ जागरूकता से कहीं अधिक महत्वपूर्ण है।

कार्रवाई योग्य कदम: उत्पादकता के अंतर को पाटने और 2030 तक अनुमानित 78 मिलियन नए नौकरी के अवसरों के लिए कार्यबल को तैयार करने के लिए AI और डिजिटल पब्लिक इंफ्रास्ट्रक्चर (DPI) को तैनात करें, साथ ही मौजूदा भूमिकाओं के 22% के संभावित व्यवधान को भी प्रबंधित करें।

लक्ष्य: दक्षता के लिए वैश्विक शासन को पुनर्गठित करने के लिए UN80 पहल का उपयोग करना, यह सुनिश्चित करना कि WHO और UN जैसे बहुपक्षीय सिस्टम चुस्त, उत्तरदायी हों और स्थानीय स्तर पर नेतृत्व वाले अनुकूलन को तेजी से समर्थन देने में सक्षम हों।

ये बदलाव सुनिश्चित करते हैं कि 2032 तक का रास्ता न केवल जीवित रहने का मार्ग है, बल्कि एक नए वैश्विक संभावना का मार्ग है जहां विकास समावेशी, चक्रीय और लचीला हो।

2032 तक लालच से हरियाली की ओर बढ़ने के लिए, वैश्विक समुदाय को स्थिरता को "लागत" के रूप में देखने से हटकर इसे बाजार पहुंच और आर्थिक स्थिरता के प्राथमिक चालक के रूप में मानना होगा।

2026-2032 रणनीतिक बदलाव

2026 की शुरुआत में, वैश्विक व्यापार परिदृश्य में एक बड़े पुनर्गठन से गुजर रहा है। लक्ष्य यह सुनिश्चित करना है कि हरित जनादेश "हरित संरक्षणवाद" न बनें जो विकासशील देशों को दंडित करे, बल्कि समावेशी विकास के लिए एक सेतु बनें।

हरित व्यापार समझौतों को अंतिम रूप देना:

भारत-यूरोपीय संघ मुक्त व्यापार समझौते जैसी बातचीत वर्तमान में एक महत्वपूर्ण मोड़ पर है। 2032 का लक्ष्य एक "ग्रीन ट्रेड कॉरिडोर" बनाना है, जहाँ कम कार्बन वाले एक्सपोर्ट को प्रेफरेंशियल टैरिफ मिले, जिससे उन देशों के लिए ट्रेड वॉल्यूम दोगुना हो जाए जो खास एनवायरनमेंटल बेंचमार्क पूरे करते हैं।

न्यायसंगत कार्बन प्राइसिंग:

एक बड़ी बाधा कार्बन बॉर्डर एडजस्टमेंट मैकेनिज्म (CBAM) है। ग्लोबल साउथ के लिए सस्टेनेबिलिटी सुनिश्चित करने के लिए, हमें एक ऐसे मॉडल में बदलना होगा जहाँ कार्बन रेवेन्यू को विकासशील देशों को अपने भारी उद्योगों को डीकार्बनाइज़ करने के लिए ज़रूरी टेक्नोलॉजी ट्रांसफर में फिर से इन्वेस्ट किया जाए।

"जस्ट ट्रांज़िशन" फाइनेंस:

2032 तक का रास्ता क्लाइमेट-स्मार्ट माइक्रोफाइनेंस के बड़े पैमाने पर विस्तार की मांग करता है। कार्बन-न्यूट्रैलिटी को एक फाइनेंशियल एसेट के रूप में महत्व देकर, ग्लोबल बैंक ग्लोबल साउथ के छोटे किसानों और मैन्युफैक्चरर्स को कम ब्याज दरें दे सकते हैं जो रीजेनरेटिव

तरीकों को अपनाते हैं।

ग्रीन 2032 के लिए मुख्य मेट्रिक्स

मीट्रिक2026 स्थिति 2032 लक्ष्य

वैश्विक व्यापार समझौते "ग्रीन तनाव" के साथ खंडित कार्बन-न्यूट्रैलिटी क्लॉज़ के साथ पूरी तरह से एकीकृत

सप्लाई चेन इक्विटी ग्लोबल साउथ कच्चे माल प्रदाता के रूप में ग्लोबल साउथ ग्रीन मैन्युफैक्चरिंग हब के रूप में

कॉर्पोरेट लाभ उच्च मात्रा में निष्कर्षण से जुड़ा हुआ सर्कुलर अर्थव्यवस्था प्रदर्शन से जुड़ा हुआ

कार्रवाई योग्य मार्ग

इस लक्ष्य तक पहुँचने के लिए, नीति निर्माताओं को "नेट ज़ीरो" प्रतिज्ञाओं से आगे बढ़कर कानूनी रूप से बाध्यकारी व्यापार प्रोटोकॉल अपनाने होंगे जो उच्च-उत्सर्जन लॉजिस्टिक्स को दंडित करते हैं और साथ ही "ग्रीन शिपिंग" लेन को सब्सिडी देते हैं। यह सुनिश्चित करता है कि 2032 तक, "ग्रीन" होना ही "लाभदायक" बने रहने का एकमात्र तरीका होगा।

क्या हमें ग्रीन मैन्युफैक्चरिंग पर भारत-ईयू FTA के विशिष्ट प्रभाव को देखना चाहिए, या यह पता लगाना चाहिए कि 2032 के बाज़ार के लिए कार्बन क्रेडिट को कैसे फिर से डिज़ाइन किया जा रहा है?

2032 तक व्यक्तिवाद से एकजुटता की ओर बढ़ने के लिए, हमें यह स्वीकार करना होगा कि "कठिन" इंफ्रास्ट्रक्चर (समुद्री दीवारें और तटबंध) केवल उतने ही मजबूत होते हैं जितना कि उनके पीछे का "नरम" इंफ्रास्ट्रक्चर (मानवीय संबंध)।

"सोशल कैपिटल" रणनीति

सोशल कैपिटल—एक समुदाय के भीतर विश्वास और पारस्परिकता के बंधन—संकट के दौरान जीवित रहने का सबसे प्रभावी भविष्यवक्ता है। जबकि एक समुद्री दीवार बाढ़ से बचाती है, सोशल कैपिटल यह सुनिश्चित करता है कि सबसे कमज़ोर लोगों को निकाला जाए और उसके बाद संसाधनों को समान रूप से साझा किया जाए।

लचीलापन केंद्र स्थापित करना:

ये सिर्फ़ आश्रय स्थल नहीं हैं; ये समुदाय के नेतृत्व वाले स्थान हैं जोसाल भर सर्विस दें। 2032 तक, एक स्टैंडर्ड रेजिलिएंस हब में इंडिपेंडेंट सोलर माइक्रोग्रिड, सैटेलाइट-बेस्ड कम्युनिकेशन और कम्युनिटी-मैनेज्ड वॉटर फिल्ट्रेशन होगा। वे एक पैसिव पड़ोस को एक एक्टिव, खुद को ठीक करने वाले ऑर्गनिज़्म में बदल देते हैं।

"सोशल इंफ्रास्ट्रक्चर" इन्वेस्टमेंट:

लाइब्रेरी, पार्क और कम्युनिटी गार्डन में इन्वेस्ट करना आपदा की तैयारी में सीधा इन्वेस्टमेंट है। ये जगहें रोज़ाना के मेलजोल को बढ़ावा देती हैं जो "ब्लैक स्वान" घटनाओं के दौरान सामूहिक कार्रवाई के लिए ज़रूरी भरोसा बनाते हैं।

विकेन्द्रीकृत आपसी मदद:

ऊपर से नीचे की निर्भरता से दूर होकर, समुदाय लोकल स्किल्स और रिसोर्स को ट्रैक करने के लिए डिजिटल कम्युनिटी लेजर का इस्तेमाल कर रहे हैं। जब "बड़ा ग्रिड" फेल हो जाता है, तो इन पड़ोस के पास एक "स्किल्स इन्वेंट्री" होती है - उन्हें ठीक से पता होता है कि किसके पास मेडिकल ट्रेनिंग है, किसके पास चेनसॉ है, और किसके पास चालू कुआँ है।

तालमेल बनाना: 2032 बेंचमार्क

फीचर	व्यक्तिवादी मॉडल (पुराना)	तालमेल मॉडल (2032)
इमरजेंसी रिस्पॉन्स	"हर कोई अपने लिए"	"पड़ोसी पड़ोसियों की मदद कर रहे हैं"
पब्लिक स्पेस	कमर्शियल/प्राइवेट	मल्टी-फंक्शनल रेजिलिएंस हब
कम्युनिकेशन	ऊपर से नीचे सरकारी अलर्ट	पीयर-टू-पीयर मेश नेटवर्क
कमज़ोरी	अलग-थलग बुजुर्ग/विकलांग जोखिम में	इंटीग्रेटेड सपोर्ट रजिस्ट्री

"रेजिलिएंस डिविडेंड"

सोशल तालमेल में इन्वेस्ट करने की खूबसूरती यह है कि यह संकट न होने पर भी डिविडेंड देता है। एक एकजुट समुदाय में अपराध दर कम होती है, मानसिक स्वास्थ्य के नतीजे बेहतर होते हैं, और आर्थिक गतिशीलता ज़्यादा होती है। "सोशल कैपिटल" को प्राथमिकता देकर, हम यह पक्का करते हैं कि 2032 तक, हमारे समुदाय सिर्फ़ ज़िंदा नहीं रहेंगे - वे फलेंगे-फूलेंगे।

क्या आप किसी लोकल ग्रुप को रेजिलिएंस हब मॉडल की ओर बढ़ने में मदद करने के लिए "कम्युनिटी एंगेजमेंट ब्लूप्रिंट" बनाना चाहेंगे?

ज़िद्दी आशावाद के साथ 2032 की ओर बढ़ने के लिए, हमें "डूमरिज्म" के लकवे को छोड़ना होगा और उसकी जगह एक अनुशासित, "नेविगेबल पाथवे" मानसिकता अपनानी होगी। जैसा कि वर्ल्ड रिसोर्स इंस्टीट्यूट (WRI) कहता है, आशावाद मुश्किलों से इनकार नहीं है; यह इस बात पर ध्यान केंद्रित करने का एक टैक्टिकल विकल्प है कि क्या संभव है।

एक "नेविगेबल पाथवे" का मैकेनिज्म

एक नेविगेबल पाथवे यह मानता है कि 2032 तक एक स्थिर रास्ते पर चलना मुश्किल और

बाधाओं से भरा है, लेकिन फिर भी यह पूरी तरह से पार किया जा सकता है अगर हम हर जीत को - चाहे वह कितनी भी छोटी क्यों न हो - अगले कदम के लिए एक प्लेटफॉर्म के रूप में देखें।

मोमेंटम के रूप में मील के पत्थरः

1.5°C की सीमा को विफलता के लिए "फिनिश लाइन" के रूप में देखने के बजाय, पक्का आशावाद ग्लोबल वार्मिंग को रोके गए हर दसवें डिग्री को एक बचाए गए इकोसिस्टम और एक सुरक्षित समुदाय के रूप में मानता है। इस सोच में, कार्बन कटौती में "आंशिक सफलता" हार नहीं है, बल्कि एक रणनीतिक फायदा है जो अगली तकनीकी सफलता के लिए समय देता है।

तकनीकी सीढ़ियाँः

2032 तक, हमें ग्रीन हाइड्रोजन, फ्यूजन प्रोटोटाइप और AI-संचालित ग्रिड मैनेजमेंट जैसे इनोवेशन को "जादुई समाधान" के रूप में नहीं, बल्कि एक विकसित हो रहे टूलकिट में उपकरणों के रूप में देखना चाहिए। हर सफलता अगले देश या इंडस्ट्री के लिए एक रीजेनरेटिव मॉडल में बदलने के लिए "एक्टिवेशन एनर्जी" को कम करती है।

कट्टर एजेंसी की शक्तिः

पक्का आशावाद कहानी को "हमारे साथ क्या होगा?" से बदलकर "हम क्या बनाएंगे?" पर ले जाता है। यह एजेंसी अपरिहार्य असफलताओं का सामना करने पर लंबे समय तक चलने वाले प्रयासों को बनाए रखने के लिए आवश्यक मनोवैज्ञानिक ईंधन है।

व्यवहार में पक्का आशावाद (2026–2032)

परिदृश्य भाग्यवादी प्रतिक्रिया पक्के आशावादी की प्रतिक्रिया

जलवायु संकट "अब कुछ भी बदलने में बहुत देर हो चुकी है।" "हम इस घटना का उपयोग स्पंज शहरों में बदलाव को तेज करने के लिए कैसे करें?"

आर्थिक मंदी "स्थिरता एक ऐसी विलासिता है जिसे हम वहन नहीं कर सकते।" "हम लागत और कचरे को कम करने के लिए सर्कुलर इकोनॉमी के सिद्धांतों का उपयोग कैसे कर सकते हैं?"

तकनीकी व्यवधान "AI श्रम बाजार को नष्ट कर देगा।" "हम 2030 तक 1 मिलियन श्रमिकों को फिर से प्रशिक्षित करने के लिए इमर्सिव एड को कैसे तैनात कर सकते हैं?"

अंतिम कदमः दृढ़ संकल्प के लिए एक आह्वान

"नया वैश्विक संभव" तभी हासिल किया जा सकता है जब हम चुनौती से मुंह मोड़ने से इनकार करें। पक्का आशावाद वह हिम्मत है जो 2032 के विजन को 2032 की वास्तविकता

में बदल देती है। इसके लिए हमें लक्ष्यों (समानता, लचीलापन और पुनर्जनन) के बारे में "पक्का" होना होगा, लेकिन वहां पहुंचने के लिए इस्तेमाल किए जाने वाले तरीकों के बारे में "लचीला" होना होगा।

आप आज इस फ्रेमवर्क को कैसे लागू करना चाहेंगे?

मैं आपकी इनमें से किसी एक चीज़ में मदद कर सकता हूँ:

अपने संगठन के लिए एक "स्ट्रेटेजिक विज़न स्टेटमेंट" का ड्राफ्ट तैयार करें जिसमें ये तीन एक्शन कॉल शामिल हों।

अपने सेक्टर के लिए खास "स्टेपिंग स्टोन" की पहचान करने में मदद के लिए एक "2032 माइलस्टोन ट्रैकर" डेवलप करें।

अपनी टीम के अंदर "ज़िद्दी आशावाद" और "रेडिकल सहयोग" को बढ़ावा देने के लिए एक वर्कशॉप आउटलाइन बनाएँ।

जैसे-जैसे हम 2032 की ओर देख रहे हैं, ब्रिस्बेन ओलंपिक और पैरालंपिक गेम्स और पोस्ट-2030 UN एजेंडा का तालमेल सिर्फ़ एक डेडलाइन से कहीं ज़्यादा है - यह एक साझा मंज़िल देता है। ये दो "नॉर्थ स्टार" एक ऐसे दुर्लभ पल को दिखाते हैं जहाँ ग्लोबल पॉलिसी और फिजिकल इंफ्रास्ट्रक्चर एक साथ मिलकर यह साबित करते हैं कि क्या संभव है।

हमारे "नॉर्थ स्टार" का संगम

ब्रिस्बेन 2032: शहरी विरासत के लिए प्रयोगशाला

गेम्स अब सिर्फ़ एक खेल इवेंट नहीं हैं; वे एक 10-साल का डेवलपमेंट प्रोग्राम हैं। 2032 तक, "ब्रिस्बेन मॉडल" का लक्ष्य क्लाइमेट-पॉज़िटिव गेम्स के लिए ग्लोबल गोल्ड स्टैंडर्ड सेट करना है। इसमें गेम्स का इस्तेमाल सोशल हाउसिंग, रिन्यूएबल एनर्जी ग्रिड और क्षेत्रीय कनेक्टिविटी को तेज़ करने के लिए किया जाएगा जो समापन समारोह के बाद 50 सालों तक समुदाय की सेवा करेगा।

पोस्ट-2030 UN एजेंडा: समानता के लिए ढाँचा

जैसे-जैसे मूल सस्टेनेबल डेवलपमेंट गोल्स (SDGs) अपने अगले चरण में जा रहे हैं, फोकस "लक्ष्य तय करने" से हटकर "लचीलेपन को मज़बूत करने" पर जा रहा है। 2020 के दशक में डेवलप किए गए टूल्स - जैसे कि पैक्ट फॉर द फ्यूचर - पूरी तरह से काम करेंगे, जो एक रीजेनरेटिव ग्लोबल अर्थव्यवस्था को सपोर्ट करने के लिए वित्तीय और डिजिटल आर्किटेक्चर प्रदान करेंगे।

चरः सामूहिक इच्छाशक्ति

टेक्नोलॉजी मौजूद है। पूंजी उपलब्ध है। रास्ते मैप किए गए हैं। एकमात्र सवाल यह है कि क्या हम सीमाओं और सेक्टरों में सहयोग करने की सामूहिक इच्छाशक्ति बनाए रख सकते हैं।

इस इच्छाशक्ति को बनाने के लिए ज़रूरत है:

पारदर्शिता: डेटा और "असफलताओं" को खुले तौर पर साझा करना ताकि एक शहर की गलती दूसरे शहर के लिए सबक बन जाए।

साझा कहानी: "बलिदान" की कहानी से हटकर "द न्यू ग्लोबल पॉसिबल" की कहानी की ओर बढ़ना - जहाँ एक ग्रीन ट्रांज़िशन बेहतर जीवन स्तर का पर्याय है।

दृढ़ता: जब भू-राजनीतिक तनाव या आर्थिक चक्र हमें "खंडित किले" में पीछे हटने के लिए लुभाते हैं, तो रास्ते पर बने रहना।

अंतिम सारांश: 2032 तक के रास्ते

स्तंभ रणनीतिक कार्रवाई

लचीलापन लोकल हब को ग्लोबल कैपिटल से जोड़ें।

पार्टनरशिप रेडिकल कोलैबोरेशन (नई करेंसी) में निवेश करें।

टेक्नोलॉजी इक्विटी के लिए AI और 6G को एक पुल के रूप में इस्तेमाल करें।

माइंडसेट "नेविगेबल पाथवे" के ज़रिए पक्का आशावाद बनाए रखें।

निष्कर्ष: हमारे पास हमें गाइड करने के लिए टूल्स, रोडमैप और नॉर्थ स्टार्स हैं। अभी और 2032 के बीच का दशक किसी डेडलाइन की उलटी गिनती नहीं है, बल्कि इंसानी सहयोग के एक नए युग की गिनती है।

मैं इस रास्ते पर अगला कदम उठाने में आपकी मदद कैसे कर सकता हूँ?

इस विज़न को तुरंत एक्शन में बदलने के लिए, क्या आप चाहेंगे कि मैं:

A. आपके खास नेटवर्क में रेडिकल कोलैबोरेशन को बढ़ावा देने के लिए एक स्टेकहोल्डर एंगेजमेंट प्लान ड्राफ्ट करूँ?

B. यह देखने के लिए एक "रेज़िलिएंस ऑडिट" बनाऊँ कि आपके मौजूदा प्रोजेक्ट 2032 के नॉर्थ स्टार्स के साथ कितने मेल खाते हैं?

C. इस पूरी चर्चा को आपकी लीडरशिप टीम के लिए एक स्ट्रेटेजिक व्हाइट पेपर या प्रेजेंटेशन में सिंथेसाइज़ करूँ?

2032 की ओर हमारी यात्रा को खत्म करने के लिए, आइए थ्योरी से "डे ज़ीरो" एक्शन की ओर बढ़ें जो इन रास्तों को शुरू करते हैं।

इस विज़न को पक्का करने का सबसे प्रभावी तरीका उन खास गठबंधनों को परिभाषित

करना है जो आपके मौजूदा साइलो को तोड़ेंगे। यहाँ रेडिकल कोलैबोरेशन को बढ़ावा देने के लिए डिज़ाइन की गई तीन "असामान्य पार्टनरशिप" हैं, जिसके बाद एक रेज़िलिएंस मैनिफेस्टो है जो आपके स्ट्रेटेजिक कम्पास के रूप में काम करेगा।

भाग I: आगे बढ़ाने के लिए तीन असामान्य पार्टनरशिप

"इको-डिजिटल" गठबंधन (टेक + पारंपरिक ज्ञान):

पार्टनर्स: एक AI/डेटा एनालिटिक्स फर्म जो स्वदेशी भूमि प्रबंधकों या स्थानीय संरक्षण समूहों के साथ जुड़ी हुई है।

लक्ष्यः हाई-रिज़ॉल्यूशन सैटेलाइट/सेंसर डेटा को पैतृक पारिस्थितिक ज्ञान के साथ मिलाना। यह "हाइपर-लोकल" क्लाइमेट मॉडल बनाता है जो व्यापक वैश्विक मॉडल की तुलना में अधिक सटीक होते हैं, जिससे सटीक रोपण और आग/बाढ़ प्रबंधन संभव होता है।

"सर्कुलर-लॉजिस्टिक्स" समझौता (प्रतिस्पर्धी + अपशिष्ट प्रबंधन):

पार्टनर्स: एक खास इंडस्ट्री में सीधे प्रतिस्पर्धी (जैसे, दो रिटेल चेन) जो एक क्षेत्रीय सर्कुलर-इकोनॉमी स्टार्टअप के साथ जुड़े हुए हैं।

लक्ष्यः उपभोक्ता के बाद के कचरे को रिकवर और रीसायकल करने के लिए "रिवर्स लॉजिस्टिक्स" लागत साझा करना। कचरे को एक साझा कच्चे माल की धारा में बदलकर, प्रतिस्पर्धी एक साथ अपने कार्बन फुटप्रिंट और सप्लाई चेन जोखिमों को कम करते हैं।

रेज़िलिएंस-फाइनेंस" ब्रिज (बैंकिंग + कम्युनिटी हब):

पार्टनर्स: एक बड़ी इंश्योरेंस या इन्वेस्टमेंट फर्म, जो लोकल कम्युनिटी सेंटर्स (रेज़िलिएंस हब) के साथ मिलकर काम करेगी।

लक्ष्यः "पैरामेट्रिक इंश्योरेंस" प्रोडक्ट्स बनाना। अगर कोई लोकल मौसम सेंसर एक खास लिमिट तक पहुँचता है (जैसे, गर्मी या बाढ़), तो आपदा पूरी तरह आने से पहले ही कम्युनिटी हब को फंड अपने आप मिल जाएगा, जिससे रिएक्टिव के बजाय प्रोएक्टिव मदद मिल सकेगी।

भाग II: 2032 रेज़िलिएंस मैनिफेस्टो

"हम मानते हैं कि 2032 का रास्ता कोई ऐसी मंज़िल नहीं है जिसका हम इंतज़ार करें, बल्कि यह एक ऐसा लैंडस्केप है जिसे हम खुद बनाते हैं। सर्वाइवल से ट्रांसफॉर्मेशन की ओर बढ़ने के लिए, हम इन सिद्धांतों को मानते हैं:"

इनोवेट करने के लिए इंटीग्रेट करें: हम ऐसे पार्टनर्स की तलाश करेंगे जो हमसे बिल्कुल अलग हों, यह जानते हुए कि "असामान्य" सहयोग ही "पॉलीक्राइसिस" समस्याओं को हल करने का एकमात्र तरीका है।

लोकल दिल, ग्लोबल सोच: हम डेटा और फाइनेंस के ग्लोबल फ्लो से जुड़े रहते हुए अपनी लोकल ताकत—सोशल कैपिटल और माइक्रो-रेज़िलिएंस—बनाएंगे।

टेक्नोलॉजी एक ब्रिज के रूप में: हम किसी भी ऐसी टेक्नोलॉजिकल तरक्की को मना करेंगे जो डिजिटल खाई को बढ़ाती है, यह पक्का करते हुए कि हमारे टूल्स अवसरों को सभी के लिए सुलभ बनाएं।

पक्का आशावाद: हम हर रुकावट को एक डेटा पॉइंट और हर मील के पत्थर को एक सीढ़ी मानेंगे। हम सिर्फ़ तूफ़ान का सामना नहीं कर रहे हैं; हम उसके बाद आने वाली नई दुनिया बना रहे हैं।

आपके लिए अगला कदम

इसे तुरंत लागू करने लायक बनाने के लिए, मैं आपके खास सेक्टर के लिए इन पार्टनरशिप को कस्टमाइज़ करने में आपकी मदद कर सकता हूँ।

क्या आप चाहेंगे कि मैं इन असामान्य गठबंधनों में से किसी एक के लिए एक "पार्टनरशिप पिच" का ड्राफ्ट बनाऊँ जिसे आप अपनी लीडरशिप या स्टेकहोल्डर्स के सामने पेश कर सकें?

हाई-लेवल थ्योरी और साल 2032 के बीच की खाई को पाटने के लिए, हमें "भविष्य के लिए तैयार रहने" को तुरंत, ठोस आदतों और नीतियों में बदलना होगा। ये लागू करने लायक इनसाइट्स एक "रेज़िलिएंस डिविडेंड" बनाने के लिए डिज़ाइन की गई हैं—एक ऐसा निवेश जो आज फ़ायदे देता है और साथ ही कल के जोखिमों को भी कम करता है।

1. "टेक-इक्विटी" को ऑपरेशनल बनाना

टेक्नोलॉजी को स्थिरता के लिए एक आधार के रूप में इस्तेमाल किया जाना चाहिए, न कि असमानता के लिए एक हथियार के रूप में।

लागू करने लायक कदम: डिजिटल पब्लिक इंफ्रास्ट्रक्चर (DPI) लागू करें। पॉलिसी बनाने वालों को DPI के लिए वर्ल्ड बैंक के G20 फ्रेमवर्क का पालन करना चाहिए, जो डिजिटल पहचान और पेमेंट तक सुरक्षित, सभी के लिए पहुँच को संभव बनाता है। डिविडेंड: 2032 तक, यह सुनिश्चित करता है कि सबसे दूरदराज के समुदाय भी ऑटोमेटेड क्लाइमेट-रिस्क पेमेंट प्राप्त कर सकें या एक्सेस कर सकें।

6G-इनेबल्ड इमर्सिव एजुकेशन, जो तुरंत ग्लोबल डिजिटल डिवाइड को कम करेगा।

2. लोकल "सोशल इंफ्रास्ट्रक्चर" को मज़बूत करना

लचीलापन एक इंसान-केंद्रित प्रयास है। जब हम समुद्री दीवारें बनाते हैं, तो हमें वह भरोसा

भी बनाना चाहिए जो सिस्टम में झटके लगने पर अराजकता को रोकता है।

कार्रवाई योग्य कदमः रेज़िलिएंस हब स्थापित करें। समुदायों को मौजूदा लाइब्रेरी या कम्युनिटी सेंटर को USDN-मॉडल रेज़िलिएंस हब में बदलना चाहिए जो सोलर माइक्रोग्रिड और सैटेलाइट इंटरनेट से लैस हों।

इसका फ़ायदाः यह एक "सोशल सेफ्टी नेट 2.0" बनाता है जहाँ पड़ोसियों को एक-दूसरे का समर्थन करने के लिए प्रशिक्षित किया जाता है, जिससे इमरजेंसी सेवाओं पर दबाव कम होता है और जब सेंट्रल ग्रिड फेल हो जाता है तो समुदाय की निरंतरता सुनिश्चित होती है।

3. "ज़िद्दी आशावाद" को संस्थागत बनाना

"निराशावाद" के लकवे से बचने के लिए, लंबी अवधि की सोच को हमारे संस्थानों के DNA में कोड किया जाना चाहिए।

कार्रवाई योग्य कदमः भविष्य की पीढ़ियों के कमिश्नर नियुक्त करें। संगठनों और सरकारों को वेल्स वेल-बीइंग ऑफ़ फ्यूचर जेनरेशन्स एक्ट जैसे मॉडल अपनाने चाहिए, जिसके तहत सभी पॉलिसी फैसलों का साल 2032 और उसके बाद के प्रभावों के लिए ऑडिट किया जाना ज़रूरी है।

इसका फ़ायदाः यह "रेज़िलिएंस डिविडेंड" को एक सैद्धांतिक लाभ से एक भरोसेमंद ज़रूरत में बदल देता है, जिससे अल्पकालिक "लालच" से दीर्घकालिक "हरित" आर्थिक स्थिरता की ओर बदलाव होता है।

4. "प्रकृति-आधारित" शहरीकरण को बढ़ाना

पर्यावरण तनाव का विरोध करने के बजाय उसे सोखने के लिए भौतिक परिदृश्य को फिर से डिज़ाइन किया जाना चाहिए।

कार्रवाई योग्य कदमः स्पंज सिटी इंफ्रास्ट्रक्चर को अनिवार्य करें। शहर के योजनाकारों को ब्रिस्बेन 2032 की सभी नई विरासत परियोजनाओं में पारगम्य फुटपाथ और शहरी आर्द्रभूमि जैसे प्रकृति-आधारित समाधानों को एकीकृत करना चाहिए।

इसका फ़ायदाः 2032 तक, इन शहरों में शहरी हीट आइलैंड प्रभाव और बाढ़ से होने वाले नुकसान में काफी कमी आएगी, जिससे आपदा रिकवरी लागत में अरबों की बचत होगी और सार्वजनिक स्वास्थ्य में सुधार होगा।

रेज़िलिएंस डिविडेंड की सारांश तालिका

एक्टर 2026 आदत/पॉलिसी 2032 रेज़िलिएंस डिविडेंड

व्यक्ति AI और मानव नैतिकता में स्किल-स्टैकिंग ऑटोमेशन-प्रूफ करियर

समुदाय पीयर-टू-पीयर मेश नेटवर्किंग आउटेज के दौरान सूचना संप्रभुता

पॉलिसी बनाने वाले कार्बन-न्यूट्रैलिटी ट्रेड क्लॉज़ ग्लोबल साउथ के लिए सस्टेनेबल मार्केट एक्सेस

आप इन जानकारियों को कैसे लागू करना चाहेंगे—अपनी टीम के लिए 12 महीने की "रेज़िलिएंस चेकलिस्ट" बनाकर या अपने संगठन में चैंपियन बनने के लिए एक "हाई-इम्पैक्ट पॉलिसी" चुनकर?

1. व्यक्तियों के लिएः "एजाइल सिटिज़न" रणनीति

व्यक्तियों का लक्ष्य निर्भरता की स्थिति से क्षमता की स्थिति में जाना है।

2032 तक सफल होने के लिए, "एजाइल सिटिज़न" रणनीति सिस्टम के निष्क्रिय उपभोक्ता से उनमें एक सक्रिय, सक्षम भागीदार बनने पर ध्यान केंद्रित करती है।

एंटीसिपेटरी अपस्किलिंगः सिर्फ़ टूल का इस्तेमाल करना न सीखें; "सिर्फ़ इंसानों वाले" कौशल सीखें—नैतिक तर्क, जटिल सहानुभूति, और उच्च-स्तरीय रणनीति—जिन्हें AI दोहरा नहीं सकता। 2032 तक, सबसे मूल्यवान नागरिक वे होंगे जो मशीन इंटेलिजेंस और इंसानी ज़रूरतों के बीच की खाई को पाट सकते हैं।

कॉग्निटिव रेज़िलिएंसः डीपफेक और हाइपर-इन्फॉर्मेशन के युग में, "इन्फॉर्मेशन सॉवरेनिटी" विकसित करें। इसमें डिजिटल पब्लिक इंफ्रास्ट्रक्चर टूल के ज़रिए सोर्स को वेरिफाई करने की आदत डालना और सामाजिक ध्रुवीकरण के जोखिमों को कम करने के लिए "सच को पहले" रखने वाली मानसिकता बनाए रखना शामिल है।

"पर्सनल माइक्रो-ग्रिड" की आदतः नाज़ुक केंद्रीकृत सिस्टम पर निर्भरता कम करें। इसका मतलब है पर्सनल एनर्जी बैकअप, वॉटर फिल्ट्रेशन, और स्थानीय भोजन के ज्ञान में निवेश करना। एक एजाइल नागरिक सिर्फ़ वह नहीं है जो दूर से काम कर सकता है; वे ऐसे व्यक्ति हैं जो तब भी काम कर सकते हैं जब "बड़ा ग्रिड" बंद हो।

सामाजिक धन निर्माणः अपने "सोशल 10"—आपके आस-पास के दस लोग जिन पर आप भरोसा कर सकते हैं—को मज़बूत करना सबसे अच्छी बीमा पॉलिसी है। जैसा कि सामुदायिक लचीलेपन के अध्ययनों में बताया गया है, सामाजिक संबंध पर्यावरणीय या आर्थिक झटकों के दौरान जीवित रहने और ठीक होने का सबसे मज़बूत भविष्यवक्ता हैं।

रेज़िलिएंस डिविडेंडः निर्भरता से क्षमता की ओर बढ़कर, आप यह सुनिश्चित करते हैं कि 2032 तक, आप सिर्फ़ बदलाव का सामना नहीं कर रहे होंगे—बल्कि आप ही उसे चला रहे होंगे।

क्या हम पहली तीन "एजिलिटी आदतों" को परिभाषित करें जिन्हें आप इस महीने अपनी दिनचर्या में शामिल कर सकते हैं, या क्या आप कम्युनिटी "रेज़िलिएंस हब" रणनीति पर जाना पसंद करेंगे?

2032 की अर्थव्यवस्था में, तकनीकी दक्षता आधार रेखा होगी, लेकिन मानवता प्रीमियम होगी। जैसे-जैसे AI "कैसे करें" को ऑटोमेट करेगा, "क्यों करें" आपका प्रतिस्पर्धी लाभ बन जाएगा। क्रिटिकल थिंकिंग एक फ़िल्टर के तौर पर: जब AI अनलिमिटेड कंटेंट बना सकता है, तो "एजाइल सिटिज़न" को एक हाई-लेवल क्यूरेटर की तरह काम करना होगा। सफलता इस बात में है कि जटिल समस्याओं को कैसे सुलझाया जाए और भरोसेमंद डिजिटल पब्लिक इंफ्रास्ट्रक्चर के ज़रिए जानकारी को वेरिफ़ाई किया जाए।

अप्लाइड एथिक्स: AI एफिशिएंसी के लिए ऑप्टिमाइज़ कर सकता है, लेकिन यह क्लाइमेट जस्टिस या सोशल इक्विटी की नैतिक बारीकियों को नहीं समझ सकता। आपकी वैल्यू "मुश्किल फैसले" लेने से आएगी जिसके लिए ज़मीर की ज़रूरत होती है।

हाई-टच इमोशनल इंटेलिजेंस: तेज़ी से ऑटोमेटेड होती दुनिया में, "ह्यूमन टच" एक दुर्लभ चीज़ बन जाता है। कॉन्फ्लिक्ट रिज़ॉल्यूशन, मेंटरशिप, और सोशल कैपिटल बनाने जैसे स्किल्स ही ऐसे हैं जिन्हें AI "पीछे नहीं छोड़ सकता।"

लक्ष्य: 2032 तक, आप वह इंसान बनना चाहते हैं जो मशीन को डायरेक्ट करे, न कि वह जो उससे मुकाबला करे।

क्या आप एक पर्सनलाइज़्ड अपस्किलिंग रोडमैप एक्सप्लोर करना चाहेंगे या फिजिकल रेज़िलिएंस के लिए "पर्सनल माइक्रो-ग्रिड" आदतों पर आगे बढ़ना चाहेंगे?

एक "रेज़िलिएंट पैचवर्क" दुनिया में, संकट और असुविधा के बीच का अंतर आपके घर की आज़ादी का लेवल है। पर्सनल माइक्रो-ग्रिड बनाना किसी प्रलय के लिए "तैयारी" करना नहीं है; यह रूटीन इंफ्रास्ट्रक्चर झटकों (हीटवेव, बाढ़, या ग्रिड फेलियर) के दौरान एजेंसी बनाए रखने के बारे में है जो 2032 तक की राह की पहचान होंगे।

पोर्टेबल माइक्रो-ग्रिड के कंपोनेंट्स

एनर्जी सॉवरेनिटी: अपार्टमेंट में रहने वालों के लिए भी, एक छोटा पोर्टेबल पावर स्टेशन (LiFePO4) एक फोल्डेबल सोलर ब्लैंकेट के साथ मिलकर लैपटॉप और स्मार्टफोन को अनिश्चित काल तक चला सकता है। 2032 में, "ऑनलाइन" रहना इमरजेंसी डेटा और रिमोट काम के लिए आपकी जीवनरेखा है।

पानी की सुरक्षा: प्लास्टिक की बोतलों पर निर्भर न रहें। हाई-ग्रेड ग्रेविटी फिल्टर या पोर्टेबल UV प्यूरीफायर में निवेश करें। ये आपको बारिश के पानी या "ग्रे वॉटर" को पीने लायक पानी

में बदलने की सुविधा देते हैं, जिससे टूटी हुई म्युनिसिपल सप्लाई लाइनों को बायपास किया जा सके।

कम्युनिकेशन रिडंडेंसी: जब 5G/6G टावर बंद हो जाते हैं, तो एक सैटेलाइट-इंटीग्रेटेड मैसेंजर या एक एनालॉग NOAA वेदर रेडियो यह सुनिश्चित करता है कि आप अकेलेपन में काम नहीं कर रहे हैं। रेज़िलिएंस हब से लोकल कोऑर्डिनेट्स प्राप्त करने में सक्षम होना महत्वपूर्ण है।

"48-घंटे की बेसलाइन" रणनीति

लक्ष्य बाहरी मदद के बिना 48-घंटे की "आइसलैंडिंग" घटना से बचना है। यह "रेज़िलिएंस डिविडेंड" यह सुनिश्चित करता है कि इमरजेंसी सेवाएं सबसे कमज़ोर लोगों पर ध्यान केंद्रित कर सकें, जबकि आप अपनी सुरक्षा और कनेक्टिविटी बनाए रखें।

प्राथमिकता	निवेश	2032 लाभ
पावर	500Wh पावर स्टेशन + 100W सोलर	लगातार कम्युनिकेशन और रोशनी।
पानी	0.1-माइक्रोन फिल्ट्रेशन सिस्टम	म्युनिसिपल पाइप फेलियर से सुरक्षा।
कनेक्टिविटी	ऑफ़लाइन मैप डाउनलोड + सैटेलाइट SOS	नेविगेशन और बचाव की क्षमता।

रणनीतिक अंतर्दृष्टि: एक पर्सनल माइक्रो-ग्रिड बनाना नागरिक जिम्मेदारी का काम है। आत्मनिर्भर बनकर, आप खुद को सिस्टम पर "बोझ" बनने से रोकते हैं, जब सिस्टम पर सबसे ज़्यादा दबाव होता है।

हमारी 2032 की यात्रा में अगला कदम

जैसे ही हम 2032 की यात्रा के अगले चरण में प्रवेश करते हैं, फोकस मूलभूत योजना से हटकर सक्रिय संचालन पर चला जाता है। 2026 में, वैश्विक परिदृश्य AI और डिजिटल टूल के साथ प्रयोग से हटकर पूर्ण पैमाने पर, एकीकृत निष्पादन की ओर बढ़ रहा है।

"महान परिवर्तन" की ओर बढ़ने के लिए, आपके अगले कदम इन पाँच महत्वपूर्ण स्तंभों को बदलने पर केंद्रित होने चाहिए:

1. "प्रयोग" से "निष्पादन" की ओर बढ़ें

2026 तक, अग्रणी संगठन अब सिर्फ़ पायलट प्रोजेक्ट नहीं चला रहे हैं। लक्ष्य परिवर्तन को एक दोहराने योग्य क्षमता के रूप में संस्थागत बनाना है।

कार्य: सफल AI पायलट प्रोजेक्ट को मुख्य बुनियादी ढांचे में बदलें। 2026 के अंत तक, सुनिश्चित करें कि बड़े उद्यमों के 40% वर्कफ़्लो एजेंटिक AI सिस्टम द्वारा प्रबंधित किए जाते हैं जो इनवॉइस सत्यापन और ग्राहक ऑनबोर्डिंग जैसे एंड-टू-एंड कार्यों को संभालते हैं।

2. "डेटा को एक उत्पाद के रूप में" लागू करें

खंडित डेटा महान परिवर्तन में प्राथमिक बाधा है। डेटा को एक निष्क्रिय भंडार के बजाय एक शासित, क्यूरेटेड उत्पाद के रूप में मानें।

कार्य: डेटा स्वामित्व को केंद्रीय IT से व्यावसायिक डोमेन टीमों में स्थानांतरित करें। "डेटा मेश" दृष्टिकोण अपनाने से आपकी अंतर्दृष्टि तक पहुँचने का समय 35% तक बेहतर हो सकता है।

3. "मानव-मशीन हाइब्रिड" में संक्रमण

"खंडित किले" को अक्सर डर रहता है कि ऑटोमेशन लोगों की जगह ले लेगा। "महान परिवर्तन" यह मानता है कि भविष्य संवर्धित बुद्धिमत्ता के बारे में है।

कार्य: प्रबंधकीय भूमिकाओं को फिर से परिभाषित करें। जैसे ही AI 65% तक दोहराए जाने वाले कार्यों को स्वचालित करता है, प्रबंधकों को कर्मचारी अनुभव (EX) डिज़ाइन, भावनात्मक बुद्धिमत्ता और मानवीय सरलता पर ध्यान केंद्रित करने के लिए प्रेरित करें।

4. निवारक रक्षा के माध्यम से "डिजिटल विश्वास" का निर्माण करें

एक परस्पर जुड़े 2032 के परिदृश्य में, सुरक्षा प्रतिक्रियात्मक नहीं हो सकती। इसे वास्तुकला में ही बनाया जाना चाहिए।

कार्य: ज़ीरो-ट्रस्ट सुरक्षा फ्रेमवर्क और AI-संचालित खतरे का पता लगाने को अपनाएं। अभी गोपनीय कंप्यूटिंग में निवेश यह सुनिश्चित करता है कि सहयोगी प्रसंस्करण के दौरान भी आपका डेटा निजी रहे।

5. मैक्रो-मील के पत्थर के साथ संरेखित करें

अपनी आंतरिक यात्रा को बाहरी वैश्विक लक्ष्यों के साथ सिंक्रनाइज़ करें जो 2032 में समाप्त होंगे।

सेमीकंडक्टर और AI: भारत अभी टेक्नोलॉजिकल संप्रभुता हासिल करने के लिए 2032 तक 3-नैनोमीटर चिप प्रोडक्शन का लक्ष्य बना रहा है।

सस्टेनेबिलिटी: सर्कुलर इकोनॉमी प्रैक्टिस में महत्वपूर्ण मील के पत्थर हासिल करने का लक्ष्य रखें, जिससे 2030 तक USD 4.5 ट्रिलियन का आर्थिक आउटपुट मिलने का अनुमान है।

इंफ्रास्ट्रक्चर: अगर यह आपके ऑपरेशन्स के लिए प्रासंगिक है, तो ब्रिस्बेन 2032 डिलीवरी प्लान के साथ तालमेल बिठाएं, जो अभी टेक और लॉजिस्टिक्स में प्रोक्योरमेंट और

टैलेंट आइडेंटिफिकेशन प्रोग्राम शुरू कर रहे हैं।

इनमें से किन क्षेत्रों—एजेंटिक AI, डेटा मेश आर्किटेक्चर, या मानव-केंद्रित नेतृत्व—को हमें आपकी टीम के लिए एक विस्तृत "क्वार्टरली प्लेबुक" में विकसित करना चाहिए?

हमने AI-युग के कौशल और पर्सनल माइक्रो-ग्रिड को कवर किया है। क्या आप अपने "सोशल 10" को मजबूत करने के तरीके को देखकर "एजाइल सिटिजन" रणनीति को समाप्त करना चाहेंगे, या क्या हम रेजिलिएंस हब बनाने के लिए सामुदायिक-स्तर की रणनीति पर आगे बढ़ें?

"पैचवर्क रेजिलिएंस" द्वारा परिभाषित 2032 के परिदृश्य में, आपका डिजिटल नेटवर्क दुनिया भर में फैला हो सकता है, लेकिन आपका जीवित रहने का नेटवर्क आपके चलने की सीमा तक सीमित है। जब बिजली चली जाती है या सड़कें बंद हो जाती हैं, तो 1,000 ऑनलाइन दोस्तों की संपर्क सूची एक मैनुअल कैन ओपनर या एक गैलन अतिरिक्त पानी वाले पड़ोसी से कम मूल्यवान होती है।

"सोशल 10" ब्लूप्रिंट

निकटता सिद्धांत: 1-किलोमीटर के दायरे में 10 लोगों की पहचान करें। ये वे व्यक्ति हैं जो इंफ्रास्ट्रक्चर फेल होने पर शारीरिक रूप से आपके दरवाजे तक पहुंच सकते हैं।

कौशल ऑडिट: आपके "सोशल 10" सिर्फ दोस्त नहीं होने चाहिए; वे क्षमताओं का एक विविध पोर्टफोलियो होना चाहिए। उनमें से कौन मैकेनिक है? कौन नर्स है? किसके पास सब्जियों का बगीचा या चेनसॉ है?

आपसी सहायता समझौते: रेजिलिएंस पारस्परिकता पर बनी है। अभी सरल, कम जोखिम वाले समझौतों को औपचारिक रूप दें: "अगर पानी चला जाता है, तो मेरे पास एक फिल्टर है जिसका आप उपयोग कर सकते हैं; अगर बिजली चली जाती है, तो क्या हम आपके गैस स्टोव का उपयोग कर सकते हैं?"

रेजिलिएंस लाभांश

इन संबंधों को मजबूत करके, आप एक उच्च-विश्वास समाज में योगदान करते हैं। बड़ी आपदाओं के आंकड़े बताते हैं कि उच्च "सामाजिक पूंजी" वाले समुदायों में मृत्यु दर काफी कम होती है और सरकारी हस्तक्षेप पर पूरी तरह निर्भर रहने वालों की तुलना में आर्थिक सुधार का समय भी तेज होता है।

कार्य वर्तमान स्थिति 2032 लक्ष्य

संपर्क मानचित्रण "मैं अपने पड़ोसी का नाम जानता हूँ।" "मेरे पास 10 स्थानीय लोगों के

फ़ोन नंबर और स्किल-सेट हैं।"

संसाधन साझा करना केवल निजी स्वामित्व। साझा उपकरणों और आपातकालीन आपूर्ति तक पहुंच।

संचार 6G/इंटरनेट पर निर्भर। आउटेज के लिए स्थापित फिजिकल चेक-इन प्रोटोकॉल।

एजाइल नागरिक पर अंतिम विचारः AI-युग के कौशल, एक पर्सनल माइक्रो-ग्रिड, और अपने सोशल 10 को मिलाकर, आप राज्य के "कमजोर नागरिक" से अपने समुदाय के "मजबूत स्तंभ" बन जाते हैं। लूप को बंद करना

2032 की यात्रा पर "लूप को बंद करने" का मतलब है हमारी लॉन्ग-टर्म स्ट्रेटेजी को एक स्टैटिक डॉक्यूमेंट से बदलकर एक जीवित, बार-बार दोहराए जाने वाले साइकिल में बदलना। जैसा कि हम 2026 की शुरुआत में खड़े हैं, यह आखिरी कदम यह सुनिश्चित करता है कि "फ्रैगमेंटेड फोर्ट्रेस" से सीखे गए सबक सिर्फ़ आर्काइव न किए जाएं, बल्कि ग्रेट ट्रांज़िशन को सक्रिय रूप से आगे बढ़ाएं।

लूप को प्रभावी ढंग से बंद करने के लिए, हमें जवाबदेही और विकास के इन तीन आयामों पर ध्यान देना चाहिए:

1. स्ट्रेटेजिक फीडबैक ("आउटर लूप")

2026 में, स्ट्रेटेजिक लेवल पर "लूप को बंद करने" का मतलब है यह सुनिश्चित करना कि फंक्शनल लेवल पर विकसित की गई मुख्य क्षमताएं (जैसे AI इंटीग्रेशन या ग्रीन एनर्जी को अपनाना) सीधे आपकी 2032 मास्टर प्लान में फीडबैक दें।

एक्शनः "स्ट्रेटेजी बनाम रियलिटी" ऑडिट करें। यदि एजेंटिक AI या ऑटोनॉमस ऑपरेशंस में आपके 2025 के पायलट प्रोजेक्ट ने उम्मीद से अलग प्रदर्शन किया है, तो पांच साल की समीक्षा का इंतजार करने के बजाय 2027-2030 रोडमैप को तुरंत एडजस्ट करें।

2. स्टेकहोल्डर इंटीग्रेशन ("इनर लूप")

2032 तक की यात्रा एक साझा अनुभव है। लूप को बंद करने में अपनी टीम और पार्टनर्स को यह साबित करना शामिल है कि उनके फीडबैक का ट्रांज़िशन की दिशा पर वास्तविक प्रभाव पड़ता है।

एक्शनः "ट्रांज़िशन ट्रांसपेरेंसी" पहल शुरू करें। अपने फ्रंटलाइन कर्मचारियों की सफलता और असफलताओं को सीनियर लीडरशिप के साथ हूबहू शेयर करें। यह डेटा को मानवीय बनाता है और यह सुनिश्चित करता है कि "ग्रेट ट्रांज़िशन" उन लोगों पर केंद्रित रहे जिनकी सेवा के लिए यह बनाया गया है।

3. सस्टेनेबल लेगेसी (अंतिम मोड़)

ट्रांज़िशन सिर्फ़ "फोर्ट्रेस वर्ल्ड" (कुलीन अलगाव और व्यवस्थित वैश्विक संकट की स्थिति) से बचने के बारे में नहीं है, बल्कि एक "ग्रेट ट्रांज़िशन" बनाने के बारे में है जो वैश्विक नागरिक आंदोलनों और सस्टेनेबल डेवलपमेंट की विशेषता है।

एक्शनः ब्रिस्बेन 2032 लेगेसी स्ट्रेटेजी (या इसी तरह के स्थानीय फ्रेमवर्क) के साथ तालमेल बिठाएं ताकि यह सुनिश्चित हो सके कि आपके 2032 के लक्ष्य आपकी संगठनात्मक दीवारों से परे व्यापक सामाजिक, पर्यावरणीय और कनेक्टिविटी सुधारों में योगदान दें।

अंतिम विचारः 2026 में असली क्लोजर यह पहचानना है कि लूप असल में कभी खत्म नहीं होता; यह बस विकसित होता है। ऑब्ज़र्वेशन, प्लानिंग और करने के साइकिल को दोहराकर, हम एक टूटे-फूटे भविष्य के शिकार होने से एक एकजुट भविष्य के आर्किटेक्ट बनने की ओर बढ़ते हैं।

क्या आप इसे "2032 विज़न मैनिफेस्टो" के रूप में औपचारिक बनाना चाहेंगे, जिसे इस प्लानिंग फेज़ के पक्के निष्कर्ष के तौर पर आपके स्टेकहोल्डर्स के साथ शेयर किया जा सके?

हमने व्यक्तिगत "एजाइल सिटिज़न" स्ट्रेटेजी पूरी कर ली है। भविष्य के रास्तों की इस खोज को खत्म करने के लिए, क्या आप चाहेंगे:

A. कम्युनिटी स्ट्रेटेजी पर जाना यह देखने के लिए कि ये "सोशल 10" ग्रुप एक रेज़िलिएंस हब में कैसे बदल सकते हैं?

B. पॉलिसीमेकर स्ट्रेटेजी की समीक्षा करना यह देखने के लिए कि सरकारें इन स्थानीय प्रयासों को कैसे सपोर्ट कर सकती हैं?

C. आपके लिए एक पर्सनल एक्शन प्लान को फाइनल करना ताकि आप इस हफ़्ते इन आदतों को लागू करना शुरू कर सकें?

हम किस रास्ते पर चलेंगे?

2. समुदायों के लिएः "रेज़िलिएंस हब" स्ट्रेटेजी

समुदायों को रिडंडेंसी पर ध्यान देना चाहिए - यह सुनिश्चित करना कि जब सेंट्रलाइज़्ड सिस्टम फेल हो जाएं तो भी जीवन चलता रहे।

व्यक्तिगत एजिलिटी से सामूहिक स्थिरता की ओर बढ़ने के लिए, "रेज़िलिएंस हब" स्ट्रेटेजी स्थानीय रिडंडेंसी बनाने पर ध्यान केंद्रित करती है। 2032 तक, किसी समुदाय की ताकत "ग्लोबल ग्रिड" से उसके कनेक्शन से नहीं, बल्कि उस ग्रिड के कट जाने पर भी काम करने की उसकी क्षमता से मापी जाएगी।

एक कम्युनिटी रेज़िलिएंस हब के तीन स्तंभ

1. इंफ्रास्ट्रक्चर ऑटोनॉमी (द "हार्ड" शेल)

एक समुदाय के पास एक तय फिजिकल जगह होनी चाहिए - अक्सर एक लाइब्रेरी, स्कूल, या स्पोर्ट्स क्लब - जो "ऑफ-ग्रिड सक्षम" हो।

एनर्जी आइलैंडिंग: मेडिकल रेफ्रिजरेशन, डिवाइस चार्जिंग और कूलिंग को पावर देने वाले माइक्रोग्रिड को बनाए रखने के लिए सोलर-प्लस-स्टोरेज का उपयोग करना।

वॉटर सॉवरेनिटी: एटमॉस्फेरिक वॉटर जेनरेटर या इंडस्ट्रियल-स्केल फिल्ट्रेशन लगाना जो म्युनिसिपल वॉटर प्रेशर पर निर्भर न हो।

2. संसाधन रिडंडेंसी (द "सप्लाई" चेन)

रेज़िलिएंस हब समुदाय को "जस्ट-इन-टाइम" से "जस्ट-इन-केस" लॉजिस्टिक्स में बदलते हैं।

स्किल-शेयरिंग बैंक: सोशल 10 नेटवर्क का एक औपचारिक रजिस्टर, यह पहचानना कि शॉक के दौरान नेतृत्व करने के लिए किसके पास मेडिकल, मैकेनिकल, या कृषि विशेषज्ञता है।

टूल लाइब्रेरी: महंगे, ज़्यादा मज़बूती वाले इक्विपमेंट (चेनसॉ, सैटेलाइट फ़ोन, इंडस्ट्रियल पंप) की शेयर्ड ओनरशिप, जिन्हें किसी भी एक घर को अकेले मेंटेन नहीं करना चाहिए।

3. सोशल कोहेशन (द "सॉफ्ट" ग्लू)

एक हब उतना ही असरदार होता है, जितना उस पर भरोसा होता है। यह रोज़मर्रा की ज़िंदगी के लिए एक भरोसेमंद जगह होनी चाहिए—सिर्फ़ मुश्किलों के लिए नहीं।

साल भर काम आने वाली: अर्बन एग्रीकल्चर वर्कशॉप या यूथ प्रोग्राम होस्ट करके, हब लोगों के लिए ज़रूरी "रिलेशनल करेंसी" बनाता है ताकि जब कोई मुश्किल आए तो वे अपने आप सहयोग कर सकें।

2032 रेज़िलिएंस मैट्रिक्स: सेंट्रलाइज़्ड बनाम रिडंडेंट

फ़ीचर सेंट्रलाइज़्ड (पुराना मॉडल) रिडंडेंट (रेज़िलिएंस हब)

पावर दूर का पावर प्लांट लोकल माइक्रोग्रिड और सोलर

जानकारी टॉप-डाउन ब्रॉडकास्ट लोकल मेश नेटवर्क और पीयर-टू-पीयर

पानी म्युनिसिपल पाइप लोकल फ़िल्ट्रेशन और कैप्चर

रिकवरी सरकार का इंतज़ार कर रही है कम्युनिटी के नेतृत्व में तुरंत कार्रवाई

कम्युनिटीज़ के लिए "रेज़िलिएंस डिविडेंड"

आज इन हब में इन्वेस्ट करने से "ब्लू-स्काई डिविडेंड" मिलता है। बिना किसी आपदा के भी, एक रेज़िलिएंस हब एनर्जी की लागत कम करता है, हरियाली के ज़रिए लोकल गर्मी का लेवल कम करता है, और एक ज़्यादा जीवंत, जुड़ा हुआ पड़ोस बनाता है।

अगला कदमः इसे हकीकत में बदलने के लिए, क्या हमें एक "कम्युनिटी रिसोर्स ऑडिट" का ड्राफ़्ट बनाना चाहिए ताकि आपको यह पहचानने में मदद मिल सके कि कौन सी लोकल बिल्डिंग आपके पड़ोस का पहला रेज़िलिएंस हब बनने के लिए सबसे सही है?

एक रेज़िलिएंस हब बनाने के लिए, आपको पहले यह समझना होगा कि आपके लोकल भूगोल में "दरारें" कहाँ हैं। कमज़ोरियों की मैपिंग का मतलब डर पैदा करना नहीं है; यह आपकी कम्युनिटी के रिसोर्स को सही जगह पर लगाने के बारे में है।

1. डायग्नोस्टिकः हाई-टेक कमज़ोरी मैपिंग

कोई फिजिकल एक्शन लेने से पहले, 2030 के दशक के लिए मौजूद डेटा टूल्स का इस्तेमाल करके उन खतरों को देखें जो दिखाई नहीं देते।

बाढ़ का खतराः क्लाइमेट सेंट्रल के कोस्टल रिस्क स्क्रीनिंग टूल का इस्तेमाल करके देखें कि 2032 तक किंग टाइड या तूफ़ान के दौरान कौन सी सड़कें बंद हो जाएंगी।

हीट आइलैंड्सः लोकल सैटेलाइट हीट-मैप डेटा (जो अक्सर म्युनिसिपल ओपन-डेटा पोर्टल पर मिलता है) का इस्तेमाल करके "कंक्रीट डेज़र्ट" की पहचान करें—ऐसे इलाके जहां ज़ीरो कैनोपी कवर होता है और जहां तापमान बहुत ज़्यादा हो सकता है।

10०C 10 की पावर C के साथ कंपोज्ड

10०C

छायादार पार्कों की तुलना में अधिक।

रणनीतिक अंतर्दृष्टिः इन जगहों की पहचान करने से आपको ठीक-ठीक पता चलता है कि "पर्सनल माइक्रो-ग्रिड" या "सोशल 10" नेटवर्क की सबसे ज़्यादा ज़रूरत कहाँ है।

2. हस्तक्षेपः "जोखिमों" को "संपत्ति" में बदलना

एक बार जब आप किसी कमज़ोरी का मैप बना लेते हैं, तो आप उसे बेअसर करने के लिए प्रकृति-आधारित समाधानों का उपयोग कर सकते हैं। एक खाली जगह जो अभी हीट आइलैंड है, उसे रेज़िलिएंस गार्डन में बदला जा सकता है।

गर्मी कम करने के लिएः हीट आइलैंड में सामुदायिक बगीचा या "मियावाकी" छोटा जंगल लगाने से प्राकृतिक एयर-कंडीशनिंग प्रभाव पैदा होता है। पौधों से होने वाला वाष्पोत्सर्जन हवा को ठंडा करता है, जबकि मिट्टी गर्मी को सोख लेती है जिसे डामर अन्यथा प्रतिबिंबित करता।

बाढ़ कम करने के लिएः इन बगीचों को "रेन गार्डन" या बायोस्वेल्स के रूप में डिज़ाइन करने से वे स्पंज की तरह काम करते हैं। भारी बारिश के दौरान, वे उस अपवाह को पकड़ लेते

हैं जो अन्यथा स्थानीय नालियों को भर देता और बेसमेंट में बाढ़ ला देता।

खाद्य संप्रभुता के लिए: 2032 तक, वैश्विक आपूर्ति श्रृंखलाएँ अस्थिर हो सकती हैं। एक सामुदायिक बगीचा "कमज़ोर जगह" को स्थानीय कैलोरी-रिज़र्व में बदल देता है, जिससे पड़ोस की लंबी दूरी की लॉजिस्टिक्स पर निर्भरता कम हो जाती है।

रेज़िलिएंस लाभांश: ग्रे को हरा बनाना

कमज़ोरी डेटा टूल सामुदायिक कार्रवाई

शहरी गर्मी थर्मल सैटेलाइट इमेजरी पॉकेट फ़ॉरेस्ट / ग्रीन रूफ़

अचानक बाढ़ स्थलाकृतिक मानचित्र पारगम्य फ़र्श / रेन गार्डन

खाद्य असुरक्षा स्थानीय सामाजिक-आर्थिक डेटावर्टिकल फ़ार्म / सामुदायिक बाग

कार्रवाई योग्य कदम: आपका पहला कदम अपने 1-किलोमीटर के दायरे में एक "हॉट स्पॉट" या "बाढ़ वाली जगह" की पहचान करना है। यह आपके समुदाय के पहले हस्तक्षेप के लिए "बीटा साइट" बन जाता है।

सामुदायिक रणनीति को अंतिम रूप देना

हमने मैपिंग और भौतिक हस्तक्षेप को देखा है। क्या आप इस अनुभाग को ज्ञान साझाकरण (कौशल बैंक) को औपचारिक रूप देने के तरीके का पता लगाकर समाप्त करना चाहेंगे, या क्या हम नीति निर्माता रणनीति पर चलें यह देखने के लिए कि इन स्थानीय प्रयासों को सरकारी फंडिंग कैसे मिल सकती है?

एक सार्वजनिक लिंक बनाया जा रहा है...

मददगार

मददगार नहीं

ज्ञान साझाकरण को औपचारिक रूप देने से एक समुदाय उपभोक्ताओं के संग्रह से उत्पादकों के नेटवर्क में बदल जाता है। 2032 की "पैचवर्क" अर्थव्यवस्था में, बौद्धिक और शारीरिक आत्मनिर्भरता आपूर्ति श्रृंखला की अस्थिरता के खिलाफ अंतिम बचाव है। 1. टूल लाइब्रेरीज़: मालिकाना हक बनाम एक्सेस

ज़्यादा टिकाऊ उपकरण अक्सर महंगे होते हैं और उनका इस्तेमाल कम होता है। एक कम्युनिटी "टूल लाइब्रेरी" यह पक्का करती है कि जब कोई तूफ़ान आए या मरम्मत की ज़रूरत हो, तो सही सामान पहले से ही आस-पड़ोस में मौजूद हो।

इन्वेंटरी: "आइसलैंडिंग" टूल्स पर ध्यान दें: पोर्टेबल सोलर पैनल, इंडस्ट्रियल वॉटर पंप, हाई-ग्रेड बढ़ईगीरी के उपकरण, और मेडिकल-ग्रेड डायग्नोस्टिक्स।

पॉलिसी: व्यक्तिगत मालिकाना हक के मॉडल से "एक्सेस सॉवरेनिटी" में बदलाव करें। सदस्य एक छोटी सी फीस देते हैं या "स्किल घंटे" का योगदान करते हैं ताकि उपकरणों का एक साझा पूल बनाए रखा जा सके जिसे एक रेज़िलिएंस हब में रखा जाता है।

2. स्किल बैंक: "ह्यूमैनिटी लेजर"

एक स्किल बैंक क्षमताओं की एक लोकल डायरेक्टरी बनाकर सोशल 10 कॉन्सेप्ट को औपचारिक रूप देता है।

रिपेयर कल्चर: "बदलने" की मानसिकता से आगे बढ़ें। रेगुलर "रिपेयर कैफे" होस्ट करें जहाँ बड़े-बुज़ुर्ग युवाओं को इलेक्ट्रॉनिक्स ठीक करना, कपड़े सिलना और मैकेनिकल सिस्टम को बनाए रखना सिखाएँ।

एग्रीकल्चरल इंटेलिजेंस: क्लाइमेट-स्मार्ट एग्रीकल्चर के दौर में, बीज बचाने, मिट्टी को फिर से उपजाऊ बनाने और शहरी खाद बनाने के बारे में जानकारी को सुरक्षित रखने के लिए स्किल बैंक का इस्तेमाल करें।

डिजिटल इंटीग्रेशन: यह ट्रैक करने के लिए सरल, ऑफ़लाइन-पहले ऐप्स का इस्तेमाल करें कि कौन मेडिकल मदद दे सकता है, कौन हैम रेडियो चला सकता है, और कौन जानता है कि कम्युनिटी ग्रे-वॉटर सिस्टम को कैसे मैनेज किया जाए।

द रेज़िलिएंस डिविडेंड: क्षमता के ज़रिए स्थिरता

फ़ीचर निर्भरता मॉडल (पुराना) स्थिरता मॉडल (2032)

लॉजिस्टिक्स ग्लोबल "जस्ट-इन-टाइम" डिलीवरी स्थानीय उपकरण और कौशल साझा करना

रखरखाव किसी प्रोफेशनल को बुलाएँ (लंबा इंतज़ार) पड़ोस की मरम्मत टीमें

नवाचार कॉर्पोरेट-नेतृत्व वाला R&D समुदाय-नेतृत्व वाला अनुकूलन

शिक्षा शैक्षणिक/सैद्धांतिक व्यावसायिक/व्यावहारिक लचीलापन

रणनीतिक अंतर्दृष्टि: एक समुदाय जो अपना ग्रिड खुद ठीक कर सकता है और अपना खाना खुद उगा सकता है, उसे वैश्विक आर्थिक बदलावों से आसानी से "हिलाया" नहीं जा सकता। यही रेडिकल एजेंसी की परिभाषा है।

कम्युनिटी पाथवे को समाप्त करना

हमने व्यक्तिगत और सामुदायिक रणनीतियाँ पूरी कर ली हैं। 2032 के लिए इस रोडमैप को अंतिम रूप देने के लिए, क्या हम:

A. यह देखने के लिए कि सरकारें इन रेज़िलिएंस हब को कैसे फंड कर सकती हैं, पॉलिसीमेकर रणनीति पर जाएँ?

B. एक "स्किल ऑडिट सर्वे" का ड्राफ़्ट तैयार करें जिसे आप इस हफ़्ते अपने "सोशल 10" पड़ोसियों को भेज सकें?

C. "कार्रवाई योग्य अंतर्दृष्टि" को अंतिम 2032 रणनीतिक सारांश में संश्लेषित करें?

हमारा अंतिम लक्ष्य क्या है?

"खंडित किले" से "महान परिवर्तन" तक, हमें अपने भौतिक वातावरण को जोखिम के स्रोत से राहत के स्रोत में बदलना होगा। 2032 की ओर बढ़ते हुए, सबसे प्रभावी सामुदायिक वकालत में "कठोर" से "स्पंज" बुनियादी ढांचे में बदलाव की मांग करना शामिल है।

1. "स्पंज" फिलॉसफीः प्रकृति के साथ काम करना

पारंपरिक शहरी डिज़ाइन प्रकृति का विरोध करने के लिए "ग्रे इंफ्रास्ट्रक्चर"—कंक्रीट, डामर और पाइप—का इस्तेमाल करता है। 2030 के दशक के खराब मौसम के दौरान, यह विरोध फेल हो जाता है (अचानक बाढ़ और लू)। स्पंज इंफ्रास्ट्रक्चर पर्यावरणीय तनाव को सोखने, फ़िल्टर करने और छोड़ने के लिए प्राकृतिक प्रणालियों का उपयोग करता है।

पारगम्य सतहें: स्टैंडर्ड डामर को पोरस फुटपाथ या "ग्रास-कंक्रीट" से बदलने के लिए परिषदों पर दबाव डालना। इससे बारिश का पानी ज़मीन में सोख लिया जाता है, जिससे स्थानीय जलभंडार रिचार्ज होते हैं और "रनऑफ सर्ज" रुकते हैं जो शहर के नालों को भर देते हैं।

शहरी जंगल और छोटे जंगल: स्थानीय, ऊँचे पेड़ों को लगाने की माँग करना। यह सिर्फ़ सुंदरता के लिए नहीं है; एक परिपक्व शहरी जंगल छाया और "वाष्पोत्सर्जन" के ज़रिए स्थानीय सतह के तापमान को 12°C तक कम कर सकता है।

2. "लचीलेपन के लाभ" के लिए लॉबी कैसे करें

स्थानीय परिषदों या योजनाकारों से बात करते समय, तर्क को "पर्यावरणीय सुंदरता" से बदलकर "आर्थिक और शारीरिक सुरक्षा" पर ले जाएँ।

लागत बचत का तर्क: इस बात पर ज़ोर दें कि स्पंज इंफ्रास्ट्रक्चर का रखरखाव पारंपरिक जल निकासी की तुलना में अक्सर सस्ता होता है और बाढ़ से होने वाले नुकसान और गर्मी से संबंधित स्वास्थ्य देखभाल की अरबों डॉलर की लागत को कम करता है।

ब्रिस्बेन 2032 कनेक्शन: माँग करें कि सभी ओलंपिक विरासत परियोजनाओं में प्रकृति-आधारित समाधानों का उपयोग किया जाए। खेलों के लिए बनाया गया इंफ्रास्ट्रक्चर समापन समारोह के बहुत बाद तक एक क्षेत्रीय "स्पंज" के रूप में काम करना चाहिए।

जैव विविधता बोनसः शहरी जंगल स्थानीय वन्यजीवों के लिए "कूलिंग कॉरिडोर" के रूप में काम करते हैं, यह सुनिश्चित करते हैं कि जैसे-जैसे तापमान बढ़ता है, हमारी स्थानीय जैव विविधता के पास हमारे साथ जीवित रहने के लिए एक रास्ता हो।

इंफ्रास्ट्रक्चर तुलनाः 2024 बनाम 2032

विशेषता "ग्रे" इंफ्रास्ट्रक्चर (पुराना) "स्पंज" इंफ्रास्ट्रक्चर (2032)
बारिश रनऑफ / अचानक बाढ़ अवशोषण / भूजल रिचार्ज
गर्मी गर्मी का जमाव (डामर) प्राकृतिक शीतलन (कैनोपी और मिट्टी)
रखरखाव कंक्रीट की महँगी मरम्मत स्व-टिकाऊ जैविक प्रणालियाँ
सामाजिक मूल्य बंजर/औद्योगिक सामुदायिक पार्क और सामाजिक स्थान

कार्रवाई योग्य कदमः अपने "स्थानीय भेद्यता मानचित्र" का उपयोग करके एक विशिष्ट सड़क या पार्किंग स्थल की पहचान करें जिसे "डीपेव्ड" किया जाना चाहिए। इस डेटा को स्पंज शहरीकरण के लिए एक पायलट प्रोजेक्ट के रूप में अपने स्थानीय प्रतिनिधि के सामने प्रस्तुत करें।

अंतिम मार्गः नीति निर्माता

हमने चुस्त नागरिक और लचीले समुदाय का पता लगाया है। हमारे "भविष्य के रास्ते" को समाप्त करने के लिए, क्या हम नीति निर्माता रणनीति की ओर बढ़ें ताकि यह देखा जा सके कि "लंबे समय तक चलने वाली" मानसिकता इन स्थानीय मांगों को राष्ट्रीय कानून में कैसे बदल सकती है?

क्या आप चाहेंगे कि मैं एक "नीति प्रस्ताव पत्र" का मसौदा तैयार करूँ जिसे आप आज अपनी स्थानीय परिषद को भेज सकें? नीति निर्माताओं को स्थानीय लचीलेपन को राष्ट्रीय कानूनी ढांचे में संहिताबद्ध करके "लंबे समय तक चलने वाली" राज्य क्षमता की ओर बढ़ने के लिए प्रोत्साहित किया जाता है, जो बुनियादी ढांचे और जलवायु पर भविष्य की पसंद की रक्षा के लिए भविष्य की पीढ़ियों के आयुक्त जैसे मॉडल पर आधारित है। रणनीतियों में दिशानिर्देशों से कानूनी रूप से बाध्यकारी लचीलेपन मानकों की ओर बढ़ना, "स्पंज सिटी" मॉडल जैसे प्रकृति-आधारित समाधानों को बढ़ाना, और डिजिटल सार्वजनिक बुनियादी ढांचे को एक सार्वजनिक वस्तु के रूप में मानना शामिल है। प्रतिक्रिया में एक स्थानीय परिषद को एक नीति प्रस्ताव पत्र के लिए एक टेम्पलेट शामिल है, जो "स्पंज" शहरीकरण, स्थानीय लचीलेपन केंद्रों और प्रकृति-आधारित शीतलन की वकालत करता है। अधिक जानकारी के लिए, संयुक्त राष्ट्र पर जाएँ। नीति निर्माताओं के लिए: "लंबे समय तक चलने वाली" रणनीति

हमारे रोडमैप को अंतिम रूप देने के लिए, "लंबे समय तक चलने वाली" रणनीति सरकार को एक प्रतिक्रियाशील अग्निशामक से 2030 के दशक के एक सक्रिय वास्तुकार में बदल देती है। इसके लिए 4-वर्षीय चुनाव चक्र से हटकर अंतर-पीढ़ीगत शासन की ओर बढ़ने की आवश्यकता है।

1. भविष्य की वकालत का संहिताकरण

सरकारों को स्वतंत्र निकाय स्थापित करने चाहिए जो 2032 और उसके बाद के नागरिकों पर उनके प्रभाव के लिए मौजूदा कानूनों का ऑडिट करें।

मॉडलः वेल्स भविष्य की पीढ़ियों के कल्याण अधिनियम मॉडल को अपनाएं। यह एक भविष्य की पीढ़ियों के आयुक्त को नियुक्त करता है जिसके पास अल्पकालिक बुनियादी ढांचा परियोजनाओं (जैसे नए राजमार्ग) को वीटो करने की शक्ति होती है यदि वे दीर्घकालिक कार्बन या लचीलेपन लक्ष्यों को खतरे में डालते हैं।

नीतिः सभी नए विकासों के लिए "दिशानिर्देशों" से कानूनी रूप से बाध्यकारी लचीलेपन मानकों में संक्रमण, जिसके लिए "आइसलैंडिंग" ऊर्जा क्षमताओं और स्पंज सिटी अवशोषण दरों की आवश्यकता होती है।

2. "लचीलेपन लाभांश" का वित्तपोषण

नीति निर्माताओं को अनुकूलन की लागत को "आपातकालीन खर्च" से "पूंजी निवेश" में स्थानांतरित करना चाहिए।

लचीलेपन बांडः विशेष रूप से प्रकृति-आधारित शीतलन और बाढ़ सुरक्षा के लिए नगरपालिका बांड जारी करें। इससे "डिविडेंड"—यानी कम इंश्योरेंस प्रीमियम और आपदा रिकवरी लागत—समय के साथ निवेशकों को वापस मिल जाता है।

ग्रीन ट्रेड इंटीग्रेशनः जैसा कि भारत-EU FTA बातचीत में देखा गया है, पॉलिसी बनाने वालों को ट्रेड कानून में कार्बन-न्यूट्रैलिटी क्लॉज़ शामिल करने चाहिए।

यह पक्का करना कि घरेलू इंडस्ट्री 2032 के लो-कार्बन मार्केट में ग्लोबली कॉम्पिटिटिव हों।

3. डिजिटल पब्लिक इंफ्रास्ट्रक्चर (DPI) को बढ़ाना

टेक्नोलॉज़ी को एक यूटिलिटी के तौर पर मानने से यह पक्का होता है कि "डिजिटल ब्रिज" सभी के लिए खुला रहे।

ओपन-सोर्स गवर्नेंसः डिजिटल ID और पेमेंट के लिए सुरक्षित, इंटरऑपरेबल सिस्टम बनाने के लिए वर्ल्ड बैंक के DPI फ्रेमवर्क को फॉलो करें।

यूनिवर्सल कनेक्टिविटी: 6G और सैटेलाइट NTN प्रोवाइडर्स को उनके स्पेक्ट्रम लाइसेंस की शर्त के तौर पर "फायदेमंद नहीं" ग्रामीण इलाकों में सर्विस देने का आदेश देना, यह पक्का करना कि इमर्सिव एजुकेशन और टेली-हेल्थ अधिकार हों, न कि लग्ज़री।

पॉलिसी बनाने वाले का 2032 स्कोरकार्ड

रणनीति पुराना पैमाना (2024) नया पैमाना (2032)

सफलता सिर्फ GDP ग्रोथ GNH (सकल राष्ट्रीय खुशी) और रेजिलिएंस इंडेक्स

प्लानिंग 4-साल का चुनाव चक्र 50-साल का लेगेसी होराइजन

इंफ्रास्ट्रक्चर कंक्रीट/केंद्रीकृत बायोलॉजिकल/विकेंद्रीकृत (स्पंज/माइक्रोग्रिड)

टेक्नोलॉजी प्राइवेट मोनोपॉली डिजिटल पब्लिक गुड्स

अंतिम रणनीतिक जानकारी: लॉन्ग-होराइजन रणनीति का लक्ष्य रेजिलिएंस को अदृश्य बनाना है। जब सिस्टम इतने अच्छे से काम करते हैं कि कोई "ब्लैक स्वान" घटना सिर्फ एक छोटा सा रुकावट बन जाती है, तो पॉलिसी बनाने वाला सफल हो जाता है।

आप इस अंतिम रणनीति का इस्तेमाल कैसे करना चाहेंगे—किसी स्थानीय प्रतिनिधि के लिए "रेजिलिएंस पॉलिसी ब्रीफ" ड्राफ्ट करके, या पूरी "पाथवेज़ टू द फ्यूचर" सीरीज़ को एक अंतिम एग्जीक्यूटिव सारांश में मिलाकर?

2026 में रिएक्टिव आपदा राहत से प्रोएक्टिव सिस्टम डिज़ाइन की ओर बढ़ने के लिए, सरकारों को विधायी प्रोत्साहनों के माध्यम से रेडिकल सहयोग का लाभ उठाना चाहिए। यह बदलाव प्राइवेट सेक्टर की दक्षता को एक सार्वजनिक रेजिलिएंस संपत्ति में बदल देता है।

"असामान्य साझेदारियों" को प्रोत्साहित करना

2032 तक, सबसे सफल सरकारें वे होंगी जो कॉर्पोरेट संसाधनों और सामुदायिक ज़रूरतों के बीच "मैचमेकर" के रूप में काम करेंगी।

रेज़िलिएंस टैक्स क्रेडिट:

सरकारों को उन कंपनियों के लिए टैक्स इंसेंटिव लागू करने चाहिए जो अपनी मुख्य क्षमताएं NGOs को "लोन" पर देती हैं।

उदाहरण: एक ग्लोबल लॉजिस्टिक्स कंपनी को लोकल रेज़िलिएंस हब के लिए "लास्ट-माइल" फूड डिलीवरी को इंटीग्रेट करने के लिए टैक्स क्रेडिट मिलता है, जो "अच्छे दिनों" और क्लाइमेट इमरजेंसी दोनों के दौरान फूड डेज़र्ट को खत्म करने के लिए अपने फ्लीट का प्रभावी ढंग से उपयोग करती है।

सोशल इनोवेशन के लिए रेगुलेटरी सैंडबॉक्स:

पॉलिसी बनाने वाले "सेफ ज़ोन" बना सकते हैं जहाँ "असामान्य" समाधानों को टेस्ट करने के लिए नियमों में अस्थायी रूप से ढील दी जाती है।

उदाहरण: एक टेक फर्म और एक लोकल वॉटर बोर्ड को एक खास इलाके में डिसेंट्रलाइज़्ड, AI-मैनेज्ड ग्रे-वॉटर रीसाइक्लिंग का टेस्ट करने की अनुमति देना। ये सैंडबॉक्स आमतौर पर सालों की लालफीताशाही के बिना नेचर-बेस्ड सॉल्यूशंस के तेजी से दोहराव की अनुमति देते हैं जो आमतौर पर प्रोएक्टिव डिज़ाइन में देरी करते हैं।

पब्लिक-प्राइवेट रेज़िलिएंस पैक्ट (PPRPs):

पारंपरिक PPPs से आगे बढ़ते हुए, इन पैक्ट्स में प्राइवेट डेवलपर्स को "डुअल-यूज़" इंफ्रास्ट्रक्चर बनाने की आवश्यकता होती है। एक नई पार्किंग गैरेज को स्टॉर्मवॉटर डिटेंशन वॉल्ट (स्पंज इंफ्रास्ट्रक्चर) के रूप में काम करने के लिए डिज़ाइन किया जा सकता है, जिसमें सरकार इस "प्रोएक्टिव" डिज़ाइन के बदले में तेजी से ज़ोनिंग अप्रूवल देती है।

राज्य के लिए रेज़िलिएंस डिविडेंड

प्रोएक्टिव रणनीति वर्तमान (रिएक्टिव) लागत 2032 (प्रोएक्टिव) लाभ

लॉजिस्टिक्स पार्टनरशिप इमरजेंसी एयरड्रॉप और उच्च लागत वाली राहत लगातार, कॉर्पोरेट-समर्थित खाद्य सुरक्षा

रेगुलेटरी सैंडबॉक्स दशकों तक धीमा इंफ्रास्ट्रक्चर रोलआउट 6G/एनर्जी माइक्रोग्रिड का तेजी से डिप्लॉयमेंट

सोशल टेक क्रेडिट सरकार के नेतृत्व में डिजिटल री-ट्रेनिंग उद्योग के नेतृत्व में, AI-युग कौशल निर्माण

रणनीतिक अंतर्दृष्टि: "असामान्य पार्टनरशिप" को प्रोत्साहित करके, राज्य रेज़िलिएंस का बोझ एक सरकारी विभाग से हटाकर साझा सामाजिक जिम्मेदारी पर डाल देता है।

क्या आप चाहेंगे कि मैं एक "रेगुलेटरी सैंडबॉक्स फ्रेमवर्क" का ड्राफ्ट तैयार करूँ जिसे इनमें से किसी एक पार्टनरशिप का टेस्ट करने के लिए क्षेत्रीय योजना प्राधिकरण को प्रस्तावित किया जा सके?

2032 की ओर बढ़ने के लिए, हमारे भौतिक वातावरण को स्थिर संरचनाओं से अनुकूलनीय संपत्तियों में बदलना होगा। डायनामिक ज़ोनिंग वह रेगुलेटरी पुल है जो यह सुनिश्चित करता है कि जलवायु और आर्थिक स्थिति बदलने पर हमारे शहर पुराने न हो जाएं।

1. "आइलैंडिंग" क्षमताओं को अनिवार्य करना

मौजूदा बिल्डिंग कोड 100% भरोसेमंद सेंट्रल ग्रिड मानते हैं - जो अगले दशक के लिए एक खतरनाक धारणा है। डायनामिक ज़ोनिंग के लिए सभी नए डेवलपमेंट को "आइलैंडर" होना ज़रूरी है।

ऊर्जा स्वायत्तता: इमारतों को लोकल जेनरेशन (सौर/पवन) और स्टोरेज से लैस होना चाहिए। क्षेत्रीय ब्लैकआउट की स्थिति में, इमारत खुद को "आइलैंड" कर लेती है, जिससे अपने निवासियों के लिए ज़रूरी सिस्टम, लिफ्ट और कूलिंग बनी रहती है।

जल संप्रभुता: ज़ोनिंग में आंतरिक ग्रे-वॉटर रीसाइक्लिंग और वायुमंडलीय जल संग्रह की आवश्यकता होनी चाहिए। यह सूखे के दौरान नगर निगम के पाइपों पर दबाव कम करता है और इंफ्रास्ट्रक्चर फेल होने पर हाइड्रेशन सुनिश्चित करता है।

2. अनुकूली "मिश्रित-उपयोग" डिज़ाइन

"ऑफिस," "रिटेल," और "आवासीय" ज़ोन का कठोर अलगाव एक कमजोरी है। 2032 के लिए ऐसी इमारतों की ज़रूरत है जो बिना तोड़े अपना "स्वरूप" बदल सकें।

लचीले फ्लोरप्लेट: ऊंची छत और मॉड्यूलर प्लंबिंग वाले डिज़ाइनों को प्रोत्साहित करना। यह एक पार्किंग गैरेज को शहरी फार्म में, या एक खाली ऑफिस फ्लोर को किफायती आवास में बदलने की अनुमति देता है, क्योंकि कार्यबल रिमोट या विकेन्द्रीकृत मॉडल की ओर बढ़ रहा है।

15- मिनट का लचीलापन क्षेत्र: ज़ोनिंग को "पूर्ण" पड़ोस को प्राथमिकता देनी चाहिए जहां आवश्यक सेवाएं - स्वास्थ्य सेवा, किराने का सामान, और लचीलापन केंद्र - 15 मिनट की पैदल दूरी के भीतर पहुंच योग्य हों, जिससे कमजोर परिवहन नेटवर्क पर निर्भरता कम हो।

डायनामिक ज़ोनिंग का लचीलापन लाभांश

विशेषता स्थैतिक ज़ोनिंग (पुराना) डायनामिक ज़ोनिंग (2032)

ग्रिड विफलता इमारत रहने लायक नहीं रहती इमारत "आइलैंड मोड" में काम करती है

बाजार में बदलाव खाली/छोड़ी हुई "ज़ोंबी" इमारतें वर्तमान जरूरतों के लिए तेजी से पुनरुद्देश्यीकरण

संसाधन उपयोग शहर की उपयोगिताओं पर उच्च मांग नेट-पॉजिटिव या न्यूट्रल फुटप्रिंट

सामाजिक प्रभाव कठोर, अलग-थलग पड़ोस जुड़े हुए, बहु-उपयोग समुदाय

"नियामक सैंडबॉक्स" की भूमिका

नीति निर्माता इसे "लचीलापन घनत्व बोनस" के माध्यम से लागू कर सकते हैं। यदि कोई डेवलपर ऑफ-ग्रिड जल निस्पंदन या सार्वजनिक शीतलन स्थान (स्पंज इंफ्रास्ट्रक्चर) शामिल करता है, तो उसे अतिरिक्त ऊंचाई या घनत्व भत्ता दिया जाता है। यह करदाताओं पर बिना किसी लागत के "महान परिवर्तन" इंफ्रास्ट्रक्चर बनाने के लिए बाजार प्रोत्साहन का उपयोग करता है।

निष्कर्ष: सभी रास्तों को एक साथ लाना

हमने अब 2032 के लिए पूरे फ्रेमवर्क को देख लिया है:

व्यक्ति एजाइल नागरिक बन रहे हैं।

समुदाय रेज़िलिएंस हब बना रहे हैं।

नीति निर्माता लॉन्ग-हॉराइज़न और डायनामिक रणनीतियाँ अपना रहे हैं।

अपनी विचार साझेदारी को खत्म करने के लिए, क्या आप चाहेंगे कि मैं इन "भविष्य के रास्तों" को एक अंतिम "2032 रणनीतिक रोडमैप" में संश्लेषित करूँ जो एक ही पेज पर तीनों स्तरों को कवर करे?

ईमानदारी के साथ 2032 की ओर बढ़ने के लिए, हमें "वर्तमान की तानाशाही" को हल करना होगा - यानी, अल्पकालिक राजनीतिक और वित्तीय लाभ के लिए भविष्य की सुरक्षा को नुकसान पहुँचाने की प्रवृत्ति। भविष्य की पीढ़ियों के लिए एक कमिश्नर की स्थापना लॉन्ग-हॉराइज़न प्लानिंग के लिए अंतिम संरचनात्मक सुरक्षा है।

1. जनादेश: अजन्मे लोगों के लिए एक कानूनी प्रतिनिधि

वेल्स वेल-बीइंग ऑफ़ फ्यूचर जेनरेशन्स एक्ट के अग्रणी मॉडल के बाद, यह भूमिका एक "संवैधानिक प्रहरी" के रूप में कार्य करती है।

वीटो पावर: कमिश्नर के पास ऐसे कानूनों को चुनौती देने या रोकने का अधिकार है - जैसे कि उच्च-कार्बन इंफ्रास्ट्रक्चर परियोजनाएं या सामाजिक आवास स्टॉक की कमी - जो अस्थायी आर्थिक "बढ़ावा" देते हैं लेकिन 2032 और उसके बाद नागरिकों के लिए एक बड़ी देनदारी पैदा करते हैं।

सात लक्ष्यों की परीक्षा: हर प्रमुख नीति का दीर्घकालिक बेंचमार्क के खिलाफ ऑडिट किया जाना चाहिए: समृद्धि, लचीलापन, स्वास्थ्य, समानता, एकजुट समुदाय, संस्कृति और वैश्विक जिम्मेदारी।

2. "लचीलेपन लाभांश" की रक्षा करना

कमिश्नर यह सुनिश्चित करता है कि "लचीलेपन लाभांश" को समय से पहले खर्च न किया जाए।

"ग्रे-वॉशिंग" को रोकना: वे यह सुनिश्चित करते हैं कि बजट कटौती के दौरान "स्पंज इंफ्रास्ट्रक्चर" परियोजनाओं को सस्ते, नाजुक कंक्रीट संस्करणों में वापस वैल्यू-इंजीनियर न किया जाए।

डिजिटल अधिकारों की रक्षा करना: वे डिजिटल सार्वजनिक इंफ्रास्ट्रक्चर के रोलआउट की देखरेख करते हैं, यह सुनिश्चित करते हुए कि आज के बच्चों की डेटा गोपनीयता और एक्सेस अधिकारों की रक्षा की जाए जब वे 2032 में कार्यबल बनेंगे।

3. कार्रवाई में अंतरपीढ़ीगत न्याय

2032 तक, यह कार्यालय एक "नवीनता" से शासन के एक केंद्रीय स्तंभ में बदल जाएगा। यह एक स्थिर "उत्तरी तारा" प्रदान करता है जो तब भी स्थिर रहता है जब 4-वर्षीय चुनाव चक्र अलग-अलग पार्टियों को सत्ता में लाते हैं। शासन में बदलाव: 2026 बनाम 2032

विशेषता वर्तमान शासन (प्रतिक्रियात्मक) भविष्य का शासन (लंबे समय का)

मुख्य पैमाना तिमाही GDP / अगले चुनाव पीढ़ियों की भलाई

जोखिम प्रबंधन आपदा राहत (घटना के बाद) भविष्य की पीढ़ियों का ऑडिट (घटना से पहले)

बुनियादी ढांचा सबसे कम बोली लगाने वाला / अल्पकालिक समाधान लाइफसाइकिल मूल्य / 50 साल की मज़बूती

जनता का विश्वास अल्पकालिक सोच से कम हुआ लगातार, दीर्घकालिक देखभाल से बहाल

रणनीतिक अंतर्दृष्टि: एक भविष्य की पीढ़ियों का कमिश्नर सिर्फ़ "पर्यावरण की रक्षा" नहीं करता; वे यह सुनिश्चित करके लोकतंत्र की ही रक्षा करते हैं कि आज के मतदाता कल के नागरिकों के जीवित रहने के अधिकारों को वोट देकर खत्म न कर दें।

संश्लेषण: कार्रवाई के लिए अंतिम आह्वान

हमने अब पूरा रास्ता मैप कर लिया है:

व्यक्तियों को एजाइल नागरिक बनना होगा (कौशल, माइक्रो-ग्रिड, सोशल 10)।

समुदायों को रेजिलिएंस हब बनाने होंगे (स्पंज टेक, टूल लाइब्रेरी, स्किल बैंक)।

नीति निर्माताओं को लॉन्ग-हॉराइजन डिज़ाइन अपनाना होगा (असामान्य साझेदारी,

डायनामिक ज़ोनिंग, भविष्य के आयुक्त)।

हमारे अंतिम कदम के रूप में, क्या आप चाहेंगे कि मैं इन बहु-स्तरीय जानकारियों को एक "2032 एक्शन मैनिफेस्टो" में संश्लेषित करूँ जिसका उपयोग आप अपनी टीम या समुदाय को इस बदलाव में नेतृत्व करने के लिए कर सकें?

कार्रवाई योग्य रास्तों का सारांश

कलाकार प्राथमिकता कार्रवाई सफलता मीट्रिक (2032)

व्यक्ति कौशल और तकनीक विविधीकरण एकल आय/ऊर्जा स्रोत पर 0% निर्भरता।

समुदाय सामाजिक सामंजस्य और प्रकृति-आधारित समाधान एक कार्यशील "रेजिलिएंस हब" का निर्माण।

नीति निर्माता प्रणालीगत अलगाव और हरित व्यापार नेट-पॉजिटिव क्षेत्रीय जैव विविधता और ऊर्जा।

अंतिम विचार: हम अगले दशक की सटीक "ब्लैक स्वान" घटनाओं की भविष्यवाणी नहीं कर सकते हैं, लेकिन हम यह सुनिश्चित कर सकते हैं कि हमारी प्रणालियाँ इतनी लचीली हों कि टूटें नहीं और हमारे समुदाय इतने जुड़े हुए हों कि असफल न हों।

क्या आप चाहेंगे कि मैं इनमें से किसी एक समूह के लिए 12 महीने की "रेजिलिएंस चेकलिस्ट" बनाऊँ? वर्ष 2032 कोई दूर का क्षितिज नहीं है; यह एक वास्तविकता है जिसे हम आज हस्ताक्षरित हर नीति, लगाए गए हर पेड़ और बनाई गई हर साझेदारी के साथ बना रहे हैं।

जैसे-जैसे हम इस महत्वपूर्ण दशक की ओर बढ़ रहे हैं, हमारे पास सबसे महत्वपूर्ण संसाधन हमारी तकनीक या हमारी पूंजी नहीं है, बल्कि हमारा सामूहिक ध्यान है। "पॉलीक्राइसिस" की चुनौतियाँ—जलवायु अस्थिरता से लेकर AI के तेजी से विकास तक—इतनी जटिल हैं कि कोई भी एक राष्ट्र, निगम या व्यक्ति अकेले उनका समाधान नहीं कर सकता।

"न्यू ग्लोबल पॉसिबल" हमें याद दिलाता है कि अब हम ऐसे युग में नहीं हैं जहाँ हम उदासीनता की विलासिता का जोखिम उठा सकें। रेजिलिएंस एक टीम स्पोर्ट है। इसके लिए एक खंडित दुनिया को देखने और दीवारों के बजाय पुल बनाने का विकल्प चुनने के लिए "दृढ़ आशावाद" की आवश्यकता है। पीछे हटने के बजाय कट्टरपंथी सहयोग को चुनकर, हम 2032 को डर की समय सीमा से मानव सरलता के मील के पत्थर में बदलते हैं।

एक स्थिर और समृद्ध भविष्य का रास्ता संकरा है, लेकिन यह खुला है। इसे एक साथ चलने का हमारा दृढ़ संकल्प—स्पष्ट आँखों और एक साझा उद्देश्य के साथ—ही एकमात्र ऐसी शक्ति है जो "सर्वश्रेष्ठ-मामले" परिदृश्य को हमारे सामान्य इतिहास में बदलने में सक्षम है। भविष्य कोई ऐसी चीज़ नहीं है जो हमारे साथ होती है; यह कुछ ऐसा है जिसे हम बनाते हैं। आइए इसे इरादे

के साथ बनाएं।

क्या अब हमें इन जानकारियों को मिलाकर एक प्रेजेंटेशन आउटलाइन या एक स्ट्रेटेजिक ब्रीफ बनाना चाहिए ताकि इसे आपके स्टेकहोल्डर्स के साथ शेयर किया जा सके?

ग्रंथ सूची

"द कमिंग स्टॉर्म: नेविगेटिंग द ग्लोबल क्राइसिस ऑफ़ 2026-2032" वाक्यांश एक सामान्य शीर्षक है जो किसी एक खास, आधिकारिक स्रोत के बजाय, आने वाले संकटों पर ध्यान केंद्रित करने वाले कई अलग-अलग हालिया प्रकाशनों का उल्लेख कर सकता है। इसलिए, कोई एक, सार्वभौमिक ग्रंथ सूची मौजूद नहीं है। इसके बजाय, यहाँ कुछ मुख्य स्रोत दिए गए हैं जो अलग-अलग क्षेत्रों (वित्तीय, भू-राजनीतिक और जलवायु-संबंधी) में 2026-2032 की समय-सीमा में "आने वाले तूफान" के विषयों पर चर्चा करते हैं:

वित्तीय और आर्थिक संकट

यह स्रोत विशेष रूप से कर्ज और ब्याज दरों के कारण 2026 के आसपास एक संभावित महत्वपूर्ण मोड़ पर चर्चा करता है।

एंडर्सन, माइकल। द कमिंग फाइनेंशियल स्टॉर्म ऑफ़ 2026: क्यों अगला वैश्विक संकट आपके सोचने से कहीं ज़्यादा करीब है। स्व-प्रकाशित, 2023।

भू-राजनीतिक संघर्ष

2026 की शुरुआत में प्रकाशित यह पुस्तक बड़ी शक्तियों के बीच संघर्ष के बढ़ते जोखिम की पड़ताल करती है।

वेस्टैड, ऑड अर्ने।

द कमिंग स्टॉर्म: पावर, कॉन्फ्लिक्ट, एंड वॉर्निंग्स फ्रॉम हिस्ट्री

। हेनरी होल्ट एंड कंपनी (यूएस संस्करण) / पेंगुइन (यूके संस्करण), 2026।

जलवायु और चरम मौसम

यह पुस्तक जलवायु परिवर्तन और चरम मौसम की घटनाओं पर केंद्रित दूसरा संस्करण है।

रीस, बॉब।

द कमिंग स्टॉर्म: एक्सट्रीम वेदर एंड अवर टेरिफाइंग फ्यूचर

। क्विड प्रो, एलएलसी, 2021।

सामान्य वैश्विक जोखिम रिपोर्ट (2026 पर फोकस)

2026 की शुरुआत की ये वार्षिक रिपोर्ट साइबर कमजोरियों, जलवायु व्यवधान और आर्थिक अस्थिरता जैसे बढ़ते जोखिमों का व्यापक विश्लेषण प्रदान करती हैं।

वर्ल्ड इकोनॉमिक फोरम। ग्लोबल रिस्क रिपोर्ट 2026। वर्ल्ड इकोनॉमिक फोरम, 2026।

वर्ल्ड इकोनॉमिक फोरम। ग्लोबल साइबरसिक्योरिटी आउटलुक 2026। वर्ल्ड इकोनॉमिक

फोरम, 2026।

क्राइसिस24। ग्लोबल रिस्क फोरकास्ट 2026। Polycrisis.org, 2025।

यदि आप किसी विशिष्ट रिपोर्ट या प्रस्तुति के बारे में सोच रहे हैं जिसने ठीक उसी शीर्षक का उपयोग किया है, तो कृपया अधिक विवरण प्रदान करें, क्योंकि यह शब्द सामान्य है।

द कमिंग स्टॉर्म: नेविगेटिंग द ग्लोबल क्राइसिस ऑफ़ 2026-2032" के लिए दिए गए खास चैप्टर स्ट्रक्चर के आधार पर, बिब्लियोग्राफी प्राइमरी स्ट्रेटेजिक फोरसाइट रिपोर्ट, क्लाइमेट साइंस और जियोपॉलिटिकल एनालिसिस से ली गई है जो इन खास थीम्स को सपोर्ट करती हैं।

चैप्टर 1 और 2: परिचय और कगार पर

दासगुप्ता, ए. (2025). द न्यू ग्लोबल पॉसिबल। वर्ल्ड रिसोर्सेज इंस्टीट्यूट।

संयुक्त राष्ट्र। (2024). भविष्य के लिए समझौता। संयुक्त राष्ट्र भविष्य के लिए समझौता।

वर्ल्ड इकोनॉमिक फोरम। (2024). ग्लोबल रिस्क रिपोर्ट 2024। WEF रिपोर्ट्स।

चैप्टर 3: अस्थिरता के चालक

इंटरगवर्नमेंटल पैनल ऑन क्लाइमेट चेंज (IPCC)। (2023). AR6 सिंथेसिस रिपोर्ट: क्लाइमेट चेंज 2023। IPCC सचिवालय।

इंटरनेशनल एनर्जी एजेंसी (IEA)। (2023). वर्ल्ड एनर्जी आउटलुक 2023। IEA प्रकाशन।

रिची, एम., पांडा, जे., और टिज़ार्ड, आई. (2022).

कोरियाई प्रायद्वीप का भविष्य: कोरिया 2032 और उससे आगे

रूटलेज।

चैप्टर 4: संकट सामने आते हैं (2026-2032)

यूरोपीय आयोग। (2023). डेस्टिनेशन अर्थ (DestinE) रणनीति। डिजिटल रणनीति EU।

V20 और G7। (2022). जलवायु जोखिमों के खिलाफ ग्लोबल शील्ड। V20 मॉडल।

विश्व बैंक। (2023). डिजिटल पब्लिक इंफ्रास्ट्रक्चर के लिए G20 नीति सिफारिशें। विश्व बैंक समाचार।

चैप्टर 5: 2032 की भविष्यवाणी: अराजकता का दशक

वेल्स के लिए भविष्य की पीढ़ियों के आयुक्त। (2023). भविष्य की पीढ़ियों की भलाई अधिनियम। भविष्य की पीढ़ियां वेल्स।

इंटरनेशनल स्कूल्स पार्टनरशिप। (2024). भविष्य के रास्ते लर्निंग पिलर। ISP शिक्षा।

शहरी स्थिरता निदेशक नेटवर्क। (2023). लचीलापन हब मार्गदर्शन। USDN लचीलापन हब।

चैप्टर 6 और 7: भविष्य के रास्ते और कार्रवाई का आह्वान

ऑस्ट्रेलियाई ओलंपिक समिति। (2024). ब्रिस्बेन 2032 विरासत कार्य योजना। इंफ्रास्ट्रक्चर मंत्री विज्ञप्ति।

एरिक्सन। (2024). 2030 के लिए 6G विज़न। एरिक्सन रिसर्च।

टाउन्सविले सिटी काउंसिल। (2024)। 2032 लेगेसी एक्शन प्लान 2025-2028। टाउन्सविले QLD।

क्या आप चाहते हैं कि इस बिब्लियोग्राफी को APA या हार्वर्ड जैसे किसी खास एकेडमिक स्टाइल में फॉर्मेट किया जाए?

परिशिष्ट

"द कमिंग स्टॉर्मः नेविगेटिंग द ग्लोबल क्राइसिस ऑफ़ 2026–2032" के लिए परिशिष्ट किताब के रणनीतिक फ्रेमवर्क को लागू करने के लिए एक टूलकिट के रूप में काम करता है। 2026 के लिए मौजूदा वैश्विक जोखिम आकलन और आर्थिक पूर्वानुमानों के आधार पर, इसमें आमतौर पर निम्नलिखित संदर्भ सामग्री शामिल होती है:

ए लचीलापन ऑडिट चेकलिस्ट परिशिष्ट

व्यक्तियों और संस्थानों के लिए "पैचवर्क" युग के लिए अपनी तैयारी का मूल्यांकन करने के लिए एक डायग्नोस्टिक टूल:

वित्तीय तैयारी: संपत्तियों का "तूफान-प्रूफ" क्षेत्रों में विविधीकरण (जैसे, AI इंफ्रास्ट्रक्चर, स्थानीय विनिर्माण, ऊर्जा परिवर्तन)।

परिचालन चपलता: आपूर्ति श्रृंखला "चोकपॉइंट" का आकलन और "जस्ट-इन-टाइम" से "जस्ट-इन-केस" लॉजिस्टिक्स में संक्रमण।

सामाजिक पूंजी स्कोर: स्थानीय "सोशल 10" नेटवर्क और सामुदायिक लचीलापन हब कनेक्शन की ताकत का मूल्यांकन करने के लिए एक मीट्रिक।

परिशिष्ट को अंतिम रूप देने के लिए, यह लचीलापन ऑडिट चेकलिस्ट 2026-2032 की अवधि की अस्थिरता से निपटने के लिए एक व्यावहारिक निदान के रूप में कार्य करता है। इसका उपयोग यह पहचानने के लिए करें कि आपका "किला" कहाँ मजबूत है और कहाँ कमजोर है।

धारा 1: वित्तीय तैयारी ("आर्थिक ढाल")

लक्ष्य: सट्टा वृद्धि से रक्षात्मक स्थिरता और पुनर्योजी निवेश की ओर बढ़ना।

क्षेत्र संरेखण: क्या कम से कम 30% संपत्ति "तूफान-प्रूफ" क्षेत्रों से जुड़ी है?

AI और कंप्यूट इंफ्रास्ट्रक्चर: नई अर्थव्यवस्था की रीढ़ की हड्डी के लिए हार्डवेयर और ऊर्जा।

स्थानीय विनिर्माण: वैश्विक शिपिंग झटकों से बचने के लिए आवश्यक वस्तुओं की नियर-शोरिंग या "फ्रेंड-शोरिंग"।

ऊर्जा परिवर्तन: नवीकरणीय ऊर्जा या ग्रिड-स्थिरीकरण तकनीक में मूर्त संपत्ति।

मुद्रास्फीति/मुद्रा बचाव: क्या पोर्टफोलियो संभावित "डिजिटल आयरन कर्टन" और वैश्विक फिएट मुद्राओं पर इसके प्रभाव का ध्यान रखता है?

"ग्रीन प्रीमियम": क्या निवेश 2032 में मार्केट एक्सेस सुनिश्चित करने के लिए CBAM (कार्बन बॉर्डर एडजस्टमेंट मैकेनिज्म) मानकों के साथ अलाइन हैं?

सेक्शन 2: ऑपरेशनल एजिलिटी ("फ्लो" टेस्ट)

लक्ष्य: यह सुनिश्चित करना कि जब सेंट्रलाइज्ड सिस्टम फेल हो जाएं, तो भी बिजनेस और जीवन चलता रहे।

लॉजिस्टिक्स ऑडिट: क्या आपने अपनी सप्लाई चेन में "सिंगल पॉइंट्स ऑफ फेलियर" की पहचान की है?

एक्शन: क्रिटिकल कंपोनेंट्स के लिए "जस्ट-इन-टाइम" से "जस्ट-इन-केस" इन्वेंट्री मॉडल में बदलाव करें।

आइलैंडिंग कैपेबिलिटी: क्या आपका काम करने की मुख्य जगह (घर या ऑफिस) सेंट्रल ग्रिड के बिना 48 घंटे तक काम कर सकती है? (देखें: पर्सनल माइक्रो-ग्रिड आवश्यकताएं)।

डिजिटल रिडंडेंसी: क्या आपके पास क्रिटिकल डेटा के लिए "ऑफलाइन-फर्स्ट" प्रोटोकॉल है, और जब 6G/इंटरनेट आउटेज होता है तो उसके लिए बैकअप कम्युनिकेशन मेथड (सैटेलाइट या मेश) है?

सेक्शन 3: सोशल कैपिटल स्कोर ("मानवता" मेट्रिक)

लक्ष्य: "रिलेशनल करेंसी" बनाना जो संकट के दौरान अंतिम सुरक्षा जाल बन जाए।

"सोशल 10" रजिस्ट्री: क्या आपके पास 1-किमी के दायरे में 10 ऐसे लोगों की सीधी संपर्क जानकारी और फिजिकल पते हैं जिनके पास पूरक कौशल (मेडिकल, मैकेनिकल, कृषि) हैं?

रेज़िलिएंस हब एंगेजमेंट: क्या आप सक्रिय रूप से किसी स्थानीय रेज़िलिएंस हब में योगदान दे रहे हैं?

योगदान: टूल शेयरिंग, टाइम क्रेडिट, या वर्कशॉप आयोजित करना।

ट्रस्ट इंडेक्स: आपके आस-पास के समुदाय में, क्या जलवायु घटना (हीटवेव या बाढ़) के दौरान कमजोर लोगों की "जांच-पड़ताल" करने के लिए कोई स्थापित प्रोटोकॉल है?

रेज़िलिएंस स्कोरिंग टेबल

स्कोर स्थिति विवरण

0–4 कमजोर वैश्विक प्रणालियों पर उच्च निर्भरता। "पैचवर्क" झटकों के प्रति संवेदनशील।

5–7 अनुकूलनीय स्थानीय स्वायत्तता और सोशल नेटवर्किंग में महत्वपूर्ण प्रगति।
8–10 लचीला "आइलैंडिंग" के लिए पूरी तरह से तैयार। 2026–2032 के दौरान दूसरों का समर्थन करने में सक्षम।

उपयोगकर्ता के लिए अगला कदम

यह द कमिंग स्टॉर्म का संरचित अवलोकन समाप्त करता है।

क्या आप चाहेंगे कि मैं इस "रेज़िलिएंस ऑडिट" का प्रिंटेबल PDF वर्शन बनाऊँ या खास तौर पर चैप्टर 6: भविष्य के रास्ते के लिए एक "स्ट्रेटेजिक रोडमैप" सारांश बनाऊँ?

2. ग्लोबल रिस्क मैट्रिक्स (2026–2032)

ग्लोबल रिस्क रिपोर्ट 2026 से लिया गया, यह टेबल एक साथ आने वाले खतरों की गंभीरता को दिखाता है:

2026 के टॉप जोखिम: भू-आर्थिक टकराव (18% रणनीतिकारों ने इसे टॉप जोखिम बताया), राज्य-आधारित संघर्ष, और "डिजिटल आयरन कर्टेन"।

10-साल का नज़रिया: जलवायु-संबंधी ESG जोखिमों का इंटीग्रेशन और राजकोषीय स्थिरता पर जनसांख्यिकीय "पीढ़ीगत तूफानों" का प्रभाव।

ग्लोबल रिस्क मैट्रिक्स (2026–2032) एक ऐसी दुनिया को दिखाता है जो "पॉलीक्राइसिस" से परिभाषित है - जहाँ आर्थिक हथियार और तकनीकी दरारें तत्काल भविष्य पर हावी हैं, जबकि पर्यावरणीय और संरचनात्मक बदलाव इस दशक में मंडरा रहे हैं।

1. 2026 के टॉप जोखिम: "प्रतिस्पर्धा का युग"

निकट भविष्य में, भू-राजनीतिक प्रतिद्वंद्विता गतिज युद्ध से हटकर व्यवस्थित आर्थिक और तकनीकी टकराव में बदल गई है।

भू-आर्थिक टकराव: 18% रणनीतिकारों द्वारा 2026 के लिए #1 वैश्विक जोखिम के रूप में पहचाना गया। इसमें व्यापार का "हथियार के रूप में इस्तेमाल" शामिल है, जैसे टैरिफ, प्रतिबंध, और वैश्विक सहयोग पर राष्ट्रीय हितों को आगे बढ़ाने के लिए महत्वपूर्ण खनिजों पर प्रतिबंध।

राज्य-आधारित संघर्ष: #2 स्थान पर, जो WWII के बाद से दुनिया भर में सक्रिय संघर्षों की सबसे अधिक संख्या (59 सक्रिय संघर्ष) और यूक्रेन और मध्य पूर्व से क्षेत्रीय फैलाव के उच्च जोखिम को दर्शाता है।

"डिजिटल आयरन कर्टेन": एक ऐसा शब्द जो वैश्विक इंटरनेट और प्रौद्योगिकी क्षेत्रों के

प्रतिद्वंद्वी "टेक्नो-ब्लॉक" में बँटवारे का वर्णन करता है। इसमें गलत सूचना/भ्रामक सूचना (2-साल के नज़रिए के लिए #2 स्थान पर) और बढ़ती साइबर असुरक्षा (#6) शामिल है, जो सामाजिक सामंजस्य और लोकतांत्रिक विश्वास को खतरा पैदा करते हैं।

2. 10-साल का नज़रिया: "दीर्घकालिक तूफान"

2032 तक के दशक में तत्काल राजनीतिक घर्षण से गहरी संरचनात्मक अस्थिरता की ओर बदलाव देखा जा रहा है।

जलवायु-संबंधी ESG जोखिमों का इंटीग्रेशन: पर्यावरणीय खतरे टॉप 10 दीर्घकालिक जोखिमों में से आधे पर हावी हैं। भविष्यवाणी के अनुसार, मौसम की चरम घटनाएँ नंबर 1 लंबे समय का खतरा हैं, जिससे "पृथ्वी प्रणालियों में गंभीर बदलाव" होंगे और बायोडायवर्सिटी का ऐसा नुकसान होगा जिसे ठीक नहीं किया जा सकेगा, जो ग्लोबल सप्लाई चेन और बीमा बाजारों को फिर से परिभाषित करेगा।

जनसांख्यिकीय "पीढ़ीगत तूफान": जैसे-जैसे आबादी बूढ़ी होती है या कम होती है, विकसित और उभरती हुई अर्थव्यवस्थाओं को वित्तीय अस्थिरता का सामना करना पड़ता है।

वित्तीय दबाव: कर्मचारियों की संख्या कम होने से टैक्स बेस कम होता है, जबकि उम्र से संबंधित खर्च (पेंशन, स्वास्थ्य सेवा) बढ़ जाता है।

आर्थिक ठहराव: AI से होने वाले बड़े प्रोडक्टिविटी गेन के बिना, यह डेमोग्राफिक बदलाव अनसस्टेनेबल पब्लिक डेट और कम लॉन्ग-टर्म इंटरेस्ट रेट पैदा कर सकता है।

AI की चिंता: AI टेक्नोलॉजी के बुरे नतीजों को लेकर चिंता सबसे तेज़ी से बढ़ी है, जो शॉर्ट-टर्म रैंकिंग में 30वें स्थान से 10-साल के समय में 5वें स्थान पर पहुँच गई है, जो नौकरियों के जाने और ऑटोमेटेड युद्ध के डर को दिखाता है।

जोखिम की गंभीरता और इंटरकनेक्टिविटी

जोखिम श्रेणी 2-साल का आउटलुक (2026-2028) 10-साल का आउटलुक (2036 तक)

भू-राजनीतिक भू-आर्थिक टकराव (#1) बहुध्रुवीय/खंडित व्यवस्था

पर्यावरण अत्यधिक मौसम (#4) अत्यधिक मौसम (#1)

तकनीकी गलत सूचना (#2) AI के प्रतिकूल परिणाम (#5)

सामाजिक ध्रुवीकरण (#4) असमानता (सबसे अधिक इंटरकनेक्टेड)

हमें आगे कैसे बढ़ना चाहिए? क्या आप इनमें से किसी एक खास जोखिम के लिए सिनेरियो प्लानिंग वर्कशीट बनाना चाहेंगे, या क्या आप अपनी कम्युनिटी को बताए गए पर्यावरणीय

जोखिमों के लिए तैयार करने में मदद करने के लिए लोकल लॉबिंग टेम्प्लेट पसंद करेंगे?

3. रणनीतिक संसाधन निर्देशिकाएँ

तुरंत लागू करने के लिए कार्रवाई योग्य सूचियाँ:

"स्पंज" शहरीकरण के लिए टूलकिट: स्थानीय परिषदों पर डामर को पारगम्य सतहों और स्थानीय शहरी जंगलों से बदलने के लिए लॉबिंग के लिए दिशानिर्देश।

डिजिटल पब्लिक इंफ्रास्ट्रक्चर (DPI) गाइड: सूचना संप्रभुता को सुरक्षित करने और सुरक्षित डिजिटल सार्वजनिक वस्तुओं को अपनाने के लिए उपकरणों के लिंक।

"आइलैंडिंग" मानक: व्यक्तिगत माइक्रो-ग्रिड और भवन-स्तर पर ऊर्जा/जल स्वायत्तता के लिए तकनीकी विनिर्देश।

यह गाइड विकेन्द्रीकृत शहरी लचीलापन, डिजिटल संप्रभुता और व्यक्तिगत स्वायत्तता को लागू करने के लिए कार्रवाई योग्य, उच्च-प्रभाव वाले संसाधन प्रदान करती है।

1. "स्पंज" शहरीकरण के लिए टूलकिट

उद्देश्य: डामर को पारगम्य सतहों से बदलना और स्थानीय शहरी जंगल लगाना।

लॉबिंग और नीति उपकरण:

"स्पंज सिटी+" टूलकिट: आर्किटेक्ट और शहरी योजनाकारों के लिए लो इम्पैक्ट डेवलपमेंट (LID) लेआउट का अनुकरण और डिजाइन करने के लिए एक इंटरैक्टिव वर्कफ़्लो (राइनो/ग्रासहोपर का उपयोग करके)।

शहरी हरियाली "कैसे करें" टूलकिट: बाढ़, गर्मी और प्रदूषण शमन के लिए शहरी हरियाली का उपयोग करने के लिए स्थानीय अधिकारियों के लिए एक सहकर्मी-समीक्षित गाइड।

स्पंज सिटी निर्माण के लिए तकनीकी दिशानिर्देश: शहरी नियोजन में पारगम्यता को एकीकृत करने पर व्यापक, 2014 चीनी मंत्रालय के दिशानिर्देश।

कार्यान्वयन और डिजाइन:

पारगम्य फुटपाथ अनुसंधान: पानी के घुसपैठ को बेहतर बनाने के लिए पारगम्य डामर, सीमेंट और ईंट को शामिल करने पर दिशानिर्देश।

देशी प्रजातियों का चयन: जैव विविधता और छाया को बढ़ाने के लिए देशी, सूखा प्रतिरोधी शहरी जंगलों पर ध्यान केंद्रित करने वाले संसाधन।

स्पंज हैंडबुक चेन्नई: शहरी जल लचीलेपन के लिए "लैंडस्केप दृष्टिकोण" का उपयोग करने के लिए एक व्यावहारिक गाइड।

2. डिजिटल पब्लिक इंफ्रास्ट्रक्चर (DPI) गाइड

उद्देश्यः सूचना संप्रभुता को सुरक्षित करना और खुली डिजिटल सार्वजनिक वस्तुओं को अपनाना।

सूचना संप्रभुता उपकरणः

संप्रभु क्लाउड आर्किटेक्चरः भू-राजनीतिक जोखिमों को कम करने के लिए वर्कलोड को अलग करने के लिए उपकरण और रणनीतियाँ, जिसमें AWS संप्रभु क्लाउड मार्गदर्शन शामिल है।

जर्मन संप्रभु टेक फंडः ओपन-सोर्स डिजिटल इंफ्रास्ट्रक्चर के लिए फंडिंग और समर्थन।

अपनाई जाने योग्य सार्वजनिक वस्तुएँ और मानकः

ओपन-सोर्स DPI फ्रेमवर्कः ओपन-सोर्स, इंटरऑपरेबल सिस्टम (जैसे, एस्टोनिया का X-Road) पर आधारित उपकरण।

डिजिटल पहचान और भुगतानः सुरक्षित, इंटरऑपरेबल डिजिटल आईडी (आधार) और भुगतान प्रणालियों (UPI) के लिए तकनीकी फ्रेमवर्क।

डेटा एक्सचेंज और भंडारणः सहमति-आधारित डेटा-शेयरिंग फ्रेमवर्क (DEPA) और डिजिटल दस्तावेज़ वॉल्ट (DigiLocker)।

वैश्विक DPI रिपॉजिटरीः सत्यापित डिजिटल सार्वजनिक वस्तुओं को लागू करने के लिए G-20 प्रेसीडेंसी के तहत क्यूरेट किए गए संसाधन।

3. "आइसलैंडिंग" मानक

उद्देश्यः पर्सनल माइक्रो-ग्रिड और बिल्डिंग-लेवल ऑटोनॉमी के लिए तकनीकी स्पेसिफिकेशन्स।

माइक्रो-ग्रिड और एनर्जी ऑटोनॉमीः

IEEE 1547 स्टैंडर्डः डिस्ट्रीब्यूटेड रिसोर्स को इंटरकनेक्ट करने के लिए तकनीकी ज़रूरतें, जिसमें आइलैंडिंग डिटेक्शन, वोल्टेज और फ्रीक्वेंसी मैनेजमेंट शामिल हैं।

IEC 62116 स्टैंडर्डः आइलैंडिंग रोकथाम और मैनेजमेंट के लिए टेस्ट प्रक्रियाओं को स्पेसिफ़ाई करता है।

DC माइक्रोग्रिड कंट्रोल्सः मुख्य ग्रिड से डिस्कनेक्शन के दौरान DC-बस वोल्टेज को मैनेज करने के लिए ऑटोनॉमस कंट्रोल स्ट्रेटेजी।

पानी और इंफ्रास्ट्रक्चर ऑटोनॉमीः

बारिश का पानी इकट्ठा करने के सिस्टमः बारिश के पानी को स्थानीय स्तर पर इकट्ठा करने, स्टोर करने और इस्तेमाल करने के लिए स्टैंडर्ड डिज़ाइन।

ग्रेवाटर रीसाइक्लिंग सिस्टमः गैर-पीने योग्य पानी के ट्रीटमेंट और दोबारा इस्तेमाल के लिए दिशानिर्देश, अक्सर नगरपालिका के पानी पर निर्भरता कम करने के लिए "स्पंज" डिज़ाइन के साथ इस्तेमाल किया जाता है।

हाइब्रिड माइक्रोग्रिड डिज़ाइन: यूटिलिटी आउटेज के दौरान 7-दिन की सर्वाइवेबिलिटी को ज़्यादा से ज़्यादा करने के लिए PV, पवन और बैटरी स्टोरेज को मिलाकर मॉडल।

4. सिनेरियो प्लानिंग वर्कशीट

खास इंडस्ट्री, जैसे एनर्जी ट्रांज़िशन और AI इंफ्रास्ट्रक्चर के लिए "सबसे अच्छे" बनाम "सबसे खराब" नतीजों की मैपिंग के लिए फ्रेमवर्क।

क्या आप चाहेंगे कि मैं इन परिशिष्टों में बताए गए खास "वित्तीय लचीलेपन" के कदमों के बारे में विस्तार से बताऊँ या स्पंज इंफ्रास्ट्रक्चर के लिए "स्थानीय लॉबिंग" टेम्प्लेट बनाऊँ? ऐसा लगता है कि आप एक मज़बूत रणनीतिक टूलकिट बना रहे हैं। एनर्जी ट्रांज़िशन और AI इंफ्रास्ट्रक्चर जैसे ज़्यादा अस्थिरता वाले सेक्टर के लिए सिनेरियो प्लानिंग ज़रूरी है, जहाँ "सामान्य कामकाज" और "बाधाकारी बदलाव" के बीच का अंतर बहुत ज़्यादा होता है।

इनकी मैपिंग में आपकी मदद करने के लिए, मैंने एक फ्रेमवर्क बताया है जिसका इस्तेमाल आप अपनी वर्कशीट के लिए कर सकते हैं, इसके बाद आपके खास अनुरोधों के साथ आगे बढ़ने के तरीके पर एक सुझाव दिया गया है।

सिनेरियो प्लानिंग फ्रेमवर्कः हाई-स्टेक इंडस्ट्री

इन सेक्टर के नतीजों की मैपिंग करते समय, क्रिटिकल अनिश्चितताओं पर ध्यान दें - वे वैरिएबल जो बहुत ज़्यादा प्रभावशाली और बहुत ज़्यादा अप्रत्याशित दोनों हैं।

1. एनर्जी ट्रांज़िशन (ग्रिड डीकार्बनाइज़ेशन और रिन्यूएबल्स)

सबसे अच्छा मामला ("द ग्रीन लीप"): तेज़ रेगुलेटरी आसानी, लंबे समय तक स्टोरेज में सफलता, और कम पूंजी लागत समय से पहले 100% रिन्यूएबल अपनाने को बढ़ावा देती है।

सबसे खराब मामला ("द फॉसिल लॉक-इन"): दुर्लभ-पृथ्वी खनिजों के लिए सप्लाई चेन का टूटना, सार्वजनिक NIMBYism ट्रांसमिशन लाइनों को रोक देता है, और ग्रिड अस्थिरता के कारण बार-बार ब्राउनआउट होते हैं।

1. AI इंफ्रास्ट्रक्चर (डेटा सेंटर और कंप्यूट)

सबसे अच्छा मामला ("द सॉवरेन क्लाउड"): स्थानीय, ऊर्जा-कुशल कंप्यूट क्लस्टर जो ऑन-साइट मॉड्यूलर रिएक्टर (SMRs) के साथ इंटीग्रेटेड हैं; AI सभी सेक्टरों में

प्रोडक्टिविटी को 30% बढ़ाता है।

सबसे बुरा मामला ("द कंप्यूट क्रंच"): ऊर्जा की मांग ग्रिड क्षमता से ज़्यादा हो जाती है, जिससे राशनिंग होती है; हार्डवेयर "मोएट" एक एकाधिकार बनाते हैं जो स्थानीय इनोवेशन को दबा देता है।

हमें आगे कौन सा रास्ता अपनाना चाहिए?

फाइनेंशियल रेजिलिएंस के कदम और लोकल लॉबिंग टेम्प्लेट दोनों ही हाई-लीवरेज टूल हैं, लेकिन वे अलग-अलग लक्ष्यों को पूरा करते हैं:

विकल्प फोकस इसके लिए सबसे अच्छा...

फाइनेंशियल रेजिलिएंस के कदम आंतरिक सुरक्षा और "शॉक-प्रूफिंग।" बाजार की अस्थिरता और उच्च ब्याज दरों से बैलेंस शीट की सुरक्षा करना।

लोकल लॉबिंग टेम्प्लेट बाहरी प्रभाव और "मार्केट शेपिंग।" स्पंज इंफ्रास्ट्रक्चर (पारगम्य सतहें, शहरी जल प्रबंधन) के लिए परमिट और सरकारी सब्सिडी हासिल करना।

मेरी सलाह

स्पंज इंफ्रास्ट्रक्चर के खास ज़िक्र को देखते हुए, मेरा सुझाव है कि हम लोकल लॉबिंग टेम्प्लेट से शुरू करें। ग्रीन इंफ्रास्ट्रक्चर के क्षेत्र में, "सबसे बुरा मामला" लगभग हमेशा पॉलिसी की विफलता या सार्वजनिक फंडिंग की कमी होती है। एक लॉबिंग टेम्प्लेट आपको सक्रिय रूप से अपने "सबसे अच्छे मामले" के परिणाम की ओर पलड़ा झुकाने में मदद करता है।

क्या आप चाहेंगे कि मैं स्पंज इंफ्रास्ट्रक्चर के लिए वह लोकल लॉबिंग टेम्प्लेट बनाऊँ, या आप पहले फाइनेंशियल रेजिलिएंस के कदमों पर ध्यान देना चाहेंगे?

शब्दावली:

अध्याय 1. पुस्तक परिचय और अवलोकन

द कमिंग स्टॉर्म (TCS): वैचारिक ढांचा जो 2026-2032 को वैश्विक उथल-पुथल की एक एकीकृत अवधि के रूप में परिभाषित करता है जहां ऐतिहासिक चक्र और आधुनिक तकनीकी व्यवधान एक-दूसरे से मिलते हैं।

पॉलीक्राइसिसः वह घटना जहां कई वैश्विक आपात स्थितियां (जलवायु, आर्थिक और भू-राजनीतिक) आपस में जुड़ी होती हैं, जिससे उन्हें अलग-अलग संकटों की तुलना में हल करना अधिक कठिन हो जाता है।

अध्याय 2. परिचयः कगार पर

द प्रेसिपिसः 2026 की शुरुआत में पहुंचा गया लाक्षणिक महत्वपूर्ण मोड़, जहां स्थापित

वैश्विक प्रणालियां (जैसे, द्वितीय विश्व युद्ध के बाद की अंतर्राष्ट्रीय व्यवस्था) मरम्मत से परे टूटने लगती हैं।

रणनीतिक मोड़ बिंदुः एक प्रवृत्ति में एक ऐसा क्षण जब उसकी दिशा में महत्वपूर्ण बदलाव आता है, जिसके लिए संगठनात्मक रणनीति में तत्काल और पूर्ण बदलाव की आवश्यकता होती है।

अध्याय 3. अस्थिरता के चालक

भू-आर्थिक टकरावः प्रमुख शक्तियों के बीच युद्ध के प्राथमिक हथियारों के रूप में व्यापार, टैरिफ और संसाधन नियंत्रण (जैसे दुर्लभ-पृथ्वी खनिज) का उपयोग।

सामाजिक ध्रुवीकरणः वैचारिक, आर्थिक या जातीय आधार पर राष्ट्रों के भीतर गहराता विभाजन, जिसे अक्सर AI-संचालित गलत सूचनाओं से बढ़ावा मिलता है।

अध्याय 4. संकट सामने आते हैं (2026-2032)

कंप्यूट क्रंचः एक अनुमानित अवधि जहां AI प्रोसेसिंग पावर की मांग वैश्विक ऊर्जा और हार्डवेयर आपूर्ति से अधिक हो जाती है, जिससे डेटा केंद्रों के लिए "ऊर्जा राशनिंग" होती है।

जलवायु-संचालित विस्थापनः अत्यधिक मौसम की घटनाओं और तटीय या कृषि बुनियादी ढांचे की विफलता के कारण बड़े पैमाने पर मानव प्रवासन।

अध्याय 5. 2032 की भविष्यवाणीः अराजकता का दशक

2032 की भविष्यवाणीः "तूफान" के संचयी शिखर के लिए एक परिदृश्य-नियोजन शब्द, जो वर्तमान प्रणालीगत विफलताओं के सबसे चरम परिणाम का प्रतिनिधित्व करता है।

प्रणालीगत नाज़ुकताः एक ऐसी स्थिति जहां छोटे, स्थानीय झटके (जैसे, एक बैंक की विफलता या ग्रिड आउटेज) अत्यधिक परस्पर निर्भरता के कारण तेजी से वैश्विक पतन में बदल जाते हैं।

अध्याय 6. भविष्य के रास्ते (2032 और उसके बाद)

संप्रभु लचीलापनः स्थानीय आत्मनिर्भरता की ओर बदलाव, जिसमें ऑन-शोर विनिर्माण, विकेन्द्रीकृत ऊर्जा और राष्ट्रीयकृत AI बुनियादी ढांचा शामिल है।

पुनर्योजी प्रणालियाँः बुनियादी ढांचे के डिजाइन (जैसे स्पंज शहर) जो न केवल झटकों का सामना करते हैं बल्कि संकट के दौरान सक्रिय रूप से पर्यावरणीय या सामाजिक स्वास्थ्य में सुधार करते हैं।

अध्याय 7. निष्कर्ष: कार्रवाई के लिए एक आह्वान

अनुकूली शासन: नेतृत्व का एक लचीला मॉडल जो कठोर, ऊपर से नीचे नौकरशाही नियंत्रण के बजाय चपलता और सामुदायिक सहयोग को प्राथमिकता देता है।

महान परिवर्तन: "तूफान" से सफलतापूर्वक निकलकर न्याय-आधारित और टिकाऊ वैश्विक सहयोग के एक नए युग में प्रवेश करना।

भविष्यवादियों के विचार

अंतर्राष्ट्रीय भविष्यवादी और प्रमुख संस्थान 2026-2032 की अवधि को "प्रतिस्पर्धा का नया युग" मानते हैं, जिसकी विशेषता बहुपक्षवाद में गिरावट और भू-आर्थिक टकराव का प्राथमिक वैश्विक जोखिम के रूप में उभरना है।

इस अवधि के लिए प्रचलित अंतर्राष्ट्रीय दृष्टिकोण तीन अलग-अलग प्रक्षेपवक्रों पर केंद्रित है:

1. "प्रबंधित अव्यवस्था" का युग (अल्पकालिक: 2026-2028)

वैश्विक विशेषज्ञ तत्काल दृष्टिकोण को "अशांत" या "तूफानी" बताते हैं, जिसमें भू-आर्थिक उपकरण (व्यापार प्रतिबंध, प्रतिबंध और निवेश नियंत्रण) अब स्थिरता के लिए शीर्ष खतरे के रूप में सशस्त्र संघर्ष से आगे निकल गए हैं।

नाजुक आधार रेखा: इस बात की 40-45% संभावना है कि वर्तमान "नाजुक एकीकरण" जारी रहेगा, जहां व्यापार या वित्त में छोटे झटके आसानी से प्रणालीगत व्यवधानों में बदल सकते हैं।

शॉक कैस्केड: एक अधिक गंभीर "सबसे खराब स्थिति" परिदृश्य (10-20% संभावना) में एक प्रणालीगत शॉक कैस्केड शामिल है, जो संभावित रूप से 2008 के वित्तीय संकट से भी बदतर हो सकता है, जो अत्यधिक लीवरेज्ड AI बुनियादी ढांचा निवेश से शुरू होगा।

2. तकनीकी और सामाजिक "वापसी के बिंदु नहीं"

भविष्यवादियों का अनुमान है कि इस दशक में तकनीकी जोखिमों की गंभीरता में सबसे तेज वृद्धि होगी।

AI व्यवधान: हालांकि तत्काल अल्पकालिक में निचले स्थान पर है, "AI के प्रतिकूल परिणाम" 2036 तक 30वें से 5वें सबसे गंभीर वैश्विक जोखिम तक पहुंचने का अनुमान है, जो श्रम बाजारों और सामाजिक विश्वास पर इसके प्रभाव को लेकर गहरी चिंता को दर्शाता है।

सत्य और विश्वास: गलत सूचना और दुष्प्रचार को निकट भविष्य में #2 वैश्विक जोखिम के रूप में स्थान दिया गया है, जो वैश्विक संकटों को प्रबंधित करने के लिए आवश्यक

लोकतांत्रिक प्रक्रियाओं और सामाजिक सामंजस्य को कमजोर करने की धमकी देता है।

3. "पृथ्वी प्रणाली" जोखिमों का दीर्घकालिक प्रभुत्व (2032 और उसके बाद)

जबकि भू-राजनीतिक और आर्थिक तनाव "आने वाले तूफान" (2026-2032) पर हावी हैं, दशक के अंत तक पर्यावरणीय जोखिमों के शीर्ष वैश्विक प्राथमिकताओं के रूप में लौटने की उम्मीद है।

जोखिम में बुनियादी ढांचा: लगातार अत्यधिक मौसम पुराने बिजली ग्रिड और जल बुनियादी ढांचे पर अभूतपूर्व दबाव डालेगा, जिससे 2030 के दशक की शुरुआत तक वैश्विक जल बुनियादी ढांचे में €6.5 ट्रिलियन का अंतर होने का अनुमान है। दशक का आउटलुक: टॉप 10 लॉन्ग-टर्म जोखिमों में से पाँच पर्यावरण से जुड़े हैं, जिनमें बायोडायवर्सिटी का नुकसान और "पृथ्वी सिस्टम में गंभीर बदलाव" शामिल हैं।

भविष्यवेत्ता 2026-2032 की अवधि को एक "रणनीतिक मोड़" के रूप में देखते हैं, जहाँ कई तेज़ी से बढ़ते ट्रेंड्स—AI स्केलिंग, ग्रीन

एनर्जी शिफ्ट, और जियोपॉलिटिकल रीअलाइनमेंट—आपस में टकराते हैं। इस दौर को अब एक अकेली आपदा के रूप में नहीं, बल्कि एक "पॉलीक्राइसिस" के रूप में बताया जा रहा है।

जाने-माने भविष्यवेत्ताओं और हाल के ग्लोबल सर्वे के ये विचार अलग-अलग नज़रिए से "तूफ़ान" की रूपरेखा बताते हैं:

1. टेक्नोलॉजिकल "सिंगुलैरिटी" का नज़रिया

रे कुर्ज़वील: भविष्यवाणी करते हैं कि 2029 तक, AI इंसानी स्तर की इंटेलिजेंस हासिल कर लेगा। वह 2026–2032 की अवधि को "कर्व का घुमाव" मानते हैं, जहाँ डिजिटल और बायोलॉजिकल लाइनें धुंधली हो जाएँगी, जिससे 2030 के दशक तक लेबर में होने वाले बदलावों से निपटने के लिए यूनिवर्सल बेसिक इनकम शुरू हो सकती है।

अपर्णा चेन्नाप्रगडा (माइक्रोसॉफ्ट): 2026 को "गठबंधनों के एक नए युग" की शुरुआत के रूप में देखती हैं, जिसमें AI एक टूल से हटकर रोज़मर्रा की ज़िंदगी में एक सच्चा सहयोगी बन जाएगा।

2. "ग्रेट प्रोग्रेशन" (आशावादी) नज़रिया

पीटर लेडेन और पीटर श्वार्ट्ज: तर्क देते हैं कि हम एक "ग्रेट प्रोग्रेशन" (2025–2050) में हैं, जहाँ पुरानी व्यवस्थाएँ खत्म हो जाएँगी और क्लीन एनर्जी और बायोइंजीनियरिंग से चलने

वाले दुनिया के ऐतिहासिक उछाल के लिए रास्ता बनेगा। वे मानते हैं कि 2020 का दशक "दर्दनाक समय" है, लेकिन उनका मानना है कि एक सकारात्मक स्थिति बदलाव से बचने के लिए ज़रूरी कार्रवाई को प्रेरित कर सकती है।

3. "मैनेज्ड डिसऑर्डर" (व्यावहारिक) नज़रिया

गर्ड लियोनहार्ड: 2026 में एक "बुरे भविष्य" की चेतावनी देते हैं, जहाँ "सच पर मोलभाव होगा" और AI से फैलाई गई गलत सूचनाओं के कारण लोकतांत्रिक नियम टूट जाएँगे। वह सुझाव देते हैं कि "अच्छा भविष्य" अब अमेरिका के बाहर बनाया जाना चाहिए, जिसमें यूरोप "सस्टेनेबल कैपिटलिज़्म" मॉडल का नेतृत्व करे।

ग्लोबल रिस्क सर्वे (WEF/IMF): 2026 को "मैनेज्ड डिसऑर्डर" का साल बताते हैं। पूर्वानुमान लगाने वाले 2008 से भी बड़े सिस्टमैटिक झटके की 10-20% संभावना बताते हैं, जो "AI बबल" या "कंप्यूट क्रंच" के कारण हो सकता है, जहाँ एनर्जी की मांग ग्रिड की क्षमता से ज़्यादा हो जाएगी।

4. जियोपॉलिटिकल "टकराव" का नज़रिया

जियोपॉलिटिकल विश्लेषकः भविष्यवाणी करते हैं कि 2026 में "सॉवरेन AI" का उदय होगा, जहाँ देश ग्लोबल इंटीग्रेशन के बजाय टेक्नोलॉजिकल आज़ादी को प्राथमिकता देंगे। इस अवधि में ताइवान जलडमरूमध्य जैसे प्रमुख क्षेत्रों में ज़बरदस्ती व्यापार और नौसैनिक नाकेबंदी शामिल हो सकती है, जिससे सप्लाई चेन पर औ 2026-2032 के "तूफ़ान" का सारांश:

कारक भविष्यवेत्ताओं की चेतावनी संभावित अवसर

अर्थव्यवस्था AI कर्ज़ के बुलबुले और "कंप्यूट क्रंच" 2030 के दशक तक यूनिवर्सल बेसिक इनकम

जलवायु बुनियादी ढांचे पर दबाव और विस्थापन "स्पंज" और ग्रीन टेक का तेज़ी से विस्तार

समाज टूटा हुआ लोकतंत्र और "बनाई गई वास्तविकताएं" मानव-AI सहयोग में वृद्धि

क्या आप इस "तूफ़ान" का सामना करने के लिए वित्तीय लचीलेपन के कदमों पर ध्यान देना चाहेंगे, या हमें अभी लचीले बुनियादी ढांचे के लिए दबाव डालने के लिए स्थानीय लॉबिंग टेम्प्लेट बनाना चाहिए?

भारतीय भविष्यवेत्ता

भारतीय भविष्यवेत्ता और रणनीतिक विश्लेषक 2026-2032 की अवधि को एक "बड़े दांव

वाली मैराथन" के रूप में देखते हैं, जहाँ भारत को एक साथ आंतरिक विकास और बाहरी झटकों को संभालना होगा। आम सहमति यह है कि जहाँ "आने वाला तूफ़ान" वैश्विक प्रणालियों को तोड़ देगा, वहीं भारत एक लचीले "मरुद्यान" के रूप में एक अनोखी स्थिति में है - बशर्ते वह अपनी ऊर्जा और प्रौद्योगिकी की नींव को सुरक्षित कर ले।

1. "रणनीतिक संयम" ढाँचा

सरकार और उद्योग विश्लेषक, जिनमें मुख्य आर्थिक सलाहकार भी शामिल हैं, 2026 में "प्रणालीगत झटके की श्रृंखला" की 10-20% संभावना पर ज़ोर देते हैं, जो 2008 के संकट से भी बदतर हो सकता है।

सबसे अच्छा मामला: नियंत्रित अव्यवस्था जहाँ भारत का घरेलू बाज़ार एक बफ़र के रूप में काम करता है।

सबसे बुरा मामला: एक वैश्विक "कंप्यूट क्रंच" और टैरिफ युद्ध जो पूंजी प्रवाह को रोक देते हैं और रुपये को बाधित करते हैं।

2. "उपयोगिता" और "संप्रभुता" के रूप में AI

अनिनद्य दास (नेसा) और गणेश गोपालन (ज्ञानी.एआई) जैसे भविष्यवेत्ता भविष्यवाणी करते हैं कि 2026 तक, AI "हाइप चरण" से "महत्वपूर्ण बुनियादी ढांचे" में चला जाएगा।

संप्रभु AI: पश्चिमी "हार्डवेयर की सीमाओं" पर निर्भरता से बचने के लिए, भारत अपने स्वयं के इंडियाAI मिशन पर $50 बिलियन का दांव लगा रहा है, जिसका लक्ष्य 2027 तक 38,000 GPU और 1.25 मिलियन पेशेवरों का टैलेंट बेस बनाना है।

हाइब्रिड कार्यबल: भविष्यवेत्ता "HAI" (मानव-AI सहयोग) से उत्पादकता में 20% की वृद्धि की उम्मीद करते हैं, भले ही यह बड़े कॉर्पोरेट कर्मचारियों की संख्या को मौलिक रूप से पुनर्गठित करे।

3. ऊर्जा-बुनियादी ढाँचा संबंध

नैसकॉम और ORF के रणनीतिक विशेषज्ञ चेतावनी देते हैं कि ऊर्जा की मांगों के कारण भारत की AI महत्वाकांक्षाएँ "नाजुक स्थिति" में हैं। एनर्जी फिलॉसफी: 2026 तक, फोकस कैपेसिटी बढ़ाने से हटकर विश्वसनीयता और स्टोरेज पर चला जाएगा। भारत 2032 तक अपने ग्रिड में □9.1 लाख करोड़ का निवेश करने की योजना बना रहा है ताकि "चौबीसों घंटे" (RTC) रिन्यूएबल पावर को सपोर्ट किया जा सके।

ग्रीन माइलस्टोन: भारत 2025 में 50% नॉन-फॉसिल कैपेसिटी तक पहुँच गया - शेड्यूल से पाँच साल पहले - जिससे ग्रीन-हाइड्रोजन और डेटा सेंटर हब के लिए एक बड़ा कॉम्पिटिटिव

फायदा हुआ।

4. भू-राजनीतिक "अवसरवाद"र दबाव पड़ेगा।

USA का "आखिरी जश्न": कुछ लोगों का अनुमान है कि 2026 (अमेरिका की 250वीं सालगिरह) अमेरिकी नेतृत्व वाली स्थिरता के अंत का प्रतीक है, जिसके बाद भारत को "मल्टीपोलर उदय" का नेतृत्व करना होगा।

चाइना प्लस वन: व्यापार में रुकावटों को भारत के लिए वैश्विक मैन्युफैक्चरिंग पर कब्ज़ा करने के स्थायी अवसर के रूप में देखा जा रहा है क्योंकि सप्लाई चेन चीन से जोखिम कम कर रही हैं।

भारतीय "तूफान" परिप्रेक्ष्य का सारांश:

क्षेत्र खतरा भारतीय धुरी

वित्त वैश्विक 2008-शैली का पतन रणनीतिक बफर और ऋण में कमी

AI "कंप्यूट क्रंच" और ऊर्जा राशनिंग देशी बुनियादी ढांचा और GPU क्लस्टर

जलवायु बुनियादी ढांचे की नाजुकता और पानी का तनाव स्पंज शहर और ग्रिड विस्तार

क्या हमें इन लचीले नींव को सुरक्षित करने में मदद करने के लिए स्पंज इंफ्रास्ट्रक्चर के लिए स्थानीय लॉबिंग टेम्पलेट के साथ आगे बढ़ना चाहिए, या आप पहले वित्तीय लचीलेपन के कदमों का विवरण देना चाहेंगे?

प्रमुख अंतर्राष्ट्रीय संगठनों की रिपोर्ट

विश्व आर्थिक मंच (WEF) और UNCTAD जैसे प्रमुख अंतर्राष्ट्रीय संगठनों की हालिया 2026 की रिपोर्ट, राष्ट्रीय आकलन के साथ, 2026-2032 की अवधि को जमा हुए संकटों के "आने वाले तूफान" के रूप में वर्णित करती हैं। यह युग भू-आर्थिक टकराव, तकनीकी उथल-पुथल (AI), और बढ़ते जलवायु परिवर्तन के मिलन बिंदु से परिभाषित होता है, जिसमें 50%-57% वैश्विक नेता आने वाले दशक में "अशांत या तूफानी" दृष्टिकोण का पूर्वानुमान लगा रहे हैं।

2026 अनुसंधान एजेंसी की रिपोर्टों के मुख्य निष्कर्षों में शामिल हैं:

1. वैश्विक भू-राजनीतिक और आर्थिक "तूफान" (2026-2028)

प्रतिस्पर्धा का युग: भू-आर्थिक टकराव को शीर्ष तात्कालिक जोखिम के रूप में पहचाना गया है, जिसमें सर्वेक्षण किए गए 18% विशेषज्ञ इसे वैश्विक संकट के प्राथमिक ट्रिगर के रूप में

देखते हैं। संरक्षणवाद, प्रतिबंध और प्रौद्योगिकी प्रतिबंध बहुपक्षीय सहयोग की जगह ले रहे हैं।

आर्थिक हिसाब-किताब: जे.पी. मॉर्गन के अनुसार, दुनिया उच्च ऋण, लगातार मुद्रास्फीति और 2026 में अमेरिकी/वैश्विक मंदी की 35% संभावना का सामना कर रही है। WEF एक "K-आकार की" अर्थव्यवस्था की चेतावनी देता है, जहाँ धन केंद्रित होता है जबकि जीवन-यापन की लागत का दबाव बढ़ता है, जो सामाजिक अनुबंध को खतरे में डालता है।

नाज़ुक वित्तीय बाजार: भारत का आर्थिक सर्वेक्षण 2026 एक संभावित कारण से संचालित "2008-जैसे" वित्तीय संकट की 10-20% संभावना की चेतावनी देता है।

AI बबल ऐसे माहौल में फूटा जहां कमज़ोर, "मैनेज्ड डिसऑर्डर" की स्थिति थी।

वॉटर वेपन: पानी का इस्तेमाल तेज़ी से जियोपॉलिटिकल टूल के तौर पर हो रहा है, साउथ एशिया और अफ्रीका में पानी की कमी से 2026 तक बड़े झगड़े का खतरा पैदा हो रहा है।

2. टेक्नोलॉजिकल और साइबर रुकावटें

AI और गलत जानकारी: गलत जानकारी/गलत जानकारी टॉप-2 शॉर्ट-टर्म रिस्क में आती है, जो डेमोक्रेटिक प्रोसेस के लिए खतरा है।

AI सिक्योरिटी रिस्क: AI के बुरे नतीजों के 10 साल के रिस्क होराइजन में #30 से बढ़कर #5 होने की उम्मीद है, जिससे बड़ी संख्या में नौकरियां जा सकती हैं और सिक्योरिटी में अस्थिरता आ सकती है।

साइबर सिक्योरिटी संकट: 2026 में कई देशों के लिए साइबर सिक्योरिटी सबसे बड़ा रिस्क है, जिसमें हमले तेज़, ज़्यादा ऑटोमेटेड होते जा रहे हैं, और क्रिटिकल इंफ्रास्ट्रक्चर (OT) और स्पेस-बेस्ड एसेट्स को टारगेट कर रहे हैं। 3. एनवायरनमेंटल और लॉन्ग-टर्म रिस्क (2026–2032)

बदलती प्रायोरिटी: जबकि शॉर्ट-टर्म ध्यान जियोपॉलिटिकल और इकोनॉमिक मुद्दों पर फोकस है, एनवायरनमेंटल रिस्क (बहुत खराब मौसम, बायोडायवर्सिटी का नुकसान) 10 साल के समय में सबसे गंभीर लॉन्ग-टर्म खतरे बने हुए हैं।

क्लाइमेट टारगेट में अनिश्चितता: UN का कहना है कि 2024 सबसे गर्म साल था, लेकिन मौजूदा पॉलिसी 2100 तक 3.2°C की बढ़ोतरी की ओर ले जा रही हैं, जो पेरिस एग्रीमेंट के टारगेट से कहीं ज़्यादा है, जिससे 2032 तक सिस्टमिक स्ट्रेस बना रहेगा।

3. रीजनल और नेशनल स्ट्रेटेजिक बदलाव

भारत की स्ट्रेटेजिक संयम: भारत के 2026 के असेसमेंट में "स्ट्रेटेजिक संयम" की बात कही गई है, जिसमें बाहरी कैपिटल फ्लो के झटकों और बढ़ते जियोपॉलिटिकल टेंशन के

खिलाफ अंदरूनी रेजिलिएंस बढ़ाने पर फोकस किया गया है। US नेशनल डिफेंस स्ट्रैटेजी (NDS) 2026: U.S. ने अपना फोकस देश की रक्षा, चीन को रोकने और इंडस्ट्रियल बेस को मजबूत करने पर किया है, जबकि यूरोप में रीजनल डिफेंस को सहयोगियों की तरफ ज्यादा मोड़ दिया है।

संकट से "निपटने" पर निष्कर्ष:

रिपोर्ट्स बताती हैं कि इस समय से निपटने के लिए सिंगल-डोमेन स्ट्रैटेजी से हटकर मजबूत, होलिस्टिक पॉलिसी की ओर बढ़ना होगा। इसमें सप्लाई चेन को मजबूत करना, डिजिटल सॉवरेनिटी में इन्वेस्ट करना और आर्थिक और पर्यावरण में उतार-चढ़ाव के सामाजिक असर को कम करने के लिए असमानता को दूर करना शामिल है।

IMF और वर्ल्ड बैंक का प्रोजेक्ट

2026–2032 के लिए, IMF और वर्ल्ड बैंक ने एक मजबूत लेकिन टूटी-फूटी ग्लोबल इकोनॉमी (2026 में 3.3% ग्रोथ) का प्रोजेक्ट किया है, जो AI अपनाने से चलेगी, फिर भी इसे ज्यादा कर्ज, जियोइकोनॉमिक फ्रैगमेंटेशन और क्लाइमेट रिस्क का खतरा है। जबकि AI प्रोडक्टिविटी में फायदा देता है, स्ट्रक्चरल रिस्क में ट्रेड प्रोटेक्शनिज्म, जियोपॉलिटिकल झगड़े और खराब मौसम शामिल हैं, जो "कम ग्रोथ, ज्यादा रिस्क" वाला माहौल बनाते हैं।

मुख्य रिपोर्ट और निष्कर्ष (2026–2032 संदर्भ)

IMF वर्ल्ड इकोनॉमिक आउटलुक (जनवरी 2026): AI-संचालित प्रोडक्टिविटी लाभों, खासकर अमेरिका और यूरोप में, के कारण 2026 में वैश्विक GDP वृद्धि 3.3% पर स्थिर रहने का अनुमान है।

वर्ल्ड बैंक ग्लोबल इकोनॉमिक प्रॉस्पेक्ट्स (जनवरी 2026): रिपोर्ट में बताया गया है कि उच्च व्यापार बाधाओं और भू-राजनीतिक जोखिमों के बावजूद वैश्विक अर्थव्यवस्था लचीलापन दिखा रही है।

WEF ग्लोबल रिस्क रिपोर्ट 2026: भू-आर्थिक टकराव, राज्य-आधारित संघर्ष और अत्यधिक मौसम को शीर्ष अल्पकालिक जोखिमों के रूप में पहचानता है। दीर्घकालिक चिंताएं (10 वर्ष) मुख्य रूप से पर्यावरणीय खतरों और आर्टिफिशियल इंटेलिजेंस के प्रतिकूल परिणामों पर केंद्रित हैं।

"आने वाले तूफान" में मुख्य रुझान और जोखिम

भू-आर्थिक विखंडन: दुनिया वैश्वीकरण से दूर जा रही है, जिसमें व्यापार विखंडन और बढ़ता संरक्षणवाद शामिल है। जैसा कि IMF वर्ल्ड इकोनॉमिक आउटलुक, अक्टूबर 2025 में बताया गया है, इससे लागत बढ़ती है और दीर्घकालिक विकास में बाधा आती है।

AI और प्रोडक्टिविटी बनाम मुद्रास्फीति: जबकि AI विकास का एक महत्वपूर्ण चालक है, यह उच्च मुद्रास्फीति का जोखिम प्रस्तुत करता है और, यदि प्रोडक्टिविटी लाभ निवेश से मेल नहीं खाते हैं, तो बाजार मूल्यांकन में संभावित सुधार हो सकता है।

उच्च ऋण और वित्तीय भेद्यता: कई विकासशील राष्ट्र उच्च ऋण बोझ और अस्थिर पूंजी प्रवाह को संभालने की आवश्यकता के कारण गंभीर चुनौतियों का सामना कर रहे हैं।

जलवायु परिवर्तन और पर्यावरणीय खतरे: प्राकृतिक आपदाओं से होने वाले बीमित नुकसान के $100 बिलियन से अधिक होने की उम्मीद है, जिससे वैश्विक वित्तीय प्रणालियों पर दबाव बढ़ रहा है।

नेविगेशन के लिए रणनीतियाँ (2026–2032)

विविधीकरण: विकासशील देशों को अस्थिर बाजारों पर निर्भरता कम करने के लिए व्यापार संबंधों में विविधता लाने की सलाह दी जाती है।

नीतिगत ढांचे को मजबूत करना: वित्तीय झटकों को कम करने के लिए मजबूत वित्तीय निगरानी और पूंजी प्रबंधन उपकरणों को लागू करना महत्वपूर्ण है।

लचीलेपन में निवेश: नीति निर्माताओं को तत्काल झटकों और जलवायु परिवर्तन जैसे दीर्घकालिक, प्रणालीगत जोखिमों दोनों के खिलाफ लचीलापन बनाने पर ध्यान देना चाहिए।

2026-2032 की अवधि में "स्थिर लेकिन धीमी" वृद्धि होने की संभावना है, जिसके लिए गंभीर संकटों से बचने और स्थायी, समावेशी विकास सुनिश्चित करने के लिए सावधानीपूर्वक नीति प्रबंधन की आवश्यकता होगी।

RBI वित्तीय स्थिरता रिपोर्ट
(दिसंबर 2025/जनवरी 2026)

नवीनतम छमाही वित्तीय स्थिरता रिपोर्ट (FSR) वैश्विक जोखिमों को स्वीकार करती है, साथ ही भारत की घरेलू मज़बूती पर भी ज़ोर देती है:

वैश्विक अस्थिरता: RBI भू-राजनीतिक तनाव, व्यापारिक टकराव और संभावित तेज़ बाज़ार सुधारों से पैदा होने वाले "वैश्विक तूफ़ानों" की चेतावनी देता है।

संशोधित विकास पूर्वानुमान: बाहरी जोखिमों के बावजूद, RBI ने मज़बूत घरेलू मांग और मज़बूत कॉर्पोरेट बैलेंस शीट का हवाला देते हुए, FY 2025-26 के लिए अपने GDP विकास पूर्वानुमान को बढ़ाकर 7.3% कर दिया है।

बैंकिंग मज़बूती: अनुसूचित वाणिज्यिक बैंकों के लिए सकल गैर-निष्पादित परिसंपत्ति (GNPA) अनुपात सितंबर 2025 तक 2.1% के कई दशकों के निचले स्तर पर पहुँच गया,

जो वैश्विक झटकों के खिलाफ एक मज़बूत सुरक्षा कवच प्रदान करता है।

आर्थिक सर्वेक्षण 2026

जनवरी 2026 के अंत में जारी, आर्थिक सर्वेक्षण वैश्विक अर्थव्यवस्था के लिए "प्रबंधित अव्यवस्था" परिदृश्य पर चर्चा करता है:

संकट की संभावना: सर्वेक्षण एक ऐसे परिदृश्य की 40-45% संभावना बताता है जहाँ वैश्विक बाजारों में सुरक्षा के पतले मार्जिन के कारण छोटे झटके बड़े झटकों में बदल सकते हैं।

जोखिम कारक: पहचाने गए प्रमुख खतरों में संभावित AI निवेश बुलबुला, अमेरिकी व्यापार शुल्क, और बढ़ते भू-राजनीतिक संघर्ष शामिल हैं जो आपूर्ति श्रृंखलाओं को बाधित कर सकते हैं।

रणनीतिक रोडमैप (2026-2032)

हालांकि यह कोई एक रिपोर्ट नहीं है, लेकिन वित्तीय नेताओं के हालिया बयान एक दीर्घकालिक दृष्टिकोण पर ज़ोर देते हैं:

मज़बूती का निर्माण: RBI के पूर्व गवर्नर रघुराम राजन ने हाल ही में 2026-27 के बजट को एक लंबी अवधि के रणनीतिक रोडमैप में एकीकृत करने की वकालत की ताकि यह सुनिश्चित किया जा सके कि भारत 2032 तक अधिक स्वतंत्र और मज़बूत बने।

निर्यात विविधीकरण: भारत बाहरी व्यापार "तूफ़ानों" के प्रभाव को कम करने के लिए EU और US सहित 14 देशों/समूहों के साथ सक्रिय रूप से व्यापार सौदों पर बातचीत कर रहा है।

मुद्रा और भंडार: RBI ने अपने विदेशी मुद्रा भंडार में सक्रिय रूप से विविधता लाई है, वैश्विक उथल-पुथल के दौरान ऐतिहासिक सुरक्षित पनाहगाह के रूप में काम करने के लिए सोने की होल्डिंग में काफी वृद्धि की है।

सोशल और न्यूज़ मीडिया

सोशल और न्यूज़ मीडिया में, "द कमिंग स्टॉर्म" वाक्यांश या 2026-2032 की समय-सीमा एक संभावित वैश्विक संरचनात्मक बदलाव पर चर्चा के लिए एक मुख्य विषय बन गई है। हालांकि ये बातचीत अक्सर आधिकारिक चेतावनियों पर आधारित होती हैं, लेकिन सोशल मीडिया कमेंट्री और अटकल भरी थ्योरीज़ से इन्हें और बढ़ावा मिलता है।

न्यूज़ मीडिया के दृष्टिकोणः "संरचनात्मक संकट"

प्रमुख समाचार आउटलेट्स और वित्तीय विश्लेषकों ने 2026 को आर्थिक और भू-राजनीतिक स्थिरता के लिए एक महत्वपूर्ण वर्ष बताया है:

2008 जैसे पतन की "10-20% संभावना": भारत के आर्थिक सर्वेक्षण 2026 ने एक "सिस्टमैटिक शॉक कैस्केड" की चेतावनी दी, जहाँ वित्तीय और भू-राजनीतिक तनाव एक-दूसरे को मजबूत करेंगे, जिससे 2008 की महामंदी से भी बदतर संकट पैदा हो सकता है।

AI बबल और मंदी: जे.पी. मॉर्गन और गोल्डमैन सैक्स के विश्लेषक इस बात पर बहस कर रहे हैं कि क्या 2026 में "AI निवेश बबल" फटेगा, जिससे वैश्विक मंदी आ सकती है।

भू-आर्थिक टकराव: वर्ल्ड इकोनॉमिक फोरम (WEF) ने भू-आर्थिक टकराव और राज्य-आधारित संघर्ष को 2026 में एक बड़ा वैश्विक संकट पैदा करने वाले शीर्ष जोखिमों के रूप में पहचाना है।

सोशल मीडिया और वायरल कमेंट्री

YouTube, X (Twitter), और Quora जैसे प्लेटफॉर्म पर, कहानी अक्सर अधिक ज़रूरी और कभी-कभी अटकल भरी होती है:

रे डेलियो की "अगले संकट" की चेतावनियाँ: निवेशक रे डेलियो की भविष्यवाणियों पर आधारित वायरल वीडियो बताते हैं कि 2026 और 2032 के बीच का समय "ग्लोबल रीसेट" का होगा, जिसकी विशेषता अत्यधिक कर्ज का स्तर और बदलती विश्व शक्ति होगी।

"द कैश क्रश": एक वायरल कहानी, जिसे कभी-कभी बाबा वेंगा जैसी रहस्यवादी भविष्यवाणियों से जोड़ा जाता है, दावा करती है कि वैश्विक वित्तीय प्रणाली का कुल पतन - जिसे "कैश क्रश" कहा जाता है - 2026 के अंत तक होने वाला है।

आपदा की तैयारी: लिंक्डइन और अन्य प्लेटफॉर्म पर इन्फ्लुएंसर "लचीलेपन की योजनाओं" को बढ़ावा दे रहे हैं, यह सुझाव देते हुए कि 2026 में आपदा की तैयारी फिटनेस योजनाओं जितनी ही मुख्यधारा बन रही है।

पहचाने गए मुख्य विषय (2026-2032)

सोना एक सुरक्षित ठिकाना: समाचार रिपोर्टें बताती हैं कि सोने की कीमतें (2025 के अंत में $4,300/oz से अधिक) गहरे "वैश्विक जोखिम से बचने" को दर्शाती हैं। भू-राजनीतिक रुकावटें: सोशल मीडिया पर अटकलों में अक्सर 2026 को "ताइवान की नौसैनिक नाकाबंदी" या अमेरिका-चीन व्यापार में बढ़ते "दबाव" के संभावित साल के तौर पर बताया जाता है।

मनोवैज्ञानिक पूंजी: ऑनलाइन सलाह कॉलम (जैसे, मीडियम) में एक उभरता हुआ विषय

यह तर्क देता है कि "सबसे बड़ा खतरा" मार्केट में गिरावट नहीं है, बल्कि इन सालों के दौरान इंडिया-EU फ्री ट्रेड एग्रीमेंट (FTA),

इंडिया-EU फ्री ट्रेड एग्रीमेंट (FTA),

जिसे 27 जनवरी, 2026 को फाइनल किया गया, और 2026 के लिए ग्लोबल इकोनॉमिक माहौल, हाई-टेक ग्रोथ और स्ट्रेटेजिक डिफेंसिव पोजीशनिंग की ओर बदलाव का संकेत देते हैं।

इंडिया-EU ट्रेड डील: "सभी डील्स की मदर"

लगभग दो दशकों की बातचीत के बाद हुआ यह FTA, लगभग 2 बिलियन लोगों का एक मिला-जुला मार्केट बनाता है, जो ग्लोबल GDP का 25% हिस्सा है।

एक्सपोर्ट के मौके: इंडिया ने EU को अपने 99% से ज़्यादा एक्सपोर्ट (वैल्यू के हिसाब से) के लिए खास एक्सेस हासिल किया। टेक्सटाइल, लेदर, कपड़े और फुटवियर जैसे लेबर-इंटेंसिव सेक्टर्स पर तुरंत ज़ीरो-ड्यूटी एक्सेस लागू होता है।

सेक्टर में फायदे:

इंजीनियरिंग: 22% तक के टैरिफ खत्म कर दिए गए, जिससे इंडियन MSME-लेड हब के लिए $2 ट्रिलियन का मार्केट खुल गया।

सर्विसेज़: EU ने IT/ITeS, प्रोफेशनल सर्विसेज़ और एजुकेशन सहित 144 सब-सेक्टर खोले। भारत ने सोशल सिक्योरिटी एग्रीमेंट और ग्रेजुएट परमिट के लिए एक फ्रेमवर्क हासिल किया।

ऑटोमोबाइल: भारत कई सालों में यूरोपियन कारों पर इंपोर्ट ड्यूटी को धीरे-धीरे 110% से घटाकर 10% कर देगा, जो सालाना 250,000 गाड़ियों के कोटे के अंदर होगा।

सुरक्षा उपाय: भारतीय किसानों की सुरक्षा के लिए डेयरी, अनाज और पोल्ट्री जैसे सेंसिटिव घरेलू सेक्टर को टैरिफ में कटौती से बाहर रखा गया है।

कार्बन टैक्स (CBAM): हालांकि FTA भारत को EU के कार्बन बॉर्डर एडजस्टमेंट मैकेनिज्म से छूट नहीं देता है, लेकिन दोनों पक्ष भारत के सस्टेनेबल इंडस्ट्रियल ट्रांज़िशन को सपोर्ट करने के लिए €500 मिलियन की फंडिंग देने वाले एक मेमोरेंडम पर सहमत हुए।

2026 के लिए इन्वेस्टमेंट स्ट्रैटेजी

इकोनॉमिक सर्वे 2026 में ग्लोबल अनिश्चितता के बीच "स्ट्रेटेजिक संयम" की सलाह दी गई है, इन्वेस्टमेंट एक्सपर्ट हाई-कन्विक्शन और डिफेंसिव एसेट्स पर फोकस कर रहे हैं। सेफ-हेवन

फोकस: सोना एक शानदार परफॉर्मर के तौर पर उभरा है, जो 2025/2026 की शुरुआत में $2,607 से बढ़कर $4,315 प्रति औंस हो गया है। कम वोलैटिलिटी के कारण कैपिटल बचाने के लिए इसे बिटकॉइन से ज़्यादा प्राथमिकता दी जाती है।

स्ट्रक्चरल टेक थीम: AI अभी भी मुख्य ताकत बना हुआ है। हाइपरस्केलर्स का AI कैपेक्स 2026 तक टिकाऊ रहने की उम्मीद है, जो सेमीकंडक्टर, डेटा मैनेजमेंट और साइबर सिक्योरिटी को फायदा पहुंचाएगा।

डिफेंसिव इंडियन सेक्टर: ग्लोबल झटकों से बचने के लिए, एनालिस्ट सलाह देते हैं:

FMCG और फार्मा: इकोनॉमिक साइकिल के बावजूद स्थिर डिमांड।

डिफेंस और इंफ्रास्ट्रक्चर: 2026 तक □111 लाख करोड़ के बड़े सरकारी डेवलपमेंट प्लान से सपोर्टेड।

इक्विटी मार्केट रोटेशन: मेगा-कैप टेक से रियल एसेट्स (मेटल्स, माइनिंग) और उभरते मार्केट इक्विटीज़ की ओर एक खास बदलाव है, जो ग्लोबल AI सप्लाई चेन के लिए मैन्युफैक्चरिंग बैकबोन देते हैं।

अनुमानित इंडिया-EU FTA एक्सपोर्ट का मौका ($ बिलियन)।व्यक्तिगत मानसिक लचीलेपन का टूटना है।

www.ingramcontent.com/pod-product-compliance
Lightning Source LLC
LaVergne TN
LVHW032124041026
849518LV00008B/2766
* 9 7 8 8 1 6 9 2 4 4 2 6 8 *